GRAMADEG CYMRAEG

GRAMADEG CYMRAEG

David A Thorne

Argraffiad Cyntaf—1996

ISBN 1 85902 301 0 (clawr meddal)

ISBN 1 85902 417 3 (clawr caled)

(h) David A Thorne

Argraffwyd gan
Wasg Gomer, Llandysul, Ceredigion

Cynnwys

Byrfoddau

Defnyddiwyd y byrfoddau isod:

adf.	adferf	eith.	eithaf
amhers.	amhersonol	ell.	enw lluosog
ans.	ansoddair	gorberff.	gorberffaith
ardd.	arddodiad	gorch.	gorchmynnol
be.	berfenw	gw.	gweler
ben.	benywaidd	gwr.	gwrywaidd
cyf.	cyfartal	ll.	lluosog
cym.	cymharol	myn.	mynegol
cys.	cysefin	pres.	presennol
dib.	dibynnol	rhag.	rhagenw
ebu.	enw benywaidd unigol	taf.	tafodiaith
egu.	enw gwrywaidd unigol	un.	unigol

Rhagair

Ymddangosodd y gramadegau Cymraeg cynharaf yn ystod y Dadeni Dysg. Er y cyfnod hwnnw ymddangosodd amryw ramadegau o'r iaith Gymraeg yn ateb amryw ddibenion ymarferol a damcaniaethol a hynny mewn amryw ieithoedd.

Prin, sut bynnag, yw'r cyfrolau Cymraeg sy'n ceisio disgrifio gramadeg y Gymraeg yn rhan olaf yr ugeinfed ganrif; dyma, wrth gwrs, y prif gyfiawnhad dros gyhoeddi gramadeg newydd yn y Gymraeg. Wrth lunio'r gwaith hwn pwyswyd yn drwm ar ymchwil gwerthfawr llu o gyd-weithwyr, adnoddau dihafal Geiriadur Prifysgol Cymru a'r disgrifiadau manwl ond anghyoeddedig o Gymraeg llafar a gyflwynwyd ar gyfer graddau uwch Prifysgol Cymru. Bydd y cyfeiriadau llyfryddol yn dangos maint fy nyled i awduron unigol ac i ysgrifennu cyfoes. Pan fo rhyw nodwedd neu'i gilydd yn gyfyngedig i dafodiaith neu gywair arbennig, ceir nodyn i'r perwyl hwnnw.

Y gyfrol gyntaf mewn cyfres a fydd yn ymgodymu â holl amrywiaeth Cymraeg cyfoes yw'r gwaith hwn. Afraid chwilio am ateb i bob ymholiad ynglŷn â gramadeg yr iaith mewn un cyfrol: ys dywedodd un ieithydd adnabyddus—nid oes yr un llyfr gramadeg yn gallu dal pob diferyn. Gobeithio, sut bynnag, fod cyhoeddi'r gwaith yn gyfraniad defnyddiol at ddisgrifio Cymraeg cyfoes.

Cydnabyddir yn ddiochgar pob cymorth o Gronfa Ymchwil Prifysgol Cymru, Llanbedr Pont Steffan.

11

Cyflwyniad

Seiniau'r Gymraeg

1 Defnyddir arwyddion yr Wyddor Seinegol Gydwladol rhwng llinellau sy'n gwyro i'r dde / / (i ddynodi ffonemau) ac o fewn bachau petryal [ ] (i ddynodi allffonau). Nodir y cytseiniaid ar Dabl 1. (Gw. **6** yn ogystal.)

Tabl 1

	Dwywefusol	Gwefus ddeintiol	Deintiol	Gorfannol	Ochrol	Taflod-orfannol	Taflodol	Felar	Tafcdigol	Glotal
Ffrwydrol	pb			td				kg		
Affrithol						tʃ dʒ				
Ffrithiol		fv	θð	sz	ɬ	ʃ			χ	h
Tawdd				r̥r	l					
Trwynol	m			n				ŋ		
Llithrol	w						j			

2 Mae'r ffrithiolen orfannol leisiol /z/ yn nodweddu llafar de Cymru, ond ni ddigwydd yn naturiol yng nghyfundrefn seiniau llafar gogledd Cymru; yno y mae'n cael ei chynrychioli gan /s/ mewn benthyceiriau. Nid yw'n dderbyniol ychwaith mewn cywair llenyddol safonol. Yn nhafodieithoedd de Cymru digwydd /z/ yn gyffredin mewn benthyciadau o'r Saesneg:

13

[zu]	*sw*
[fɛzant]	*ffesant*
[zɛbra]	*sebra*

Mewn safle diweddol fe sylweddola /z/ y forffem luosogi Saesneg mewn ffurfiau benthyg:

[bɑbiz]	*babanod*
[rɑzɛrz]	*raseri*
[plʊmz]	*eiryn*
[bagz]	*bagiau*

Fe'i hychwanegir at rai enwau unigol brodorol er mwyn ffurfio'r lluosog:

[drɪdunz]	*drywod*
[karz]	*ceir*

ac at enwau lluosog brodorol i ffurfio lluosog dwbl:

[mɪlgi]	*milgi*
[mɪlgun]	*milgwn*
[mɪlgunz]	lluosog dwbl
[gwiθur]	*gweithiwr*
[gwiθwir]	*gweithwyr*
[gwiθwirz]	lluosog dwbl

Mewn ffurfiau eraill yn ne Cymru cynrychiolir y forffem luosogi Saesneg gan /s/:

[kwɪls]	*cwiliau, cwils*
[teils]	*llechi, teils*
[kʊrljuns]	*gylfinirod*

Mae'n bosibl, wrth gwrs, nad oedd /z/ wedi sefydlu yn y tafodieithoedd hynny pan ddaeth y ffurfiau uchod yn rhan o'u geirfâu.

3 Ystyrir yr affritholion /tʃ,dʒ/ yn seiniau benthyg yn aml iawn gan siaradwyr y Gymraeg. Digwyddant yn bennaf mewn ffurfiau benthyg ond y gwir amdani yw iddynt ddatblygu'n annibynnol o fewn y Gymraeg ei hun yn sgil cymathu /t + j/ a /d + j/. Yn yr un modd datblygodd /ʃ/ trwy gymathu /s + j/. Y mae tuedd gref yn y tafodieithoedd i amrywio /tʃ/ a /ʃ/:

| [tʃauns/ʃauns] | *siawns, cyfle* |
| [tʃep/ʃep] | *siep, rhad* |

Mewn geiriau brodorol digwydd /tʃ/ yng nghanol gair ac mewn safle diweddol yn y gair yn unig:

[kɪtʃ]	2 un. gorch.
[kɪtʃo]	be.
[sgɪtʃɛ]	ell.

Mewn benthyceiriau, sut bynnag, digwydd mewn safle dechreuol ac yng nghanol gair ac mewn safle diweddol:

[tʃalk]	egu.
[matʃɛn]	ebu.
[watʃ]	ebu.

Digwydd /dʒ/ yn ddechreuol mewn ffurfiau brodorol:

| [dʒaul] | egu. | *diawl* |
| [dʒogɛl] | ans. | *diogel* |

Mewn benthyceiriau digwydd /dʒ/ yn ddechreuol, yng nghanol gair ac mewn safle diweddol:

[dʒam]	egu.	*jam*
[dʒɪdʒo]	be.	*beirniadu*
[gɑdʒ]	egu.	*mesur*

4   Digwydd y ffrithiolen lotal /h/ yn ddechreuol ac yng nghanol gair:

haf, hwrdd, arholi, cyhoeddi, brenhinol

Yng nghanol gair mae /h/ yn glwm fel rheol wrth y sillaf bwyslais; bydd yn rhagflaenu'r llafariad sy'n cynnal y prif bwyslais neu'r brif

15

acen, ac yn dilyn naill ai lafariad arall neu gytsain drwynol neu /r/. Pan chwanegir sillaf fe symud y prif bwyslais a chollir /h/ yn:

cynhalydd	llu. *cynalyddion*
cynghanedd	llu. *cynganeddion*
cynhaeaf	llu. *cynaeafau*

Fe symud /h/ gyda'r prif bwyslais yn:

dihareb	llu. *diarhebion*

Mewn ffurfiau eraill fe symud y prif bwyslais ond erys /h/ yn ei safle cysefin:

arholiad	llu. *arholiadau*
enghraifft	llu. *enghreifftiau*
cyhuddiad	llu. *cyhuddiadau*
cyhoeddiad	llu. *cyhoeddiadau*

Bydd /h/ yn rhagflaenu'r llafariad sy'n cynnal y prif bwyslais yn yr ell. *brenhinoedd*, ond diflannodd o'r egu. *brenin* (gynt *brenhin*).

Er na ddigwydd /h/ yn naturiol yn nhafodieithoedd de-ddwyrain Cymru, mae iddi swyddogaeth bwyslais brosodig yn y tafodieithoedd hynny. Ni ddigwydd y tawddodyn gorfannol dilais /r̥/ ychwaith yn llafar y de-ddwyrain; fe'i cynrychiolir yn hytrach gan /r/. Digwydd /r̥/ ar ddechrau gair yn unig:

rhai, rhaw, rhosyn, rhaffau, rhod, rhestr, rhodd, rhugl.

Gall /h-/ ragflaenu /w/ yn nhafodieithoedd y de-orllewin, ond /χ-/ a ddigwydd yn y safle honno yn y gogledd:

[hweχ]	'chwech'	y de-orllewin
[χweχ]	'chwech'	y gogledd
[weχ]	'chwech'	y de-ddwyrain

5 Disgrifir y tawddodyn ochrol /l/ yn sain glir yn llafar de Cymru, ond yng ngogledd Cymru'n gyffredinol y mae'n sain o ansawdd tywyll.

6 Disgrifir y llafariaid syml yn ffigur 1; cyfeiria 'uchel' ac 'isel' at safle'r tafod a 'blaen' ac 'ôl' at flaen a chefn y geg.

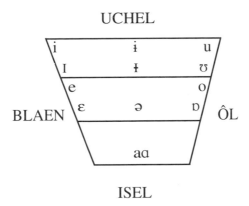

Mae /i, ɨ, e, ɑ, o, u/ yn ffonolegol hir.
Mae /ɪ, ɨ, ɛ, a, ɒ, ʊ, ə/ yn ffonolegol fer.
Nid yw'r ddwy lafariad ganol uchel yn ffonemig yn nhafodieithoedd de Cymru. Ar draws de Cymru sylweddolir y llafariaid canol hyn fel rheol gan y llafariaid blaen uchel /i, ɪ/. Ceisir dangos y gwahaniaeth yn y parau isod:

De	Gogledd	
[bis]	[bɨs]	*bys*
[bɪr]	[bɨr]	*byr*
[sir]	[sɨr]	*sur*
[ɬin]	[ɬɨn]	*llun*

7 Yn yr orgraff (gw. **19** tabl 3) gellir dynodi /i, ɨ, ɪ, ɨ/ gan *y*. Fe'u disgrifir yn seiniau clir. Cynrychiolir /ə/ yn ogystal gan *y*; fe'i disgrifir yn sain o ansawdd tywyll.

8 Yn nhafodieithoedd y de-ddwyrain a'r canolbarth mae gan /a/ allffon amlwg, sef sain flaen hanner agored [æ] sy'n digwydd mewn geiriau unsill a sillafau pwyslais terfynol:

17

[kæ]	*cae*
[kəm´ræg]	*Cymraeg*
[gla´næ]	*glanhau*
[tɛu´æ]	*tewhau*
[tæd]	*tad*

Amrywia ansawdd [æ] yn fawr ac yn y tafodieithoedd gall ddigwydd yn elfen gyntaf deusain sy'n symud i gyfeiriad /ə/.

9 Yn nyffryn Teifi ac yng ngogledd Penfro, digwydd y llafariad ganol /ə/ mewn geiriau unsill; /ɪ/ a ddigwydd yng ngweddill tafodieithoedd de Cymru:

[brən]	*bryn*
[bəθ]	*byth*
[kləsd]	*clust*
[gwərð]	*gwyrdd*
[hən]	*hyn*
[hwən]	*chwyn*
[pəmp]	*pump*
[mənd]	*mynd*
[pənt]	*punt*

10 Anaml iawn y digwydd y llafariad ganol yn nhafodieithoedd gorllewin Penfro: fe'i disodlir gan lafariad uchel:

[kəvan]	[kivan]	cyfan
[mənið]	[mini/muni]	mynydd
[əsgol]	[ɪsgol]	ysgol

11 Gellir rhannu deuseiniaid de Cymru yn ddau ddosbarth yn ôl eu hail elfen. Fe'u disgrifir yn ffigur 2 a ffigur 3. Dengys y rhain, ac eto yn **13** isod, gyfeiriad llithriad y deuseiniaid: er enghraifft, dynoda 'ai→' ddeusain sy'n cychwyn trwy gynanu 'a' ac sy'n llithro i gyfeiriad 'i'.

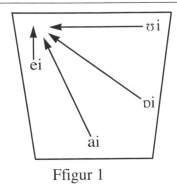

Ffigur 1

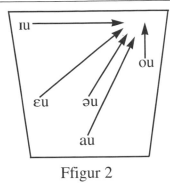

Ffigur 2

12 Yn ne Ceredigion digwydd yn ogystal y deuseiniaid /ae/, /oe/ mewn ffurfiau unsill ac mewn sillafau pwyslais terfynnol:

[poen]	*poen*
[koed]	*coed*
[kadńoed]	*cadnoed*
[kae]	*cae*
[saeth]	*saeth*
[broˊgaed]	*brogaed*

13 Gellir rhannu deuseiniaid gogledd Cymru yn dri dosbarth ac fe'u disgrifir yn ffigur 4, ffigur 5, a ffigur 6.

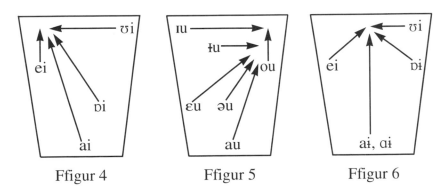

Ffigur 4   Ffigur 5   Ffigur 6

14 Mae elfen gyntaf y deuseiniaid yn fyr ar draws ardal eang o dde Cymru, ond digwydd eithriadau yn enwedig mewn ffurfiau unsill. Yng ngogledd Cymru mewn geiriau unsill agored ac mewn sillaf bwyslais derfynnol, perthyn hyd i elfen gyntaf /ɒi, ʊi/; yn yr un safle, ond mewn sillafau agored yn unig, perthyn hyd i elfen gyntaf /au, ɛu/. Mae'r deuseiniaid /aɨ/ ac /ɑɨ/ yn cyferbynnu mewn geiriau unsill yn unig ac mae'r enghreifftiau o gyferbyniad ffonemig yn brin:

[haɨl]	*haul*
[hɑɨl]	*hael*
[kaɨ]	*cau*
[kɑɨ]	*cae*

15 Er bod orgraff y Gymraeg bron yn gwbl ffonemig nid yw'r berthynas rhwng ffonem ac orgraffyn yn amlwg bob amser. Nodir y cytseiniaid ar dabl 2.

Tabl 2

/p/	p	/t/	t	/k/	c
/b/	b	/d/	d	/g/	g
/m/	m	/n/	n	/ŋ/	ng
/f/	ff,ph	/θ/	th	/s/	s
/ɬ/	ll	/ʃ/	si, sh	/χ/	ch
/h/	h	/v/	f	/ð/	dd
/l/	l	/r/	r	/r̥/	rh
/w/	w	/j/	i		

Noder

Yn y system orgraffyddol a arferir gan y gymuned Gymraeg ym Mhatagonia defnyddir *v* (yn hytrach nag *f*) i gynrychioli /v/.

16 Mewn benthyciadau o'r Saesneg mae'r orgraffyn *j* yn dynodi /dʒ/:

[dʒam]	*jam, cyffaith*
[garɛdʒ]	*garej, modurdy*
[dʒel]	*jêl, carchar*
[dʒɒb]	*job, swydd*

Dewisodd *Geiriadur Prifysgol Cymru* arfer *ts* i ddynodi /tʃ/ mewn ffurfiau megis:

[tʃain]	*tsaen, cadwyn*
[tʃɪps]	*tsips, sglodion*
[watʃ]	*wats, oriawr*
[matʃɛn]	*matsen*

ond dewis *Cymraeg Byw* yw *tsh* ac o ganlyniad rhydd hyn sillafiad sydd ychydig yn wahanol.

Defnyddir *sh* neu *s* i ddynodi /ʃ/ ar ddiwedd gair:

[brʊʃ]	*brwsh, brws*

ond ym mhob safle arall fe'i dynodir gan *si*:

[ʃɒp]	*siop*
[brʊʃo]	*brwsio*
[pənʃun]	*pensiwn*
[ʃarad]	*siarad*

17 Cynrychiolir /ŋ/ ac /ŋg/ gan *ng*:

[ɪŋ]	*ing*
[aŋori]	*angori*
[daŋgos]	*dangos*
[baŋgor]	Bangor

18 Dynodir /f/ gan *ff* ar ddechrau gair ac eithrio lle y mae /f/ yn sylweddoli treiglad llaes o *p*; dynodir y treiglad llaes o *p* gan *ph*, gw.

21

47. Yr unig eithriadau yw enwau priod Beiblaidd: Pharisead, Philistiaid, Philipi, Philipiaid, Philemon, Phrygia.

19 Nodir y llafariaid a'r deuseiniaid ynghyd â'r orgraffynnau cyfatebol ar dabl 3:

Tabl 3

/i/	/ɪ/	i, y				
/e/	/ɛ/	e				
/ɑ/	/a/	a				
/o/	/ɒ/	o				
/u/	/ʊ/	w				
/ɨ/	/ɪ̵/	u, y				
/ə/		y				
/ei/	ei		/ɪu/	iw, yw, uw	/ei̵/	eu
/ai/	ai		/ɛu/	ew	/ai̵/	au
/ɒi/	oi		/au/	aw	/ɑi̵/	ae
/ʊi̵/	wy		/ou/	ow	/oi̵/	oe
			/ɨu/	yw, uw	/ʊi̵/	wy
			/əu/	yw		

Yr wyddor

20 Mae i bob un o arwyddion yr wyddor enw traddodiadol a nodir isod:

a	â
b	bî
c	èc
ch	èch
d	dî
dd	èdd

e	ê
f	èf
ff	èff
g	èg
ng	èng
h	âets
i	î
l	èl
ll	èll
m	èm
n	èn
o	ô
p	pî
ph	ffî
r	èr
rh	rhi, rho
s	ès
t	tî
th	èth
u	û
w	w
y	y

Noder

Mewn rhai geiriau cynenir *ng* yn *ng-g: dangos*, Bangor. Yn yr wyddor Gymraeg mae *ng* yn dilyn *g* (*llegach, lleng, lleiaf*) ond mae'r ffurfiau a gynenir *ng-g* yn cael eu cynnwys mewn geiriaduron rhwng *-nf-* ac *-nh-* (*danfon, dangos, danheddog*).

Hyd, Pwyslais ac Acenion

21 Mae'r orgraff yn dangos yr holl amrywiadau gogleddig, ond nid yw'n dynodi amrywiadau o ran hyd. Digwydd llafariad fer mewn ffurfiau unsill clitig:

fy

dy

yn

a

y

Mewn ffurfiau unsill agored eraill sy'n cynnwys llafariad bwyslais, mae'r llafariad bob amser yn hir:

da

lle

tri

llw

plu

pa

22 Mewn ffurfiau unsill sy'n diweddu yn *p, t, c, m, ng,* llafariad fer sy'n digwydd yn arferol:

cap

het

lloc

cam

llong

Mewn benthyceiriau megis

siâp

gât

tâp

grŵp

sêt

mae'r llafariad yn hir a dynodir hynny gan acen grom. Mewn dwy ffurf sef,

côt

grôt

mae'r llafariad yn hir yn llafar gogledd Cymru ond yn fer yn y de.

23 Mewn rhai ffurfiau berfol lle y cywasgwyd neu lle y cyfunwyd dwy lafariad, gan roi un llafariad a gynenir yn hir, dynodir y llafariad hir gan acen grom:

ŷm	(< *ydym*) (gw. **277**)
bûm	(< *buum*) (gw. **277**)
bôm	(< *byddom*) (gw. **277**)
bônt	(< *byddont*) (gw. **277**)

24 Mewn ffurfiau berfol eraill, y mae'r llafariad yn hir o flaen -*nt* , a dynodir hynny gan yr acen grom:

rhônt	3 llu. Pres. Myn. *rhoi* (gw. **270**)
cânt	3 llu. Pres. Myn. *cael* (gw. **274**)
ânt	3 llu. Pres. Myn. *mynd* (gw. **294**)
gwnânt	3 llu. Pres. Myn. *gwneud* (gw. **294**)
dônt	3 llu. Pres. Myn. *dod* (gw. **294**)

25 Mewn ffurfiau unsill sy'n diweddu yn *b, d, g, f, ff, dd, ch, th, s*, mae'r llafariad yn hir yn arferol, ond ni roir acen grom arni:

mab
nod
gwag
haf
hoff
rhaff
sach
coch
peth
cas
pas
nos

26 Mae'r llafariad yn fer yn

os
och
fflach
rhag

27 Yn *heb* mae'r llafariad yn fer yn nhafodieithoedd gogledd Cymru ond yn hir mewn tafodieithoedd deheuol.

28 Amrywia hyd y llafariad mewn ffurfiau unsill sy'n diweddu yn *l, n, r.* Dynodir y llafariad hir gan acen grom:

ffŵl
(y)stên
sêr
blêr
(y)stôl
siôl

Mae *i* ac *u* yn hir fel rheol ond ni roir acen grom i nodi hynny, onid oes arwyddocâd i'r gwahaniaeth rhwng hir a byr, hynny yw onid yw'r gwahaniaeth rhwng hir a byr yn cyfnewid ystyr:

min
hir
llun

Ceir llafariad fer mewn rhai eithriadau:

ffwr
swil
prin
bil

Pan yw'r gwahaniaeth rhwng llafariad hir a llafariad fer yn cyfnewid ystyr sut bynnag, mae'n arferol nodi'r llafariad hir ag acen grom ond ni roir nod dros y llafariad fer:

âr eg. 'tir aredig'	*ar* ardd. 'goruwch ac yn cyffwrdd â'
mân ans. 'bychan'	*man* ebg. 'llecyn'
ffôn eg. 'teliffon'	*ffon* eb. 'gwialen'
cân eb. 'cerdd'	*can* eg. 'blawd'
tâl eg. 'cyflog'	*tal* ans. 'hir'
llên eb. 'gwaith llenor'	*llen* eb. 'cyrten'
gwâr ans. 'moesgar'	*gwar* ebg. 'gwegil'
ôd eg. 'eira'	*od* ans. 'hynod'
brân eb. 'aderyn gloywddu'	*bran* eg. 'eisin gwenith, haidd, ceirch'

Digwydd acen grom yn ogystal ar *ŷd, tŷ, iâ, iâr.*

29 Prin yw'r enghreifftiau o ddynodi llafariad fer â'r nod ` (acen ddisgynedig):

nod eg. 'amcan'	*nòd* ebg. 'cydnabod'
clos eg. 'buarth'	*clòs* ans. 'trymaidd, agos'
pin ell. 'coed bythwyrdd'	*pìn* eg. 'darn main o fetel'
sgil adf. 'tu ôl'	*sgìl* eg. 'medr'

30 Amrywia hyd y llafariad mewn ffurfiau unsill o flaen *ll*: mae'r llafariad yn fer, yn arferol, yng ngogledd Cymru ac yn hir, yn arferol, yn y de.

31 Pan fo clwm cytseiniol yn dilyn llafariad mewn gair unsill, bydd y llafariad fel rheol yn fer:

corff
cwrt
dant
hynt
pant
perth
pyrth
sant
serth

32 Mae llafariad sy'n rhagflaenu *-llt, -sb, -sg, -st,* yn hir yng ngogledd Cymru ond yn fer yn ne Cymru fel rheol:

> *cosb*
> *cost*
> *cwsg*
> *gwallt*
> *gwellt*
> *hollt*
> *llesg*
> *Pasg*
> *swllt*
> *tasg*
> *tyst*

33 Yn y goben bwyslais dynodir y llafariad fer trwy ddyblu'r *n* neu'r *r* sy'n ei dilyn, ond ni cheir nod i ddynodi'r llafariad hir:

canu	*cannu*
caru	*carreg*
tonau	*tonnau*
Tori	*torri*

Gydag un eithriad (gw. **34**) dyblir *n* ac *r* mewn sillafau pwyslais yn unig:

annwyl	*anwylyd*
ennill	*enillodd*
pennill	*penillion*

Ni wneir hynny, sut bynnag, o flaen lledlafariad neu gytsain:

gyrru	*gyriant*	*gyrwyr*
torri	*toriad*	*toriadau*

34 Mae'r rhagacen gref ar y rhagddodiad negyddol *an-* , sut bynnag, yn peri dyblu'r gytsain:

> *annaturiol*
> *annedwydd*
> *annoeth*

annheg
annheilwng
annibendod
annibynnol

Yn yr holl enghreifftiau lluosill a nodwyd hyd yma, disgyn y prif bwyslais ar y goben, sef ar y sillaf olaf ond un.

35 Pan yw'r pwyslais yn disgyn ar y sillaf olaf a heb ei nodi gan *-h-*, fe'i dynodir gan y nod diacritig ´ (acen ddyrchafedig), neu gan acen grom:

parhau
parhad
mwynhau
mwynhad
eglurhad
crynhoi
gwacáu
dwysáu
rysáit
sigarét
agosáu
dicléin
tristáu
carafán
cysáct
gwacâd
arwyddocâd
canŵ
parêd
tatŵ
sigâr
balŵn
cartŵn
cysêt
cantîn

36 Ni nodir y pwyslais ar y sillaf olaf bob amser:

Cymraeg
paratoi
cyfleu
preswylfeydd
dileu
ogofau, ogofeydd (hefyd ogofâu)

37 Pan fo'r llafariad a bwysleisir yn gynnyrch cywasgu, neu pan fo'r llafariad honno'n llafariad bwyslais ar ddiwedd gair, dynodir hynny gan acen grom, boed *h* yn y sillaf olaf ai peidio:

iachâ
iachâd
caniatâ
bwytâf
casâf
parhânt
nesânt
esmwythâ
canfûm
dramâu
themâu
operâu
bwâu

Digwydd, yn ogystal, yn

amhûr
amhêr

38 Y mae'r llafariad bob amser yn fer mewn sillafau dibwyslais:

lluddedig
problem

ychwanegu
ymbil
cyfarwyddiadur
cyfrifiadur
meddalwedd

39 Yn y ffurfiau canlynol disgyn y prif bwyslais ar y goben a rhoir acen grom dros y llafariad *w*:

ymhŵedd
pŵer
(y)rŵan

40 Mae'r ddeusain *ai* (pan fo'n gynnyrch cywasgu *a* + *ai*), y ddeusain *oi* (pan fo'n gynnyrch cywasgu *o* + *oi*) a'r ddeusain *au* (pan fo'n gynnyrch cywasgu *a* + *au*) yn cynnal yr acen grom:

gwnâi	*(< gwna-ai)*	3 un. Amh. Myn. *gwneud* (gw. **294**)
trôi	*(< tro-oi)*	3 un. Amh. Myn. *troi* (gw. **270**)
rhôi	*(< rho-oi)*	3 un. Amh. Myn. *rhoi* (gw. **271**)
plâu	*(< pla au)*	ell.

41 Rhoir yr acen grom dros elfen gyntaf y ddeusain ddisgynedig *wy* a thros ail elfen y ddeusain esgynedig *wy*, yn bennaf er mwyn gwahaniaethu rhwng geiriau sy'n ymdebygu o ran orgraff ond yn dynodi ystyron gwahanol:

gŵydd	eb. 'dofedn benyw'; eg. 'presenoldeb'
gwŷdd	ell. 'coed'; eb. 'ffrâm gwëydd'
gŵyr	3 un. Pres. Myn. *gwybod;* ans. 'crwm'
gwŷr	ell. 'dynion' (un. *gŵr*)

Pan fo *g-* yn diflannu oherwydd amodau'r treiglad meddal (gw. **47**) mae'r acen grom yn gwahaniaethu rhwng:

ŵyl	3 un. Pres. Myn. *wylo*
wŷl	*(< gwŷl)* 3 un Pres. Myn. *gweld*
ŵyn	ell. (un. *oen)*
wyn	*(< gwyn)* ans.
wŷn	*(< gwŷn)* 'poen'
ŵyr	eg. (llu. *wyrion)*
wŷr	*(< gwŷr)* ell.

42 Disgyn y prif bwyslais mewn rhai benthyceiriau ar y sillaf ragobennol:

testament
sacrement
polisi
ambiwlans
melodi
paragraff

Yn *cárnifal* nodir y pwyslais gan acen ddyrchafedig ac yn *sŵoleg* mae llafariad ddibwyslais yn cynnal yr acen grom. Pan ychwanegir sillaf fe symud y pwyslais i'r goben:

paragraffau
testamentau
swolegol (hefyd *sŵolegol)*

Didolnod

43 Rhoir didolnod, sef {¨}, dros lafariad i ddynodi llafariad bwyslais yn y goben:

gweddïo
elïau
crëwr
saernïo
crëyr
copïo
düwch
ffansïol
gwäell
sïo
cwmnïau
twrcïod
gïau
ysbïwr
gwnïad
academïau
saernïaeth
heresïau
Llandybïe

Yn *naïf* mae'r didolnod dros y sillaf olaf acennog. Noder yn ogystal safle'r didolnod yn y ddwy enghraifft isod:

troëdig
tröedigaeth

Noder
Mewn cyhoeddiadau 'poblogaidd' mae'n gyffredin anwybyddu'r nodau deiacritig a ddisgrifir yn **22-24, 28-29, 35, 37, 39-43**.

Cyplysnod

44 Defnyddir y cyplysnod:

(i) i gyplysu cyfansoddeiriau llac (gw. **332-333**) a ffurfir o *cyd-*:

cyd-Gristnogion
cyd-aelod
cyd-etifedd

(ii) i gyplysu cyfansoddair llac a ffurfir o *cyd-*, *cam-*, a gair unsill:

cyd-fyw
cyd-ddwyn
cyd-gwrdd
cyd-fynd
cam-farn
cam-drin
cam-drefn
cam-dro

(iii) mewn cyfansoddair clwm a llac i wahanu'r elfennau *dd-d, d-d, t-h*:

lladd-dy
cybydd-dod
cyd-dyfu
hwynt-hwy

(iv) mewn cyfansoddeiriau llac i gyplysu elfennau a acennir ar wahan:

di-fai
di-boen
di-flas
bardd-bregethwr
di-ben-draw
ail-law
di-asgwrn-cefn
môr-forwyn
chwit-chwat

(v) i gyplysu'r elfennau mewn amryw enwau lleoedd:

Llanarmon-yn-Iâl
Llanbedr-y-fro
Cil-y-cwm
Clas-ar-Wy
Llys-y-frân
Llys-faen
Llanrhaeadr-ym-Mochnant
Rhyd-y-mwyn
Tal-y-bont
Morfa-mawr
Nant-y-moel
Ystrad-ffin
Ynys-y-bŵl

(vi) mewn ffurfiau megis:

chwaer naill-ran
dyn naill-fraich
is-lywydd
is-bwyllgor
lled-orwedd
lled-wyro
ôl-nodiad
ôl-foderniaeth
cyn-gadeirydd
cyn-oesoedd
de-ddwyrain
gogledd-orllewin

(vii) mewn ffurfiau onomatopaig:

tw-whit-tw-hw
grwns-grans
glip-glap
dwmbwl-dambwl
dy-dwmp-dy-damp

Collnod

45 Defnyddir collnod:

(i) gyda'r fannod yn dilyn llafariad neu ddeusain (gw. **158**):

y gŵr a'r wraig
mae'r plant yn cysgu

(ii) mewn ffurf dalfyredig ar *y(r)* adferfol yn dilyn llafariad lle y mae perthynas glòs rhwng y geiriau o boptu iddi:

Heddiw, yn y man lle'r adeiladwyd yr hen gastell ni cheir ond adfeilion.

(iii) fe'i defnyddir yn *'n* i ddynodi'r ategydd berfol *yn* a'r *yn* traethiadol (gw. **278**) yn dilyn llafariad neu ddeusain:

mae hi'n canu
'rwyf i'n gweithio
canai'n swynol

(iv) fe'i defnyddir i ddynodi bod cytsain wedi diflannu:

betia' sef betiaf
cry' sef cryf
gwelan' sef gwelant
hapusa' sef hapusaf
ca' sef caf
cym'yd sef cymryd
Mi fetia' i na cha' i mo'r wefr a deimlais i wedi'r Ras Fawr y llynedd
        (*Barddas*, Gorffennaf/Awst 1993: 1)
y pump o'non ni
        (*Taliesin*, Gaeaf 1994: 61)

(v) mewn barddoniaeth a rhyddiaith fe'i defnyddir yn y ffurf *f'* sef *fy* a *d'* sef *dy* o flaen ffurfiau sy'n dechrau â llafariad:

Dydd arall o derm f' einioes treiglo wnaeth
(John Morris Jones (1884-1929)
Eiliad dy farwolaeth oedd eiliad d' enedigaeth di
(Alan Llwyd (1948-))

Lle y diflanna *fy* yn llwyr yn dilyn llafariad, atodir y collnod at y gair sy'n dilyn:

Mae iaith bereiddia'r ddaear hon
Ar enau 'nghariad i.
(John Morris Jones (1894-1925))
Yn awr prinder y gweryd
Cei orau 'mord, bynciwr mud.
(T. Llew Jones (1915-))
Dyna 'met i
(*Barddas*, Gorffennaf/Awst 1993: 1)
Rwy'n caru 'Nghymru
(*Y Cymro*, 2 Chwefror 1994: 5)

Gw. hefyd **108**.

(vi) fe'i defnyddir i ddynodi bod llafariad neu sillaf wedi colli naill ai ar ddechrau gair neu ynghanol gair:

Deunaw oed dy i'engoed teg
(Dic Jones (1934-))
Canaf i gerdd ddihafal
'Deryn du mewn derwen dal
(T. Llew Jones (1915-))

Mae *i'engoed* a *'deryn* yn ffurfiau cywasgedig ar *ieuengoed, aderyn*.

(vii) mewn barddoniaeth a rhyddiaith fe'i defnyddir gyda'r rhagenwau blaen (gw. **215**) a'r rhagenwau mewnol (gw. **217**):

f' anwylyd
Â'th lais dilledaist y llwyn
(T. Llew Jones (1915-))
Casâf ef a'i ddeddfau a'i bobl
(John Bunyan, 1962: 36)

Fe'm cyffrowyd ac fe'm synnwyd
(*Y Faner,* 19 Ionawr 1991: 21)

Priflythrennau

46 Rhoir priflythrennau neu lythrennau bras:

(i) ar ddechrau brawddegau

(ii) i ddynodi enwau priod (er enghraifft enwau pobl, lleoedd, teitlau gweithiau argraffedig, dyddiau'r wythnos, misoedd y flwyddyn, y planedau (heblaw am yr haul a'r lleuad), enwau mudiadau, sefydliadau cenedlaethol a chyrff llywodraeth:

> Silvan Evans
> Llanelli
> *Golwg*
> *Traddodiad Llenyddol Morgannwg*
> *Geiriadur Prifysgol Cymru*
> ar y Sul
> prynhawn dydd Gwener
> bore Iau
> dydd Sul
> Tachwedd
> Neifion
> cyfnod y Tuduriaid
> *Y Swyddfa Gymreig*
> *Llyfrgell Genedlaethol Cymru*
> *Urdd Gobaith Cymru*

(iii) gydag ansoddeiriau a ffurfiwyd o enwau priod:

> *Y Methodistiaid Calfinaidd*
> *pensaernïaeth Duduraidd*
> *y chwedlau Celtaidd*
> *tai Sioraidd*

(iv) wrth nodi byrfoddau ac acronymau:

GPC	*Geiriadur Prifysgol Cymru*
LlGC	*Llyfrgell Genedlaethol Cymru*
UCAC	*Undeb Cenedlaethol Athrawon Cymru*
ACAC	*Awdurdod Cwricwlwm ac Asesu Cymru*

(v) ar gyfer teitlau neu swyddi:

Syr John Rhŷs
yr Esgob Burgess
yr Athro John Morris Jones
y Prifardd Dic Jones
yr Arglwydd Geraint
yr Arlywydd Clinton

Y treigladau

Treigladau Cytseiniaid Dechreuol

Cyflwyniad

47 Nodweddir y Gymraeg a'r holl ieithoedd Celtaidd gan dreigladau dechreuol lle y cyfnewidir un gytsain am gytsain arall ar ddechrau gair dan amgylchiadau morffolegol neu gystrawennol arbennig.

Yn y Gymraeg mae'n arferol dosbarthu'r treigladau yn dri dosbarth: y Treiglad Meddal, y Treiglad Trwynol a'r Treiglad Llaes.

Nodir isod ar dabl 4 y newidiadau a ddigwydd dan amodau treiglo.

Tabl 4

Cytsain gysefin	Y treiglad meddal	Y treiglad trwynol	Y treiglad llaes
p	b	mh	ph
t	d	nh	th
c	g	ngh	ch
b	f	m	
d	dd	n	
g	—	ng	
ll	l		
rh	r		
m	f		

Dan amodau'r treiglad llaes ychwanegir *h-* at ffurfiau sy'n cynnwys llafariad mewn safle dechreuol (gw. **125**).

40

Gydol yr adrannau ar y treigladau nodir y ffurf gysefin rhwng cromfachau ar ochr dde'r ddalen.

Noder

Am ddosbarthiad gwahanol ar y treigladau dechreuol gw. Oftedal (1962).

Y Treiglad Meddal

48 Treiglir enw benywaidd unigol yn dilyn y fannod:

y gyllell	*(cyllell)*
y fam	*(mam)*
y fuwch	*(buwch)*
o'r ardd	*(gardd)*
i'r dref	*(tref)*

Mae *pobl* yn enw benywaidd unigol ac fe'i treiglir i'r feddal yn dilyn y fannod:

y bobl	*(pobl)*

Mae'r treiglad a ddigwydd yn ffurf luosog yr enw *pobl* yn dilyn y fannod, sut bynnag, yn hollol eithriadol oherwydd nid yw'n arferol treiglo enw lluosog yn dilyn y fannod:

pobloedd   *y bobloedd*

Treiglir cytsain gysefin ansoddair yn dilyn *pobl, pobloedd* (gw. **50**):

pobl dda	*(da)*
pobloedd fawrion	*(mawrion)*
pobl lwythog (Eseia, 1: 4)	*(llwythog)*

Digwydd y gysefin yn ogystal yn dilyn *pobloedd*.

Treiglir y lluosog deuol yn dilyn y fannod:

gefell *yr efeilliaid*	*(gefeilliaid)*

Prin yw'r enghreifftiau o'r lluosog deuol.

Ni threiglir *ll-, rh-*, mewn enwau benywaidd unigol yn dilyn y fannod:

y llysywen
o'r llyfrgell
i'r rhyd
y rhaff

Enwau benywaidd unigol yn cael eu rhagflaenu gan y fannod yw amryw enwau lleoedd, mynyddoedd etc., ac fe'u treiglir yn feddal:

> *Y Waun, Y Gelli, Y Foel, Yr Wyddfa, Y Fan*

Yn gyffredin digwydd y treiglad er nad yw'r fannod yn cael ei dynodi:

> *Felindre, Faerdre, Gilfach-wen, Waun-fawr*

Weithiau mae'r treiglad yn afreolaidd gan nad yw'r fannod yn ddealledig o flaen yr enw benywaidd unigol:

> *Gelli'r Ynn, Waunarlwydd, Gorseinon*

Y ffurfiau cysefin yw *Celli, Gwaun, Cors.*

Noder

Mae'r enwau benthyg benywaidd yn *g-*, sef *gêm, gôl,* yn gwrthsefyll treiglo.

49 Treiglir y rhifol gwrywaidd *dau* a'r rhifol benywaidd *dwy* yn dilyn y fannod:

y ddau	*(dau)*
y ddau afal	*(dau)*
y ddwy	*(dwy)*
y ddwy chwaer	*(dwy)*

Treiglir *deu-* a *dwy-*, yn ogystal, mewn enwau cyfansawdd (gw. **332-333**):

y ddeuddyn	*(deuddyn)*
y ddwyfron	*(dwyfron)*

Noder

Mae *deuddeg* a *dwylo* yn gwrthsefyll treiglo yn dilyn y fannod: *y deuddeg, y dwylo.*

50 Treiglir ansoddair yn dilyn enw benywaidd unigol:

rhaglen ddiddorol	*(diddorol)*
triniaeth lawfeddygol	*(llawfeddygol)*
gwraig olygus	*(golygus)*
cyfrol ragorol	*(rhagorol)*

Pan fo mwy nag un ansoddair yn dilyn enw benywaidd unigol treiglir yr holl ansoddeiriau yn y gyfres:

cyfres fer flasus	*(ber, blasus)*
merch fach welw	*(bach, gwelw)*
cath ddu raenus	*(du, graenus)*
neuadd fach, dwt, gynnes	*(bach, twt, cynnes)*

Weithiau bydd -*d* yn gwrthsefyll treiglo yn dilyn -*s* :

nos da
yr wythnos diwethaf

Yn yr iaith ysgrifenedig ni threiglir yr ansoddair *braf* yn dilyn enw benywaidd unigol:

noson braf

ond ar lafar yn y de clywir treiglo *braf:*

noswaith fraf	*(braf)*
merch fraf	*(braf)*

Bydd *braf* yn gwrthsefyll treiglo yn dilyn *cyn* , *mor* (gw. **52**):

Mor braf yw clywed emyn Cymraeg
(Siôn Eirian, 1979: 26-7)

ac yn dilyn *yn* traethiadol:

Byddai hynny'n braf er cymaint y boen
(Kate Roberts, 1976: 75)

Mewn rhai ardaloedd yng ngogledd Cymru erys *bach* heb dreiglo yn dilyn enw ben. unigol:

y ddesg bach
(Robin Llywelyn, 1994: 60)
Nest bach
geneth bach

Gellir treiglo ansoddair yn dilyn enw pan gyfeirir at unigolyn arbennig:

Arthur Fawr	*(Mawr)*
Hywel Dda	*(Da)*
Selyf Ddoeth	*(Doeth)*

Bydd yr ansoddair yn aml yn gwrthsefyll treiglo:

Ieuan Du   Gwilym Tew   Gwenno Llwyd   Rhodri Mawr

Gellir treiglo enw priod yn dilyn enw benywaidd unigol:

Gŵyl Ddewi	*(Dewi)*
Ffair Fartin	*(Martin)*
Eglwys Rufain	*(Rhufain)*

Digwydd enghreifftiau o'r enw priod yn gwrthsefyll treiglo:

Gŵyl Dewi
Ynys Môn
Dinas Dafydd
Dinas Mawddwy

Ar dreiglo'r ansoddair yn dilyn yr enw lluosog *pobloedd* gw. **48.**

51 Pan ffurfir cyfansoddair (gw. **67**n., **137**, **325** (iii), **332, 333**) treiglir yr ail elfen yn gyffredin:

(i) cyfansoddeiriau clwm:

crom + bach	>	*cromfach*
glas + llanc	>	*glaslanc*
glas + bro	>	*glasfro*
gwen + merch	>	*gwenferch*
haf + dydd	>	*hafddydd*

(ii) cyfansoddeiriau llac:

hen + lle	>	*hen le*
gwir + dyn	>	*gwir ddyn*
melys + llais	>	*melys lais*
annwyl + gwlad	>	*annwyl wlad*
rhyw + prynhawn	>	*rhyw brynhawn*
cryn + cyfnod	>	*cryn gyfnod*

Digwydd *rhyw* gyda berfenwau i ddynodi bod y weithred a ddisgrifir yn amhendant neu'n amhenodol neu'n aneglur:

Rwy'n rhyw led-gredu bod y methiant hwn	*(lled-gredu)*
yn anochel	

   (Bryan Martin Davies, 1988: 12)

Byddai Mererid yn aml yn rhyw ganu wrthi ei hun   *(canu)*
(Rhiannon Davies Jones, 1989: 36)

Treiglir enwau yn dilyn *amryw* (< *am* + *ryw*), *cyfryw* (< *cyf* + *ryw*), *unrhyw* (< *un* + *rhyw*):

amryw bethau	*(pethau)*
y cyfryw rai	*(rhai)*
unrhyw bryd	*(pryd)*

Mewn barddoniaeth ac i raddau llai mewn rhyddiaith, gall y rhan fwyaf o ansoddeiriau ragflaenu'r enw a oleddfir ganddynt, ond dyfais lenyddol yw hyn; treiglir yr enw'n feddal:

Daw arall ddydd ac arall ddwylo	*(dydd, dwylo)*
(Rhiannon Davies Jones, 1977: 172)	
dygn dlodi	*(tlodi)*
(*Taliesin*, Gaeaf 1994: 37)	
mawrion weithredoedd Duw	*(gweithredoedd)*
(Act., 2: 11)	
Rhyw ddedwydd lonydd le	*(lle)*
Llonydd le ar dyle neu dwyn . . .	*(lle)*
(David James Jones, Gwenallt (1899-1968))	

Treiglir ansoddair sy'n digwydd rhwng y fannod ac enw ben. unigol:

y ddu nos	*(du)*
y lwyd wawr	*(llwyd)*
y brif lyfrgell	*(prif)*

Pan fo'r enw wedi ei hepgor ond yn ddealledig erys y treiglad:

y fechan	*(bechan)*
y lonnaf	*(llonnaf)*

Noder

Ni threiglir *cyfryw* yn dilyn y fannod: *y cyfryw sillaf*

52 Treiglir ansoddair yn dilyn *cyn, mor* (gw. **198-199**):

Mor deg oedd ac mor osgeiddig	*(teg, gosgeiddig)*
(Rhiannon Davies Jones, 1987: 171)	
Yr oedd gwallt ei ben yn wyn fel gwlân,	
cyn wynned â'r eira	*(gwynned)*
(*Y Faner*, 23/30 Rhagfyr 1988: 7)	

Mae'r ansoddair *braf* yn gwrthsefyll treiglo (gw. **50**).

Ni threiglir *ll-*, *rh-* yn dilyn *cyn, mor*:

> *mor llydan, mor rhwydd, cyn llawned â, cyn rhwydded â*

53 Pan ddefnyddir gradd gyfartal yr ansoddair (gw. **199** (iii)) i fynegi syndod neu ryfeddod, fe'i treiglir i'r feddal onid yw'r cysylltair *a* yn rhagflaenu:

> *Fyrred yw bywyd !*   *(byrred)*
>
> *Leied a ddywedir am yrfa S L ym Mhrifysgol Lerpwl !*   *(lleied)*
> (*Y Faner*, 17 Chwefror 1989: 5)

Er na fwriedir cyfleu syndod bob amser, erys y treiglad:

> *Gynted ag y deuent i gyffiniau Nant Conwy*
> *dechreuai hewian arni*   *(cynted)*
> (Rhiannon Davies Jones, 1989: 103)

54 Treiglir enwau ac ansoddeiriau yn dilyn *yn* traethiadol (gw. **278**):

> *Rwy'n ddyn rhesymol*   *(dyn)*
> (Robat Gruffudd, 1986: 260)
>
> *Roedd y caffe'n wag*   *(gwag)*
> (Emyr Humphreys, 1981: 80)
>
> *Yr oedd yn gloff*   *(cloff)*
> (2 Sam. 9: 13)

Ceir dwy ystyr i *da*,

    (i) buddiol, rhinweddol, llesol

    (ii) defnyddiol

Yn yr ystyr gyntaf bydd *da* bob amser yn gweithredu yn unol â'r rheol a ddisgrifir uchod gan dreiglo'n feddal yn dilyn *yn* traethiadol. Yn yr ail ystyr mae'n gyffredin (yn enwedig ar lafar) hepgor yr *yn* a bydd *da* naill ai'n dewis treiglo neu'n cadw'r gytsain gysefin:

> *Beth oedd e (d)da?*
>
> *Beth ŷn nhw (d)da?*

Gellir yn ogystal, yn yr ail ystyr, ddynodi'r geiryn *yn*, a bydd *da* naill ai'n treiglo neu'n cadw'r gytsain gysefin yn dilyn y geiryn:

I be' mae'r Ddeddf Iaith yn dda?   *(da)*
(*Y Tiwtor*, Hydref 1993:1)
Be mae'r rhain yn da imi?
(Robin Llywelyn, 1994: 20)

Gw. Morgan 1952: 340-41.

Ni threiglir *ll-*, *rh-* yn dilyn *yn* traethiadol:

> *Byddai'n rhaid iddynt fynd adref*
> (Kate Roberts, 1972: 23)
> *Yr oeddem ninnau'r plant yn llygaid ac yn glustiau i gyd*
> (Rhiannon Davies Jones, 1977: 101)

Mae'r ansoddair *braf* yn gwrthsefyll treiglo yn dilyn *yn* traethiadol (gw. **50**).

55 Pan ddefnyddir gradd eithaf yr ansoddair (gw. **201**(iii)) yn adferfol, fe'i treiglir:

> *Dere draw gyntaf y gelli di*   *(cyntaf)*
> *Mae hi'n aros gyda ni fynychaf*   *(mynychaf)*

Gall enw yn dilyn y radd eithaf naill ai dreiglo'n feddal neu gadw'r gytsain gysefin:

> *Ardderchocaf frenin . . . ac anrhydeddus ddeiliaid* *(brenin)*
> (Rhiannon Davies Jones, 1988: 177)
> *eithaf Gymro*   *(Cymro)*
> *Mynnai rhai iddo ganu'r 'Deryn Pur' yn olaf cân ar ei wely angau.*
> (Hywel Teifi Edwards, 1989: 132)
> *eithaf peth*

Bydd *prif* bob amser yn rhagflaenu'r enw ac yn peri treiglad, ond ni threiglir enw ar ôl *cyntaf*:

> *prif ddynion*   *(dynion)*
> *y cyntaf peth*

56 Treiglir gradd eithaf yr ansoddair yn dilyn *po* (gw. **201** (ii), **418**):

gorau po gyntaf   (*cyntaf*)

Po fwyaf o ddiod a gaiff mwyaf o grefydd fydd   (*mwyaf*)
yn ei siarad
    (John Bunyan, 1962: 42)
Cadarna'r mur po arwa'r wal   (*garwa*)
    (Dihareb)

Gynt dilynid *po* gan y gytsain gysefin:

Po callaf y dyn anamlaf ei eiriau
    (Dihareb)
Po mwyaf y gwaharddodd efe iddynt, mwy o lawer
y cyhoeddasant
    (Mc. 7: 36) (argraffiad 1955)

57 Treiglir enw ben. unigol yn dilyn y rhifol *un*:

un ferch   (*merch*)
un gath   (*cath*)
un wraig   (*gwraig*)

Ni threiglir *ll-, rh-* mewn enw ben. unigol ar ôl *un*:

un llaw
un rhwyd

Pan fo *un* yn rhagflaenu ansoddair a ddilynir gan enw ben. unigol, treiglir yr ansoddair a'r enw:

un ryfedd awr   (*rhyfedd*)
un brif dref   (*prif, tref*)

Pan fo *un* yn cynrychioli enw ben. unigol, treiglir yr ansoddair sy'n dilyn:

Heblaw bod yn gyfrol bwysig, mae hon hefyd
yn un ddiddorol i bori ynddi   (*diddorol*)
    (Aneirin Talfan Davies, 1976: 200)
un ryfedd yw hi   (*rhyfedd*)

Pan fo *un* yn cyfleu'r ystyr 'yr un fath', treiglir enw gwr. unigol neu enw ben. unigol sy'n dilyn:

> *Yr oedd tyrfa o Siapaneaid o'r un feddwl â mi*   *(meddwl)*
>   (*Y Faner*, 16 Chwefror 1990: 9)
> *Mae'r plentyn yr un ben â'i dad*   *(pen)*

Pan fo *un* yn cyfleu'r ystyr 'yr union un' treiglir enw ben. sy'n dilyn:

> *Ceir glosau Cymraeg o'r un ganrif ar eiriau*   *(canrif)*
> *Lladin yn y testun*
>   (Geraint Bowen, 1970; 16)
> *Rhannai'r ddau yr un uchelgais, yr un gwely,*   *(cred)*
> *a'r un gred ddiniwed*
>   (Eigra Lewis Roberts, 1981: 53)

Bydd *ll-, rh-* yn gwrthsefyll treiglo: *Hwylient ar fwrdd yr un llong.*

58 Treiglir enw ben. unigol yn dilyn y rhifol ben. *dwy*:

> *dwy ferch*   *(merch)*
> *dwy lwy*   *(llwy)*
> *dwy gath*   *(cath)*

59 Treiglir enw gwr. unigol yn dilyn y rhifol *dau*:

> *dau frawd*   *(brawd)*
> *dau lo*   *(llo)*

Gall rhai ffurfiau wrthsefyll treiglo ar ôl *dau* (gw. **160**):

> *dau cant*   *deucant*   *(hefyd dau gant)*
> *dau pen*   *deupen*   *(hefyd dau ben)*
> *dau tu*   *deutu*
>   *deuparth*
> *dau cymaint*

60 Gall rhifol ddilyn enw lluosog a threiglir y rhifol hwnnw; dyfais lenyddol yw hyn ac ni ddigwydd yn gyffredin:

> *tafodau fil*   *(mil)*
> *brodyr dri*   *(tri)*

61 Treiglir trefnolion ben. yn dilyn y fannod:

y bedwaredd bennod	*(pedwaredd)*
y drydedd salm ar hugain	*(trydedd)*
y bedwaredd	*(pedwaredd)*
y drydedd ar hugain	*(trydedd)*

62 Treiglir enwau gwr. ac enwau ben. yn dilyn y trefnol *ail*:

ei ail wraig	*(gwraig)*
yr ail blentyn	*(plentyn)*
ail gar	*(car)*

Treiglir enw ben. unigol yn dilyn y trefnolion eraill:

y drydedd ferch	*(merch)*
y bedwaredd gaseg	*(caseg)*
y bumed waith	*(gwaith)*
y seithfed ddafad ar hugain	*(dafad)*
pumed car	
y trydydd mab	

63 Treiglir enw yn dilyn y rhagenw blaen 2il unigol *dy*, a'r rhag. blaen 3ydd unigol gwr. *ei* (gw. **214**):

Sut mae dy dad?	*(tad)*
(Gweneth Lilley, 1984: 24)	
Beth yw dy wleidyddiaeth di Owen?	*(gwleidyddiaeth)*
(Emyr Humphreys, 1986: 21)	
Fe hoffai fynd i newid ei grys	*(crys)*
(R. Cyril Hughes, 1976: 201)	
ei ddoluriau	*(doluriau)*

64 Treiglir enw yn dilyn y rhag. mewnol 2il unigol *'th*, a'r rhag. mewnol genidol 3ydd unigol gwr. *'i*, *'w* (gw. **217**):

Mae dy lygaid di mor las a'th wallt di mor felyn	*(gwallt)*
(Rhiannon Davies Jones, 1985: 6)	

Casâf Ef a'i ddeddfau a'i bobl   *(deddfau, pobl)*
(John Bunyan, 1962: 36)
Ces beth gwaith i'w berswadio   *(perswadio)*
(Robat Gruffudd, 1986: 241)

65 Treiglir enwau yn dilyn *wele, dyma, dacw, dyna*:

Wele ragflas o rai o gredoau pwysicaf Luther   *(rhagflas)*
(R. Geraint Gruffydd, 1988: 4)
Dyma eiriau o lythyr gan Humphrey Foulks   *(geiriau)*
(Gwyn Thomas, 1971: 22)
Dacw lyn, dacw fynydd   *(llyn, mynydd)*
Dyna gri llawer y dyddiau hyn   *(cri)*
(*Y Faner*, 14, Ebrill 1989: 4)

66 Treiglir enw yn dilyn y rhagenw gofynnol *pa*: (gw. **235**):

Pa ddewis sydd gan ddyn . . . ?   *(dewis)*
(Eigra Lewis Roberts, 1988: 81)
Pa fath o bobl, yng nghanol yr unfed ganrif ar bymtheg,
a oedd yn awyddus i ddysgu Cymraeg   *(math)*
(Geraint Bowen, 1970: 39)

Noder
Ni threiglir *pwy, pa* yn safle'r dibeniad nac yn dilyn sangiad:
Deallodd pwy oedd yno
Ni wyddai pa ddewis arall i roi iddi
Eglurodd wedyn pwy oedd yno
Ni ddeallai wedyn pa ddewis oedd ganddo

67 Treiglir enw yn dilyn *naill*:

Mae'r naill genhedlaeth yn dilyn y llall   *(cenhedlaeth)*
(R. Gerallt Jones, 1977: 41)
dyn naill-fraich   *(braich)*
chwaer naill-ran   *(rhan)*

Noder
Ni ddynodir y treiglad yn ail elfen y cyfansoddeiriau *neilltu,*
neillparth.

68 Treiglir yr ail elfen yn y cyfluniadau genidol isod:

(i) enw ben. unigol + enw unigol

carreg filltir	*(milltir)*
cot law	*(glaw)*

(ii) enw ben. unigol + berfenw

gwialen bysgota	*(pysgota)*
ffon gerdded	*(cerdded)*

(iii) enw ben. unigol + enw lluosog

sioe flodau	*(dau)*
siop lyfrau	*(llyfrau)*

(iv) enw ben. unigol + enw yn dynodi sylwedd neu fesur

odyn galch	*(calch)*
potel beint	*(peint)*

69 Treiglir yn dilyn yr arddodiaid *am, ar, at, dan (tan), dros (tros), drwy (trwy), heb, hyd, i, o, gan, wrth*:

am bunt	*(punt)*
ar fwrdd y gegin	*(bwrdd)*
at ddrws y tŷ	*(drws)*
dan fawd y wraig	*(bawd)*
dros glawdd yr ardd	*(clawdd)*
drwy ddŵr a thân	*(dŵr)*
heb waith a heb dir	*(gwaith, tir)*
hyd farw	*(marw)*
o law i law	*(llaw)*
fe'm trawyd gan bêl	*(pêl)*
wrth glwyd yr ardd	*(clwyd)*
i ben y wal	*(pen)*

70 Treiglir y dibeniad yn dilyn berf seml pan ddigwydd heb y fannod neu air arall o'i flaen, yn syth ar ôl naill ai'r ferf, neu'r ferf + rhag. ategol, neu'r goddrych:

Mi rof fwled trwy dy ben di   *(bwled)*
   (Harri Williams, 1978: 67)

Codais goler fy nghot   *(coler)*
   (Wil Roberts, 1985: 34)

Mae naw mlynedd er pan gawson ni ddillad newydd   *(dillad)*
   (Kate Roberts, 1976: 26)

Cymerodd Gideon biserau'r bobl   *(piserau)*
   (Barn. 7: 8)

Cafodd pum cwpled, naw englyn a thri
englyn cywaith farciau llawn   *(marciau)*
   (*Barddas*, Hydref 1993: 2)

71 Treiglir y rhagenwau personol annibynnol (gw. **211**) yn syth ar ôl berf amhersonol:

Poenir dithau   *(tithau)*
   (Lc. 16: 25)

72 Mewn brawddeg annormal (gw. **351**) treiglir y ferf yn dilyn y geiryn *a*:

Mi a rodiaf yn nerth yr Arglwydd Dduw   *(rhodiaf)*
   (John Bunyan, 1962: 39)

Chwi a alwyd o'ch gorchwyl   *(galwyd)*
   (Mair Wyn Hughes, 1983: 7)

Gellir hepgor y geiryn ond erys y treiglad:

Tymor arall ddaw ac fe fydd awdurdodau'r sir
yn dweud fel arfer bod pethau am fod yn wahanol   *(daw)*
   (*Golwg*, 8 Medi 1988: 15)

73 Treiglir berfau yn dilyn y rhagenw perthynol *a*:

Y dreth bwysicaf, a'r drymaf, oedd y Dreth Dir
a basiwyd yn 1693   *(pasiwyd)*
   (Geraint H. Jenkins, 1983: 58)

Gall cymal perthynol ddilyn y rhagenwau gofynnol *pwy, beth, pa beth*:

Pwy a ddyrchefid yn esgob yn ei le tybed?	*(dyrchefid)*
(R. Cyril Hughes, 1975: 49)	
Pa beth a roddwch i mi? (1955)	*(rhoddwch)*
Beth a rowch imi? (1988)	*(rhowch)*
(Mth. 26: 15)	

Gellir hepgor y rhagenw perthynol ond erys y treiglad:

Pwy all roi cyngor i mi?	*(gall)*
(Emyr Humphreys, 1986: 59)	
Beth ddigwyddodd i'r côr?	*(digwyddodd)*
(Emyr Humphreys, 1986: 98)	

74 Treigir dibeniad *sydd, sy* (gw. **227**) pa un ai hepgorir *yn* traethiadol sy'n ei ragflaenu ai peidio:

Ef sydd yn ben	*(pen)*
Hynny sydd orau	*(gorau)*
Yr hyn sydd raid sydd raid	*(rhaid)*
Gwnewch yr hyn sydd dda	*(da)*

75 Mewn brawddeg gypladol o gyfluniad Dibeniad + Traethiedydd + Goddrych treiglir ffurfiau *b*- y ferf *bod* (gw. **279, 349** (iv)):

Crwydryn fu Liam erioed	*(bu)*
(Gweneth Lilly, 1981: 9)	
Chi fydd y ddwy smartia yn y briodas	*(bydd)*
(Kate Roberts, 1976: 27)	
Crydcymalau fyddai ei ran bellach	*(byddai)*
(Marion Eames, 1982: 11)	
Ofer fai ceisio'i ddilyn o orchest i orchest	*(bai)*
(Hywel Teifi Edwards, 1989: 113)	

76 Treiglir enwau yn dilyn *sut?*:

Sut flwyddyn fyddai hi?	*(blwyddyn)*
(T. Glynne Davies, 1974: 33)	

A sut ornest a welwyd ar y Strade
y Sadwrn diwethaf?   *(gornest)*
    (*Y Faner*, 20 Ionawr 1989: 21)
Sut fagwraeth gâi fy wyrion i?   *(magwraeth)*
    (Emyr Humphreys, 1981: 24)
Sut gymwysterau sydd ganddo?   *(cymwysterau)*

77 Ar lafar ac mewn ysgrifennu anffurfiol gall *sut?, pryd?, faint?,* beri treiglo'r ferf sy'n dilyn:

Sut fedraist ti dynnu dy hun oddi wrth y moch?   *(medraist)*
    (Jane Edwards, 1976: 78)
Pryd fuost ti ym Mhlas Iolyn ddiwethaf?   *(buost)*
    (R. Cyril Hughes, 1975: 49)
Sut fywiwn ni yma fel arall, dŵad?   *(bywiwn)*
    (Robin Llywelyn, 1994: 55)
Faint all plentyn dan bump ei gofio?   *(gall)*
    (Emyr Humphreys, 1981: 39)

Noder
Bydd *mae* bob amser yn gwrthsefyll treiglo.

78 Treiglir enwau yn dilyn *ychydig*:

ychydig gariad   *(cariad)*
ychydig bethau   *(pethau)*

79 Treiglir enw sydd mewn cyfosodiad ag enw priod:

Pyfog butain   *(putain)*
    (Rhiannon Davies Jones, 1977: 99)
Islwyn Ffowc, lenor   *(llenor)*
    (*Y Faner*, 30 Mawrth 1979: 15)
Iago fab Sebedeus   *(mab)*
    (Mth. 4: 21)
Ioan Fedyddiwr   *(Bedyddiwr)*
Gwilym druan   *(truan)*

Treiglir *truan*, yn ogystal, yn dilyn enw cyffredin ac yn yr olyniad
druan o:

> *Fydd y taeog druan fyth uwch bawd sawdl*   (*truan*)
> (Rhiannon Davies Jones, 1977: 37)
> *Druan ohonom, druan o'n plant*   (*truan*)
> (*Y Faner*, 21 Ebrill 1989: 7)

Pan yw'r enw a gyfosodir yn dilyn rhagenw ategol neu enw cyffredin,
fe'i treiglir:

> *Treuliasom ni blant lawer i brynhawn*
> *hyfryd o haf yno*   (*plant*)
> (Aneirin Talfan Davies, 1972: 237)
> *Soniodd ef wedyn am ei gefndyr, feibion*
> *Gruffydd ap Rhys o Ddeheubarth*   (*meibion*)
> (Rhiannon Davies Jones, 1977: 145)

Gynt treiglid enw person benyw hanesyddol yn dilyn y fannod + enw
yn dynodi swydd neu deitl:

> *y Forwyn Fair/y Wyry Fair*   (*Mair*)

Yr arfer bellach, sut bynnag, yw bod yr enw priod yn gwrthsefyll
treiglo:

> *y Frenhines Mari*

Gw. yn ogystal **132**.

Eithriad yw'r treiglad yn *yr Arglwydd Dduw*.

80 Mae'r geirynnau rhagferfol *mi, fe* (gw. **336**) yn achosi treiglo:

> *Fe ddywed John Davies, Mallwyd yn ei Eiriadur*   (*dywed*)
> (Geraint Bowen, 1970: 13)
> *Mi garwn ymhelaethu arno yn y fan yma*   (*carwn*)
> (Geraint Bowen, 1970: 36)

Gw. yn ogystal **212** (iv).

Noder

Ar lafar hepgorir y geirynnau rhagferfol yn aml, ond erys y treiglad:

> *Ddaw hi fory*   (*daw*)
> *Gyfieitha' i hwnnw*   (*cyfieitha'*)

81 Treiglir *peth, llawer, pob, cwbl, dim* pan ddigwyddant yn adferfol:

Mae hi'n well beth na ni	*(peth)*
Nid yw ef gartref lawer	*(llawer)*
Mae ef yn galw yma bob dydd	*(pob)*
Mae'n gwbl ddiwerth	*(cwbl)*
Gweithiodd ddigon	*(digon)*
Nid af i ddim i'r dref	*(dim)*

Ar lafar ac mewn ysgrifennu anffurfiol gall *ddim*:

(i) negyddu brawddeg gypladol (gw. **349** (iv)):

   Ddim pysgotwr oedd y diawl
      (*Y Faner*, 25 Mai 1979: 18)

(ii) negyddu brawddeg gymysg (gw. **337**(ii), **352**):

   Ddim arna' i y mae'r bai eu bod nhw yn y militia
      (T. Glynne Davies, 1974: 244)

(iii) nodi ymateb negyddol:

   Does dim ots 'da chi yfed ar fy ôl i?
   Ddim o gwbl
      (John Rowlands, 1978: 82)

(iv) ychwanegu at sylw blaenorol:

   Mi wna i sgwennu—ddim bob dydd cofia
      (T. Glynne Davies, 1974: 376)

Gall *ddim ond* ddigwydd mewn ysgrifennu anffurfiol:

   Wyt ti'n mynd i aros efo ni yn hir, hir y tro yma, Dad?
   Ddim ond tan ddydd Llun
      (Gwyn ap Gwilym, 1979: 24)
   Dim ond sy'n gyffredin yn yr iaith safonol:
   Dim ond unwaith y bûm mewn ysbyty yn glaf
      (John Gruffydd Jones, 1981: 11)
   Ysywaeth, dim ond y deuddeg salm gyntaf a rhan o'r
   drydedd ar ddeg a lwyddodd i'w cael yn barod ar gyfer y wasg
      (*CLlGC* 27, 1991: 9)

Treiglir *dim* yn dilyn yr adferf *odid*:

   odid ddim

82 Treiglir rhai berfau syml pan ddynodant amser presennol cyffredinol gan gyfleu barn neu deimlad:

*Mae'r gwynt ar y Tywyn yma yn glustiau
i gyd debyga i!* (*tebyga*)
(Rhiannon Davies Jones, 1977: 26)
i gyfeiriad y dwyrain feddyliwn i (*meddyliwn*)
(J. G. Williams, 1978: 50)
Nid peth felly yw eglwys dybiaf i (*tybiaf*)
(John Jenkins, 1978: 31)
*Dim ond Mr Callaghan a'i gefnogwyr, gredwn i,
fuasai'n dymuno gweld ddoe . . . yn dychwelyd* (*credwn*)
(*Y Faner*, 30 Mawrth 1979: 3)

83 Treiglir enwau neu ymadroddion enwol sy'n gweithredu'n adferfol:

*Laweroedd o weithiau y bûm i yn addoli yma
yn y goedwig* (*llaweroedd*)
(J. G. Williams, 1978: 85)
Ymwelodd droeon â Gwenfo (*troeon*)
(Aneirin Talfan Davies, 1976: 2)
Ddeunaw mis yn ôl oedd hi (*deunaw*)
(Rhiannon Thomas, 1988: 38)
Ganrif yn ôl, lleiafrif bychan a brynai bapur newydd (*canrif*)
(Geraint Bowen, 1976: 81)
Ganol dydd y cliriodd y glaw (*canol*)
(W. O. Roberts, 1987: 55)
Cedwir y gytsain gysefin yn ogystal:

*Blynyddoedd lawer cyn i'r Dr Nicholas gymryd at y pwnc
'r oedd eraill yng Nghymru wedi'u cyffroi gan bosibiliadau
daeareg*
(Hywel Teifi Edwards, 1980: 89)

Wrth ddynodi amser gyda *dydd, prynhawn, bore*, treiglir yn gyffredin yng ngogledd Cymru ond erys y gytsain gysefin gan amlaf yn y de:

ddydd Llun, dydd Llun

84 Treiglir enwau, ansoddeiriau a berfenwau yn dilyn y cysylltair *neu* (gw. **400**):

dyn neu fenyw	*(menyw)*
eithriad neu ddwy	*(dwy)*
melyn neu las	*(glas)*
ennill neu golli	*(colli)*
plant neu rieni	*(rhieni)*

Yn aml ychwanegir y cysylltair *ynteu* at *neu*; defnyddir *ynteu*, yn ogystal, heb *neu* yn yr olyniad *ai/naill ai . . . ynteu*. Bydd treiglad yn dilyn *ynteu*:

> *Ni wn pa un ai rhinwedd ynteu wendid yng ngwaith*
> *T. Rowland Hughes ydyw . . .*   *(gwendid)*
>   (Geraint Bowen, 1976:122)
> *Ni wyddwn pa un ai cysgu ynteu grio yr oedd*   *(crio)*
>   (Rhiannon Davies Jones, 1985: 142)
> *Fel y troediem yn araf, araf, law yn llaw*
> *neu ynteu fraich ym mraich teimlem*
> *wres y cyrff dynol*   *(braich)*
>   (Rhiannon Davies Jones, 1985: 35)

85 Treiglir enwau sy'n cyflawni swyddogaeth gyfarchol:

> *Darllenwch hwnna, gyfaill*   *(cyfaill)*
>   (Alun Jones, 1981: 26)
> *Wraig, rhaid imi gael fy nghinio ar frys*   *(gwraig)*
>   (Emyr Hywel, 1973-4: 29)
> *Llefara fardd*   *(bardd)*
>   (Emyr Humphreys, 1986: 42)
> *Lle ca i barcio, was?*   *(gwas)*
>   (*Taliesin*, Rhagfyr 1992: 52)
> *Dewch chwi lan fan hyn, frawd, er mwyn inni*
> *gael bwrw 'mlaen yn reit sydyn*   *(brawd)*
>   (*Barddas*, Hydref 1993: 3)

Prin yw'r enghreifftiau o dreiglo enw priod:

> *Dyna dy dynged, Lywarch*   *(Llywarch)*
> (*Y Traethodydd* CXLII, 1978: 162)

Mewn cyd-destun ffurfiol bydd ebychiad yn rhagflaenu'r enw a threiglir yr enw yn dilyn yr ebychiad:

> *Y mae'r Duw a addolwn yn alluog i'n hachub,*
> *ac fe'n hachub o ganol y ffwrnais danllyd*
> *ac o'th afael dithau, O frenin*   *(brenin)*
> (Dan. 3: 17)

> *O Dduw, yr wyf yn diolch iti nad wyf i fel pawb arall*   *(Duw)*
> (Lc. 18: 12)

> *O Frenin, meddai, mae'r hyn a ddywed Carleg yn wir*   *(Brenin)*
> (Bryan Martin Davies, 1988: 33)

Gellir hepgor yr ebychiad ond erys y treiglad:

> *Clyw air yr Arglwydd, frenin Jwda*   *(brenin)*
> (Jer. 22: 3)

> *Fab dyn, llefara wrth henuriaid Israel*   *(mab)*
> (Esec. 20: 30)

Digwydd y gytsain gysefin yn ogystal:

> *Tŷ Dafydd, fel hyn y dywed yr Arglwydd*
> (Jer. 21: 12)

Ceid, gynt, y gytsain gysefin yn dilyn yr ebychiad:

> *O meibion Israel (1955)*
> (Amos, 2: 11)

Y gytsain gysefin sy'n arferol yn *cariad.*

> *Paid â phoeni, cariad*
> (Emyr Humphreys, 1981: 27)

86 Yng Nghymraeg y gogledd treiglir *p-, t-, c-,* yn dilyn y rhifolion *saith, wyth:*

> *saith bunt*   *(punt)*
> *wyth geiniog*   *(ceiniog)*
> *wyth gant a saith o flynyddoedd*   *(cant)*
> (Gen. 5: 6)

saith bâr o'r holl anifeiliaid glân (*pâr*)
(Gen. 7: 2)

Y gytsain gysefin a geir yn y de fel rheol. Gw. yn ogystal **109**.

87 Treiglir *b-*, *d-*, *g-*, *m-*, *ll-*, *rh-* yn y ferf yn dilyn y geirynnau rhagferfol negyddol *ni*, *na* (gw. **337, 338**):

Ni feiddiai wnïo na gwau ar y Sul (*beiddiai*)
(T. Glynne Davies, 1974: 46)
Ni ryfygant mwyach (*rhyfygant*)
(Deut. 17; 13)
Na feddylier na welsom chwarae llachar
gan Bontypridd (*meddylier, gwelsom*)
(*Y Faner*, 3 Chwefror, 1989: 21)

Gellir hepgor *ni* (gw. **256** (iv)), ond erys y treiglad:

Wnes i ddim byd na ddylwn i (*gwnes*)
(Emyr Humphreys, 1981: 287)
Ddaw run o'i thraed hi ar y cyfyl (*traed*)
(Jane Edwards, 1980: 53)

Bydd *b-* yn ffurfiau'r ferf *bod* yn aml yn gwrthsefyll treiglo yn dilyn *ni*, *na*:

Ni bu erioed atalfa ar dafod Gwenhwyfar
(Rhiannon Davies Jones, 1987: 159)
Ni bydd nos mwyach
(Dat. 22: 5)
Fe ddywedwyd mwy nag unwaith na bydd bardd
yn gwybod beth y bydd am ei ddweud
nes y bydd wedi ei ddweud
(Geraint Bowen, 1972, 35)
gwaith pobl na buont o fewn dau gan milltir i unrhyw ryfel
(*Taliesin*, Rhagfyr 1992: 29)

Ni ellir hepgor y geiryn *na* o flaen y modd gorchmynol nac mewn atebion (gw. **338**) ac fe'i dilynir gan dreiglad.

Mewn ysgrifennu diweddar *na* a geir yn arferol mewn cymalau perthynol ond digwydd *ni* yn ogystal, yn enwedig mewn testunau Beiblaidd:

Dros amser y mae'r pethau a welir, ond
y mae'r pethau na welir yn dragwyddol (1988)   (*gwelir*)
Y pethau a welir sydd dros amser, ond
y pethau ni welir sydd dragwyddol (1955)   (*gwelir*)
 (2 Cor. 4: 18)
Elfen annisgwyl yn y frwydr oedd darganfyddiad
Dilys ei bod yn mwynhau dysgu a bod ganddi ddawn
ni wyddai amdani cynt i drosglwyddo gwybodaeth
i bobl ifanc   (*gwyddai*)
 (Rhiannon Thomas, 1988: 40)

Yn dilyn *ni*, treiglir *rhaid, gwiw, gwaeth*:

Ni raid ond ei chymharu â Llywelyn Fawr,
Thomas Parry   (*rhaid*)
 (Geraint Bowen, 1976: 229)
Ni waeth pwy oedd wrth y llyw   (*gwaeth*)
 (*Y Faner*, 9 Medi 1988: 9)
Ni wiw   (*gwiw*)

Gellir hepgor *ni* o flaen *gwaeth, gwiw* ond erys y treiglad. Weithiau dynodir bod *ni* wedi ei hepgor gan gollnod:

'Waeth inni heb â sôn am geinder
y mynegiant yn unig   (*gwaeth*)
 (Geraint Bowen, 1976: 33)
Waeth mor chwerw ac annymunol ei feirniadaeth,
ni phetrusai ynghylch ymosod yn gyhoeddus arnynt (*gwaeth*)
 (Geraint Jenkins, 1980: 109)
Wiw dechrau sôn am theatr fach y Pike   (*gwiw*)
 (*Golwg*, 21 Rhagfyr 1989: 21)
Wiw i neb ddweud dim   (*gwiw*)

Gall *nid* ddigwydd yn ogystal o flaen *rhaid, gwiw, gwaeth*:

Nid rhaid treulio amser yn y ddarlith hon i ddangos . . .
 (Geraint Bowen, 1976: 351)

Nid gwiw poeni am yfory
(Rhiannon Davies Jones, 1985: 30)
Nid gwaeth gennym

88 Treiglir *mawr* mewn cyd-destun negyddol:

Doedd fawr o wahaniaeth beth a ddigwyddai iddo	*(mawr)*
(John Rowlands, 1978: 8)	
Dydy picwarch fawr o arf	*(mawr)*
(Emyr Hywel, 1973-4: 34)	
'Does fawr o wreiddioldeb yn y rhain ychwaith	*(mawr)*
(J. Elwyn Hughes, 1991: 48)	
'Doedd Gruff fawr gwell na fawr gwaeth ei fyd	*(mawr)*
(T. Glynne Davies, 1974: 194)	

89 Treiglir ansoddair pan yw'n gweithredu'n adferfol yn dilyn ansoddair arall (gw. **392**):

gwych ryfeddol	*(rhyfeddol)*
cywir ddigon	*(digon)*

Pan ddefnyddir ansoddair yn adferfol o flaen ansoddair arall, neu o flaen berfenw neu ferf, treiglir ail elfen y cyfansoddair llac:

gwir fawr	*(mawr)*
pur ddieithr	*(dieithr)*
prysur weithio	*(gweithio)*

90 Treiglir yn dilyn yr adferfau *go, rhy, hollol, lled, reit, cwbl, gweddol* (gw. **397** (ii)):

Croeso go gam a gâi gan ei lysfam	*(cam)*
(R. Cyril Hughes, 1975: 270)	
cerdd go gignoeth	*(cignoeth)*
(Aneirin Talfan Davies, 1972: 6)	
dynes hollol wahanol	*(gwahanol)*
(Kate Roberts, 1972: 22-3)	
Roedd yntau'n rhy wan i frwydro'n ôl	*(gwan)*
(John Rowlands, 1965: 7)	

lled dda	*(da)*
reit ddel	*(del)*
cwbl gelwyddog	*(celwyddog)*
gweddol beryglus	*(peryglus)*

Bydd *ll-*, *rh-*, yn gwrthsefyll treiglo yn dilyn yr adferf *pur*:

pur llwyddiannus
pur rhydlyd
pur dda   *(da)*

91 Treiglir berf yn dilyn y geiryn gofynnol *a* (gw. **339**) mewn cwestiynau uniongyrchol ac anuniongyrchol:

A rodia dau ynghyd, heb fod yn gytûn (1955)   *(rhodia)*
A gerdda dau gyda'i gilydd heb wneud cytundeb (1988) *(cerdda)*
    (Amos 3: 3)
A wrthodwn yr abwyd?   *(gwrthodwn)*
    (*Y Faner*, 4 Awst 1989: 5)
Aeth Mati ymlaen wedi iddi oedi tipyn, fel petai
heb fod yn sicr a ddylai ddweud   *(dylai)*
    (Kate Roberts, 1976: 26)

Gellir hepgor y geiryn, yn enwedig ar lafar ac mewn ysgrifennu anffurfiol, ond erys y treiglad:

Ddoi di acw i swper?   *(doi)*
    (Emyr Humphreys, 1986: 45)
Ga' i fynd i brynu cacen fêl?   *(ca')*
    (Gweneth Lilly, 1984: 10)

92 Treiglir *b-*, *d-*, *g-*, *m-*, *ll-*, *rh-* yn dilyn y geiryn gofynnol *oni* (gw. **340**):

Oni fuom yn proffwydo yn dy enw di ...?   *(buom)*
    (Mth. 7: 22)
Oni ddylem ofyn pam y mae cynifer o bobl
yn camddefnyddio alcohol?   *(dylem)*
    (*Y Faner*, 14 Ebrill 1989: 8)

93 Treiglir berfau yn *b-*, *d-*, *g-*, *m-*, *ll-*, *rh-*, yn dilyn y cysyllteiriau *hyd oni* ac *oni*:

> *Yr ydym ar dir sigledig wrth weld arwyddion o dafodiaith*
> *neilltuol yn ei eirfa hyd oni wyddom ragor am*
> *iaith ardal Rhydcymerau*   *(gwyddom)*
> (*Llên Cymru*, 17: 292)
> *Oni lwydda i ennyn ein diddordeb yn y cymeriadau*
> *. . . y mae'n methu*   *(llwydda)*
> (Geraint Bowen, 1976: 106)
> *Ni châi unrhyw Gymro Cymraeg ddal unrhyw*
> *swydd yn ei wlad ei hun oni allai ddefnyddio'r Saesneg*   *(gallai)*
> (Geraint H. Jenkins, 1983: 98)

Bydd *b-* yn ffurfiau'r ferf *bod* yn gwrthsefyll treiglo:

> *Yn y fan honno byddai Tal yr hen of yn eistedd am ryw*
> *gyfran o bob dydd oni byddai'n storm*
> (Rhiannon Davies Jones, 1977: 40)

Ar lafar ac mewn ysgrifennu anffurfiol gall *os na* ddigwydd yn hytrach nag *oni* ac fe'i dilynir gan dreiglad:

> *Os na fedri di gael pàs efo fo, mi ddo i nôl yn gynnar*   *(medri)*
> (Rhiannon Thomas, 1988: 49)
> *Dywedodd wrthi y byddai'n rhaid iddi ei hel oddi yno*
> *os na ostyngai ei llais*   *(gostyngai)*
> (Jane Edwards, 1976: 151)
> *Os na roi hi'n ôl, deall di y byddi'n siwr o farw*   *(rhoi)*
> (Gen. 20: 7)

94 Treiglir berfau yn dilyn y cysyllteiriau *pan* (gw. **411**) *er pan* (gw. **412**):

> *Fe fu amser pan fyddai drysau trên*
> *yn cael eu hagor i chi*   *(byddai)*
> (Eigra Lewis Roberts, 1988: 82)
> *Doedd ganddi ddim esgus digonol pan*
> *ddaeth Eurwyn ati*   *(daeth)*
> (Rhiannon Thomas, 1988: 15)

Mae naw mlynedd er pan gawson ni ddillad newydd	*(cawson)*
(Kate Roberts, 1976: 26)	
Mae tridiau er pan fuom ni ar Enlli	*(buom)*
(Rhiannon Davies Jones, 1985: 17)	

95 Gellir treiglo *piau* (gw. **228**):

Ni biau'r porfeydd gwelltog	*(piau)*
(Rhiannon Davies Jones, 1977: 107)	
Ef biau'r wobr	*(piau)*
(J. Elwyn Hughes, 1989: 69)	

Digwydd y gytsain gysefin yn gyffredin yn ogystal:

Fi piau hi
(Emyr Humphreys, 1986: 59)
Myfi piau dial (1988)
Myfi biau dial (1955)
(Heb. 10: 30)

Gellir treiglo enw o wrthrych yn dilyn *piau*:

Fe biau ragair Elfennau Cemeg (1937)	
gan R. O. Davies	*(rhagair)*
(Geraint Bowen, 1976: 245)	

96 Treiglir ansoddair a ailadroddir:

Aeth ei gorff yn drymach, drymach	*(trymach)*
(Rhiannon Davies Jones, 1987: 194)	
A Dafydd oedd yn myned gryfach, gryfach,	
ond tŷ Saul oedd yn myned wannach,	*(cryfach, gwannach)*
wannach (1955)	
(2 Sam. 3: 1)	
Dewisais bob gair yn fanwl, fanwl	*(manwl)*
(*Y Faner,* 17 Chwefror 1978: 20)	
Gwn imi daro arno'n gynnar, gynnar	*(cynnar)*
(*Barddas,* Tachwedd 1993: 11)	

97 Gall goddrych *oes* (gw. **278** (vi)) naill ai ddewis treiglo neu gadw'r gytsain gysefin:

(i) treiglo

Nid oes ddiben manylu   (diben)
(R. Geraint Gruffydd, 1988: 72)

Nid oes rithyn o wirionedd yn y ddamcaniaeth   (rhithyn)
(Y Faner, 14 Chwefror 1992: 32)

Nid oes fwriad gennyf i ymddiheuro am hyn   (bwriad)
(Barn, Hydref 1992: 6/7)

(ii) cytsain gysefin

Nid oes cofeb i'r Parchedig John Kenrick
(Y Faner, 9 Medi 1988: 13)

Lle nad oes cyfraith, nid oes trosedd yn ei herbyn chwaith
(Rhuf. 4: 15)

98 Prin yw'r enghreifftiau o dreiglo goddrych *oedd* (gw. **277**) mewn
rhyddiaith ddiweddar:

Nid oedd fenyn ar y bara   (menyn)
(Geraint Bowen, 1972: 55)

Nid oedd dir annibynnol y gallai dyn sefyll arno   (tir)
(R. Geraint Gruffydd, 1988: 117)

Nid oedd ball ar eu syched am wybodaeth   (pall)
(Geraint H. Jenkins, 1983: 111)

99 Gellir treiglo *byw, marw,* pan ddigwyddant yn ansoddeiriol heb *yn*
traethiadol yn dilyn ffurfiau *b* y ferf *bod*:

Bu farw'r tywysog Dafydd ap Llywelyn   (marw)
(Rhiannon Davies Jones, 1987: 228)

Os buom farw gydag ef, byddwn fyw hefyd gydag ef (marw, byw)
(2 Tim. 2: 11)

Bu fyw am ran olaf ei oes fel gwasanaethwr
ein duw Gwyllawg   (byw)
(Bryan Martin Davies, 1988: 20)

Digwydd y gytsain gysefin yn ogystal:

Fydd y Diafol ddim byw'n hir 'rwan
(Rhiannon Davies Jones, 1985: 59)

Trefna dy dŷ; canys marw fyddi, ac ni byddi byw (1955)
Trefna dy dŷ; oherwydd 'rwyt ar fin marw; ni fyddi fyw (1988)
(Isa. 38: 1)

100 Gall *rhaid* naill ai ddewis treiglo neu gadw'r gytsain gysefin yn dilyn ffurfiau'r ferf *bod*:

(i) treiglo

Nid oedd raid i neb ymboeni am dorri'r glaswellt	*(rhaid)*
(*Y Faner*, 3 Medi 1988: 13)	
Bu raid i Gwenhwyfar oddef y surni	*(rhaid)*
(Rhiannon Davies Jones, 1987: 213)	
Mi fydd raid imi fynd	*(rhaid)*
(Eigra Lewis Roberts, 1988: 22)	

(ii) cytsain gysefin

Fe fu rhaid i'r gwas mawr, Daniel Lloyd, ei hebrwng tua thre
(T. Llew Jones, 1980: 29)
Bu rhaid i Owen Edwards ddisgwyl yn hir am lyfr Morris Jones
(Geraint Bowen, 1976: 302)

101 Treiglir yn dilyn sangiad:

(i) sangiad o adferf neu ymadrodd arddodiadol

Mae yma ormod o ailadrodd	*(gormod)*
(W. Rhys Nicholas, 1988: 108)	
Gwelwyd hefyd waith celfydd iawn yn y	
gystadleuaeth Caligraffi	*(gwaith)*
(*Y Faner*, 25 Awst 1988: 19)	
Yr oedd John Prichard Prŷs o Langadwaladr	
yn rhagweld yn 1721 dranc yr iaith Gymraeg	*(tranc)*
(R. Geraint Gruffydd, 1988: 156)	
Mae e'n canmol, ymhlith eraill, Fyrddin a Thaliesin	*(Myrddin)*
(Gwyn Thomas, 1971: 60)	

(ii) sangiad o arddodiad rhediadol

Mae ganddo rywbeth gwerth ei ddweud,
ac mae ganddo ddychymyg bardd   *(rhywbeth, dychymyg)*
    (W. Rhys Nicholas, 1977: 31)
Nid oes gennyf ddigon o ddiddordeb
yn y maes hwn   *(digon)*
    (*Barddas*, Gorff./Awst 1992: 6)

102 Gall *bod* naill ai ddewis treiglo neu gadw'r gytsain gysefin pan fo'n cyflwyno cymal enwol:

(i) treiglo

Fe ddywed S. L. fod ei dad yn ofni'r cyhoedd   *(bod)*
    (D. Tecwyn Lloyd, 1988: 80)
Rwy'n credu fod pob un ohonom ni
yn wylo'n fewnol wrth fynd oddi ar y cae   *(bod)*
    (R. Gerallt Jones, 1977: 42)
Efallai fod y frawddeg olaf . . . yn rhoi syniad   *(bod)*
    (Geraint Bowen, 1976: 315)
Diau fod rhywbeth oeraidd i ni heddiw yn idiom
faterol Gwilym Tawe   *(bod)*
    (Hywel Teifi Edwards, 1980: 79)
Credaf fod y gymhariaeth yn un deg
a chymeradwy iawn   *(bod)*
    (J. Elwyn Hughes, 1991: 63)

(ii) cytsain gysefin

Teimlaf bod y cynllun hwn wedi bod
yn gweithio'n llwyddiannus
    (W. Rhys Nicholas, 1988: 115)
Rwy'n meddwl bod na fwy o obaith yn awr
    (*Y Faner*, 16 Rhagfyr 1988: 5)
Efallai bod gennym ni yn 1989 fwy o achos gobeithio
am heddwch byd nag oedd gan ddarllenwyr 1939
    (*Y Faner*, 6 Ionawr 1989: 4)

103 Gall *bod* naill ai ddewis treiglo neu gadw'r gytsain gysefin yn dilyn yr arddodiad *er* mewn cymalau adferfol:

(i) treiglo

> *'Roedd y pwyslais yn bennaf ar eirfa er fod*
> *cyfeiriadau at gynaniad, gramadeg a semanteg*   *(bod)*
> (*BBCS*, 33: 29)
> *O ran arddull a chywirdeb iaith maent oll*
> *yn gymharol gydradd er fod un neu ddau*
> *yn rhy flodeuog*   *(bod)*
> (W. Rhys Nicholas, 1988: 15)

(ii) cytsain gysefin

> *'Doedd hi ddim yn hollol olau eto er bod y wawr wedi torri*
> (Friedrich Dürrenmatt, 1958: 14)
> *Er bod peth beirniadu arno yma a thraw, gwyddent*
> *hwy ei gyfeillion fod gwreiddyn y mater ganddo*
> (Jane Edwards, 1976: 132)

104 Gall *bod* naill ai ddewis treiglo neu gadw'r gytsain gysefin yn dilyn *oni bai* mewn cymal adferfol:

(i) treiglo

> *Oni bai fod argraffwyr Cymreig yn Amwythig*
> *wedi mabwysiadu'r dull hwn ni fuasai'r fasnach*
> *lyfrau Gymraeg wedi ffynnu cystal*   *(bod)*
> (Geraint H. Jenkins, 1980: 92)
> *Taflodd yr anghenfil bicell danllyd at ei fynwes,*
> *a buasai wedi ei drywanu oni bai fod gan y pererin*
> *darian*   *(bod)*
> (John Bunyan, 1962: 36)

(ii) cytsain gysefin

> *Fe fyddai wedi aros mwy ym Motryddan oni bai bod arni*
> *eisiau bod yn Lleweni i groesawu ei thad*
> (R. Cyril Hughes, 1975: 19)
> *Nid aethai Nan Nan ar gyfyl bwthyn Magda oni bai bod*

y siwrnai i fyny'r Garthau yn dechrau mynd yn drech na hi
(Rhiannon Davies Jones, 1977: 49)

105 Gall *bod* naill ai ddewis treiglo neu gadw'r gytsain gysefin yn dilyn yr amhersonol:

(i) treiglo

Gwelir fod Morris Jones yn rhoi pwyslais mawr
ar Gymraeg llafar   *(bod)*
(Geraint Bowen, 1976: 317)
Noder fod Goronwy Owen yntau yn gweld yr un mor gyfan
â'r beirdd Methodistaidd   *(bod)*
(R. Geraint Gruffydd, 1988: 100)

(ii) cytsain gysefin

Ofnid bod y sefyllfa'n ffrwydrol
(Geraint Jenkins, 1983: 92)
Cyfrifid bod ysgrifennu'n gyhoeddus am adloniant
fel hyn hyd yn oed yn waeth tramgwydd na mynd
i'w weld a'i fwynhau
(D. Tecwyn Lloyd, 1988: 77)

106 Treiglir y berfenw yn dilyn yr arddodiad *i* mewn cymal enwol (gw. **326, 353**):

Carem ichi dderbyn y gwniadur hardd hwn   *(derbyn)*
(Lewis Carroll, 1982: 29)
Gwyddai iddo gael ei eni yn gymharol olygus   *(cael)*
(Rhydwen Williams, 1979: 8)

107 Treiglir yn dilyn yr arddodiad *i* mewn cymal adferfol (gw. **361**) a gyflwynir gan *am, gan, o achos, oherwydd, oblegid, er, wedi, cyn, ar ôl, gyda, erbyn, nes, er mwyn, rhag, oddieithr, ond, hyd nes, tan, efallai, hwyrach, rhag ofn, wrth*:

Ty'd o'r drws 'na, Bethan, rhag iti gael annwyd   *(cael)*
(Islwyn Ffowc Elis, 1971: 26)

71

> *Yr oedd yn nosi wrth i Farged gerdded i lawr y*
> *mymryn stryd at y sgwâr*   *(cerdded)*
>   (T. Glynne Davies, 1974: 59)
> *Go brin y byddai'n gorwedd arni yn y gwely*
> *rhag ofn iddo rychu'i ddillad*   *(rhychu)*
>   (John Rowlands, 1978: 87)
> *Yn aml iawn fe wyddai beth oedd neges yr ymofynnnydd*
> *cyn iddo ofyn am ddim*   *(gofyn)*
>   (R. Cyril Hughes, 1975: 133)

Y Treiglad Trwynol

108 Ceir treiglad trwynol yn dilyn y rhagenw blaen 1af unigol *fy*:

fy mhlant	*(plant)*
fy mlodau	*(blodau)*
fy nhraed	*(traed)*
fy nannedd	*(dannedd)*
fy nghar	*(car)*
fy ngwraig	*(gwraig)*

> *Sibrydiodd yn fy nghlust*   *(clust)*
>   (Rhiannon Davies Jones, 1985: 49)
> *Fe laddwyd fy nhad cyn imi gael fy ngeni*   *(tad, geni)*
>   (Rhiannon Thomas, 1988: 35)
> *Y broblem ddynol oedd fy mhrif ddiddordeb*   *(prif)*
>   (Geraint Bowen, 1972: 135)

Ar lafar collir *f-* yn aml:

'y nhad	*(tad)*
'y nghwrw	*(cwrw)*

> *Diolch am 'y nhynnu i allan*   *(tynnu)*
>   (Emyr Humphreys, 1986: 44)

Collir *'y* yn ogystal ond erys y treiglad:

> *Huw 'nghariad i . . .*   *(cariad)*
>   (Eigra Lewis Roberts, 1988: 19)

Mi rwyt ti'n iawn, mi rydw i wedi 'mrifo . . .   *(brifo)*
(Rhiannon Thomas, 1988: 25)
Gw. hefyd **45** (v).

Ar lafar yn y de clywir sylweddoli'r rhagenw gan [ən] a gellir ei ddilyn gan y treiglad meddal:

| [ən dɑd] | *fy nhad* | *(tad)* |
| [ən vam] | *fy mam* | *(mam)* |

109 Treiglir *blynedd, blwydd, diwrnod* yn dilyn y rhifolion *pum, saith, wyth, naw, deng, deuddeng, pymtheng, deunaw, ugain, can* (ynghyd â'u ffurfiau cyfansawdd):

y deng mlynedd ar hugain cyntaf	*(blynedd)*
deugain mlynedd	*(blynedd)*
wyth mlwydd oed	*(blwydd)*
wyth niwrnod	*(diwrnod)*
(CLlGC, 1991: 4)	

Yn gyffredin bydd *diwrnod* yn cadw'r gytsain gysefin yn dilyn *pum, saith, wyth*:

> *pum diwrnod / saith diwrnod / wyth diwrnod*

Ar *pum* gw. **202** n. 1.
Ar *deng* gw. **202** n. 2.
Ar *deuddeng* gw. **203** n. 1.
Ar *can* gw. **203** n. 3.

Noder
(1) Mae *saith muwch* (1955) (Gen. 41: 21), *wyth nyn* (1955) (Jer. 41: 15) yn ffurfiau hynafol; *saith buwch, wyth dyn* a geir yn y Beibl Cymraeg Newydd (1988). Mewn Cymraeg Canol byddai'r treiglad meddal yn dilyn *saith*, ond prin yw'r enghreifftiau mewn rhyddiaith ddiweddar: *saith fasgedaid* (Mth. 15: 37), *saith gythraul* (Lc. 8: 2), *saith ben* (Dat. 15: 1), *saith gysgiadur* (*Barddas*, Tachwedd 1992: 10). Gw. yn ogystal **86**.
(2) Eithriad prin yw canfod enghreifftiau mewn rhyddiaeth ddiweddar o dreiglo *blynedd, blwydd, diwrnod* ar ôl y rhifolyn 1-4: *pedwar niwrnod* (Alan Llwyd, 1991: 227).

110 Treiglir *blynedd, blwydd* yn dilyn *un* mewn rhifol cyfansawdd:

un mlynedd ar hugain	*(blynedd)*
un mlwydd ar ddeg	*(blwydd)*

111 Treiglir enwau yn dilyn yr arddodiad *yn*:

yn nyfnder gaeaf	*(dyfnder)*
yn Nhestament Newydd 1567	*(Testament)*

Try *yn* yn *ym* o flaen *m-* , ac o flaen *mh-*:

ym Maesteg	
ym mhoced ei got	*(poced)*

Try *yn* yn *yng* o flaen *ng-*, ac o flaen *ngh-*:

yng ngwres yr haul	*(gwres)*
yng nghanu'r gynulleidfa	*(canu)*
yng Nghaernarfon	*(Caernarfon)*

Noder

Ar lafar gall y treiglad meddal yn hytrach na'r treiglad trwynol ddilyn yr arddodiad *yn*: *yn Gaergybi, yn boced ei got, yn Gaerdydd.*

Y Treiglad Llaes

112 Ceir treiglad llaes yn dilyn y rhifolion *tri, chwe*:

tri phen	*(pen)*
tri thŷ	*(tŷ)*
tri chae	*(cae)*
chwe phennill	*(pennill)*
chwe thorth	*(torth)*
chwe chath	*(cath)*
Yr oedd tri phorth o du'r dwyrain	*(porth)*
(Dat. 21: 13)	
chwe throsgais	*(trosgais)*
(*Y Faner*, 20 Medi 1991: 19)	

y tri chasgliad cyntaf a gyhoeddwyd   *(casgliad)*
(Derec Llwyd Morgan, 1983: 17)
daeth allan . . . Goliath, dyn o Gath, ac yn
chwe chufydd a rhychwant o daldra   *(cufydd)*
(1 Sam. 17: 4)

113 Treiglir yn dilyn y rhagenw blaen 3ydd unigol ben. *ei ('i)*:

ei phlant   *(plant)*
ei thad   *(tad)*
ei chartref   *(cartref)*
atgofion am 'i phlentyndod   *(plentyndod)*
(Jane Edwards, 1980: 20)
Ei thrydedd briodas â Morys Wyn o Wydr yw'r pwnc   *(trydedd)*
(W. Rhys Nicholas, 1984: 92)
Medrodd Martha sôn am ei charwriaeth hithau   *(carwriaeth)*
(Kate Roberts, 1972: 25)
Gw. **214** (3).

114 Treiglir yn dilyn y rhagenw mewnol genidol 3ydd unigol ben. *'i, 'w*:

Yr ail dro yr eisteddodd i synfyfyrio uwchben
ei bywyd yr oedd ugain mlynedd yn hŷn, a'i
phlant i gyd wedi priodi   *(plant)*
(Kate Roberts, 1972: 21)
a rhyw wraig a'i henw Martha, a'i derbyniodd ef
i'w thŷ (1955)   *(tŷ)*
(Lc. 10: 38)
Ddaw run o'i thraed hi ar y cyfyl   *(traed)*
(Jane Edwards, 1980: 53)
Nid oes yma neb i'w chlywed   *(clywed)*
(Eigra Lewis Roberts, 1988: 15)
Cafodd y gwylanod wledd i'w chofio   *(cofio)*
(Rhiannon Thomas, 1988: 39)

75

115 Treiglir berfau yn *p-, t-, c-*, yn dilyn y geirynnau rhagferfol negyddol *ni, na* (gw., **337, 338**)

Ni phlesiai Williams Ddiwygwyr mwyaf	
brwd y Coleg	*(plesiai)*
(*Llên Cymru*, 1989: 34)	
Ni thâl iddo wneud sant o un ac adyn o'r llall	*(tâl)*
(Geraint Bowen, 1972: 69)	
Ni thrig ynddi na dyn nac anifael	*(trig)*
(Jer. 50: 3)	
Ni chymerodd Tom ei gyngor	*(cymerodd)*
(T. Llew Jones, 1980: 11)	
Ni chefnodd Gwynn Jones ar y gynghanedd erioed	*(cefnodd)*
(*Barddas*, Medi 1993: 7)	
Na cheisied neb awgrymu sen	
ar gydwybod dyn arall	*(ceisied)*
(*Y Faner*, 13 Ionawr 1989: 9)	
Na phoenwch, Musus	*(poenwch)*
(*Taliesin*, Gaeaf 1994: 54)	

Ni ellir hepgor y geiryn *na* o flaen y modd gorchmynol nac mewn atebion (gw. **338**); gellir hepgor *ni* ond erys y treiglad:

Chododd o mo'i ben o'r croesair	*(cododd)*
(Rhiannon Thomas, 1988: 65)	

Gw. hefyd **87**.

116 Treiglir *p-, t-, c-* yn dilyn y cysylltair cymhariaeth *na*:

Bydd yn haws na phaentio'r wal	*(paentio)*
Go brin y gellid rhoi harddach blodyn ar fedd	
T. H. Parry Williams na thrwy ofyn am	
Soned Goffa iddo	*(trwy)*
(W. Rhys Nicholas, 1977: 58)	
Gwell mam anghenog na thad goludog	*(tad)*
(Dihareb)	
Mae'n llai o dreth ar rywun na cheisio barddoni	*(ceisio)*
(Geraint Bowen, 1972: 77)	

Digwydd *na(c)* yn ogystal yn gysylltair cydradd negyddol (gw. **404**) a bair dreiglo *p-, t-, c-*:

> Ceir heddiw ddramâu heb iddynt na phlot
> na thema bositif   *(plot)*
> (Geraint Bowen, 1972: 133)
> Yr wyf yn gwbl sicr na all nac angau nac einioes,nac
> angylion, na thywysogaethau . . . na dim byd arall a
> grewyd ein gwahanu ni oddi wrth gariad Duw   *(tywysogaethau)*
> (Rhuf. 8: 38-9)
> Dyna pam hefyd na wnaeth hi ddim i geisio
> dod o hyd iddo, na cheisio cael dim at ei chadw   *(ceisio)*
> (Kate Roberts 1972: 20)

117 Yn dilyn yr arddodiaid *â, gyda, tua*:

> Gyda chynifer o gystadleuwyr, y mae'n anodd
> iawn bod yn bendant ynglŷn â threfn
> teilyngdod y cerddi   *(cynifer, trefn)*
> (W. Rhys Nicholas, 1977: 14)
> Dylai ddod â thurtur   *(turtur)*
> (Lef. 1: 14)
> Yr oedd yn ei gasáu â châs perffaith   *(câs)*
> (Emyr Humphreys, 1986: 113)
> Y mae cynllunydd y siaced lwch yn
> derbyn tua phum punt ar hugain   *(pum)*
> (Geraint Bowen, 1972: 60)

118 Treiglir yn dilyn y cysylltair *a*:

> llyfrau a phamffledi a chylchgronau   *(pamffledi, cylchgronau)*
> (Geraint Bowen, 1976: 252)
> Trwy'r iaith a thrwy'r gymdeithas y rhed y trydan   *(trwy)*
> (Ned Thomas, 1985: 7)
> Syrthiasant i freichiau ei gilydd a
> cherdded allan o'r fynwent gyda'i gilydd   *(cerdded)*
> (Geraint Bowen, 1972: 54)

catecism enwog a thra phoblogaidd William Perkins   *(tra)*
(*CLlGC*, 1991: 14)

119 Treiglir yn dilyn y cysylltair *â*:

Y cyfan wnes i wedyn oedd rhoi ffurf
fodern i'r hanes sydd bron mor hen â phechod ei hun!   *(pechod)*
(Geraint Bowen, 1972: 138)
Yn y diwedd y maent bron mor fyw imi â phobl
rwy'n cyfarfod â hwy bob dydd   *(pobl)*
(Geraint Bowen, 1972: 134)
Cyn goched â thân   *(tân)*
Mor ddi-ddal â cheiliog y gwynt   *(ceiliog)*

120 Treiglir yn dilyn y cysylltair *o*:

Ac o phecha neb, y mae i ni Eiriolwr gyda'r Tad,
Iesu Grist y Cyfiawn (1955)   *(pecha)*
Ac os bydd i rywun bechu, y mae gennym Eiriolwr
gyda'r Tad, sef Iesu Grist, y cyfiawn (1988)
(1 In. 2: 1)
O thyn neb yn ôl, nid yw fy enaid
yn ymfodloni ynddo (1955)   *(tyn)*
(Heb. 10: 38)
O cherwch fi, cedwch fy ngorchmynion (1955)   *(cerwch)*
Os ydych yn fy ngharu i, fe gadwch fy
ngorchmynion i (1988)
(In. 14: 15)

Noder
Disodlwyd *o* gan *os* mewn rhyddiaith ddiweddar, ond ceir *o* yn argraffiad
1955 o'r Beibl Cymraeg (gw. **415**).

121 Treiglir yn dilyn y geiryn gofynnol *oni*:

Oni phroffwydasom yn dy enw di? (1955)   *(proffwydasom)*
(Mth. 7: 22)
Oni thywelltaist fi fel llaeth a'm ceulo fel caws?   *(tywelltaist)*
(Job, 10: 10)

Oni chlywodd am y gamdybiaeth feirniadol
honno a elwir Bwriadaeth   *(clywodd)*
(Taliesin, Hydref 1988: 81)

122 Treiglir yn dilyn y cysylltair *oni:*

Bydd yn edifar gennych oni phrynwch
gar dibynadwy   *(prynwch)*
Oni thaenir yr efengyl yn eu plith, sut
y gallant gael eu dwyn i wir ras Duw?   *(taenir)*
(Llên Cymru, 1989: 32)
Deddfwyd nad oedd neb i ddal swydd
wladol oni chymunai yn Eglwys Loegr   *(cymunai)*
(Gwyn Thomas, 1971: 19)

Ar lafar ac mewn ysgrifennu anffurfiol gall *os na* ddisodli *oni* a bydd
treiglad yn dilyn:

Os na phlannwch chi'r had yn fuan,
bydd hi'n rhy hwyr   *(plannwch)*
Bydd hi'n rhy hwyr i fynd ar wyliau eleni,
os na threfnwch chi bethau ar unwaith   *(trefnwch)*
Os na chafodd ciwcymbars fawr o le mewn,
llenyddiaeth Gymraeg hyd yma—mae hynny
ar fin newid   *(cafodd)*
(Golwg, 6 Hydref 1988: 3)
Dydi pobl ifanc heddiw ddim yn fodlon os na
chân nhw falu a dinistrio   *(cân)*
(Eigra Lewis Roberts, 1980: 93)

123 Treiglir yn dilyn y cysylltair *oni / hyd oni:*

Ni fwytâf hyd oni thraethwyf fy negesau (1955)   *(traethwyf)*
(Gen. 24: 33)
Nid oedd i'w ollwng hyd oni chytunai ddychwelyd   *(cytunai)*

124 Treiglir yn dilyn yr adferf *tra:*

cylchgrawn tra phwysig   *(pwysig)*
(D. Tecwyn Lloyd, 1988: 95)

catecism enwog a thra phoblogaidd
William Perkins *(poblogaidd)*
(CLlGC, 1991: 14)
Mae'n dra thebyg i Joseph ddechrau cael hwyl ar
lameitian tipyn bach unwaith eto *(tebyg)*
(T. Llew Jones, 1980: 96)
Ŵyr Athen, yr wyf yn gweld ar bob llaw
eich bod yn dra chrefyddgar *(crefyddgar)*
(Act. 17: 22)

125 Ychwanegir *h-* at lafariad:

(i) yn dilyn y rhagenw blaen 3ydd unigol ben. *ei:*

Edrychodd ar ei horiawr *(oriawr)*
(Eigra Lewis Roberts, 1988: 58)
Saesneg oedd ei hiaith gyntaf *(iaith)*
(Ned Thomas, 1985: 7)

(ii) yn dilyn y rhagenwau mewnol genidol 3ydd un. ben. *'i, 'w:*

Ymhen hanner awr yr oedd y baned wedi'i hyfed *(yfed)*
(Rhiannon Thomas, 1988: 106)
Roedd ganddo lawer stori ddifyr i'w hadrodd *(adrodd)*

(iii) yn dilyn y rhagenwau mewnol gwrthrychol 3ydd unigol gwr. a ben. *'i:*

Fe'i hawdurdodwyd gan yr esgobion . . . yn
unol ag Act 1536 *(awdurdodwyd)*
(R. Geraint Gruffydd, 1988: 32)
Bu farw Morgan fis Medi 1604 ac
fe'i holynwyd gan Richard Parry *(olynwyd)*
(R. Geraint Gruffydd, 1988: 35)
Yn 1703 y cyhoeddwyd G. B. C. ond
fe'i hysgrifennwyd cyn hynny *(ysgrifennwyd)*
(Gwyn Thomas, 1971: 19)

(iv) yn dilyn y rhagenw blaen 1af lluosog *ein:*

Y mae hyn yn ein hatgoffa o'r syniad *(atgoffa)*
(Geraint Bowen, 1972: 18)

yn ein heglwysi plwy   *(eglwysi)*
(Rhiannon Davies Jones, 1985: 19)

(v) yn dilyn y rhagenw mewnol 1af lluosog *'n*:
Yr un math o draddodiad yn union yw 'n
henglynion beddargraff ni   *(englynion)*
(W. Rhys Nicholas, 1977: 30)
o'n Hewrop ni   *(Ewrop)*
(*Barn*, Ebrill 1993: 15)

(vi) yn dilyn y rhagenw mewnol 1af unigol *'m*:
Fe'm hysgogwyd lawer gwaith i
droi i'r Bywgraffiadur   *(ysgogwyd)*
(*Y Faner*, 26 Awst 1988: 14)

(vii) yn dilyn y rhagenw blaen 3ydd lluosog *eu*:
Fe fu amser pan fyddai drysau trên
yn cael eu hagor i chi   *(agor)*
(Eigra Lewis Roberts, 1988: 82)
Nid yw'r cyfieithwyr wedi eu henwi
ar yr wyneb ddalen   *(enwi)*
(R. Geraint Gruffydd, 1988: 54)

(viii) yn dilyn y rhagenw mewnol 3ydd lluosog *'u*:
Cwynent am eu blinder a'u hafiechyd   *(afiechyd)*
(Jane Edwards, 1986: 87)
Fedrai hi mo'u hwynebu nhw heno   *(wynebu)*
(Rhiannon Thomas, 1988: 8)

(ix) at *ugain* yn dilyn *ar*:
un ar hugain   *(ugain)*
saith ar hugain   *(ugain)*

126 Yn dilyn y cysylltair *a* gellir adfer a threiglo'r gytsain gysefin
wreiddiol mewn arddodiaid megis *gan* (*can*), *gyda*(*g*) (*cyda*(*g*)), *ger*
(*cer*), *dros* (*tros*), *trwy* (*drwy*), *dan* (*tan*), a'r adferfau *drosodd*
(*trosodd*), *drwodd* (*trwodd*), *draw* (*traw*):

yma a thraw   *(traw)*
drosodd a throsodd   *(trosodd)*

drwodd a thrwodd	*(trwodd)*
Daeth Dilys i gasáu boreau Sul, a chydag amser ..	*(cydag)*
(Rhiannon Thomas, 1988: 103)	
gan y tân a chan y mwg a chan y brwmstan	*(can)*
(Dat. 9: 18)	
Gennyt ti y mae'r hawl i'w brynu	
a chennyf innau wedyn	*(cennyf)*
(Ruth, 4: 4)	
gerbron fy nhad a cherbron ei angylion ef	*(cer)*
(Dat. 3: 5)	
wrth y môr a cherllaw'r Iorddonen	*(cer)*
(Num. 13: 29)	
A than ymddiddan ag ef aeth i mewn	*(tan)*
(Act. 9: 27)	
... a thrwy Ddyffryn Clwyd i gyffiniau Wrecsam	*(trwy)*
(Rhiannon Davies Jones, 1985: 9)	
Newch chi ystyried sefyll dros eich hawlia	
a thros eich cydweithwyr	*(tros)*
(*Taliesin,* Hydref 1988: 23)	

Nid treiglo cytsain gysefin wreiddiol yn dilyn y cysylltair *a* a geir mewn olyniadau megis *a chwedyn, a chwedi*; mae'n bosibl eu bod yn adlewyrchu camrannu *ac wedyn, ac wedi* a'r *c* wedi glynu wrth *wedyn, wedi*:

yn yr oesoedd cynt a chwedyn	*(wedyn)*
(R. Geraint Gruffydd, 1988: 148)	
A chwedi iddynt blethu coron o ddrain	*(wedi)*
(Mth. 27: 29)	

Treiglo Enwau Priod

127 Mae'n arferol treiglo enw lle Cymraeg yn yr iaith lenyddol:

(i) Meddal

Rhydychen *neu* Gaergrawnt	(Caergrawnt)
(R. Geraint Gruffydd, 1988: 27)	
o Wynedd	(Gwynedd)
(*Y Faner,* 11 Tachwedd 1988: 17)	

o Frymbo (Brymbo)
    (*Y Faner,* 7 Hydref 1988: 22)
i Arthewin (Garthewin)
    (*Barn,* Tachwedd 1995: 48)
i Ddulyn (Dulyn)
    (*Y Faner,* 4 Mawrth 1988: 15)
o Feirionnydd (Meirionnydd)
    (Gwyn Thomas, 1971: 77)
hyd Gernyw (Cernyw)
    (Rachel Bromwich a D. Simon Evans 1988: xxvii)
gan Drywerin (Trywerin)
    (*Barddas,* Mawrth 1993: 2)

(ii) Trwynol

yng Nghaeredin (Caeredin)
    (*Y Faner,* 19 Chwefror 1988: 20)
ym Mhorthmadog (Porthmadog)
    (*Y Faner,* 19 Chwefror 1988: 5)
yn Nhrefeca (Trefeca)
    (R. Geraint Gruffydd, 1988: 125)
ym Mronant (Bronant)
    (*Y Faner,* 4 Mawrth 1988: 15)
yn Ninbych (Dinbych)
    (*Y Faner,* 6 Ionawr 1989: 8)

(iii) Llaes

Milffwrdd *a* Chaergybi (Caergybi)
    (Robat Gruffudd, 1986: 236)
Llanbedr Pont Steffan *a* Phumsaint (Pumsaint)
    (*Y Faner,* 4 Mawrth 1988: 12)
tua Phenyberth (Penyberth)
    (Rhiannon Davies Jones, 1985: 12)

128 Prin yw'r enghreifftiau o enw Cymraeg ar le yn gwrthsefyll treiglo yn yr iaith lenyddol:

Pennant oedd y rhan uchaf a Carregnewid y rhan isaf
(*Y Faner,* 19 Chwefror 1988: 12)

Ar dreiglo yn dilyn y cysylltair *a* gw. **118**.
Ar lafar mae'n gyffredin i wrthsefyll treiglo.

129 Gellir treiglo enwau lleoedd tramor neu estron:

(i) Meddal
o Blymouth	(Plymouth)
(Gwyn Thomas, 1971: 71)	
o Dunis	(Tunis)
(Gwyn Thomas, 1971: 158)	
i Faseru	(Maseru)
(*Y Faner,* 20 Ionawr 1989: 11)	

(ii) Trwynol
yng Nghaliffornia	(Califfornia)
(*Y Faner,* 7 Hydref 1988: 16)	
ym Mhrâg	(Prâg)
(John Rowlands, 1972)	
yng Ngenefa	(Genefa)
(Ned Thomas, 1985: 32)	
ym Mlackpool	(Blackpool)
(*Barn,* Ionawr/Chwefror 1992: 82)	

(iii) Llaes
Syria *a* Chreta	(Creta)
(Marian Henry Jones, 1982: 125)	
Sbaen *a* Chroatia	(Croatia)
(R. Geraint Gruffydd, 1988: 24)	
Prydain *a* Phortiwgal	(Portiwgal)
(Marian Henry Jones, 1982: 124)	

Ceir enghreifftiau yn ogystal o dreiglo enwau cyffredin tramor ac estron:

ym moutique Elwyn Mary   *(boutique)*
(Siân Jones, 1990: 14)

y fath fymbo-jymbo	*(mymbo-jymbo)*
(*Barn*, Medi 1993: 42)	
Ceir pwyslais mawr ar bidjin	*(pidjin)*
(Bob Morris Jones, 1993: 253)	
y beirniaid a ddewisodd y Volvo FH	*(tryc)*
yn "Dryc ŷ Flwyddyn (Ewrop), 1994	
(*Y Cymro*, 2 Mawrth 1994: 16)	
Y mae un o'i chwangos ei hun yn gacwn	*(cwangos)*
efo'r Llywodraeth	
(*Y Cymro*, 17 Ebrill 1996: 3)	
fy mhajamas	*(pajamas)*
(*Golwg*, 27 Hydref 1994: 14)	
i'w hapartment	*(apartment)*
(Urien Wiliam, 1991: 53)	

130 Mae peidio â threiglo enw lle tramor neu estron yn gyffredin:

yn Twickenham
  (*Y Faner*, 19 Mawrth 1988: 22)
yn Castelgandolfo
  (R. Geraint Gruffydd, 14 Hydref 1988: 5)
yn Cabŵl
  (*Y Faner*, 3 Chwefror 1989: 10)
yn Berlin
  (Robat Gruffudd, 1986: 12)
yn Plombières
  (Marian Henry Jones, 1982: 260)
o Berlin
  (Robat Gruffudd, 1986: 132)
o Glasgow
  (Hywel Teifi Edwards, 1980: 63)
i Clapham Junction
  (*Y Faner*, 23/30 Rhagfyr 1988: 27)
i Barbados
  (Robat Gruffudd, 1986: 128)
yn Bosnia
  (*Barn*, Hydref 1993: 4)

yn Düsseldorf
(*Barn*, Mawrth 1995: 42)

131 Gellir treiglo enwau personol mewn ysgrifennu ffurfiol:

(i) Meddal

i Ddewi Wyn	(Dewi)
(Hywel Teifi Edwards, 1980: 27)	
i Fathew	(Mathew)
(R. Geraint Gruffydd, 1988: 49)	
at Ruffudd Hiraethog	(Gruffudd)
(Geraint Bowen, 1970: 44)	
gan Lew Llwyfo	(Llew)
(Hywel Teifi Edwards, 1989: 64)	
gan Forgan	(Morgan)
(Geraint Bowen, 1970: 153)	
i Lyndŵr	(Glyndŵr)
(*Barddas*, Mawrth 1993: 1)	
o Dwm o'r Nant	(Twm)
(*Barn*, Hydref 1993: 11)	

(ii) Trwynol

yn Naniel Owen	(Daniel)
(Geraint Bowen, 1972: 176)	
yn Nafydd	(Dafydd)
(1 Sam. 18: 16)	

(iii) Llaes

Robert *a* Chatrin Llwyd	(Catrin)
(Geraint Bowen, 1970: 33)	
Ceiriog *a* Chrwys	(Crwys)
(W. Rhys Nicholas, 1977: 66)	
Gwynn Jones *a* Pharry Williams	(Parry Williams)
(Derec Llwyd Morgan, 1972: 13)	
Pantycelyn *a* Thwm o'r Nant	(Twm)
(Geraint H. Jenkins, 1983: 12)	
gyda Chulhwch	(Culhwch)
(Rachel Bromwich a D. Simon Evans, 1988: xxviii)	

132 Bydd enwau personol yn aml yn gwrthsefyll treiglo mewn ysgrifennu ffurfiol:

William Abraham (1842-1922) *neu* Mabon
    (D. Tecwyn Lloyd, 1988: 30)
Rhydderch *a* Cynfelin Goch
    (Geraint Bowen, 1970: 289)
at Gwalchmai
    (Hywel Teifi Edwards, 1980: 7)
gan Morgan Llwyd
    (Gwyn Thomas, 1971: 49)
yn Gruffydd Robert
    (Geraint Bowen, 1970: 81)
gan Tydfor
    (*Barddas*, Hydref 1993: 3)

Ar lafar ac mewn ysgrifennu anffurfiol bydd enwau personol yn gwrthsefyll treiglo yn gyffredin :

yr hen Peilat
    (*Y Faner*, 19 Chwefror 1988: 8)
i Dilys
    (Rhiannon Thomas, 1988: 16)
i Dafydd Iwan
    (*Golwg*, 24 Tachwedd 1988: 24)
yr hen Dewi
    (*Y Faner*, 24 Chwefror 1989: 8)

Ar dreiglo yn dilyn arddodiad gw. **69**.
Ar dreiglo enw yn dilyn ansoddair gw. **51**.
Ar dreiglo yn dilyn cysylltair gw. **84**, **118**.

Noder
Fel rheol ni threiglir enwau priod estron sy'n dechrau ag *G*: *i Glasgow*, *i Guy*.

133 Gellir treiglo enwau ar nwyddau penodol:

    racsyn o Gortina   (Cortina)
        (*Taliesin*, Hydref 1988: 23)

hen Gortinas	(Cortinas)

(Golwg 17 Chwefror 1988: 23)

Fe dalwch fwy o lawer am Fercedes	(Mercedes)

(Y Cymro, 7 Rhagfyr 1988: 10)

Digwydd y gytsain gysefin yn ogystal:

yn ei Deimlar *newydd*

(Taliesin, Rhagfyr 1988: 61)

Ar dreiglo enw yn dilyn y rhagenw blaen 3ydd unigol gwr. gw. **63**.

134 Mewn ysgrifennu ffurfiol gellir treiglo cytsain gysefin enwau llyfrau, cyfnodolion a gweithiau llenyddol:

(i) Meddal

ei Gerdd Dafod	(Cerdd)

(Geraint Bowen, 1976: 135)

i Weledigaetheu y Bardd Cwsc	(Gweledigaetheu)

(Geraint Bowen, 1976: 332)

i Lyfr Gweddi Gyffredin 1621	(Llyfr)

(Geraint H. Jenkins, 1983: 152)

drwy Eiriadur Prifysgol Cymru	(Geiriadur)

(Geraint Bowen, 1970: 115)

yr ail Ddrych	(Drych)

(Geraint Bowen, 1970: 269)

(ii) Trwynol

yng Nghwrs y Byd	(Cwrs)

(Y Faner: 6 Ionawr 1989: 8)

ym Mhurdan Padrig	(Purdan)

(Gwyn Thomas, 1971: 184)

yn Nhrawsganu Cynan Garwyn	(Trawsganu)

(Rachel Bromwich a D. Simon Evans, 1988: xxiii)

yn Nrych 1740	(Drych)

(Geraint Bowen, 1976: 269)

(iii) Llaes

Cymru *a* Chyfres y Fil	(Cyfres)

(Geraint Bowen, 1976: 190)

Amrywio Rhanbarthol ac Amrywio yn ôl Cywair

135 Cafodd seiniau newydd (gw. **3**), yn naturiol, ddylanwad ar strwythur yr iaith. Daeth /tʃ/ a /dʒ/ yn rhan o'r gyfundrefn dreiglo ac mewn rhai tafodieithoedd fe'u treiglir i'r feddal ac yn drwynol:

[tʃɒklad	də dʒɒklad	ən nʃɒklad]
sioclad	dy sioclad	fy sioclad

[dʒoni	i ðjoni]
daioni	ei ddaioni

[dʒɒb	ənʒɒb i]
swydd	fy swydd i

[tʃɒp	ənʒhɒp i]
golwyth	fy ngolwyth i

[tʃauns	ail dʒauns]
cyfle	ail gyfle

Yng ngogledd Cymru clywir treiglad llaes o /tʃ/:

[tʃɒklad	i θjɒklad]
sioclad	ei sioclad (hi)

Mewn tafodieithoedd ag /h/ (gw. **4**), gall y rhagenw blaen 3ydd unigol ben. *ei* [i] a'r rhagenw blaen 3ydd lluosog *eu* [i] (gw. **214**) dreiglo / m-, n-, l-, r-, j-, w-, /:

[mam	i mham]
mam	ei/eu mam

[nain	i nhain]
nain	ei/eu nain

[lamp	i lhamp]
lamp	ei/eu lamp

[rɑs	i rhɑs]
ras	ei/eu ras

[jɑr	i hjɑr]
giâr	ei/eu giâr

[watʃ	i whatʃ]
wats, oriawr	ei/eu hwats, ei/ eu horiawr

136 Mewn cywair llafar anffurfiol ni threiglir mor gyson ag a wneir mewn cywair llafar ffurfiol. Ceir llu o enghreifftiau mewn geirfâu tafodieithol (gw. er enghraifft C. M. Jones, (1987) II: 1-423). Amlygir tuedd gyffelyb mewn ysgrifennu anffurfiol:

> *Yn anffodus nid yw hinsawdd 100 gradd F. yn cydfynd*
> *â Celtiaid gwallt golau*
> > (*Y Faner,* 2 Rhagfyr 1988: 10)
> *Gyda côd ysgrifenedig, fe fyddai'n rhaid i ni fod yn ystyriol*
> *o leiafrifoedd ethnig eraill yng ngwledydd Prydain*
> > (*Golwg,* 8 Rhagfyr 1988: 13)
> *seren llenyddol*
> > (*Sbec,* 25 Chwefror-3 Mawrth 1989: 8)
> *tudalen lliw*
> > (*Golwg,* 1 Gorffennaf 1993: 3)
> *dwy gyfres mwyaf llwyddiannus mis Awst*
> > (*Barn,* Hydref 1990: 4)
> *tri cynhyrchydd*
> > (*Barn,* Gorffennaf: 1992: 9)
> *gwir tywysoges Cymru*
> > (*Tu Chwith,* 4: 58)

Ar dreiglo yn dilyn yr arddodiaid *â, gyda* gw. **117.**
Ar dreiglo ansoddair yn dilyn enw ben. unigol gw. **50.**
Ar dreiglo yn dilyn y rhifol *tri* gw. **112.**
Ar dreiglo enw yn dilyn ansoddair gw. **51.**

Treiglo yn dilyn Rhagddodiaid

137 Treiglir yn dilyn y rhagddodiaid isod. Dosberthir y rhagddodiaid yn ôl y treiglad a fo'n eu dilyn. Digwydd y rhagddodiaid hyn yn aml yn elfen gyntaf cyfansoddeiriau clwm a chyfansoddeiriau llac (gw. **332-333**).

138 Treiglad Meddal

ad-, at-: 'ail, drachefn, tra, drwg'
> clwm: *adladd, adlais, adlam, atal, atgof, atgas, adfyd, adflas.*
> llac: *adennill, adolygu, ad-dalu, atgyfodi, adfeddiannu, adnewyddu, aduno.*

add-: 'tra'

clwm: *addfwyn, addoer, addolaf.*

af-: negyddol

clwm: *afiach, aflan, afraid, afrwydd.*

llac: *afresymol, aflafar, aflonydd.*

all-: 'arall'

clwm: *allfro, allblyg.* (Ceir *t* yn dilyn *ll* yn *alltud* gw. **153**.)

am-, ym-: 'o gwmpas'

clwm: *amdo, amgylch, amwisg, amdorch, ymgeledd.*

cilyddol, 'o'r ddeutu'

clwm: *ymladd, ymweld, ymdrechu, ymwêl* (dilynir y berfau hyn gan yr arddodiad *â*); *ymgais, ymdrech.*

atblygol

clwm: *ymolchi, ymburo, ymddwyn, ymlâdd.*

'gwahanol, amrywiol'

clwm: *amryw, amliw, amyd.*

cryfhaol

clwm: *amdlawd, amdrwm.*

ar-: 'gyferbyn â, ar bwys'

clwm: *arddwrn, arfoll, arfal, argel, argae.*

can-, cyn-: 'gyda'

clwm: *canlyn, canllaith, cynhebrwng, canllaw, canmol.*

cyd-: 'gyda'i gilydd, ynghyd'

clwm: *cytbwys, cydradd, cydymaith, cydnabod, cydfod.*

llac: *cyd-addolwr, cyd-Gymro, cyd-weithiwr, cyd-fyw, cydsefyll.*

cyf-, cy-: 'cyfartal'

clwm: *cyfwerth, cyfurdd, cytbwys, cyfliw, cyfiaith, cyfran, cyfuno.*

cryfhaol

clwm: *cyfaddas, cyfaddef, cyflym, cyflawn, cywir.*

cyfr-: 'llwyr'

clwm: *cyfrgoll, cyfrdrist, cyfrddoeth.*

llac: *cyfrgolledig.*

cynt-, cyn(h)-: 'blaen, o flaen'

clwm: *cynfyd, cynsail, cynhaeaf, cynddail, Cynfeirdd.* Yn *cynllun* erys *ll* heb dreiglo ar ôl *n.*

llac: *cyn-faer, cyn-aelod, cyn-gadeirydd.*

dad-, dat-: negyddol

clwm: *datod, datmer, datguddio.*

llac: *dad-wneud, datgysylltiad, dadlwytho.*

cryfhaol

clwm: *datgan.*

dar-: cryfhaol

clwm: *darostwng, darbwyllo, darogan, darfod*; y gytsain gysefin a geir yn *darpar.*

di: 'eithaf, hollol'

clwm: *dinoethi, diddanu, didol, dioddef.*

rhagddodiad negyddol gydag ansoddeiriau a berfau

clwm: *diflas, diwerth, diboen, diwyllio.*

llac: *di-flas, di-boen, di-dduw, di-baid, di-ddadl, didrafferth, digroeni.*

dir-: cryfhaol

clwm: *dirboen, dirfawr, dirgymell, dirnad, dirgrynu, dirgel.*

dis-: cryfhaol

clwm: *distaw* (gw. **153**).

negyddol

clwm; *disgloff.*

dy-: 'at, ynghyd'

clwm: *dyfynnu, dygyfor.*

dy-: 'gwael'

clwm: *dybryd.*

e-, (eh-), ech-: 'cyn'

clwm: *echnos, echdoe, echryd.*

negyddol

clwm: *eofn, ehangder.*

go-, (gwo-), gwa-: gwahanol neu fychanol, 'o dan'
clwm: *goblyg, gobennydd, goben, gogan, golosg.*
llac; (gydag ansoddeiriau) *go dda, go fawr, go lew, go ddrwg, go dywyll.*

gor-: cryfhaol
clwm: *gorfoledd, goresgyn, gorbwyso, gorbrudd, gorlenwi.*
llac: *gorofalus, gor-ddweud.*

gwrth-: 'yn erbyn, yn ôl'
clwm: *gwrthglawdd, gwrthwyneb, gwrthgilio, gwrthblaid, gwrthsefyll.*
llac: *gwrthwynebu, gwrthgyferbynnu.*

hy-: 'hawdd, da' (*y* dywyll)
clwm: *hyglyw, hyblyg, hyfryd, hydraul, hynaws.*

rhag-: 'blaen, ymlaen'
clwm: *rhagfarn, rhagrith, rhagluniaeth.*
llac: *rhagbaratoi, rhagfynegi, rhag-weld, rhagymadrodd.*

rhy-: 'gormodol, tra'
clwm: (*y* dywyll) *rhywyr, rhyfedd, rhydyllu.*
llac: (*y* glir) *rhy fawr, rhy gynnes, rhy drist, rhy dda*, gw. **90**.

rhyng-: 'cyd-'
llac: *rhyngosodiad, rhyngwladol, rhyng-golegol.*

tan-: 'islaw'
llac: *tanseilio, tanlinellu, tangyflogaeth, tan ddaearol, tanysgrifiad.*

traf-: cryfhaol
clwm: *traflyncu.*

traws-, tros-: 'croes, cam'
clwm: *trosglwyddo.*
llac: *trawsfeddiannu, trawsblannu.*

try-: 'llwyr, trwodd'
clwm: *tryloyw, tryfrith, trywanu.*

ym-: atblygol
clwm: *ymatal, ymddangos, ymgodymu.*

139 Treiglad Llaes

a-: cryfhaol
clwm: *achul, athrist, achwyn.*

dy-: cryfhaol
clwm: *dychryn.*
'gwael'
clwm: *dychan.*

go-: 'lled, gweddol'
clwm: *gochel, gochanu, gochrwm.*

gor-, gwar-: cryfhaol
clwm: *gorffen (gor + pen), gorchudd, gwarchae, gorthrwm.*

tra-, dra-: 'dros'
clwm: *drachefn, trachul.*
llac: *tra chryf, tra charedig, tra phwysig,* gw. **124.**

140 Treiglad Trwynol

an-, a(m)-, a(ng)-: negyddol
clwm: *amrwd, annoeth, amarch.*
llac: *annheilwng, amhriodol, amherffaith.*

cym-, cyn-, cy(ng)-: 'cyf-'.
clwm: *cymod, cynnwrf.*

Cyfnewidiadau Llafariaid a Deuseiniaid

141 Affeithiad

Digwydd affeithiad pan fo llafariad mewn sillaf derfynol yn achosi newid i lafariad sy'n ei rhagflaenu drwy gymathu'r sain mewn ffurf berthynol yn debycach i'w sain hi ei hun. Er enghraifft, wrth ychwanegu

-*i* at sillaf sy'n cynnwys *a*, ceir *gardd, gerddi*. (Yn aml bydd y llafariad a achosodd yr affeithiad wedi diflannu o'r iaith erbyn hyn ond erys yr affeithiad). Trwy gydweddiad, sut bynnag, lledodd y nodwedd i eiriau a oedd heb derfyniad yn cynnwys seiniau a allai achosi affeithiad. Cynhwysir y naill ddosbarth a'r llall ymhlith y ffurfiau a nodir isod.

142 Canfyddir ôl affeithiad a achoswyd gan *a* yn ffurfiau benywaidd yr ansoddair (tabl 5: gw. yn ogystal **190**).

Tabl 5

Y sain wreiddiol	Affeithiad	Enghreifftiau
y	*e*	*gwyn, gwen* *byr, ber* *cryf, cref* *melyn, melen* *llym, llem* *syml, seml*
w	*o*	*llwm, llom* *crwn, cron* *dwfn, dofn* *tlws, tlos* *trwm, trom* *cwta, cota*
i	*ai*	*brith, braith*

143 Canfyddir ôl affeithiad a achoswyd gan *i* (gw. tabl 6) yn ffurfiau lluosog enwau (gw. **160-170**) ac ansoddeiriau (gw. **182-188**) a ffurfiau 3ydd unigol presennol mynegol y ferf (gw. **263** (ii)).

Tabl 6

Y sain wreiddiol	Affeithiad	Enghreifftiau
a	ai	*sant*, ll. *saint* *brân*, ll. *brain* *cyfan*, ll. *cyfain* *safaf*, 3ydd un. *saif* Lle y digwydd affeithiad yn y sillaf olaf, try *a* yn y goben yn *e*: *dafad*, ll. *defaid*
a	ei	*bardd*, ll. *beirdd* *gafr*, ll. *geifr* *hardd*, ll. *heirdd* *galwaf*, 3ydd un. *geilw* *cadwaf*, 3ydd un. *ceidw*
a	y (glir)	*bustach*, ll. *bustych* *bwytâf*, 3ydd un. *bwyty* Lle y digwydd affeithiad yn y sillaf olaf, try *a* yn y goben yn *e:* *aradr*, ll. *erydr* *alarch*, ll. *elyrch* *paladr*, ll. *pelydr* *cadarn*, ll. *cedyrn* *gwasgaraf*, 3ydd un. *gwesgyr* *parhaf*, 3ydd un. *pery*
ae	ai	*draen*, ll. *drain*
ae	ei	*gwaell* (hefyd *gwäell*), ll. *gweill* (hefyd *gwëyll*)
e	y (glir)	*Gwyddel*, ll. *Gwyddyl* *cyllell*, ll. *cyllyll* Lle y digwydd affeithiad yn y sillaf olaf, try *a* yn y goben yn *e* *castell*, ll. *cestyll*

Y sain wreiddiol	Affeithiad	Enghreifftiau
o	y (glir)	*padell*, ll. *pedyll* *bachgen*, ll. *bechgyn* *caled*, ll. *celyd* *atebaf*, ll. *etyb* Yn *maharen*, ll. *meheryn* affeithir *a* yn y goben ac yn rhagobennol yn *e*. *porth*, ll. *pyrth* *ffon*, ll. *ffyn* *corff*, ll. *cyrff* *Cymro*, ll. *Cymry* *collaf*, 3ydd un. *cyll* *torraf*, 3ydd un. *tyr* Lle y digwydd affeithiad yn y sillaf olaf, try *o* yn y goben yn *e*; try *a* yn y goben yn *e*: *ymosodaf*, 3ydd un. *ymesyd* *gosodaf*, 3ydd un. *gesyd* *agoraf*, 3ydd un. *egyr* *dangosaf*, 3ydd un. *dengys* *adroddaf*, 3ydd un. *edrydd*
w	y (glir)	*asgwrn*, ll. *esgyrn*
oe	wy	*oen*, ll. *ŵyn* *croen*, ll. *crwyn*
aw	y (glir)	*gwrandawaf*, 3ydd un. *gwrendy* *gadawaf*, 3ydd un. *gedy* Yn y ddwy enghraifft uchod digwyddodd affeithiad yn y sillaf olaf a throdd *a* yn y goben yn *e*.

144 Gall sain yn y sillaf olaf affeithio ar lafariad yn y goben (gw. tabl 7).

Tabl 7

Y sain wreiddiol	Sain y terfyniad	Affeithiad	Enghreifftiau
a	i	e	*gwlad*, ans. *gwledig* *gardd*, ll. *gerddi* *canaf*, 2il un. pres. myn. *ceni* *distaw*, be. *distewi* *gwahardd*, pres. amhers. *gwaherddir*
a	i (gytsain)	ei	*gwas*, ll. *gweision* *mab*, ll. *meibion* *sant*, ll. *seintiau* *cymar*, ll. *cymheiriaid*
a	y	e	*nant*, ll. *nentydd* *gwlad*, ll. *gwledydd* *plant*, ll. *plentyn*
e	i (gytsain)	ei	*capten*, ll. *capteiniaid* *gefell*, ll. *gefeilliaid* *niwed*, ans. *niweidiol* *toreth*, ans. *toreithiog*
ae	i (gytsain) i (lafarog)	ei	*paent*, be. *peintio* *gwaedd*, be. *gweiddi* *saer*, ll. *seiri* *maer*, ll. *meiri*
ae	y	ey	*maes*, ll. *meysydd* *caer*, ll. *ceyrydd*
ae	u	eu	*aeth*, ll. 1af un. gorff. *euthum* *daeth*, ll. 1af un gorff. *deuthum* *gwnaeth*, 1af un. gorff. *gwneuthum*
aw	i neu y (glir)	ew	*cawr*, ll. *cewri* *cawell*, ll. *cewyll* *tawaf*, be. *tewi*

Noder
(1) Yn aml bydd *a* heb ei haffeithio yn y goben o flaen *i* neu *ia*:

(i) mewn enwau â'r terfyniad *-iad, -iaid*: *hynafiad*, ll. *hynafiaid*; *anwariad*, ll. *anwariaid*; *Americaniaid*; *cariad*; *casgliad*; *caniad*; *llafariad*. Yn *galwad* (< *galw* + *ad*) a *lladdiad*, erys y llafariad heb ei haffeithio ond yn *geilwad* (< *galw* + *iad*) a *lleiddiad* digwydd affeithiad.

(ii) mewn ychydig enwau lluosog yn *-ion*: *carthion; manion; eithafion; amcanion*.

(iii) yn ffurfiau amhersonol berfau gorberffaith (gw. **261**): *canu, canasid* (hefyd *canesid*); *caru, carasid* (hefyd *caresid*); *prynu, prynasid* (hefyd *prynesid*).

(iv) yn ffurfiau 2il un. amherff. a gorberff. berfau (gw. **265**): *canu, canit, canasit; dysgu, dysgit, dysgasit*.

(v) mewn cyfansoddeiriau (gw. **332-333**): *caswir; canrif; gwanddyn; rhandir; talgryf; candryll*.

(vi) mewn morffemau rhwymedig: *athrist; afiach, amgylch; canlyn; datrys*.

(vii) mewn sillafau terfynol sydd heb statws morffem: *arian; arial; anial*.

Pan yw'r *y* mewn terfyniad berfol yn ffurf affeithiedig ar *o*, affeithir ar *o* neu *a* yn y goben:

datod	3ydd un. pres. myn. *detyd*
aros	3ydd un. pres. myn. *erys*
gosod	3ydd un. pres. myn. *gesyd*
agor	3ydd un. pres. myn. *egyr*
adrodd	3ydd un. pres. myn. *edrydd*
ymosod	3ydd un. pres. myn. *ymesyd*
datgloi	3ydd un. pres. myn. *detgly*
datro	3ydd un. pres. myn. *detry*

(2) Yn yr 2il ll. pres. myn. a'r 2il ll. gorch., affeithir *a* i *e*, er bod y sain *a* achosodd yr affeithiad wedi diflannu (gw. D. Simon Evans, 1964: 119-20): *caru, cerwch; canu cenwch; parchu, perchwch; gadael, gedwch; talu, telwch; gallu, gellwch; barnu, bernwch*.

Anwybyddir y newid hwn yn aml mewn ysgrifennu cyfoes (er enghraifft, *carwch, canwch, claddwch, parchwch, gadwch, talwch, gallwch*) ac nis dynodir yn y Beibl Cymraeg Newydd:

Perchwch bawb. Cerwch y brawdoliaeth. Ofnwch Dduw.
Anrhydeddwch y brenin (1955)
Rhowch barch i bawb, carwch y frawdoliaeth, ofnwch Dduw,
parchwch yr ymerawdwr (1988)
(1 Pedr, 2: 17)
Cenwch i'r Arglwydd ganiad newydd (1955)
Canwch i'r Arglwydd gân newydd (1988)
(Salmau, 98: 1)
Na fernwch fel na'ch barner (1955)
(Mth. 7: 1)
Claddwch fi gyda'm tadau (1988)
(Gen. 49: 29)
Gwrthsafwch y diafol (1988)
(Iago, 4: 7)
Gellwch godi unrhyw un o'r llyfrau hyn
(*Barddas*, Gorff. / Awst 1992: 7)
Mi ellwch farnu trosoch eich hunain
(J. Elwyn Hughes, 1989: 22)
Mae'r lle'n siangdifang pryd bynnag y galwch chi heibio
(Irma Chilton, 1989: 37)

Dychweliad

145 Pan ddigwydd yr affeithiad yn ffurf ddiderfyniad y gair, a'r llafariad wreiddiol heb ei haffeithio pan chwanegir terfyniad, gelwir y newid yn ddychweliad (gw. tabl 8).

Tabl 8

Affeithiad	Y sain wreiddiol	Enghreifftiau
ai	a	*gwraig*, ll. *gwragedd* *rhiain*, ll. *rhianedd* *cainc*, ll. *cangau* *adain*, bellach *aden*, ll. *adanedd*, bellach *adenydd*
ei	a	*lleidr*, ll. *lladron* *neidr*, ll. *nadredd*
au	aw neu af	*cenau*, ll. *cenawon* neu *cenafon* *edau*, ll. *edafedd*
ai	ae	*Sais*, ll. *Saeson*

Gwyriad

146 Bydd rhai llafariaid a deuseiniaid mewn sillafau terfynol (neu mewn gair unsill) yn newid pan symudant i safle newydd sef i'r goben neu i ryw sillaf arall, yn sgil chwanegu terfyniad neu forffem arall. Gwyriad yw'r enw a roir ar y newid (gw. tabl 9):

Tabl 9

Y sain yn y sillaf olaf neu yn y gair unsill	Gwyriad	Enghreifftiau
ai	ei	*sail*, ll. *seiliau* *gair*, ll. *geiriau* *iaith* ll. *ieithoedd* *llai*, ll. *lleiaf* *Aifft*, ans. *Eifftaidd* *rhaid*, *rheidrwydd* *craig*, *creigle*

Y sain yn y sillaf olaf neu yn y gair unsill	Gwyriad	Enghreifftiau	
au	eu	*gwaun,*	ll. *gweunydd*
		ffau,	ll. *ffeuau*
		genau,	ll. *geneuau*
		traul,	ll. *treuliau*
			be. *treulio*
		aur,	ans. *euraid*
			be. *euro*
		brau,	cym. *breuach*
		dau, deuddeg	
aw	o	*brawd,*	ll. *brodyr*
		sawdl,	ll. *sodlau*
		llawr,	ll. *lloriau*
		traethawd,	ll *traethodau*
		llaw, llofnod	
		ffawd,	ans. *ffodus*
w	y (dywyll)	*bwrdd,*	ll. *byrddau*
		cwch,	ll. *cychod*
		cwmwl,	ll. *cymylau*
		ffrwd,	ll. *ffrydiau*
		twf	be. *tyfu*
		trwm	cym. *trymach*
y (glir)	y (dywyll)	*dyn,*	ll. *dynion*
		llyn,	ll. *llynnoedd*
		telyn,	ll. *telynau*
		ych,	ll. *ychen*
		dilyn, 1af unigol pres. myn. *dilynaf*	
		terfyn,	be. *terfynu*
uw	u	*buwch,*	ll. *buchod*
		uwch,	eith. *uchaf*
			cys. *uchel*
		cuwch,	be. *cuchio*
			ll. *cuchiau*

Noder:

(1)   Nid yw *aw* yn gwyro i *o* yn *mawr, mawrion*; *llawn, llawnion*; *awdur, awduron*; *cawg, cawgiau*; *hawdd, hawsaf.*

Erys *aw* heb wyro o flaen llafariad yn *addawol; gwrandawaf; trawaf.*

Trwy gydweddiad trodd *aw* yn *o* yn sillaf olaf y berfenwau: *addo* (gynt *addaw*); *gwrando* (gynt *gwrandaw*); *taro* (gynt *taraw*).

Mae'r newid *aw* > *o* yn gyffredin yn y sillaf olaf: (*dwy-law*) *dwylo*; (*an-hawdd*) *anodd*; (*ffydd-lawn*) *ffyddlon.*

(2)   Bydd *w* yn y goben yn gwrthsefyll gwyro pan fydd *w* yn dilyn yn y sillaf olaf: *cwmwl*; *cwrcwd*; *cwmwd*; *mwdwl*; *cwpwrdd*; *cwcwll*; *bwgwth* (hefyd *bygwth*). Pan chwanegir terfyniad, sut bynnag, bydd y ddwy *w* yn gwyro: *cwmwl, cymylau, cymylu*; *cwpwrdd, cypyrddau*; *mwdwl, mydylau, mydylu*; *cwrcwd, cyrcydau, cyrcydu*; *bwgwth, bygythiad.*

Bydd *w* yn gwrthsefyll treiglo, yn ogystal, mewn llu o ffurfiau lle y mae statws morffem gan y sillaf olaf: *gwrol*; *gwra*; *gwraidd*; *bwthyn*; *bwriad*; *gwthiaf*; *swnllyd*; *wrthyf*; *gwgu.*

Ni ddigwydd gwyriad yn y rhagddodiad *gwrth-*: *gwrthblaid*; *gwrthsefyll*; *gwrthglawdd*; *gwrthod*; *gwrthgilio.*

Yn arferol, bydd *w* yn gwrthsefyll gwyro mewn benthyceiriau: *cwsmer, cwsmeriaid*; *cwmni, cwmnïoedd.* Ceir gwyriad yn *clwb, clybiau.*

(3)   *Y* dywyll, yn arferol, a fydd yn sylweddoli gwyrio *y* glir ac *w*, ond bydd *y* glir yn y goben yn gwrthsefyll gwyrio o flaen llafariad arall: *gwestyau*; *gwestywr*; *lletya*; *lletywr*; *gwelyau*; *distrywio*; *amrywiaeth*; *benywaidd*; *gwrywaidd.*

Y dywyll a geir yn y rhagddodiad *rhy-* yn *rhywyr* ac yn *-yw-* yn *bywyd*; *cywydd*; *llywydd*; *tywydd*; *tywod*; *tywyll.*

Mewn sillaf ragobennol *y* dywyll a geir: *cyfarfod*; *hysbysu*; *cynhaeaf*; *mynyddoedd*; *cyhoeddiadau*; *hynafiaethau.*

Mewn cyfansoddeiriau llac (gw. **333**), sut bynnag, *y* glir a geir yn y rhagddodiaid *cyd-* a *cyn-*: *cydgerdded*; *cyn-gadeirydd.*

Yn arferol *y* glir a ddigwydd yn elfen gyntaf cyfansoddeiriau llac: *Rhyddfrydwyr*; *synfyfyrio.*

Pan yw elfen gyntaf y cyfansoddair yn lluosill, dibynna ansawdd yr *y* ar ei union safle yn nwy elfen y cyfansoddair; *y* dywyll a geir yng ngoben yr elfen gyntaf a'r ail: *llygadrythu*; *prysur-gerdded*; *ysgafndroed*; *amcan gyfrif*. Yn *cyflym-gerdded*, ceir *y* dywyll yng ngoben yr elfen gyntaf ac *y* glir yn sillaf olaf yr elfen honno.

Gall ail elfen y ddeusain esgynedig *wy* wyro yn y goben: *gwyn, gwynnaf; gwynt, gwyntoedd*.

(4) Ni bydd *uw* yn gwyro yn *duwies, duwiol, duwdod, duwiesan*.
Noder
Am ddosbarthiad ar sylfaen wahanol gw. Thomas (1993).

Caledu

147 Digwydd caledu pan chwanegir terfyniad at air neu pan ffurfir gair cyfansawdd (gw. **332**). Nodir y newidiadau isod:

b	+ b	>	p
d	+ d	>	t
g	+ g	>	c
b	+ h	>	p
d	+ h	>	t
g	+ h	>	c
f	+ h	>	ff
dd	+ h	>	th

Mewn cyfuniadau cytseiniol eraill, mae'n arferol caledu'r gytsain gyntaf yn unig:

b	+ t	>	p + t
d	+ b	>	t + b
d	+ c	>	t + g
g	+ t	>	c + t
g	+ p	>	c + b
g	+ ll	>	c + ll
d	+ ch	>	t + ch
g	+ ff	>	c + ff

Ceir caledu yn y safleoedd isod:

148 Pan chwanegir y terfyniad cyfartal *(h)ed* neu'r terfyniad eithaf *(h)af* at radd gysefin yr ansoddair (gw. **192**); diflannodd *-h-* o'r terfyniadau hyn (gw. D. Simon Evans, 1964: 39) ond caledir *-b, -d, -g, -dd*:

gwlyb	+ *hed*	cyf.	*gwlyped*
	+ *haf*	eith.	*gwlypaf*
tlawd	+ *hed*	cyf.	*tloted*
	+ *haf*	eith.	*tlotaf*
teg	+ *hed*	cyf.	*teced*
teg	+ *haf*	eith.	*tecaf*
diwedd	+ *haf*	eith.	*diwethaf*

Noder

Prin yw'r enghreifftiau o *dd* + *h* > *th*.

Nid oedd *-h-* yn rhan o'r terfyniad cymharol ond trwy gydweddiad lledodd calediad i'r ffurf gymharol:

gwlypach

tlotach

tecach

149 Yn y presennol dibynnol. Yr oedd terfyniadau'r presennol dibynnol (gw. **268**) gynt yn cynnwys *h-* ddechreuol; cyfunodd yr *h* hon â'r gytsain a'i rhagflaenai a pheri caledu (gw. D. Simon Evans, 1964: 128). Diflannodd *h* erbyn hyn, ond diogelir enghreifftiau o galedu mewn diarhebion ac ymadroddion cyfarwydd:

Duw cato pawb	*cato* < *cad* + *ho*
	3ydd unigol pres. dib. *cadw*
Cas gŵr na charo'r wlad a'i maco	*maco* < *mag* + *ho*
(Dihareb)	3ydd unigol pres. dib. *magu*
Canmoled pawb y bont	
a'i dyco drosodd	*dyco* < *dwg* + *ho*
(Dihareb)	3ydd un. pres. dib. *dwyn*

150 Mewn berfenwau a ffurfiwyd drwy chwanegu'r olddodiad *-(h)a-* at enw neu ansoddair:

pysgota	< *pysgod* + *ha*
cardota	< *cardod* + *ha*

bwyta	*< bwyd*	*+ ha*
gwreica	*< gwraig*	*+ ha*
cryffa	*< cryf*	*+ ha*

Noder

Prin yw'r enghreifftiau o *f* + *h* > *ff*.

151 Pan chwanegir *u* at yr elfen fonffurfiol *-ha-* i lunio berfenw, pair *h* galedu'r gytsain o'i blaen:

gwacáu	*< gwag*	*+ ha + u*
bywiocáu	*< bywiog*	*+ ha + u*

152 Yn ffurf lluosog dwbl yr enwau bachigol lluosog isod:

Enw unigol	Lluosog	Enw bachigol lluosog
merch	*merched*	*merchetos* (hefyd *merchetach*)
pryf	*pryfed*	*pryfetach*

153 Mewn cyfansoddeiriau clwm (gw. **333** (ii)) dan yr amodau isod:

-d + d- > t	*abad*	*+ dŷ*	*abaty*
-g + g- > c	*costawg + gi*		*costawci*
-b + b- > p	. *wyneb*	*+ bryd*	*wynepryd*

neu pan ddilynir un o'r cytseiniaid hyn gan -*h*-:

dryg + *hin> drycin*

Dilynir y ffritholion *ll*, *ff*, *s*, gan yr orgraffyn *t* yn yr ychydig ffurfiau lle y digwydd y cyfuniad ffrithiolen ddilais + ffrwydrolen orfannol:

hoffter

maestref

llystad

maestir

beiston

alltud

distaw

154 Yn yr olddodiaid haniaethol isod (gw. **181**):

-der > -ter   *dicter*
-did > -tid   *ieuencid*
-dra > -tra   *cyfleustra*
-had > -cad, -tad   *ymwacâd, caniatâd*

155 (i) Mewn cyfansoddeiriau clwm (gw. **333**) mae'n arferol caledu'r gytsain gyntaf yn unig yn y cyfansoddeiriau canlynol:

p t   (*pob*   + *tŷ*)   > *popty*
t b   (*ŷd*   + *bys*)   > *ytbys*
t g   (*gwrid* + *coch*)   > *gwritgoch*
c t   (*brag* + *tŷ*)   > *bracty*
c b   (*crog* + *pris*)   > *crocbris*
c ll   (*dig*   + *llon*)   > *dicllon*
t ch   (*lled* + *chwith*)   > *lletchwith*
c ff   (*pig*   + *fforch*)   > *picfforch*

(ii) Yn y cyfansoddeiriau afryw (gw. **333** (ii)):

popeth   (*pob* + *peth*)
pompren   (*pont* + *pren*)

Noder
Un o nodweddion tafodieithol amlycaf y de-ddwyrain yw'r dileisio a ddigwydd i'r ffrwydrolion lleisiol mewn sillaf bwyslais naill ai rhwng elfennau llafarog neu rhwng elfen lafarog ag /r, l, n, m, w, j, v/:

[popi]   pobi
[kekin]   cegin
[kɑtu]   cadw
[ɛprɨł]   Ebrill
[łʊitrEu]   llwydrew
[ɛkni]   egni
[dɪkjo]   digio
[atnod]   adnod
[ɛtvan]   hedfan

107

| [dɛtwi] | dodwy |
| [plɪkjad] | plygiad |

Digwydd enghreifftiau prin o'r nodwedd mewn sillaf ragobennol:

| [ɬʊitrɛʊi] | llwydrewi |

Gelwir y nodwedd dafodieithol hon yn galediad (gw. Thomas, 1975-76: 360-366).

Yr Ymadrodd Enwol

Cyflwyniad

156 Yn gyffredin bydd yr ymadrodd enwol yn sylweddoli'r elfennau goddrych neu ddibeniad yn y cymal. Yn draddodiadol cysylltir y goddrych â'r person neu'r peth sy'n cyflawni'r weithred a fynegir gan y ferf mewn brawddeg neu gymal neu'n goddef y weithred; gall y dibeniad ddynodi at bwy neu at ba beth y bydd gweithred y ferf yn ymestyn ymlaen. Mewn brawddeg ferfol bydd y ferf seml yn rhagflaenu'r goddrych, a'r dibeniad yn dilyn (gw. **70, 260**); bydd y goddrych yn rhannu dwy elfen y ferf gwmpasog (gw. **260, 286**). Ond gall yr ymadrodd enwol, yn ogystal, sylweddoli'r elfen adferfol ac, at hyn, ddibeniad yr ymadrodd arddodiadol.

Bydd ymadrodd enwol yn cynnwys naill ai:

(a) enw a all fod yn gysylltiedig ag elfen neu elfennau eraill a fydd yn cyflwyno'r enw ac, o bosibl, yn adlewyrchu cenedl a rhif yr enw, a/neu ansoddair neu ansoddeiriau a fydd, o bosibl, yn adlewyrchu cenedl neu rif yr enw, a/neu ymadrodd arddodiadol neu gymal perthynol, neu

(b) ragenw y gellir ei ddilyn gan ansoddair a/neu gymal perthynol, neu

(c) gymal enwol (gw. **353**), neu

(ch) gymal perthynol.

Y Fannod

157 Bannod bendant yn unig a geir yn y Gymraeg, sef *yr, y, 'r.* Gall enw, sut bynnag, sefyll ar ei ben ei hun yn llwyr, heb y fannod yn rhagflaenu:

bachgen	*rhwyd*	*blodyn*
merch	*traeth*	*ceffyl*
cyfaill	*mab*	*cadair*
cath	*haf*	*golau*

158 *yr* a ddigwydd:

(i) o flaen llafariad

yr afal	*yr urdd*	*yr eliffant*
yr ochr	*yr ŷd*	*yr afon*
yr undeb	*yr olion*	*yr epa*
yr amser	*yr alarch*	*yr uned*

(ii) o flaen deusain, ac eithrio pan yw elfen gyntaf y ddeusain honno yn *w* gytsain (elfen lafarog yw'r *w* yn *wythnos, ŵyn* etc.)

yr aur	*yr eira*	*yr iâ*
yr wythnos	*yr oerni*	*yr awr*
yr ewig	*yr ŵyn*	*yr ail*
yr eurdorch	*yr iarll*	*yr awel*

(iii) o flaen *h*

yr haf	*yr hyder*	*yr hwrdd*
yr hydref	*yr hwyaden*	*yr haul*
yr helynt	*yr hanes*	*yr hogiau*

(iv) rhwng gair sy'n gorffen â chytsain a gair sy'n dechrau â llafariad neu ddeusain (ac eithrio gair sy'n dechrau ag *w* gytsain)

dyfodol yr iaith
Cymdeithas yr Iaith Gymraeg
diwedd yr wythnos
cabinet yr wrthblaid
troed yr ebol

y a ddigwydd:

(i) o flaen cytseiniaid (ac eithrio *h*)

y dyn	*y rhaw*	*y tŷ*
y chwaer	*y ddannoedd*	*y plentyn*

y lle	*y glo*	*y cathod*
y bwced	*y ffa*	*y lolfa*

(ii) o flaen *w* gytsain

y wal	*y weledigaeth*	*y wawr*
y wladwriaeth	*y weinidogaeth*	*y werin*
y wraig	*y wisg*	*y wyrth*

(iii) rhwng dwy gytsain neu rhwng cytsain ac *w* gytsain

ger y dref	*dros y glwyd*
yn y wlad	*ar y cae*
dan y bwrdd	*oddi wrth y plant*
yn y wal	*gan y llyfrwerthwr*

'r a ddigwydd yn dilyn llafariad neu ddeusain

i'r anifael	*i'r llyfrgell*	*o'r tŷ*
lliw'r afon	*canu'r côr*	*mae'r dynion*
drysau'r car	*ffenestri'r capel*	*tannau'r delyn*

Noder

Os dymunir saib yn dilyn llafariad gellir dewis naill ai *y* neu *yr* : *Ni alwodd neb yma y dydd o'r blaen*; *Nid aethom yno yr haf diwethaf.*

159   Rhaid rhoi'r fannod o flaen pob enw mewn ymadrodd enwol sy'n cynnwys cyfres o enwau pendant:

Yn y gaeaf byddai'n gan gwaith anos teithio oherwydd y dŵr a'r llaid a'r tyllau
    (Gwyn Thomas, 1971: 73)
Y mae'r haul a'r ddaear a'r môr yn elynol i ddyn
    (D. Tecwyn Lloyd, 1988: 41)
yr hapusrwydd, y pleser, y tristwch, y pryder, y melys a'r chwerw, y gwir, y gau, y caredig a'r creulon
    (J. Elwyn Hughes, 1991: 110)
Edrych i'r gorllewin, y gogledd, y de a'r dwyrain
    (Deut. 3: 27)
yr hwyl, y ffraethineb, y doniolwch a'r arabedd
    (J. Elwyn Hughes, 1995: 161)

Digwydd y fannod

(i) o flaen rhai enwau lleoedd

Y Barri	*Y Borth*	*Y Felinheli*
Y Bala	*Y Porth*	*Y Wern*
Y Fenni	*Yr Wyddgrug*	*Y Caerau*
Yr As Fach	*Y Dre-wen*	*Y Fan*
Y Gelli	*Y Drenewydd*	*Y Waun*

Noder
Ni ddylid defnyddio'r fannod o flaen *Amwythig.*

(ii) o flaen enwau rhai gwledydd

Yr Alban	*Yr India*	*Yr Almaen*
Yr Amerig	*Yr Aifft*	*Yr Eidal*
Yr Ariannin	*Y Ffindir*	*Y Swistir*

Noder
Ni ddigwydd y fannod o flaen *Iwerddon, Ewrob, America, Affrica.*

(iii) o flaen enwau ieithoedd

y Gymraeg	*y Lladin*	*y Swedeg*
y Ffrangeg	*y Saesneg*	*yr Wyddeleg*
y Llydaweg	*yr Eidaleg*	*yr Almaeneg*

Gw. yn ogystal **180** (B) (iii).

(iv) o flaen teitlau neu swyddi

yr Arglwydd Rhys	*yr Athro John Morris Jones*
yr Arlywydd Clinton	*yr Esgob William Morgan*
y Pab Ioan Paul II	*yr Ymherawdwr Hirohito*
y Ficer Prichard	*y Dr Kate Roberts*
y Parch J. Puleston Jones	*y Prifardd Idris Reynolds*

Noder
Ni ddigwydd y fannod o flaen *Syr: Syr John Rhŷs.* Hepgorir y fannod
yn gyffredin o flaen *Dr, arglwydd.*

(v) o flaen enw sy'n dynodi carfan arbennig o bobl

y Cymry	*yr Hwntws*	*y Gogs*
y Saeson	*y Crynwyr*	*y Gwyddelod*
y Bedyddwyr	*yr Undodiaid*	*y Mormoniaid*

(vi) o flaen enwau'r tymhorau, rhai gwyliau a rhai dyddiau

y gaeaf
y gwanwyn
yr haf
yr hydref
y Nadolig
y Pasg
yr Ystwyll
y Grawys
y Calan
y Sadwrn
y Sul

(vii) o flaen enwau rhai clefydau ac anhwylderau

y frech goch
y pas
y ddannoedd
yr annwyd
y clefyd melyn
y felan
y frech wen

(viii) o flaen enw dwy afon

Menai	*Y Fenai*	*Iorddonen*	*Yr Iorddonen*

Croesodd yr Iorddonen
    (2 Sam. 10: 17)

Noder
Digwydd yr enwau hyn, yn ogystal, heb y fannod.

113

(ix) mewn rhai ymadroddion arbennig lle na ddigwydd bannod yn yr ymadrodd cyfatebol yn y Saesneg neu lle y ceir bannod amhendant yn y Saesneg:

yn y funud
yn y gwaith
yn y golwg
yn y capel
yn yr ysbyty
yn yr eglwys
o'r coleg
i'r ysgol
i'r dref
i'r gwely
ar y tro
mynd ar/yn y trên
deg ceiniog yr un
trigain milltir yr awr
wythpunt y noson
heb yr un geiniog

(x) weithiau gyda ffracsiynau

gwell o'r hanner
ni ddywedwyd mo'r hanner wrthyf!

Ar dreiglo yn dilyn y fannod gw. **48, 49, 51, 61**.

Yr Enw

Rhif

160   Y mae dau rif i'r enw mewn Cymraeg cyfoes, sef unigol a lluosog. Gynt ceid rhif deuol a gwelir olion ohono mewn rhai cyfansoddeiriau gyda *dau-* a *dwy-*; treiglir cytsain gysefin ail elfen y cyfansoddair yn feddal:

deurudd	*(grudd)*
deuddwrn	*(dwrn)*
deuddyn	*(dyn)*
dwyfron	*(bron)*
dwylaw, dwylo	*(llaw)*
dwyglust	*(clust)*
dwyen	*(gen)*
dwyfraich	*(braich)*
deulin	*(glin)*

Bydd yr ail elfen yn gwrthsefyll treiglo yn *deupen, deutu.* Gw. **59**.

Gellir ffurfio'r lluosog o'r unigol mewn saith ffordd:

1 Trwy newid llafariad (gw. **161**)

2 Trwy ychwanegu terfyniad lluosog (gw. **162**)

3 Trwy ychwanegu terfyniad lluosog ynghyd â newid llafariad (gw. **163**)

4 Trwy ollwng terfyniad unigol (gw. **164**)

5 Trwy ollwng terfyniad unigol ynghyd â newid llafariad (gw. **165**)

6 Trwy gyfnewid terfyniad unigol am derfyniad lluosog (gw. **166**)

7 Trwy gyfnewid terfyniad unigol am derfyniad lluosog ynghyd â newid llafariad (gw. **167**)

161 Trwy newid llafariad

Affeithiad **-i**: gw. **141**, **143**.

a > ai

llygad	ll. *llygaid*
arddodiad	ll. *arddodiaid*
gleisiad	ll. *gleisiaid*
deiliad	ll. *deiliaid*
bytheiad	ll. *bytheiaid*

a > ei

iâr	ll. *ieir*
car	ll. *ceir*

sarff		ll. *seirff*
march		ll. *meirch*
carw		ll. *ceirw*

a > y (glir)

aradr	ll. *erydr*

ae > ai

draen	ll. *drain*

e > y (glir)

cyllell	ll. *cyllyll*
astell	ll. *estyll*
asgell	ll. *esgyll*
llawes	ll. *llewys*

o > y (glir)

ffon	ll. *ffyn*
corff	ll. *cyrff*
ffordd	ll. *ffyrdd*

w > y (glir)

asgwrn	ll. *esgyrn*

oe > wy

croen	ll. *crwyn*

162 Trwy ychwanegu terfyniad lluosog:

-au	*adeilad*	ll. *adeiladau*
	cae	ll. *caeau*
	llong	ll. *llongau*
	ffrwyth	ll. *ffrwythau*
-iau	*esgid*	ll. *esgidiau*
	grudd	ll. *gruddiau*
	llun	ll. *lluniau*
	llanc	ll. *llanciau*
-on	*cysur*	ll. *cysuron*
	awel	ll. *awelon*
	gofal	ll. *gofalon*
	nwy	ll. *nwyon*

116

-ion	*esgob*	ll. *esgobion*
	swyddog	ll. *swyddogion*
	ysgol	ll. *ysgolion*
	rhodd	ll. *rhoddion*
-i	*bwced*	ll. *bwcedi*
	llwyn	ll. *llwyni*
	ffenestr	ll. *ffenestri*
	arglwydd	ll. *arglwyddi*
-ydd	*afon*	ll. *afonydd*
	fferm	ll. *ffermydd*
	pont	ll. *pontydd*
	ffos	ll. *ffosydd*

Gall rhai enwau ddewis naill ai **-i** neu **-ydd**:

	tref	ll. *trefi, trefydd*
	plwyf	ll. *plwyfi, plwyfydd*
	eglwys	ll. *eglwysi, eglwysydd*
-edd	*ewythr*	ll. *ewythredd*
	ewin	ll. *ewinedd*
	dant	ll. *dannedd*

-oedd	*môr*	ll. *moroedd*
	lle	ll. *lleoedd*
	gwisg	ll. *gwisgoedd*
-ed	*merch*	ll. *merched*
	pryf	ll. *pryfed*
-aint	*gof*	ll. *gofaint* (hefyd *gofiaid, gofion*)
-od	*cath*	ll. *cathod*
	geneth	ll. *genethod*
	llyffant	ll. *llyffantod*
	baban	ll. *babanod*
	dryw	ll. *drywod*
-iaid	*estron*	ll. *estroniaid*
	person	ll. *personiaid*
	pechadur	ll. *pechaduriaid*

Digwydd **-iaid** yn aml yn ffurf luosog cyfenwau, pobloedd, cenhedloedd, galwedigaethau, swyddi etc.:

> *y Tuduriaid*
> *y Jonesiaid*
> *y Williamsiaid*
> *Groegiaid*
> *Pwyliaid*
> *Americaniaid*
> *Eifftiaid*
> *Rhufeiniaid*
> *Arabiaid*
> *Llydawiaid*
> *Serbiaid*
> *capteniaid*
> *ustusiaid*
> *cobleriaid*

Noder

(1) Gall symud safle'r prif bwyslais yn sgil ychwanegu sillaf, newid *-nn* ac *-rr* mewn sillaf bwyslais i *-n* ac *-r* mewn sillaf ddibwyslais; gellir adfer *h* yn ogystal i'r sillaf bwyslais (gw. **4, 33**): *corrach*, ll. *corachod*; *cennad*, ll. *cenhadon*; *cannwyll*, ll. *canhwyllau*.

(2) Mewn amryw unsillafion saif *-n* ac *-r* am *-nn* ac *-rr*; pan ychwanegir sillaf dyblir y gytsain: *llan*, ll. *llannau*; *gwar*, ll. *gwarrau*; *man*, ll. *mannau*; *cwr*, ll. *cyrrau*.

(3) Mewn rhai ffurfiau treiglir *-nt* ac *-nc* i *-nn* ac *-ng* pan ychwanegir terfyniad: *cant*, ll. *cannoedd*; *punt*, ll. *punnoedd*; *tant*, ll. *tannau*; *dant*, ll. *dannedd*; *meddiant*, ll. *meddiannau*; *crafanc* ll. *crafangau*; *cainc*, ll. *cangau, ceinciau*; *amrant*, ll. *amrannau, amrantau*.

(4) Y terfyniad mwyaf cynhyrchiol yw *-au* a sylweddolir ar lafar gan *-a* (y de-ddwyrain a'r gogledd-orllewin) neu *-e* (y de-orllewin a'r gogledd-ddwyrain).

(5) Mewn benthyceiriau o'r Saesneg megis *bocs* a *bws* y mae'r terfyniad lluosogi Saesneg wedi ymsefydlu'n gadarn: *bocs*, ll. *bocsys* (hefyd *bocsiau*); *bws*, ll. *bysys* (hefyd *bysiau*); *nyrs*, ll. *nyrsys*; *lori*, ll. *loris* (hefyd *lorïau*). Gw. yn ogystal **2**.

163 Trwy ychwanegu terfyniad ynghyd â chyfnewid llafariad.
Gwyriad gw. **146**. Nodir rhai enghreifftiau ychwanegol isod:

ai > ei

caib	ll. *ceibiau*
haint	ll. *heintiau*
nai	ll. *neiaint*
ffair	ll. *ffeiriau*

au > eu

haul	ll. *heuliau*
aroglau	ll. *arogleuon*
ffau	ll. *ffeuau*

aw > o

awr	ll. *oriau*
traethawd	ll. *traethodau*
bawd	ll. *bodiau*

w > y (dywyll)

cwch	ll. *cychod*
sibrwd	ll. *sibrydion*
cwm	ll. *cymoedd*
cwrdd	ll. *cyrddau*

y (glir) **> y** (dywyll)

bryn	ll. *bryniau*
dyffryn	ll. *dyffrynnoedd*
terfyn	ll. *terfynau*

uw > u

buwch	ll. *buchod*

Affeithiad yn y goben gw. **144**. Nodir rhai enghreifftiau ychwanegol isod:

a > ei

mab	ll. *meibion*
sant	ll. *seintiau*

e > ei

pencerdd	ll. *penceirddiaid*
gefell	ll. *gefeilliaid*

a > e

nant   ll. *nentydd*

ae > ei

caer   ll. *ceiri, ceyrydd*
maen   ll. *meini*

ae > ey

maes   ll. *meysydd*

aw > ew

cawr   ll. *cewri*

Dychweliad gw. **145**. Nodir rhai enghreifftiau ychwanegol isod:

ai > a

celain   ll. *celanedd*
gwraig   ll. *gwragedd*

ei > a

deigr   ll. *dagrau*

ai > ae

Sais   ll. *Saeson*

au > aw neu **af**

cenau   ll. *cenawon, cenafon*

164   Trwy ollwng terfyniad unigol (**-yn** neu **-en**)

blewyn   ll. *blew*
coeden   ll. *coed*
derwen   ll. *derw*
ffäen   ll. *ffa*
gwelltyn   ll. *gwellt*
mesen   ll. *mes*
mochyn   ll. *moch*
mwyaren   ll. *mwyar*
pluen   ll. *plu*
plufyn   ll. *pluf*
pysen   ll. *pys*
pysgodyn   ll. *pysgod*
seren   ll. *sêr*

165 Trwy ollwng terfyniad unigol ynghyd â newid llafariad. Ar wyro'r llafariad gw. **146**. Nodir rhai enghreifftiau ychwanegol isod:

ei > ai

meipen	ll. *maip*
deilen	ll. *dail*
eisen	ll. *ais* (hefyd ac yn fwy cyffredin *asen, asennau* gw. 171 (ii))

eu > au

cneuen	ll. *cnau*
lleuen	ll. *llau*
blodeuyn	ll. *blodau*

o > aw

conyn	ll. *cawn*

y (dywyll) **> w**

cacynen	ll. *cacwn*

y (dywyll) **> y** (glir)

gellygen	ll. *gellyg*
gwenynen	ll. *gwenyn*

Affeithiad **-i** gw. **141, 143**. Nodir rhai enghreifftiau ychwanegol isod:

a > ai

dalen	ll. *dail* (hefyd *dalennau*)
chwannen	ll. *chwain*
hwyaden	ll. *hwyaid*
gwialen	ll. *gwiail*
asen	ll. *ais* (hefyd *asennau*)

o > y (glir)

collen	ll. *cyll*
onnen	ll. *ynn*
corcyn	ll. *cyrc*

a > ei neu **y** (glir)

tywarchen	ll. *tyweirch, tywyrch*

Dychweliad gw. **145**. Nodir ychydig o enghreifftiau ychwanegol isod:

plentyn	ll. *plant*
aderyn	ll. *adar*

| dilledyn | ll. *dillad* |
| rhecsyn | ll. *rhacs* |

Gall affeithiad yn y goben (er enghraifft *ew < aw*) ar ôl colli'r terfyniad unigol, ddigwydd yn y sillaf olaf (*aw > au*):

| gewyn, giewyn | ll. *gïau* |
| llysewyn | ll. *llysau, llysiau* |

166 Trwy gyfnewid terfyniad unigol am derfyniad lluosog:

blodyn	ll. *blodau*
brigyn	ll. *brigau*
cwningen	ll. *cwningod*
planhigyn	ll. *planhigion*
diferyn	ll. *diferion*
rholyn	ll. *rholiau, rholion*
meddwyn	ll. *meddwon*
dieithryn	ll. *dieithriaid*
unigolyn	ll. *unigolion*

167 Trwy gyfnewid terfyniad unigol am derfyniad lluosog ynghyd â newid llafariad:

Affeithiad **-i** gw. **141**, **144**. Enghraifft ychwanegol:

$$a \quad > \quad e$$

| miaren | ll. *mieri* |

Dychweliad gw. **145**. Nodir rhai enghreifftiau ychwanegol isod:

$$e \quad > \quad a$$

teclyn	ll. *taclau*
cerdyn	ll. *cardiau*
cerpyn	ll. *carpiau*

168 Mae'r ffurfiau lluosog a nodir isod yn afreolaidd:

blwyddyn	ll. *blynyddoedd, blynedd* (yn dilyn rhifolion)
caseg	ll. *cesig*
ci	ll. *cŵn*
cragen	ll. *cregyn*

credadun	ll. *credinwyr*
cydymaith	ll. *cymdeithion*
chwaer	ll. *chwiorydd*
dydd	ll. *diau* (yn y ffurf *tridiau* yn unig)
	(gw. **204**, n. 2)
dyniawed	ll. *dyniewaid*
gweithiwr	ll. *gweithwyr*
gŵr	ll. *gwŷr*
haearn	ll. *heyrn*
llo	ll. *lloi, lloe*
maneg	ll. *menig, menyg*
morwyn	ll. *morynion, morwynion*
pared	ll. *parwydydd*
pennog, penwag	ll. *penwaig*
rhaeadr	ll. *rhaeadrau, rhëydr, rhyeidr*
troed	ll. *traed*
tŷ	ll. *tai*

Collir sillaf ddibwyslais o'r ffurfiau lluosog isod:

llysywen	ll. *llyswennod*
cystadleuaeth	ll. *cystadlaethau*
perchennog	ll. *perchnogion*
cymydog	ll. *cymdogion*

Enwau cyfansawdd yn **-dy**, (**-ty**):

beudy	ll. *beudyau, beudai, beudái*
bwyty	ll. *bwytyau, bwytai*
elusendy	ll. *elusendai*
gweithdy	ll. *gweithdai, gweithdái*
gwallgofdy	ll. *gwallgofdai*
llety	ll. *lletyau*
ysbyty	ll. *ysbytyau, ysbytai*
gwesty	ll. *gwestyau, gwestai*

Noder

Mae *gwestai* yn enw gwrywaidd unigol yn ogystal, ac yn dynodi 'un a wahoddwyd'.

169 Gellir ffurfio'r lluosog o darddair o'r enw unigol:

addurn	ll. *addurniadau*
Cristion	ll. *Cristionogion, Cristnogion*
crwydr	ll. *crwydriadau*
dechrau	ll. *dechreuadau*
glaw	ll. *glawogydd*
diwedd	ll. *diweddiadau*
gras	ll. *grasusau, grasau*
gwaith	ll. *gweithfeydd, gweithiau*
gwich	ll. *gwichiadau*
llif	ll. *llifogydd*
rheg	ll. *rhegfeydd*
serch	ll. *serchiadau*

170 Lluosog dwbl. Mae ffurfiau lluosog dwbl gan rai enwau.

(i) Ychwanegir y terfyniadau bachigol **-ach**, **-os**, at yr enw lluosog. Gall y llafariad newid:

Unigol	Lluosog	Lluosog dwbl bachigol
bachgen	*bechgyn*	*bechgynnos, bechgynnach*
ci	*cŵn*	*cynos*
crotyn	*crots*	*crytsach* (taf.)
crwt(yn)	*cryts*	*crytsach* (taf.)
crydd	*cryddion*	*cryddionach*
dilledyn	*dillad*	*dilladach, dillados*
dyn	*dynion*	*dynionach*
gwraig	*gwragedd*	*gwrageddos*
lleidr	*lladron*	*lladronach*
merch	*merched*	*merchetos, merchetach*
oen	*ŵyn*	*wynos*
plentyn	*plant*	*plantos, plantach*
pryf	*pryfed*	*pryfetach*
tŷ	*tai*	*teios*

Gw. yn ogystal **152**.

Gellir ychwanegu'r terfyniad at yr enw unigol:

carreg	*cerrig*	*caregos*
gwerin	*gwerinoedd*	*gwerinach, gwerinos*
dŵr	*dyfroedd*	*dwrach* (taf.)
bwyd	*bwydau, bwydydd*	*bwydach* (taf.)
gêr	*ger(i)au, gêrs*	*geriach* (taf.)

Cyfleu anwyldeb a wna **-os** ond mynegi dirmyg a wna **-ach** fel rheol.

(ii) Ffurfir enwau lluosog dwbl eraill drwy ychwanegu terfyniad lluosog at ffurf sydd eisoes yn lluosog (gw. **2**):

Unigol	Lluosog	Lluosog dwbl
celain	*celanedd*	*celaneddau*
cloch	*clych*	*clychau*
neges	*negesau*	*negeseuau, negeseuon*
paladr	*pelydr*	*pelydrau*
peth	*pethau*	*petheuau*
sant	*saint*	*seintiau*
tŷ	*tai*	*teiau*
llo	*lloi, lloe*	*lloeau, lloeon*
mach	*meichiau*	*meichiafon*

171 Enwau a mwy nag un ffurf luosog arnynt:
(i) Lle y mae'r un ystyr gan y ffurfiau lluosog

Unigol	Lluosog
eglwys	*eglwysi, eglwysydd*
tref	*trefi, trefydd*
plwyf	*plwyfi, plwyfydd*
pêl	*peli, pelau*
pibell	*pibelli, pibellau*
canhwyllbren	*canwyllbrenni, canwyllbrennau*
cell	*cellau, celloedd*
oes	*oesoedd, oesau*
llythyr	*llythyron, llythyrau*
glan	*glannau, glennydd*

caer	*caerau, caerydd*
gwal/wal	*gwaliau, gwelydd/waliau, welydd*
gwinllan	*gwinllannau/gwinllannoedd*
cefnder	*cefnderoedd, cefndyr*
cyfyrder	*cyfyrderoedd, cyfyrdyr*
llyn	*llynnoedd, llynnau*
amser	*amserau, amseroedd*
porfa	*porfaoedd, porfeydd*
preswylfa	*preswylfeydd, preswylfâu*
cath	*cathod, cathau*
padell	*pedyll, padellau, padelli*
chwarel	*chwareli, chwarelau, chwarelydd*
alarch	*elyrch, eleirch*
mynach	*mynaich, mynachod*
gwely	*gwelyau, gwelâu*
gwersyll	*gwersylloedd, gwersyllau*
mynydd	*mynyddoedd, mynyddau*
Groegwr	*Groegwyr, Groegiaid*
Gwyddel	*Gwyddyl, Gwyddelod*
Llydawr	*Llydawyr, Llydawiaid*

(ii) Pan geir ystyron gwahanol i ffurf unigol yr enw, gwahaniaethir rhwng yr ystyron hynny weithiau drwy ddewis ffurfiau lluosog gwahanol:

Unigol	Lluosog	Lluosog
anrhaith	*anrheithiau* 'ysbail'	*anrheithi* 'anwyliaid'
asen	*asennau* 'esgyrn'	*asennod* 'mulod'
brawd	*brodyr* 'cyd-blentyn'	*brodiau* 'barnau'
bron	*bronnau* 'brestiau'	*bronnydd* 'bryniau'
canon	*canonau* 'rheolau'	*canoniaid* 'offeiriaid'
cyngor	*cynghorau* 'cynulliadau'	*cynghorion* 'cyfarwydd-iadau'
helm	*helmydd* 'rhiciau'	*helmau* 'penwisgoedd'
llif	*llifogydd* 'dilywiau'	*llifiau* 'offer llifio'
llwyn, lwyn	*llwynau, lwynau* 'rhannau canol y corff'	*llwynau, llwyni* 'planhigion'

llwyth	*llwythau* 'tylwythau'	*llwythi* 'pynnau'
mil	*miloedd* 'degau o gannoedd'	*milod* 'creaduriaid'
person	*personau* 'pobl'	*personiaid* 'clerigwyr'
pryd	*prydiau* 'cyfnodau'	*prydau* 'bwydydd'
pwys	*pwysau* 'trymder'	*pwysi* 'unedau o un owns ar bymtheg'
ysbryd	*ysbrydion* 'bwganod'	*ysbrydoedd* 'calondid'

172 Ceir rhai enwau a mwy nag un ffurf unigol arnynt:

Unigol	Lluosog
arf, erfyn	*arfau*
cawnen, conyn	*cawn*
cleddyf, cleddau	*cleddyfau*
cofl, côl	*coflau*
dant, daint	*dannedd*
dwfr, dŵr	*dyfroedd*
edau, edefyn	*edafedd*
gwarthafl, gwrthafl, gwarthol	*gwartholion*
gwyry, gwyrf, gwyryf, gwyrydd	*gweryddon*
hoel, hoelen	*hoelion*
mil, milyn	*milod*
neddyf, neddau	*neddyfau*
pared, parwyd	*parwydydd*
ysgallen, ysgellyn	*ysgall*

173 Ceir rhai enwau heb ffurf unigol arnynt:

aeron
bawcoed
creifion
gwartheg
gwehilion
llodrau
pigion

plwyfolion
teithi
trigolion
ymysgaroedd
ysgarthion
ysgubion
ysgyfaint

Noder

Gynt yr oedd *rhieni* yn y dosbarth hwn, ond bellach arferir ffurf wneud sef *rhiant* yn gyffredin.

174 Enwau heb ffurf luosog arnynt:

(i) Llawer o enwau haniaethol, er enghraifft,

caredigrwydd
ffydd
ffyddlondeb
glendid
gwres
newyn
syched
tegwch
tristwch
tywydd

(ii) Enwau sy'n dynodi sylwedd neu ddefnydd, er enghraifft,

caws
eira
glo
iâ
mêl
medd
olew
siwgr
te
uwd
ymenyn

(iii) Rhai enwau bachigol yn **-ig**, **-an**, **-cyn**, **-cen**, er enghraifft,

afonig
dynan
ffwlcyn (gwr.)
ffolcen (ben.)

Ceir lluosog i rai enwau bachigol yn y dosbarth hwn:

llecyn	ll. *llecynnau*
bryncyn	ll. *bryncynnau*

(iv) Enwau priod, er enghraifft,

Brynaich
Cymru
Dafydd
Ceridwen
Dyfed
Y Pasg
Chwefror
Yr Wyddfa

Noder

Digwydd y ffurfiau lluosog *Gwenerau, Sadyrnau, Suliau,* ond *dyddiau Llun, boreau Mawrth, prynhawniau Mercher, nosau Iau,* etc.

175 Ychwanegir y terfyniadau bachigol isod at enwau unigol. Gall y llafariad newid:

-ach	*cor*	*corrach*
	pobl	*poblach*
-an	*dyn*	*dynan*
	gwraig	*gwreigan*
	mab	*maban*
	llyfr	*llyfran*
-ig	*oen*	*oenig*
	hoel	*hoelig*
	afon	*afonig*
	cân	*canig*
	geneth	*genethig*

-ell	*traeth*	*traethell*
	hun	*hunell*
-yn	*pamffled*	*pamffledyn*
	cwpan	*cwpenyn*
	bachgen	*bachgennyn*
	gwerin	*gwerinyn*
	llanc	*llencyn*

Noder

Yn *crafionyn* ychwanegir y terfyniad bachigol at yr enw lluosog *crafion*.

-cyn (gwr.)	*bryn*	*bryncyn*
	lle	*llecyn*
	ffŵl	*ffwlcyn*
-cen (ben.)	*ffŵl*	*ffolcen*

Am ffurfiau lluosog dwbl bachigol gw. **170** (i).

Cenedl enwau

176   Mae pob enw naill ai'n wrywaidd neu'n fenywaidd.

(i)   Mae rhai enwau yn wrywaidd beth bynnag fo rhyw'r person a ddynodir, er enghraifft,

cariad
gefell
mudan
perthynas
priod
tyst
ymwelydd

Mae rhai enwau yn amrywio o ran eu cenedl:

(ii)   yn ôl arfer gwlad neu dafodiaith, er enghraifft,

angladd
breuddwyd

cinio
clorian
clust
cwpan
cyflog
delfryd
emyn
munud
nifer
rhyfel
tafarn
troed
penbleth

(iii) yn ôl yr ystyr a gyfleir ganddynt, er enghraifft,

golwg gwr. 'trem'	*yn y golwg*
golwg ben. 'gwedd'	*gwael yr olwg*
coes gwr. 'handlen'	*y coes hwn*
coes ben. 'hegl'	*y goes hon*
man gwr. 'lle'	*yn y man hwn*
man ben. yn yr ymadrodd	*yn y fan* 'yn ddiymdroi'
math gwr. 'dosbarth'	*dau fath*
math ben. 'tebyg'	*y fath beth*

Mae'r enwau a nodir isod yn debyg o ran eu ffurf ond yn wahanol o ran eu tarddiad, eu hystyr a'u cenedl:

llith gwr. 'bwyd'	*llith* ben. 'darlleniad'
mil gwr. 'creadur'	*mil* ben. 'deg cant'
brawd gwr. 'cyd-blentyn'	*brawd* ben. 'barn'
gwaith gwr. 'gorchwyl'	*gwaith* ben. 'adeg'

(iv) oherwydd ansicrwydd ynglŷn â chenedl mewn benthyciadau diweddar:

blows
record
coler

177 Gan amlaf bydd cenedl enwau sy'n dynodi gwrthrychau byw yn cyfateb o ran eu cenedl i ryw'r gwrthrych a ddynodir ganddynt:

Gwrywaidd
bachgen
brawd
ci
cigydd
gwas
gŵr
march

Benywaidd
caseg
chwaer
gast
gwraig
merch
morwyn

Mae rhai enwau yn enwau deuryw, hynny yw, ni fydd eu cenedl yn amrywio yn ôl rhyw'r gwrthrychau a ddynodir ganddynt:

Enw deuryw gwrywaidd
baban
barcud
bardd
deiliad
dryw
gïach
plentyn

Enw deuryw benywaidd
cath
cennad
mwyalchen
tylluan
ysgyfarnog

Noder

Pan oleddfir enw deuryw gan yr ansoddeiriau *gwryw, benyw,* nid effeithir, fel rheol, ar genedl yr enw deuryw hwnnw; treiglir i'r feddal yn dilyn enw benywaidd unigol (gw. **50**) ond ni cheir treiglad yn dilyn enw gwrywaidd: *oen* eg., *oen benyw; gafr* eb., *gafr fenyw.* Eithriad cyffredin yw *llo* eg. *llo gwryw, llo fenyw.*

178 Ffurfir rhai enwau benywaidd:

(i) trwy ychwanegu **-es** at yr enw gwrywaidd, er enghraifft,

Gwrywaidd	Benywaidd
ardalydd	*ardalyddes*
arglwydd	*arglwyddes*
cawr	*cawres*
cyfyrder	*cyfyrderes*
dyn	*dynes*
ebol	*eboles*
llanc	*llances*
llew	*llewes*
iarll	*iarlles*
maer	*maeres*
marchog	*marchoges*
meistr	*meistres*
organydd	*organyddes*
plismon	*plismones*
sant	*santes*
tywysog	*tywysoges*
ŵyr	*wyres*

Weithiau ychwanegir **-es** at fôn sy'n wahanol i'r bôn gwrywaidd:

Gwrywaidd	Benywaidd
athro	*athrawes*
Sais	*Saesnes*
Cymro	*Cymraes*
ceneu	*cenawes*
lleidr	*lladrones*

Noder

Diflannodd yr enw benywaidd *bachgennes* 'geneth' a ffurfiwyd o *bachgen* o ysgrifennu cyfoes, ond digwydd y ffurf ar lafar ac mewn argraffiadau cynharach o'r Beibl: *a gwerthasant fachgennes er gwin* (1955); *a gwerthu geneth am win* (1988) (Joel 3: 3).

(ii) trwy gyfnewid y terfyniad **-yn** am **-en**:

Gwrywaidd	Benywaidd
asyn	*asen*
clampyn	*clampen*
clobyn	*cloben*
coegyn	*coegen*
crwtyn	*croten*
ffwlcyn	*ffolcen*
ffrwmpyn	*ffrompen*
hogyn	*hogen*
hwlcyn	*hwlcen*

(iii) trwy gyfnewid y terfyniad **-wr** am **-es**:

Gwrywaidd	Benywaidd
Albanwr	*Albanes*
Almaenwr	*Almaenes*
cenhadwr	*cenhades*
Groegwr	*Groeges*
Eidalwr	*Eidales*

(iv) trwy gyfnewid y terfyniad **-(i)wr** am **-wraig**, ac mewn rhai achosion **-reg**:

Gwrywaidd	Benywaidd
adroddwr	*adroddwraig, adroddreg*
cantwr	*cantwraig, cantreg*
ffermwr	*ffermwraig, ffermreg*
gweithiwr	*gweithwraig, gweithreg*
myfyriwr	*myfyrwraig*
pygotwr	*pysgotwraig*
cyfreithiwr	*cyfreithwraig*

179 Mae gwrywaidd a benywaidd rhai enwau sy'n dynodi anifeiliaid a pherthnasau agos, yn ffurfiau gwahanol neu'n ffurfiau afreolaidd:

Gwrywaidd	Benywaidd
brawd	*chwaer*
bustach, eidion, ych	*anner, treisiad*
cefnder	*cyfnither*
ceffyl	*caseg*
ceiliog	*iâr*
ci	*gast*
ewythr	*modryb*
hwrdd, maharen	*dafad, mamog*
marlat	*hwyad*
nai	*nith*
tad	*mam*
tad-cu, taid	*mam-gu, nain*
tarw	*buwch*

Noder

(1)   Digwydd *chwegrwn, chwegr, daw, gwaudd* gan amlaf mewn rhyddiaith Feiblaidd. Dewis y Beibl Cymraeg Newydd yw *tad-yng-nghyfraith* (In. 18: 13), *mam-yng-nghyfraith* (Lc. 4: 13), *meibion-yng-nghyfraith* (Gen. 19: 14) a *merch-yng-nghyfraith* (Lc. 12: 53).

(2)   Gellir dynodi'r gwryw trwy ddewis yr enwau *bwch, ceiliog* o flaen yr enw benywaidd: *gafr, bwch gafr; cwningen, bwch cwningen; danas, bwch danas; bronfraith, ceiliog bronfraith; ffesant, ceiliog ffesant; mwyalch(en), ceiliog mwyalch; hwyad, ceiliog hwyad.*

Cenedl Pethau Difywyd a Haniaethau

180 (A) Gwrywaidd yw'r enwau isod:

(i)   *tymor* ac enwau'n dynodi'r tymhorau: *gwanwyn; haf; hydref; gaeaf.*

(ii)   *mis* ac enwau'n dynodi'r misoedd: (*Mis*) *Ionawr, Ionor; Mawrth; Medi* etc.

(iii)   *dydd, diwrnod* ac enwau'r dyddiau: *Dydd Sul; Dydd Gwener* etc.

Noder

Enw benywaidd unigol yw *gŵyl* a benywaidd yw cenedl enwau gwyliau arbennig: *Gŵyl Fair* (gw. **50**).

(iv)   *gwynt* ac enwau'n dynodi pwyntiau'r cwmpawd: *gogledd*; *dwyrain*; *de, deau*; *gorllewin*; *de-ddwyrain* etc.

(v)   enwau'n dynodi defnydd neu sylwedd neu fater: *arian*; *aur*; *haearn*; *cig*; *medd*; *calch*; *te*; *cwrw*; *cotwm*; *gwlan*; *dur*; *iâ, eira*; *gwydr* etc.

Noder

(1)   Benywaidd yw *torth*; *teisen*; *pastai*; *gwledd*; *saig*; *diod*; *tablen*.
(2)   Benywaidd yw enwau ffrwythau yn **-en**: *gellygen*; *eirinen*.

(vi)   berfenwau: *cyfarch*; *chwarae*; *gweithio*; *canu*; *yfed*.

Noder

Amrywia cenedl *gafael, cyfeddach*.

(B)   Benywaidd yw'r enwau isod:

(i)   *tywysogaeth*; *cymdogaeth*; *ardal*; *bro*; *daear*; *gwlad*; *teyrnas*; *ynys* ac enwau'n dynodi gwledydd a rhanbarthau, er enghraifft, *Cymru*; *Lloegr*; *Yr Aifft*; *Môn*; *Morgannwg*.

Noder

Gwrywaidd yw *tir, rhandir, cyfandir, rhanbarth, parth, cylch*.

(ii)   *tref*; *llan*; *dinas*; *caer* ac enwau trefi a dinasoedd, er enghraifft, *Llanelli, Bangor, Llanbadarn Fawr, Hengynwydd Fach, Llanbadarn Ddiffaith*. Enwau lleoedd yn cynnwys *Tre(f)-, Llan-, Caer-, Ynys-, Ystrad-* er enghraifft, *Trefranwen, Llanfair, Caerfyrddin, Ynys-ddu, Ystradgynlais*.

(iii)   *iaith*; *tafodiaith* ac enwau'n dynodi ieithoedd a thafodieithoedd, er enghraifft, *Y Gymraeg, yr Wyddeleg*; *y Ddyfedeg*; *y Wenhwyseg*. Gw. yn ogystal **159** (iii).

Noder

Pan gyfeirir at ansawdd y defnydd a wneir o'r iaith neu at gyfnod arbennig yn hanes yr iaith, y mae'r enw yn wrywaidd: *Cymraeg Canol*; *Llydaweg Diweddar*; *Cymraeg cywir*; *Ffrangeg graenus*; *Eidaleg bratiog*.

(iv) *llythyren*; *cytsain*; *llafariad* ac enwau'n dynodi llythrennau'r wyddor: *A fawr*; *n ddwbl, dwy r.*

(v) *afon*; *nant* ac enwau afonydd a nentydd: *Teifi*; *Tywi*; *Dyfrdwy*; *Conwy*; *Hafren.*

Noder

Gwrywaidd yw rhai hen enwau yn *Nant-*, er enghraifft, *Nant-mawr*; *Nantlleidiog*; *Nantgarw.*

(vi) enwau'n dynodi mynyddoedd: *Y Fan*; *Yr Wyddfa*; *Y Garn*; *Y Foel*; *Y Glydair Fawr*; *Carnedd Ddafydd.*

Noder

Pan yw *mynydd, bryn* yn rhan o'r enw, y mae'n wrywaidd, er enghraifft, *Y Mynydd Du, Mynyddmelyn, Bryn-gwyn, Bryn-glas.*

(vii) *coeden* ac enwau'n dynodi coed, er enghraifft, *derwen*; *collen*; *onnen*; *ywen*; *olewydden.*

Noder

Gwrywaidd yw cyfansoddeiriau sy'n cynnwys *pren* (*-bren*) yn ail elfen: *ffigysbren*; *cambren*; *esgynbren*. Mae *croesbren, crocbren* yn amrywio o ran eu cenedl.

(viii) enwau torfol: *cenedl*; *ciwed*; *ach*; *llinach*; *hil*; *cymanfa*; *cynhadledd*; *cymdeithas*; *diadell*; *buches*; *haid*; *mintai*; *byddin*; *catrawd*; *tyrfa*; *pobl*; *cynulleidfa*; *corfforaeth*; *cwt*; *ysgol*; *prifysgol*; *athrofa*; *urdd*; *cyngres*; *cyfeillach*; *llynges.*

Noder

Gwrywaidd yw'r enwau torfol isod: *llu*; *teulu*; *tylwyth*; *llwyth*; *côr*; *cyngor*; *pwyllgor*; *bwrdd*; *undeb*; *cwmni*; *coleg*; *cynulliad*; *cyfarfod*; *enwad*; *gweithgor.*

181 Gellir dosbarthu cenedl tarddeiriau yn ôl eu terfyniadau.

(i) Gwrywaidd, fel rheol, yw tarddeiriau â'r terfyniadau isod:

-ad: *cyflenwad*; *enwad*; *troad.*

Noder

Amrywia cenedl *galwad.*

-aint: *henaint.*

-deb: *cywirdeb; uniondeb; duwioldeb.*

-der: *poethder; blinder; dicter.* Ar *dicter* gw. **147, 154.**

-did: *glendid; gwendid; ieuenctid.* Ar *ieuenctid* gw. **147, 154.**

-dra: *glanweithdra; ffieidd-dra; cyfleustra.* Ar *cyfleustra* gw. **147, 154.**

-dwr: *cryfdwr; sychdwr.*

-edd: *amynedd; cydbwysedd; gwirionedd.*

Noder

    Benywaidd yw *buchedd; cynghanedd; trugaredd.*

-had: *mwynhad; eglurhad; caniatâd.* Ar *caniatâd* gw. **147, 154.**

Noder:

    Benywaidd yw *ordinhad.*

-i: *tlodi; diogi; cwrteisi.*

-iad: *cariad; cysylltiad; tarddiad.*

-iant: *mwyniant; ffyniant.*

-id: *cadernid; rhyddid.*

Noder

    Amrywia cenedl *addewid.*

-ineb: *ffolineb; taerineb.*

Noder

    Amrywia cenedl *doethineb*: gwrywaidd yn *y doethineb hwn* (1955)
Mth. 13: 54; Iago 3: 15) *benywaidd* yn Mc. 6: 2; Iago 3: 17.
Benywaidd yw dewis Y Beibl Cymraeg Newydd.

-ioni: *daioni; haelioni.*

-ni: *noethni; bryntni; glesni.*

-awd, -od: *traethawd; unawd; cryndod.*

Noder

    Benywaidd yw *trindod.*

-rwydd: *caredigrwydd; addasrwydd.*

-wch: *heddwch; tywyllwch; dedwyddwch.*

-yd: *iechyd; seguryd; esmwythyd.*

(ii)   Benywaidd, fel rheol, yw tarddeiriau â'r terfyniadau isod:

-aeth, -iaeth: *gwybodaeth*; *brawdoliaeth*; *gwyddoniaeth*; *athroniaeth*; *dirnadaeth*; *swyddogaeth*; *amheuaeth*; *diwinyddiaeth*; *barddoniaeth*; *rhagluniaeth*; *rhagoriaeth*.
Noder
Gwrywaidd yw *gwasanaeth*; *darfodedigaeth*; *hiraeth*; *gwahaniaeth*.
Mae *claddedigaeth* yn amrywio o ran cenedl.

-as: *priodas*; *teyrnas*; *perthynas*.
-en, -cen: *hogen*; *seren*; *ffolcen* (gw. **174** (iii)).
Noder
Gwrywaidd yw *maharen*.

-es: *llewes*; *santes* (gw. **178** (i)).
-ell: *llinell*; *pothell*; *tarddell*.
Noder
Nid terfyniadau mo *-es*, *-ell* yn yr enwau gwrywaidd *hanes*, *castell*, *cawell*.

-fa: *noddfa*; *graddfa*; *porfa*; *amddiffynfa*.

(iii)   Yr un yw cenedl tarddeiriau yn diweddu yn **-aid** ac **-od** â chenedl yr enw y chwanegir y terfyniad atynt:

Gwrywaidd	Benywaidd
tŷ, tyaid	*casgen, casgenaid*
crochan, crochanaid	*padell, padellaid*
bocs, bocsaid	*basgaid, basgedaid*
cleddyf, cleddyfod	*cern, cernod*
	ffon, ffonnod

Noder
Mae *cwpan, cwpanaid* a *nyth, nythaid* yn amrywio o ran eu cenedl yn ôl ardal a thafodiaith.

(iv) Cenedl cyfansoddeiriau

Fel rheol yr un yw cenedl cyfansoddair rhywiog (gw. **333** (i)) â chenedl ei brif (ail) elfen. Gwrywaidd yw *tŷ*, felly hefyd *gweithdy*, *bracdy, ffermdy, stordy* etc.: benywaidd yw *llan*, felly hefyd *gwinllan, perllan.*

Noder

Y mae llu o eithriadau: mae *canrif, pendro,* er enghraifft, yn fenywaidd er mai gwrywaidd yw *rhif, tro.*

Yr un yw cenedl cyfansoddair afryw (gw. **333** (ii)) â chenedl ei elfen gyntaf:

gwrywaidd: *gwrda; pentir; brawdmaeth.*

benywaidd: *treflan; pontbren; chwaerfaeth.*

Yr Ansoddair

Rhif

182 Nid oes gan y rhan fwyaf o ansoddeiriau ffurf luosog, ac yn aml dewisir ffurf unigol yr ansoddeiriau hynny ag iddynt ffurf luosog gydag enwau lluosog (gw. **189**) yn enwedig mewn llafar anffurfiol. Ffurfir yr ansoddair lluosog o'r ffurf unigol wrywaidd mewn tair ffordd:

1 Trwy newid llafariad (gw. **183**)
2 Trwy ychwanegu terfyniad lluosog (gw. **184**)
3 Trwy ychwanegu terfyniad lluosog ynghyd â newid llafariad (gw. **185**)

183 Trwy newid llafariad

Affeithiad **-i**, gw. **141, 143**. Nodir rhai enghreifftiau isod:

a > ai	
bychan	ll. *bychain*
cyfan	ll. *cyfain*
llydan	ll. *llydain*

buan	ll. *buain*
truan	ll. *truain*
ieuanc	ll. *ieuainc*
byddar	ll. *byddair*

a > ei

ysgafn	ll. *ysgeifn*
marw	ll. *meirw*
garw	ll. *geirw*
balch	ll. *beilch*
hardd	ll. *heirdd*

a - a > e - y (glir)

cadarn	ll. *cedyrn*

a - e > e - y (glir)

caled	ll. *celyd*

184 Trwy ychwanegu terfyniad lluosog

-on a ddewisir yn dilyn **-u, -eu**; yn dilyn cytsain + **r**; yn dilyn **-oyw**; yn dilyn cytsain + **w** gytsain:

du	ll. *duon*
tenau	ll. *teneuon*
budr	ll. *budron*
gloyw	ll. *gloywon*
croyw	ll. *croywon*
gwelw	ll. *gwelwon*
chwerw	ll. *chwerwon*
gweddw	ll. *gweddwon*

-ion a ddigwydd dan amodau eraill:

mud	ll. *mudion*
cul	ll. *culion*
coch	ll. *cochion*
llwyd	ll. *llwydion*
sur	ll. *surion*
tew	ll. *tewion*
brith	ll. *brithion*

mawr	ll. *mawrion*
dewr	ll. *dewrion*
hir	ll. *hirion*
blith	ll. *blithion*

185 Trwy ychwanegu terfyniad lluosog ynghyd â chyfnewid llafariad. Ar wyro'r llafariad gw. **146**. Nodir rhai enghreifftiau ychwanegol isod:

ai > ei

main	ll. *meinion*
cain	ll. *ceinion*

aw > o

tlawd	ll. *tlodion*

y (glir) > y (dywyll)

melyn	ll. *melynion*
gwyn	ll. *gwynion*
hyll	ll. *hyllion*
byr	ll. *byrion*
llyfn	ll. *llyfnion*
gwyrdd	ll. *gwyrddion*

w > y (dywyll)

llwm	ll. *llymion*
dwfn	ll. *dyfnion*
pwdr	ll. *pydron*
trwm	ll. *trymion*

au > eu

brau	ll. *breuon*
tenau	ll. *teneuon*

Affeithiad -**i**, gw. **141**, **143**. Nodir rhai enghreifftiau ychwanegol isod:

a > ei

glas	ll. *gleision*
hallt	ll. *heilltion*
gwag	ll. *gweigion*
praff	ll. *preiffion*
dall	ll. *deillion*
bras	ll. *breision*

186 Digwydd dwy ffurf luosog ar rai ansoddeiriau, y naill yn dangos affeithiad (gw. **143**) a'r llall wedi ei ffurfio drwy ychwanegu'r terfyniad lluosog -(**i**)**on**:

hardd	ll. *heirdd, heirddion*
garw	ll. *geirw, geirwon*
marw	ll. *meirw, meirwon*
caled	ll. *celyd, caledion*
balch	ll. *beilch, beilchion*

187 Nid oes ffurf wahaniaethol ar gyfer dynodi lluosog yr ansoddeiriau canlynol:

(i) Ansoddeiriau syml, er enghraifft,

aeddfed	*aml*
araf	*bach*
ban	*blwng*
byw	*call*
cas	*cau*
certh	*craff*
chwim	*chwith*
da	*dig*
drwg	*dwys*
ffiaidd	*gau*
glân	*gwâr*
gwir	*hafal*
hagr	*hawdd*
hen	*hoff*
hy	*iach*
llawen	*llesg*
llwyr	*llosg*
mân	*mwll*
pur	*rhad*
rhwydd	*rhwth*
sâl	*serth*
sobr	*swrth*

sicr   *tal*

têg   *tywyll*

(ii)   Ansoddeiriau yn diweddu â'r terfyniadau **-adwy, -aid, -aidd, -gar,
-in, -lyd, -llyd**, er enghraifft,

gweladwy	*credadwy*
euraid	*cannaid*
prennaidd	*tlodaidd*
beiddgar	*hawddgar*
gerwin	*cysefin*
gwaedlyd	*llychlyd*
oerllyd	*tanllyd*

Noder

Gellir ychwanegu **-ion** at rai ansoddeiriau yn diweddu â'r terfyniadau
-ig, -og, -ol, -us: *caredig, caredigion*; *daearol, daearolion*; *cyfoethog,
cyfoethogion*; *anffodus, anffodusion*. Fel rheol defnyddir y ffurfiau lluosog
hyn fel enwau: *caredigion yr eisteddfod; anffodusion y trydydd byd*;
cyfoethogion y deyrnas. Mae llawer o ansoddeiriau yn diweddu â'r
terfyniadau **-ig, -og, -ol, -us**, na allant ffurfio eu lluosog trwy ddewis y
terfyniad lluosog **-ion**, er enghraifft, *deheuig*; *lloerig*; *gwledig*; *gwyntog*;
pigog; *hudol*; *estronol*; *hapus*; *costus*; *llafurus*.

(iii)   Ansoddeiriau yn y radd gyfartal a'r radd gymharol, er enghraifft,

cryfed	*cryfach*
teced	*tecach*
dyfned	*dyfnach*

Gw. **192**.

(iv)   Ansoddeiriau cyfansawdd megis *hyglyw*; *hyglod*; *ffrwythlon*; *hirben*;
melyslais; *melynwallt*.

Noder

Os yw ail elfen y cyfansoddair yn ansoddair a all ddewis y terfyniad
lluosog **-ion**, gellir ei ychwanegu at y cyfansoddair yn ogystal: *claer +
gwynion > claerwynion*; *tal + cryfion > talgryfion*; *pen + crynion >
pengrynion*.

188 Defnyddir rhai ansoddeiriau lluosog fel enwau haniaethol:

Ansoddair unigol	Ansoddair lluosog	Enw haniaethol lluosog
uchel	*uchelion*	*uchelion*
dirgel	*dirgelion*	*dirgelion*
cyfrin	*cyfrinion*	*cyfrinion*
eithaf		*eithafion*

Gan amlaf, sut bynnag, dynoda'r enwau hyn fathau neu ddosbarthiadau o bobl:

Ansoddair unigol	Ansoddair lluosog	Enw lluosog
tlawd	*tlodion*	*tlodion*
cyfoethog	*cyfoethogion*	*cyfoethogion*
caeth	*caethion*	*caethion*
doeth	*doethion*	*doethion*
dall	*deillion*	*deillion*
gwan	*gweinion, gweiniaid*	*gweiniaid*
truan	*truain*	*trueiniaid, truain*
ffyddlon		*fyddloniaid*
prydferth		*prydferthion*
enwog		*enwogion*
rheidus		*rheidusion*
gorau (eithaf)		*goreuon*
hynaf (eithaf)		*hynafiaid*
pellaf (eithaf)		*pellafion*
marw		*meirwon, meirw*
gwybodus		*gwybodusion*
parchus		*parchusion*
anwar		*anwariaid*
cyfoed		*cyfoedion*
cain		*ceinion*

Cytundeb rhif

189   Gellir dewis naill ai ansoddair rhif unigol neu ansoddair rhif lluosog gydag enw lluosog.

Lluosog:
ffyrdd culion
>   (Jane Edwards, 1976: 68)
byrddau crynion
>   (Robat Gruffudd, 1986: 109)
camau breision
>   (Geraint H. Jenkins, 1983: 77)
sanau gwynion ac esgidiau duon
>   (Rhiannon Davies Jones, 1985: 103)
dyddiau celyd
>   (Rhiannon Davies Jones, 1987: 102)
dramâu cyfain
>   (Geraint Bowen, 1976: 211)
sgidiau ysgeifn
>   (*Taliesin*, Tachwedd 1989: 21)
y disgleiriaf o'n sêr ieuainc
>   (*Barn*, Tachwedd 1995: 17)
milwyr ifainc
>   (Peter Lovesey, 1995: 173)
dynion bychein
>   (*Taliesin* Tachwedd 1989: 9)
rhyfeddodau mawrion
>   (Salmau 136: 18)
cymylau hirion
>   (Robin Llywelyn1994: 28)
blaenwyr cryfion
>   (R. Gerallt Jones, 1977: 42)
wynebau celyd
>   (*Barn*, Gorffennaf/Awst 1994: 81)
dagrau heilltion
>   (Rhiannon Davies Jones, 1977: 161)

esgyrn sychion
    (Gerhart Hauptman a Heinrich Böll, 1974: 4)
slediau trymion
    (ibid: 7)
gwydrau gweigion
    (Robin Llywelyn, 1995: 89)
dillad llaesion
    (*Taliesin*, Gorffennaf 1992: 68)
ysgwyddau llydain
    (Rhiannon Davies Jones, 1989: 28)
erwau noethion
    (Robin Llywelyn 1995: 9)
chwaraewyr geirwon
    (*Y Faner,* 10 Ionawr 1992: 22)
dillad gwlybion
    (Peter Lovesey, 1995: 116)

Unigol:
llygaid mawr
    (Jane Edwards, 1976: 15)
rhosynnau coch
    (Gerhart Hauptman a Heinrich Böll, 1974: 9)
swyddi bras
    (Urien William, 1974: 21)
dynion caled
    (ibid. : 19)
gwrachod bach
    (Angharad Jones, 1985: 14)
llwyni tew
    (*Barn,* Awst/Medi 1992: 19)
rhychau dwfn
    (Angharad Jones, 1985: 19)
hancesi coch
    (*Taliesin,* Gorffennaf 1992: 46)
stalwyni ifanc
    (B. M. Gill, 1990: 58)

> *teuluoedd cyfan*
>> (W. O. Roberts, 1987: 12)
>
> *diferion coch*
>> (Siân Jones, 1990: 55)

Noder

(1) Enw unigol yw *pobl* ond mae'n dorfol o ran ystyr a gall ddewis goleddfydd o ansoddair lluosog: *pobl ifainc* (Rhiannon Thomas, 1988: 40); *pobl dduon*. Ar dreiglo'r ansoddair yn dilyn *pobl* gw. **48**.

(2) Ar lafar y ffurfiau lluosog *budron, byr(i)on, bychain, coch(i)on, cryfion, duon, gleision, gwyn(i)on, hirion, ifainc/ifenc, mawrion* a glywir amlaf a hynny mewn cyfuniadau penodol megis, *mwyar duon, arian gleision, merched ifenc, bochau cochion, wythnosau hirion*.

(3) Bydd yr ansoddair lluosog *eraill* (un. *arall*) bob amser yn dilyn enw lluosog yn yr iaith ysgrifenedig ac fel rheol ar lafar yn ogystal: *dynion eraill; pethau eraill*.

Cenedl

190 Ar gyfer ychydig o ansoddeiriau'n unig y ceir ffurf fenywaidd wahaniaethol. Digwydd ffurf fenywaidd unigol i rai ansoddeiriau (unsill gan amlaf) sy'n cynnwys **y** neu **w**. Yn y ffurf fenywaidd try **y** ac **w** yn **e** ac **o** (gw **142**):

w > o

Gwrywaidd	Benywaidd
brwnt	*bront*
crwm	*crom*
crwn	*cron*
cwta	*cota*
dwfn	*dofn*
llwm	*llom*
tlws	*tlos*
trwm	*trom*
trwsgl	*trosgl*

y > e

Gwrywaidd	Benywaidd
bychan	*bechan*

byr	*ber*
cryf	*cref*
gwyn	*gwen*
gwyrdd	*gwerdd*
hysb	*hesb*
llym	*llem*
syml	*seml*
tywyll	*tywell*
melyn	*melen*
llyfn	*llefn*

i > ai

brith	*braith*

Enghreifftiau:

cadair drom
    (Alan Llwyd, 1991: 21)

chwarel ddofn
    (Aneirin Talfan Davies, 1976: 3)

lawnt lefn
    (Rhiannon Davies Jones, 1989: 156)

carfan gref
    (Rhiannon Davies Jones, 1989: 75)

taith fer
    (Emyr Hywel, 1989: 44)

disgyblaeth lem
    (*Taliesin*, Rhagfyr 1988: 7)

ardal lom, ddiffrwyth, hesb ac oer
    (*Y Faner*, 3 Chwefror 1989: 12)

cornel dywell
    (Rhiannon Davies Jones, 1987: 212)

brawddeg gota
    (*Barddas*, Tachwedd, 1992: 9)

ffurfafen fraith
    (W. O. Roberts, 1987: 42)

oenig fechan
    (2 Sam. 12: 3)

cerdd gron
> (W. J. Jones, 1994: 12)

hen siop front
> (*Barn,* Gorffennaf/Awst 1994: 81)

Noder

(1) Dewisir ffurfiau gwrywaidd yr ansoddair yn gyffredin gydag enw ben. unigol: *merch gryf*; *cornel dywyll*; *wythnos drwm*; *daear wlyb*; *llaw drwm.*

(2) Ni ddigwydd y ffurfiau benywaidd a nodir isod ar lafar nac mewn rhyddiaith ddiweddar ond fe'u ceir yn achlysurol mewn barddoniaeth:

Gwrywaidd	Benywaidd
blwng	*blong*
mwll	*moll*
hyll	*hell*
syth	*seth*
llwfr	*llofr*
swrth	*sorth*
twn	*ton*
cryg	*creg*

(3) Ansoddair gwrywaidd a ddewisir fel rheol yn dilyn *yn* traethiadol: *y mae'r gaseg yn gryf*; *yr oedd y ferch yn wyn.* Gynt, sut bynnag, cytunai'r ansoddair â'r enw o ran cenedl: *ni bydd fy llaw yn drom arnat* (1955) (Job 33: 7).

(4) Erbyn hyn y mae'r ffurf fenywaidd *hesb* wedi disodli *hysb* bron yn llwyr: *bydd yr afon yn hesb a sych* (Isa. 19: 5); *dau berson hesb* (*Taliesin,* Gaeaf 1994: 132).

Safle

191   Safle arferol ansoddeiriau sy'n goleddfu pen yr Ymadrodd Enwol yn y Gymraeg yw yn dilyn y pen a oleddfir ganddynt:

pentref bach prydferth, diarffordd Llanfihangel-y-pwll
> (Aneirin Talfan Davies, 1972: 30)

edrychiad hir, ceryddol du
> (T. Glynne Davies, 1974: 375)

merch fer dywyll
(Rhiannon Davies Jones, 1977: 20)

Ar dreiglo cytsain ddechreuol yr ansoddair yn y safle hon gw. **50**.
Bydd yr ansoddeiriau isod yn rhagflaenu'r ansoddair fel rheol ac yn
ffurfio cyfansoddair (gw. **333**):

(i) *hen, prif, gwir, unig, gau, cam, cryn*:

    ei brif bwrpas
    (R. Cyril Hughes, 1975: 48)
    yr hen dŷ mawr digalon
    (R. Cyril Hughes, 1976: 207)

Ar dreiglio'r enw yn y safle hon gw. **51**.

(ii) y rhagenwolion, *y naill, rhyw, amryw, cyfryw, unrhyw, ambell, aml*:

    ambell ddafad ddu
    (Geraint H. Jenkins, 1983: 150)
    amryw resymau
    (David Roberts, 1978: 7)
    rhyw greadur clyfar, clyfar
    (John Rowlands, 1978: 14)

Ar dreiglo'r enw yn y safle hon gw. **51**.

Noder
(1) Ni threiglir enw yn dilyn *pob*: *pob cyfeiriad*.
(2) Weithiau dilynir *ambell, aml, llawer* gan *i* a threiglir yr enw a fydd
yn dilyn: *llawer i brynhawn* (Aneirin Talfan Davies, 1972: 237); *aml i
noson* (Rhiannon Thomas, 1988: 60); *ambell i rwystr* (Friedrich
Dürrenmatt: 1958: 22).
(3) Ni threiglir enw yn dilyn *llawer: llawer brawddeg gwbl
nodweddiadol o Kate Roberts* (*Y Faner*, 19 Ionawr 1978: 13).
(4) Treiglir enw yn dilyn *nemor: nemor air*. Ni threiglir ansoddair
gradd cymharol yn dilyn *nemor: nemor gwell*.

(iii) Bydd yr ansoddeiriau lluosog *uchelion, dirgelion, cyfrinion* yn rhagflaenu'r enw:

uchelion fannau
dirgelion leoedd
cyfrinion bethau

(iv) Bydd yr ansoddeiriau isod yn amrywio'u hystyr yn ôl eu safle:

unig	(a) 'heb un arall'	*yr unig dŷ*
	(b) 'anghyfannedd, heb gwmnïaeth'	*y tŷ unig*
gwir	(a) 'dilys'	*gwir bartneriaeth*
	(b) 'yn ffeithiol gywir'	*stori wir*
cam	(a) 'anghyfiawn, anghywir'	*cam farn*
	(b) 'crwca'	*coes gam*
priod	(a) 'priodol'	*ei briod waith*
	(b) 'wedi priodi'	*gŵr priod*
union	(a) 'cywir'	*yr union beth*
	(b) 'syth'	*y llwybr union*
hen	(a) 'oedrannus'	*hen ddyn*
	(b) 'hynafol'	*cenedl hen*

Noder

(1) Pan yw *hen* yn rhagflaenu'r enw gall naill ai gyfleu ffieidd-dod neu anwyldeb: *yr un hen thema; hen ddyn digri yw ef.*

(2) Pan yw *pur* yn ansoddair ac yn cyfleu'r ystyr 'heb ei lygru', bydd yn dilyn yr enw fel rheol: *dŵr pur; aur pur.* Pan yw'n adferf ac yn cyfleu'r ystyr 'go, lled' bydd yn rhagflaenu'r ansoddair: *pur dda; pur llwyddiannus.* Ar dreiglo yn dilyn *pur* gw. **90**.

(3) Mewn barddoniaeth, ac i raddau llai mewn rhyddiaith, gall y rhan fwyaf o ansoddeiriau ddigwydd o flaen yr enw a oleddfir ganddynt, ond dyfais lenyddol yw hon: *Daw arall ddydd ac arall ddwylo*

(Rhiannon Davies Jones, 1977: 172); *Mi fydd y sychedig rai yma yn y munud* (T. Glynne Davies, 1974: 47); *yr ystyfnig rai* (J. G. Williams, 1978: 176); *ei ber yrfa* (*Taliesin,* Gaeaf 1994: 109).

Cymhariaeth

192 Ceir pedair gradd cymhariaeth i'r ansoddair, sef

1 cysefin
2 cyfartal
3 cymharol
4 eithaf

Mae'r ffurfiau tarddiadol rheolaidd yn cael eu ffurfio o'r radd gysefin trwy ychwanegu -*ed* er mwyn ffurfio'r radd gyfartal, trwy ychwanegu -*ach* er mwyn ffurfio'r radd gymharol, trwy ychwanegu -*af* er mwyn ffurfio'r radd eithaf. Pan yw'r gysefin yn diweddu â ffrwydrolen leisiol, sef *b, d, g,* disodlir y ffrwydrolen leisiol gan y ffrwydrolen ddilais gyfatebol, sef *p, t, c.* Digwydd y newid hwn yn ogystal pan ddilynir y cytseiniaid lleisiol hyn gan sonant. Newidir llafariad weithiau, gw. **146.** Dyblir *n* ac *r* yn dilyn llafariad fer yn y goben. Ar lafar ac mewn barddoniaeth cyll -*f* yn aml (gw. **45** (iv)).

193 Ansoddeiriau rhediadol

Cysefin	Cyfartal	Cymharol	Eithaf
cas	*cased*	*casach*	*casaf*
cryf	*cryfed*	*cryfach*	*cryfaf*
dewr	*dewred*	*dewrach*	*dewraf*
glân	*glaned*	*glanach*	*glanaf*
llawn	*llawned*	*llawnach*	*llawnaf*
llym	*llymed*	*llymach*	*llymaf*
pur	*pured*	*purach*	*puraf*
ysgafn	*ysgafned*	*ysgafnach*	*ysgafnaf*
grymus	*grymused*	*grymusach*	*grymusaf*

hyfryd	*hyfryted*	*hyfrytach*	*hyfrytaf*
gwlyb	*gwlyped*	*gwlypach*	*gwlypaf*
tlawd	*tloted*	*tlotach*	*tlotaf*
teg	*teced*	*tecach*	*tecaf*
caredig	*carediced*	*caredicach*	*caredicaf*
budr	*butred*	*butrach*	*butraf*
gwydn	*gwytned*	*gwytnach*	*gwytnaf*
hagr	*hacred*	*hacrach*	*hacraf*
huawdl	*huotled*	*huotlach*	*huotlaf*
brau	*breued*	*breuach*	*breuaf*
main	*meined*	*meinach*	*meinaf*
tlws	*tlysed*	*tlysach*	*tlysaf*
trwm	*trymed*	*trymach*	*trymaf*
byr	*byrred*	*byrrach*	*byrraf*
llon	*llonned*	*llonnach*	*llonnaf*
gwyn	*gwynned*	*gwynnach*	*gwynnaf*

Noder

(1)   Nid yw calediad (gw. **148**) yn gynhyrchiol mewn benthyceiriau megis *od, oded, odach, odaf.*

(2)   Ni ddewisir ffurfiau benywaidd gwahaniaethol ar gyfer y ffurfiau tarddiadol bellach, ond gynt ceid ychydig o ffurfiau benywaidd (gw. D. Simon Evans 1964: 39).

(3)   Bydd ansoddeiriau â'u ffurf gysefin yn diweddu yn *-aidd* yn dewis *-ied, -iach, -iaf* ar gyfer y radd gyfartal, y radd gymharol a'r radd eithaf: *peraidd, pereiddied, pereiddiach, pereiddiaf*; *mwynaidd, mwyneiddied, mwyneiddiach, mwyneiddiaf.*

(4)   Yn yr ychydig ansoddeiriau sy'n diweddu yn *-aid,* newid *d* i *t* o flaen *-ied, -iach, -iaf: telaid, teleitied, teleitiach, teleitiaf.*

(5)   Yr un yw ffurfiau ffonolegol graddau cyfartal, cymharol ac eithaf *llwm* a *llym: llymed, llymach, llymaf.*

194   Ansoddeiriau afreolaidd

Cysefin	Cyfartal	Cymharol	Eithaf
agos	*nesed*	*nes*	*nesaf*
bychan, bach	*lleied*	*llai*	*lleiaf*

{ cynnar buan	cynted	cynt	cyntaf
da	cystal	gwell	gorau
drwg	cynddrwg	gwaeth	gwaethaf
hawdd	hawsed	haws	hawsaf
anodd	anhawsed	anos	anhawsaf
hen	hyned	hynach	hynaf
hir	cyhyd	hwy	hwyaf
ieuanc	ieuanged ifanged, ifanced	iau, ifangach, ifangcach ifancaf	ieuaf ieuangaf,
isel	ised	is	isaf
uchel	uched, cyfuwch	uwch	uchaf
mawr	cymaint	mwy	mwyaf
llydan	cyfled, lleted	lletach	lletaf

Gellir cymhariaeth reolaidd i'r ansoddeiriau isod yn enwedig mewn cywair anffurfiol:

agos	agosed	agosach	agosaf
cynnar	cynhared	cynharach	cynharaf
hawdd	hawdded	hawddach	hawddaf
llydan	llydaned	llydanach	llydanaf
hen	hened	henach	henaf
hir	hired	hirach	hiraf
isel	iseled	iselach	iselaf
uchel	ucheled	uchelach	uchelaf

195 Diffygiol yw cymhariaeth yr ansoddeiriau isod, h.y. y ffurfiau isod yn unig a ddigwydd:

(i) gradd eithaf   *eithaf*
(ii) gradd gymharol   *trech*   gradd eithaf   *trechaf*
(iii) gradd gymharol *amgen, amgenach.*

155

196 Bydd ychydig enwau yn newid eu dosbarth geiriol ac yn troi'n ansoddeiriau pan ychwanegir terfyniadau cymhariaeth atynt:

pen	gradd eithaf *pennaf*
rhaid	gradd gyfartal *rheitied*, gradd gymharol *rheitiach*,
	gradd eithaf *rheitiaf*
elw	gradd gymharol *elwach*
blaen	gradd eithaf *blaenaf*
ôl	gradd eithaf *olaf*
diwedd	gradd eithaf *diwethaf*
lles	gradd gymharol *llesach*
amser	gradd gymharol *amserach*
rhagor	gradd gymharol *rhagorach*

197 Gellir ffurfio ansoddair gradd gyfartal trwy roi'r rhagddodiad *cyf-* o flaen yr enwau isod:

lliw	*cyfliw*
lled	*cyfled*
urdd	*cyfurdd*
gwerth	*cyfwerth*
oed	*cyfoed*
rhyw	*cyfryw*
gradd	*cyfradd*
gwedd	*cyfwedd*

Gellir defnyddio *un* yn gyffelyb: *unlliw, unwedd*. Digwydd *trilliw* yn ogystal.

Ar dreiglo yn dilyn *cyf-* gw. **137-138**.
Ar dreiglo yn dilyn *un* gw. **57**.

198 Fel rheol cymherir ansoddeiriau sy'n cynnwys mwy na dwy sillaf mewn dull cwmpasog neu beriffrastig, h. y. trwy roi *mor, mwy, mwyaf* o flaen y radd gysefin. Bydd y treiglad meddal yn dilyn *mor* (gw. **52**) ond mae *ll-, rh-* yn gwrthsefyll treiglo:

156

Cysefin	Cyfartal	Cymharol	Eithaf
dymunol	*mor ddymunol*	*mwy dymunol*	*mwyaf dymunol*
gwyntog	*mor wyntog*	*mwy gwyntog*	*mwyaf gwyntog*
swynol	*mor swynol*	*mwy swynol*	*mwyaf swynol*
diog	*mor ddiog*	*mwy diog*	*mwyaf diog*
llwfr	*mor llwfr*	*mwy llwfr*	*mwyaf llwfr*
rhydlyd	*mor rhydlyd*	*mwy rhydlyd*	*mwyaf rhydlyd*

Cymherir y rhan fwyaf o ansoddeiriau yn rheolaidd, gan gynnwys y rheini yn *-aidd, -ig, -og, -in, -us*: *peraidd, pwysig, ardderchog, cyfoethog, gerwin, grymus.*

Fel rheol cymherir ansoddeiriau cyfansawdd yn gwmpasog ond mae'n gyffredin cymharu *gwerthfawr* fel hyn:

gwerthfawroced   *gwerthfawrocach*   *gwerthfawrocaf*

Gellir cymharu pob ansoddair rheolaidd yn gwmpasog.

Gellir dewis *mor* gyda gradd gysefin pob ansoddair: *mor fawr, mor dda, mor llydan.*

Noder

(1) Ni threiglir cytsain gysefin *mor*: *merch mor hardd*; *gardd mor hwylus.*

(2) Ar lafar clywir y radd gymharol yn dilyn *mor*: *mor laned â phìn*; *mor goched â'r tân.* Ar dreiglo yn dilyn *mor* gw. **52.**

Cystrawen Ffurfiau Cymaredig yr Ansoddair

199 Y Radd Gyfartal

(i) Dyma'r drefn arferol ar gyfer cymhariaeth seml:

cyplad + enw/rhagenw + *cyn* + ffurf gyfartal + *â/ag* + enw/rhagenw

Yn dilyn y ffurf gyfartal, *â* a ddigwydd o flaen cytsain *ag* o flaen llafariad:

Y mae'r dillad cyn wynned â'r eira

Yr oedd hi cyn llonned â'r gog

Yr oedd cyn wynned ag ewyn

Mae'r bachgen cyn gryfed â cheffyl

Ar dreiglo yn dilyn *â*, gw. **119**.

Ar dreiglo yn dilyn *cyn*, gw. **52**.

Mae'r ansoddeiriau isod yn gyfartal o ran eu ffurf, ac ni bydd *cyn* yn eu rhagflaenu:

cynddrwg	*cymaint*
cystal	*cyfled*
cyfuwch	*cyhyd*

Ar y dull cwmpasog gw. **198**.

Bydd grym adferfol gan yr ansoddair cyfartal yn gyffredin:

Rhedodd cyn gyflymed â'r gwynt

Siaradai mor gyflym â'i frawd

Gall cymal ddilyn yr olyniad *cyn* + ffurf gyfartal/*mor* + ffurf gysefin + *â* (gw. **405**):

(a) cymal perthynol (gw. **225**) a gyflwynir naill ai gan *y* neu gan *a*:

Nid yw'r cefndir ysgrythurol mor gadarn ag y bu
        (*Barddas*, Hydref 1992: 7)
Nid wyf mor ddigalon ag a fûm
        (*Y Faner*, 19 Ionawr 1991: 21)

Nid yw ef cystal ag y bu

Ewch mor gyflym ag y galloch

(b) cymal adferfol (gw. **361**) gyda *pe* neu *pan*:

Mae pris y llyfr cymaint â phe bai'n newydd
Roedd hi mor ddeniadol â phan welais hi gyntaf

(c) cymal yn dynodi canlyniad:

Yr oedd y tywydd cynddrwg fel y caewyd yr ysgol
Yr oedd cystal graen ar y tŷ fel na chafwyd trafferth i'w werthu

Gellir berfenw yn yr un cyfluniad:

Bu mor ffol â phrynu car newydd

Byddwch cystal â chau'r drws

Noder

Ni threiglir cytsain gysefin *cyn* yn dilyn enw benywaidd unigol: *merch cyn deced â Mair.*

(ii) Gall y radd gyfartal (heb *cyn* ac eithrio yn achos ansoddeiriau afreolaidd, gw. **194**) neu *mor* a'r gysefin ddilyn arddodiad:

er cystal	*er cynddrwg*
rhag gwlyped	*er mor arw*
gan gyflymed	*er teced*

Gall y radd gyfartal weithredu fel enw haniaethol:

rhag cryfed y gwynt

Gall rhagenw ragflaenu'r radd gyfartal:

rhag ei theced

gan eu henwoced

Yn aml bydd cymalau sy'n cynnwys y radd gyfartal yn dynodi achos neu addefiad:

Aeth i hwylio er gwaethed oedd y tywydd

Safodd gydol y gêm er mor boenus oedd ei goesau

Weithiau bydd y ferf *bod* yn ddealledig:

Af i hwylio er gwaethed y tywydd

Safodd gydol y gêm er mor boenus ei goesau

(iii) Gellir dewis y radd gyfartal (heb *cyn*) i ddynodi syndod neu ryfeddod: (gw. **53**).

(iv) Digwydd y radd gyfartal mewn rhai idiomau:

cymaint â chymaint

(y) dau cymaint

159

y cymaint arall
llawn cymaint
hanner cystal

(v) Ni threiglir enw yn dilyn y radd gyfartal:

cystal person
cymaint tlodi
hened tŷ
cystal canu

200 Y Radd Gymharol

(i) Dilynir yr ansoddair cymharol gan *na(g)* + yr enw neu'r rhagenw sydd i'w gymharu. *Na* a ddigwydd o flaen cytseiniaid, *nag* o flaen llafariaid:

Y mae'n gweithio'n galetach na'i ragflaenydd

Gwell dysg na golud
      (Dihareb)
Gwell pwyll nag aur
      (Dihareb)

Ar dreiglo yn dilyn *na* gw. **116**.

(ii) Gellir grym enw i'r ansoddair cymharol:

Ni welais erioed ei well

(iii) Ni threiglir enw yn dilyn y radd gymharol:

gwell lle
glanach traeth
sicrach gafael
melysach canu

(iv) Gellir defnyddio *mwy, mwyach, bellach, gynt* yn adferfol:

Ni chofiaf am y pethau hynny mwy
Ni all symud o'r gadair bellach

Ni welaf ef mwyach

Yr oedd dau deulu'n byw yma gynt

Noder

(1)   Gall yr enw *rhagor* gael ystyr gymharol (gw. **253** (i)) a gall weithredu'n adferfol: *Nid ydynt yn dod yma rhagor.*

(2)   Digwydd *amgen* yn adferfol: *Ni wyddwn amgen.* Ceir ffurf gymharol sef, *amgenach* = 'gwell', gw. **195**: *Cytunwyd fod yn rhaid wrth rhywbeth amgenach na miri byrhoedlog* (Hywel Teifi Edwards, 1989: 240). *Fe fyddant yn dod i le llawer amgenach na'r dinasoedd hynny* (*Y Faner*, 28 Gorffennaf 1989: 5).

(v)   Gall rhifol ragflaenu ansoddair cymharol:

Swydd anodd ydy gwarchod gwlad ond mae'n fil anos
gwarchod fy mhlant fy hun
            (Rhiannon Davies Jones, 1977: 191)

canmil gwell
saith gwaeth
deuwell
deufwy

(vi)   Gall yr ansoddair cymharol ddilyn enw neu ansoddair sy'n dynodi maint neu radd:

llawer gwell
ychydig mwy
rhywfaint brafiach
rhywbeth gwaeth

(vii)   Os dewisir y fannod wrth gymharu dau wrthrych, rhaid defnyddio'r radd eithaf yn hytrach na'r radd gymharol fel yn y Saesneg:

Ef yw'r gorau o'r ddau

Hi yw'r talaf o'r ddwy

O hepgor y fannod, sut bynnag, gellir dewis naill ai ansoddair cymharol neu ansoddair gradd eithaf:

Pa un o'r ddwy fyddai orau gennych

Hwn fyddai orau gennyf i

Byddai'n well gennyf hwn

*Prun sydd hawsaf, ai dweud wrth y claf, 'Maddeuwyd dy
bechodau', ai ynteu dweud, 'Cod, a chymer dy fatras a cherdda'*
(Mc. 2: 9)

Pan fydd *nag* yn rhagflaenu'r enw neu'r rhagenw sydd i'w gymharu,
ansoddair cymharol yn unig y gellir ei ddewis:

Mae hi'n llawer gwanach nag ef

(viii) Digwydd ansoddair cymharol mewn amryw idiomau:

mwy na mwy
mwy na mesur

201 Y Radd Eithaf

(i) Gall y radd eithaf bwysleisio'r ansawdd a ddynodir gan yr ansoddair
yn hytrach na chyfleu cymhariaeth; ar dreiglo yn dilyn y defnydd hwn
o'r ansoddair gw. **55**.

(ii) Dynodir cyfartaledd cynyddol gan *po* + ansoddair gradd eithaf . . .
+ ansoddair gradd eithaf:

Po dynnaf fo'r llinyn, cyntaf y tyr
(Diareb)
*Po fwyaf y caent eu gorthrymu mwyaf yn y byd
yr oeddent yn amlhau ac yn cynyddu*
(Ex. 1: 2)
*Po fwyaf yr oedd efe yn gorchymyn iddynt,
mwyaf yn y byd yr oeddent hwy'n cyhoeddi'r peth*
(Mc. 7: 36)

Bydd *gorau* yn rhagflaenu *po* mewn ymadroddion megis *gorau po
gyntaf/fwyaf/leiaf*:

Gorau po gyntaf yr wynebwn y sefyllfa'n onest
(John Jenkins, 1978: 24)

Gorau po leiaf o ragdybiaethau a fydd gan feirniad
wrth fynd ati i dafoli
      (J. Elwyn Hughes, 1991: 92)

Ar dreiglo yn dilyn *po* gw. **56.**

(iii)   Gellir defnyddio'r radd eithaf yn adferfol:

(a)   heb *yn* pan fydd cymal perthynol yn dilyn:

Gwna orau y gelli

Cer gyntaf y medri

Treiglir cytsain gysefin yr ansoddair gw. **83.**

(b)   gydag *yn* neu heb *yn* pan na fydd cymal perthynol yn dilyn:

Ef a gyrhaeddodd adref gyntaf/yn gyntaf

Dyma'r côr a ganodd orau/yn orau

Noder

Yn y ddihareb *Gwannaf gwaedded, trechaf treisied* cynrychiola'r radd
eithaf enw heb y fannod.

(iv)   Digwydd y radd eithaf yn dilyn arddodiad mewn amryw
idiomau:

am y cyntaf

ar ei orau

o'r gorau

er/ar fy ngwaethaf

gyda'r rhataf

ar y cochaf

Rhifeiriau

Rhifolion

202 Noda'r rhifolion nifer yr eitemau y cyfeirir atynt:

0	dim
1	un
2	dau (*gwr.*)
	dwy (*ben.*)
3	tri (*gwr.*)
	tair (*ben.*)
4	pedwar (*gwr.*)
	pedair (*ben.*)
5	pump, pum
6	chwech, chwe
7	saith
8	wyth
9	naw
10	deg, deng

Ar dreiglo yn dilyn *un* gw. **57, 110**.

Ar dreiglo yn dilyn *dau, dwy* gw **58, 59, 160**.

Ar dreiglo yn dilyn *tri* gw. **112**.

Ar dreiglo yn dilyn *pum* gw. **109**.

Ar dreiglo yn dilyn *chwe* gw. **112**.

Ar dreiglo yn dilyn *saith* gw **86, 109**.

Ar dreiglo yn dilyn *wyth* gw **86, 109**.

Ar dreiglo yn dilyn *naw, deng* gw. **109**.

Ar rifolion yn rhagflaenu'r ansoddair cymharol gw. **200** (v).

Noder

(1)   Yn yr iaith lenyddol dewisir y ffurfiau *pum, chwe* o flaen enwau: *pum dyn*; *pum cath*; *chwe bachgen*. Lle nad oes enw, y ffurfiau *pump, chwech* a ddefnyddir: *Roedd y pump wedi cyrraedd*; *Mae chwech yma*. Gw hefyd **378** (iv). Ar lafar clywir yn gyffredin: *pump cyfle, chwech (hwech) dyn* etc.

(2)   Digwydd *deng* (gw. **109**) o flaen *blynedd, blwydd, diwrnod* ac

enwau sy'n cychwyn â chytsain drwynol: *deng mlynedd*; *deng mlwydd oed*; *deng milltir*; *deng mil*. Ceir *deng niwrnod* yn ogystal â *deg diwrnod* etc. ; gellir dewis *deng, deg* o flaen llafariad: *deng awr*; *deg awr*.

203

11	un ar ddeg	un deg un
12	deuddeg, deuddeng	un deg dau/dwy
13	tri/tair ar ddeg	un deg tri/tair
14	pedwar/pedair ar ddeg	un deg pedwar/pedair
15	pymtheg/pymtheng	un deg pump
16	un ar bymtheg	un deg chwech
17	dau/dwy ar bymtheg	un deg saith
18	deunaw	un deg wyth
19	pedawr/pedair ar bymtheg	un deg naw
20	ugain	dau ddeg
21	un ar hugain	dau ddeg un
22	dau/dwy ar hugain	dau ddegdau/dwy
30	deg ar hugain	tri deg
31	un ar ddeg ar hugain	tri deg un
32	deuddeg ar hugain	tri deg dau/dwy
40	deugain	pedwar deg
50	hanner cant	pum deg
60	trigain	chwe deg
80	pedwar ugain	wyth deg
100	cant, can	
300	tri chant, trichant	
1, 000	mil	
1, 000, 000	miliwn	

Ar dreiglo yn dilyn *deuddeng, pymtheng, deunaw, ugain* gw. **109**.
Ar *h-* yn dilyn *ar* o flaen *ugain* gw. **125** (ix).

Noder

(1)   Dewisir *deuddeng, pymtheng* dan yr un amodau â *deng*: gw. **202** n 2.

(2)   Clywir y ffurfiau *un deg un, wyth deg, wyth deg tri* '83', *cant tri deg wyth* '138' etc. wrth gyhoeddi rhifau emynau, wrth nodi'r sgor

mewn chwaraeon, wrth ddysgu mathemateg a gwyddoniaeth, ac yn gynyddol mewn cyd-destunau eraill.

(3) Dewisir y ffurf *can* o flaen enwau: *can cyfer*; *can milltir*; *can ceiniog*; *canpunt*; *tri chan punt.*

(4) Gwna'r dull ugeiniol o rifo ddefnydd cyfyngedig o erthynu (sef tynnu rhif penodol allan o rifedi mwy). Gynt gwneid hynny trwy roi *onid* neu *namyn* o flaen y rhifair oedd i'w dynnu i ffwrdd: *onid pedwar trigain* (1955) Esra 2: 22 (-4 . . . 3 x 20) = (56); *namyn tri pedwar ugain* (1955) Esra 8: 35 (-3 . . . 4 x 20) = (77); *onid dwy flynedd deugain* (1955) Deut. 2: 14 (-2...2 x 20) = (38). Ni cheir enghreifftiau o erthynu yn y Beibl Cymraeg Newydd ac y mae'n brin mewn ysgrifennu ffurfiol: *namyn* sy'n arwyddo erthynu mewn Cymraeg cyfoes a bydd yn dilyn y rhifair y tynnir ohono: *deugain mlynedd namyn tair* (2 x 20...-3) = (37) (R. Geraint Gruffydd, 1988: 27), *deugain cerdd namyn un* (2 x 20..-1) = (39) (Dafydd Johnson, 1988: 31) *cant namyn dwy* (100—2) = (98). (M. E. Williams, 1992: 112); *cant namyn tair* (100 -3) (M. E. Williams, 1992: 147). Gw. **402.**

(5) Yn y Beibl Cymraeg Newydd defnyddir y cysylltair *a* (gw. **399**) i gysylltu'r degau a'r unedau mewn ffurfiau megis *un deg a naw* '19' (Gen. 11: 25), *chwe deg a phump* '65' (Gen. 17: 1). Ar dreiglo yn dilyn y cysylltair *a* gw. **118.**

204 Defnyddir y rhifolion yn enwol ac yn ansoddeiriol.

(i) Yn enwol gellir dilyn y rhifol naill ai gan enw lluosog neu ragenw dan reolaeth yr arddodiad *o*, neu gan un o ffurfiau personol lluosog yr arddodiad *o*:

> *saith o blant*
> *cannoedd ohonom*
> *naw o ddynion*
> *ugain o bethau*
> *chwech ohonynt*

Ar dreiglo yn dilyn yr arddodiad *o* gw. **69.**

Yn yr enghreifftiau a nodwyd uchod y mae'r enw yn amhenodol ac fel rheol nid oes wahaniaeth ystyr rhwng *saith o blant* a *saith plentyn*: gw. **202**.

(ii)   Gellir dewis enw lluosog pendant yn ogystal yn dilyn yr arddodiad:

> *naw o'r merched*
> *dau o'r plant*
> *ugain o'r pryfed*
> *pump o'r rhain*

Ceir ffurf luosog ar y rhifol:

> *degau o ddynion*
> *cannoedd o'r plant*
> *miloedd o'r morgrug*

Defnyddir enw lluosog amhendant i ddynodi unedau ar wahân:

> *Oes gennyt ti bump o geiniogau? (h. y. pump o geiniogau gwahanol)*

Noder
Enwau yw *mil* a *miliwn* ac fel rheol fe'u dilynir gan yr arddodiad *o*: *mil o ddynion*; *miliynau o blant*; *mil ohonom*; *miloedd ohonynt*.

(iii)   Pan ddilynir y rhifol yn ddigyfrwng gan enw, bydd yr enw hwnnw'n unigol:

> *dau afal*
> *deg ceiniog*
> *ugain munud*

Bydd yr enw'n dilyn yr elfen gyntaf mewn rhifol cyfansawdd:

> *pum munud ar hugain*
> *pedair awr ar hugain*
> *un gŵr ar bymtheg*
> *un mlynedd ar ddeg ar hugain*

Gellir dilyn trefn gyffelyb mewn ymadroddion a gyplysir gan y cysylltair *neu* (gw. **400**), ac sy'n awgrymu dewis:

> *wyth gwaith neu naw*
> *pum punt neu chwech*

Ond gall yr enw ddilyn yr ail rifol yn ogystal:

> *wyth neu naw gwaith*
> *naw neu ddeg punt*

Arferir y rhifol *un* yn unig er dynodi pwyslais mewn ymadroddion o'r fath:

> *blwyddyn neu ddwy*
> *un flwyddyn neu ddwy*

Gall y rhifol a'r enw ffurfio cyfansoddair:

> *dwybunt*
> *canllath*
> *decpunt*

Rhydd *pymtheng* + *nos, pythefnos, pythewnos.*

Ar rifol yn dilyn enw lluosog gw. **60.**

Noder

(1)   Mewn argraffiadau cynt o'r Beibl ceid enghreifftau o enw lluosog yn dilyn y rhifol: *dau frodyr* (1955) (Mth. 4: 18).

(2)   Dewisir yr hen ffurfiau lluosog *blynedd* a *diau* yn dilyn rhifolion: *tridiau*; *chwe blynedd*. Digwydd *diau* yn unig gyda *tri*. Dewisir *blynedd* yn dilyn y rhifolion, ac eithrio *un* a *mil*. Dilynir *un* gan yr enw unigol *blwyddyn*, ac eithrio pan yw *un* yn elfen gyntaf mewn rhifol cyfansawdd: *un flwyddyn*; *un flynedd ar ddeg*. Dilynir *mil* gan yr enw lluosog *blynyddoedd*: *mil blynyddoedd*; *mil o flynyddoedd*.

(3)   Ffurf fenywaidd y rhifol (pan ddigwydd) a ddewisir gyda *blynedd*: *tair blynedd*; *pedair blynedd ar ddeg*.

Trefnolion

205   Gesyd y trefnolion bob eitem yn ei drefn briodol:

1af	cyntaf
2 il	ail
3ydd	trydydd (*gwr.*)
	trydedd (*ben.*)

4ydd	pedwerydd (*gwr.*)
	pedwaredd (*ben.*)
5ed	pumed
6ed	chweched
7fed	seithfed
8fed	wythfed
9fed	nawfed
10fed	degfed
11eg	unfed ar ddeg
12fed	deuddegfed
13eg	trydydd/trydedd ar ddeg
14 eg	pedwerydd/pedwaredd ar ddeg
15fed	pymthegfed
16eg	unfed ar bymtheg
17eg	ail ar bymtheg
18fed	deunawfed
19fed	pedwerydd/pedwaredd ar bymtheg
20fed	ugeinfed
21ain	unfed ar hugain
22ain	ail ar hugain
30ain	degfed ar hugain
32ain	deuddegfed ar hugain
40fed	deugeinfed
50fed	hanner canfed
100fed	canfed
300fed	tri chanfed
1, 000fed	milfed
1, 000, 000fed	miliynfed

Ar *h-* yn dilyn *ar* o flaen *ugain* gw. **125** (ix).

Ar dreiglo yn dilyn y trefnolion gw. **62**.

Noder

Ni cheir ffurfiau degol ar gyfer y trefnolion sy'n cyfateb yn union i ffurfiau degol y rhifolion, er bod arbrofi yn digwydd mewn ysgolion a chynlluniau ar gyfer dysgwyr gyda threfnolion mawr megis *pedwar deg seithfed, saith deg trydydd, saith deg unfed.*

206 Digwydd y trefnolion syml yn union o flaen yr enw:

ail blentyn
y bumed ferch
y seithfed bennod

Mewn trefnolion cyffredin bydd yr enw yn dilyn yr elfen gyntaf:

yr unfed waith ar ddeg

Pan yw'r enw yn enw benywaidd, dewisir trefnol benywaidd (pan ddigwydd):

y drydedd salm ar hugain
y bedwaredd bennod ar bymtheg

Fel rheol bydd *cyntaf* yn dilyn yr enw, ond gall ddigwydd (heb y fannod) o flaen yr enw:

y peth cyntaf
ein cartref cyntaf
y tro cyntaf
cyntaf peth

Gall fod yn adferfol:

yn gyntaf dim

I ddynodi olyniaeth frenhinol etc. bydd y trefnolion yn dilyn yr enw:

Edward y seithfed
Elizabeth yr ail
Siarl y cyntaf
Pius y trydydd ar ddeg

Lluosogolion

207 Cyfuna'r rhifair â'r enw benywaidd unigol *gwaith*:

unwaith
dwywaith
teirgwaith

pedair gwaith
pum gwaith/waith
chwe gwaith
seithwaith, saith gwaith
wythwaith, wyth gwaith
naw gwaith
dengwaith, deg gwaith
un waith ar ddeg
deuddeng waith, deuddeg gwaith
teirgwaith ar ddeg
pedair gwaith ar ddeg
pymthengwaith, pymtheg gwaith
unwaith ar bymtheg
dwywaith ar bymtheg
deunaw gwaith
pedair gwaith ar bymtheg
ugeinwaith, ugain gwaith
dengwaith ar hugain
hanner canwaith
canwaith
tri chanwaith
milwaith
miliwn gwaith

Noder
Cedwir hen ffurf drwynol ar *g-* yn *dengwaith*.

208 Ffurfir cyfranolion trwy roi *bob yn* o flaen y rhifair; treiglir cytsain gysefin y rhifair:

bob yn un
bob yn ddau
bob yn bedwar
bob yn ddeg

Digwydd y trefnol *ail* yn *bob yn ail, ar yn ail, bob eilwers*.

171

Rhanrifau

209

½	=	*hanner*
⅓	=	*traean*
⅔	=	*deuparth*
¼	=	*chwarter*
⅜	=	*tri wyth*
⅞	=	*saith wyth*
⅕	=	*pumed* (*rhan*)
⅒	=	*degfed, degwm*
¹⁄₁₀₀	=	*canfed, canran* = %

Gall y fannod ddigwydd gyda rhanrifau: gw. **159** (x).

Noder

Ceir arbrofi â'r patrwm degol mewn ysgolion a chynlluniau ar gyfer dysgwyr wrth ddweud rhanrifau:

³⁄₂₂	=	tair rhan o ddau ddeg dwy
¹⁷⁄₁₈	=	un deg saith rhan o un deg wyth
2⁷⁄₁₀	=	dau a saith rhan o ddeg

Rhagenwau

Rhagenwau Personol

210   Mae'r rhagenwau personol naill ai'n Annibynnol neu'n Ddibynnol. Gelwir y Rhagenwau Personol Annibynnol felly am nad ydynt yn ddibynnol ar enw, berf neu arddodiad rhediadol: gweithredant fel pen yn yr ymadrodd enwol.

211   Mae'r rhagenwau annibynnol naill ai'n syml neu'n ddwbl neu'n gysylltiol:

(a)   Syml

Unigol	Lluosog
1 *mi, fi*	1 *ni*
2 *ti, di*	2 *chwi, chi*
3 *ef, fe, fo* (gwr.)	3 *hwy, hwynt, nhw*
hi (ben.)	

Noder

(1)   Digwydd y ffurfiau llafar *fe* (de), *fo* (gogledd) *chi, nhw* (gw. **261** n.3) yn gyffredin yn yr iaith lenyddol ac eithrio mewn ysgrifennu tra ffurfiol: *Chi fydd y ddwy smartia yn y briodas* (Kate Roberts, 1976: 27); *Tyrd â nhw i mewn* (Emyr Hywel, 1989: 9); *Fo ydy brenin y drwgweithredwyr i gyd!* (Idwal Jones, 1979: 5); *Fe yw e reit i wala* (Emyr Humphreys, 1981: 260).

(2)   Ni ddigwydd *hwynt* yn ddibeniad gyda berfau yn diweddu yn *-nt*: *Dysgwch hwynt/nhw*; *Saethwch hwynt/nhw*; *Gwelant hwy*.

(b)   Dwbl

Unigol	Lluosog
1 *myfi*	1 *nyni*
2 *tydi*	2 *chwychwi*
3 *efe, efô, fe, fo* (gwr.)	3 *hwynt-hwy*
hyhi (ben.)	

Noder

(1)   Fel rheol bydd y pwyslais ar y sillaf olaf.

(2)   Mae'r rhagenwau dwbl yn fwy pwysleisiol na'r rhagenwau syml.

(3)   Ar lafar ac mewn ysgrifennu anffurfiol sylweddolir y rhagenwau dwbl: Unigol 1 *y fi*; 2 *y ti*; 3 *y fe, y fo* (gwr.) *y hi* (ben.); Lluosog 1 *y ni*; 2 *y chi*; 3 *y nhw*. *Nid y fi y mae'n ei garu ond y llyfrau* (Robin Llywelyn, 1995: 13); *Y ni yw'r helwyr* (Robin Llywelyn, 1995: 21).

(c) Cysylltiol

Unigol	Lluosog
1 *minnau*	1 *ninnau*
2 *tithau*	2 *chwithau, chithau*
3 *yntau* (gwr.)	3 *hwythau, nhwythau*
hithau (ben.)	

Noder

(1) Defnyddir y rhagenwau cysylltiol gydag enwau a rhagenwau eraill er cyfleu pwyslais gwrthgyferbyniol ac ystyron megis 'fi hefyd, fi yn ogystal, o'm rhan i, tra fy mod i' etc.

(2) Digwydd *chithau, nhwythau* yn yr iaith lenyddol yn ogystal, ac eithrio mewn ysgrifennu tra ffurfiol.

(3) Ar lafar sylweddolir -*au* gan -*a* (y de-ddwyrain a'r gogledd-orllewin) neu -*e* (y de-orllewin a'r gogledd-ddwyrain).

212 Defnyddir y rhagenwau annibynnol i ddynodi

(i) A Dibeniad yn rhagflaenu'r ferf *bod*:

Ti ydy ffefryn dy dad
(Rhiannon Davies Jones, 1977: 144)
Nhw yw'r dosbarth sy'n rheoli
(Robat Gruffydd, 1986: 171)
Myfi yw'r wynwydden, chwithau yw'r canghennau (1955)
Myfi yw'r wynwydden; chwi yw'r canghennau (1988)
(In. 15: 5)
Chi fydd y ddwy smartia yn y briodas
(Kate Roberts, 1976: 27)

Ar dreiglo ffurfiau *b*- yn dilyn y dibeniad gw. **75**.

B Dibeniad mewn brawddeg normal:

Tywysodd fi'n gyflym o gwmpas yr eglwys
(Aneirin Talfan Davies, 1972: 1)
Cusanodd rhai hi
(Kate Roberts, 1976: 77)

Gorfodai fy nhad fi i wisgo'n wahanol i bob plentyn arall
(Harri Williams, 1978: 11)
Oni ddewisais i chwychwi? (1955)
(In. 6: 70)
Glywi di o'n crio?
(Rhiannon Davies Jones, 1989: 124)

(iii)   Rhagflaenydd cymal perthynol:

Nid nhw sy'n talu am ei betrol o
(Idwal Jones, d.d.: 54)
Hi a fu'n swcwr iddo ar hyd y blynyddoedd
(Rhiannon Davies Jones, 1987: 132)
Hi oedd yn eistedd â'i chefn at y ffenest
(Emyr Humphreys, 1986: 35)
Hwynt-hwy a ddarfyddant; ond tydi sydd yn parhau;
a hwynt-hwy oll fel dilledyn a heneiddiant (1955)
(Heb. 1: 11)

(iv)   O flaen berf neu *a* + berf heb fod pwyslais ar y rhagenw:

. . . a phan ddaeth yn ôl, ef a archebodd ddiodydd ar gyfer y lleill
(John Rowlands, 1978: 13)
Mi a godaf ac a af at fy nhad (1955)
Fe godaf, ac fe af at fy nhad (1988)
(Lc. 15: 18)
Ac efe a gododd ac aeth at ei dad (1955)
(Lc. 15: 20)

Yn yr enghreifftiau uchod ystyrir mai geirynnau rhagferfol yw *ef a, mi a, efe a*, yn hytrach na gwir ragenwau. Gynt dewisid *mi a, ti a*, etc. ynghyd â ffurf gyfatebol y ferf, ond *mi a* a *fe a* yn y ffurf *mi, fe* yn unig sydd wedi goroesi yn yr iaith lenyddol fel geirynnau rhagferfol (gw. **336**). Ar dreiglo yn dilyn y geirynnau rhagferfol gw. **80**.

(v)   Yn gyfarchol:

Chwychwi benaethiaid y bobl (1955)
(Act. 4: 8)

Er mor anheilwng wyt ti o'n serch
Di, butain fudr y stryd â'r taeog lais
(David James Jones, Gwenallt, 1899-1968)

(vi)   Yn dilyn cysylltair neu'n dilyn arddodiad dirediad:

Nid oeddent yn bwriadu mynd â Gustavchen gyda hwy
(Gerhart Hauptman a Heinrich Böll, 1974: 7)
Byddwn yn cael llawer o hwyl gyda hwynt hefyd
(Kate Roberts, 1976: 24)
Cynigiodd aros yno efo hi
(Kate Roberts, 1972: 26)
Mi ddelia i efo nhw
(Rhiannon Davies Jones, 1989: 97)
Er bod y telynor yn hen bryd hynny a'r delyn yn hŷn
nag yntau roedd y cwbl wrth fodd y plant
(Rhiannon Davies Jones, 1989: 118)
Cerddodd Rhisiart a hithau i fyny drwy'r ardd
(R. Cyril Hughes, 1976: 115)
Mae Mati a minnau am fynd i'r dref ddydd Mercher
(Kate Roberts, 1976: 27)

Noder

(1)   Yng ngogledd Cymru ceir *chdi* yn gyffredin yn hytrach na *ti* yn yr 2il unigol yn dilyn arddodiad diredad: *efo chdi*; *heblaw chdi*.

(2)   Yng ngogledd Cymru digwydd *chditha(u)* yn gyffredin yn hytrach na *tithau* yn yr 2il unigol yn dilyn cysylltair: *a chdithau*.

(vii)   Digwydd y rhagenwau personol cysylltiol mewn cyfosodiad ag enw:

Yr olwynion hwythau ni throent chwaith oddi wrthynt (1955)
(Esec. 10; 16)
Dioddefodd Crist yntau
(1 Pet. 2: 21)
Daeth Abel yntau â blaenffrwth ei ddefaid
(Gen. 4: 4)
Y mae arwyddion fod Morgan yntau yn cloffi yn ei
frwdfrydedd wrth gyfieithu'r Apocryffa
(R. Geraint Gruffydd, 1988: 60)

(viii)   Goddrych ymadrodd annibynnol (gw. **359**):

Nid oeddent hwy am symud cam o'r fan a
hwythau mor gysurus eu byd
          (John Bunyan, 1962: 12)
Ac yntau'n ddeunaw mlwydd oed, mudodd
Thomas Jones i Lundain oddeutu 1666
          (Geraint H. Jenkins, 1980: 1)
Yr oeddwn eisoes yn hen ŵr, a minnau'n blentyn
          (Harri Williams, 1978: 12)
A mi wedi crybwyll enw John Stuart Corbett, mae'n werth
sylwi bod y gŵr yma yn gyfriethiwr i ystâd yr Ardalydd Bute
          (Aneirin Talfan Davies, 1972: 37)

(ix)   Defnyddir y rhagenw yn aml mewn atebion:

Pwy a atebodd yn gyntaf? Fi
Pwy oedd y cadeirydd? Fe

213   Y mae'r rhagenwau dibynnol naill ai'n rhagenwau genidol blaen neu'n rhagenwau mewnol neu'n rhagenwau ôl a byddant naill ai'n goleddfu pen ymadrodd enwol neu'n gweithredu fel estyniad i'r pen neu i'r goleddfydd.

214   Genidol blaen

Unigol	Lluosog
1 *fy*	1 *ein*
2 *dy*	2 *eich*
3 *ei*	3 *eu*

Noder

(1)   Ar lafar gellir sylweddoli'r 1af unigol gan [ən] gw. **108**.

(2)   Fel rheol ni cheir pwyslais ar y rhagenwau blaen; y gair dilynol a fydd yn cynnal y pwyslais: *fy ′mhen*. Pan ddymunir pwysleisio'r genidol, sut bynnag, y rhagenw ôl sy'n derbyn y pwyslais: gw. **222** (i).

(3)   Ar lafar sylweddolir *ei, eu* gan [i]; yn y tafodieithoedd clywir [ən] 'ein', [əχ] 'eich', yn yr 2il a'r 3ydd lluosog.

215   Mae'r rhagenwau genidol blaen yn dynodi meddiant ac fe'u dewisir ar eu pennau eu hunain:

(i)   o flaen enwau a berfenwau mewn cyd-destun niwtral dibwyslais:

eich rhieni
eu tad
fy afal
ein canu

O flaen llafariad bydd *fy, dy > f', d'* yn gyffredin (gw. **45, 108**):

f' anwylyd
d'enaid

Gall ansoddair neu rifol ddigwydd rhwng y rhagenw a'r enw:

fy nhair merch
ei lawen gyfeillion
eu swynol ganu

(ii)   pan yw'r rhagenw yn cytuno â'r traethiedydd o ran rhif h.y. yn cyfleu perthynas atblygol:

Gwelodd ei dad ar waelod yr ardd
Dodais yr het ar fy mhen

216   Treigladau yn dilyn y rhagenwau genidol blaen:

fy, gw. **108**.
dy, gw. **63**.
ei (gwr.), gw. **63**.
ei (ben.), gw. **113, 125** (i).
ein, gw. **125** (iv).
eu, gw. **125** (vii).
Gw. yn ogystal **222** (ii).

217   Mewnol

Genidol

Unigol		Lluosog	
1	*'m*	1	*'n*
2	*'th*	2	*'ch*
3	*'i, 'w*	3	*'u, 'w*

Gwrthrychol

Unigol		Lluosog	
1	*'m*	1	*'n*
2	*'th*	2	*'ch*
3	*'i, -s*	3	*'i, -s*

218 Defnyddir y rhagenwau mewnol:

(a) I ddynodi meddiant:

O flaen enwau a berfenwau ac yn dilyn geiriau yn diweddu â llafariad neu ddeusain:

> *fy mam a'm tad*
> *ein hafon a'n pysgota*
> *o'i gorun i'w sawdl*
> *gyda'ch ffrindiau a'ch teuluoedd*

Mewn olyniad cyfresol o'r math hwn rhoir y rhagenw o flaen pob enw yn y gyfres (gw. yn ogystal **159**):

> *Mae'n rhaid inni gymell ein llenorion, ein hactorion,*
> *ein cyfansoddwyr, ein llenorion a'n beirdd*
> (*Barn*, Tachwedd 1995: 11)
> *Rho iddo gynhysgaeth hael o'th ddefaid a'th ydlan a'th winwryf*
> (Deut. 15: 14)
> *Ynddo pardduodd gymeriad cenedl y Cymry, eu bywyd,*
> *eu hanifeiliaid, eu cartrefi a'u harferion*
> (Geraint H. Jenkins, 1980: 123)
> *Yr wyt wedi dilyn yn ofalus fy athrawiaeth i a'm ffordd o fyw, fy*
> *ymroddiad, fy ffydd, fy amynedd, fy nghariad a'm dyfalbarhad*
> (2 Tim. 3: 10)

Dewisir *'m, 'th* yn unig yn dilyn *a, â, gyda, efo, tua, na, i, o, mo* (< *ddim o*: gw. **256** (iii)):

> *Yr wyf yn anfon angel o'th flaen, i'th warchod ar hyd y ffordd*
> (Ex. 23: 20)

Yr wyt i wneud yr un modd gyda'th winllan a'th goed
(Ex. 23: 11)
Ni welais mo'th chwaer

Dewisir *'w* (unigol a lluosog) yn unig yn dilyn yr arddodiad *i:*

i'w gar
i'w cartrefi
i'w bwthyn
i'w fwthyn

Noder

(1)   Ar lafar yn y de sylweddolir *i'w* gan *iddi: iddi fam* 'i'w fam';
iddi mam 'i'w mam'; *iddi mamau* 'i'w mamau' (gw. D. Simon Evans,
1964: 53, n. 2).

(2)   Fel rheol ar lafar dewisir y rhagenw blaen yn hytrach na'r rhagenw
mewnol, ac eithrio yn y 3ydd unigol a lluosog: *gyda dy dad*; *'y nghi a
'y nghath*; *gyda'i blant: gyda'u plant.*

(b)   Yn wrthrychol:

O flaen berfau:

(i)   Yn dilyn y geirynnau rhagferfol:

Fe'm cyffrowyd ac fe'm synnwyd
(*Y Faner*, 19 Ionawr 1991: 21)
Fe'i claddwyd hi yn Llansamlet
(Aneirin Talfan Davies, 1972: 241)
Fe'u cerais i nhw fel y bydd dyn yn caru blodau
(Rhiannon Davies Jones, 1977: 143)
Fe'th gywilyddir gan yr Aifft
(Jer. 2: 36)
Mi'th laddaf
(1 Sam. 19: 17)

(ii)   yn dilyn y rhagenw perthynol:

Gwrin ap Rhydderch a Chadell Hir a'u gwelodd nhw gyntaf
(Rhiannon Davies Jones, 1977: 116)

Yr wyf yn diolch i Grist Iesu ein Harglwydd, yr hwn a'm nerthodd
(1 Tim. 1: 12)

(iii) yn dilyn y geirynnau rhagferfol negyddol *ni, na*:

Nis rhestraf yma
(Derec Llwyd Morgan, 1983: 38)
Ni'm symudir
(Salmau 10: 6)
Yr hyn nas dywedir ynddo a wnaeth yr argraff gryfaf arnaf
(*Y Faner*, 17 Chwefror 1989: 5)
Na'n twyller
(*Y Faner*, 4 Awst 1989: 8)
Cewch fwyta ond ni'ch digonir
(Lef. 26: 26)

(iv) yn dilyn y cysyllteiriau *pe* ac *oni*:

Chwaraewn pe'm dewisid
Buaswn wedi dweud wrthych pe'ch gwelswn
Ni'th ollyngaf oni'm bendithi
(Gen. 33: 26)
Os felly, ti sy'n dysgu dy gyd-ddyn, oni'th ddysgu dy hun?
(Rhuf. 2: 21)

(v) yn dilyn y geiryn perthynol *y* mewn ymadroddion megis *lle y'm, lle y'th, yno y'm, yno y'th*, neu eu ffurfiau talfyredig *lle'm, lle'th, yno'm, yno'th*:

y wlad lle'u ganed
(*Y Faner*, 25 Ionawr 1991: 5)
y fferm lle y'i ganed
y tŷ lle'm ganed
yno y'm ganed

Digwydd *-s* gyda *ni, na, oni, pe* yn unig:
Nis gwnaf er mwyn y deugain
(Gen. 18: 30)

181

Dyma drefn naturiol pethau ac er y breuid y llinyn, nis torrid
    (Jane Edwards, 1976: 147)
er nas cyhoeddwyd tan 1552
    (R. Geraint Gruffydd, 1988: 12)
hyd onis caffo ef (1955)
    (Lc. 15: 8)
pes ysgrifennid heddiw
    (Geraint Bowen, 1976: 118)

Digwydd -*s* mewn cywair ffurfiol yn unig. Gw. yn ogystal n. 2 uchod.

219 Treigladau yn dilyn y rhagenwau mewnol:

'th, gw. **64**
'i (gwr.) genidol, gw. **64**.
'w (gwr.) gw. **64**.
'i (ben.) genidol, gw. **114**, **125** (ii).
'w (ben.) gw. **114**, **125** (ii).
'i (gwr. a ben.) gwrthrychol, gw. **125** (iii).
'n gw. **125** (v).
'm gw. **125** (vi).
'u gw. **125** (viii).

220 Digwydd y rhagenwau genidol blaen a mewnol 1af ac 2il lluosog gyda rhifolion mewn cyfosodiad yn dilyn rhagenw personol neu derfyniad personol 1af neu 2il lluosog:

ni ein dau/ni'n dau
chi eich pedwar/chi'ch pedwar
Dyna yw ein barn ni'n tri o Graig y Bedol
    (Bryan Martin Davies, 1988: 32)
Bydd y peth yn gyfrinach rhyngoch chi eich dau
ac efallai'n eich clymu'n dynnach wrth eich gilydd
    (Harri Williams, 1978: 49)
Ydach chi'n iach, eich dau?
    (Rhiannon Davies Jones, 1989: 74)

Aethom ein saith yn y ddau gar
(*Golwg*, 9 Mehefin 1994: 9)

Gyda'r 3ydd lluosog dewisir *ill* (gw. **249**):

Fe losgant ill dau ynghyd
(Isa. 1: 31)
Edrychent ill dau tua'r llawr
(Ioan Kidd, 1977: 88)

Ni ddigwydd y rhagenw ategol (gw. **221**) yn dilyn rhifolion yn y cyfluniadau a ddisgrifiwyd yn yr adran hon.

221 Ategol neu Ôl

Ceir ffurfiau syml a chysylltiol:

Syml

Unigol		Lluosog	
1	*i, fi*	1	*ni*
2	*ti, di*	2	*chwi, chi*
3	*ef, fe, fo* (gwr.)	3	*hwy, hwynt, nhw*
	hi (ben.)		

Cysylltiol

Unigol		Lluosog	
1	*finnau, innau*	1	*ninnau*
2	*tithau, dithau*	2	*chwithau*
3	*yntau* (gwr.)	3	*hwythau, hwyntau*
	hithau (ben.)		

Noder

(1) Diwedda 1af unigol amser presennol y rhan fwyaf o ferfau a 1af unigol arddodiaid rhediadol yn *-f*, a gellir dewis naill ai *i, fi* neu *innau, finnau*: *gwelaf (f)i/(f)innau*; *yr wyf (f)i/(f)innau*; *arnaf (f)i/(f)innau*; *drosof (f)i/(f)innau*. Dan amodau eraill dewisir *i* neu *innau*: *bûm i/innau*; *euthum i/innau*.

(2) Pan yw'r ferf neu'r arddodiad yn diweddu yn -*t*, dewisir y ffurfiau *ti/tithau*: *aethost ti/tithau*; *arnat ti/tithau*.

(3) Ni ddewisir *hwynt* gyda berfau ac arddodiaid yn diweddu yn -*nt*: *aethant hwy; lladdwyd hwynt*.

(4) Ar *fe, fo, chi, nhw* gw. **211** (a) n. 1. Ar *chithau, nhwythau* gw. **211** (c) n. 2. Ar -*au*, gw. **211** (c) n. 3.

(5) Ar lafar mewn amryw ardaloedd ceir ffurf agosatoch yn yr 2il unigol; mabwysiedir un o ffurfiau'r 3ydd unigol er dynodi perthynas agos (gw. Thorne 1975/1976: 383-87; 1977: 389-98; 1985: 77).

(6) Ar lafar yn ne-orllewin Cymru clywir [n(h)ʊ i] am *hwy*, [n(h) ʊiθɛ] am *hwythau*.

222 Defnyddir y rhagenwau ategol neu ôl:

(i) I bwysleisio rhagenw genidol blaen neu fewnol (gw. **214** n. 2):

*fy mhen **i***
*i'w chartref **hi***
*nis gwelais **ef***
*fe'm saethwyd **i***

Dewisir y ffurfiau cysylltiol naill ai gyda *hefyd* neu yn hytrach na *hefyd*, er mwyn awgrymu sefyllfa ailadroddol:

Roeddwn innau hefyd wedi glân flino
    (Rhiannon Davies Jones, 1977: 40)
Roedd bywyd yn garedig wrth Mr Williams,
ac roedd yntau'n garedig wrtho'i hunan
    (Urien William, 1974: 20)

Gellir awgrymu pwyslais neu wrthgyferbyniad:

Os oedd hi'n dewis yr wylo, dewiswn innau'r boen:
    (Harri Williams, 1978: 65)
Yr oedd wedi sgwennu ati hithau, debyg iawn,
i ddweud ei fod yn dod adref
    (T. Glynne Davies, 1974: 343-4)

Yn aml bydd ymadrodd enwol cyfresol yn dewis rhagenw cysylltiol ar gyfer y diwethaf yn y gyfres:

fy nhad i, dy dad di a'i dad yntau

Fel rheol y mae brawddeg yn hollol gyflawn o ran ei chystrawen heb y rhagenw ategol, ond yn yr enghreifftiau isod mae'n cadarnhau cenedl y goddrych neu'r gwrthrych:

Canodd (ef/hi) yn y gyngerdd
Fe'i cipiwyd (ef/hi) neithiwr
Mae (ef/hi) 'n cerdded yn gyflym

(ii) Pan nad yw'r rhagenw genidol yn cytuno â'r traethiedydd o ran person a rhif h.y. pan na chyfleir perthynas atblygol (gw. **215** (ii)):

Gwelais ei dad ef ar waelod yr ardd
Dodais yr het ar ei phen hi

Medd y frawddeg isod ar ddau gyfluniad posibl:

Gwelodd ei dad ef ar waelod yr ardd

(a) *Gwelodd*   *ei dad*   *ef*   *ar waelod yr ardd*
    T(raethiedydd) G(oddrych) D(ibeniad) A(dferf)

sef ei dad ei hun

(b) *Gwelodd*   *ei dad ef*   *ar waelod yr ardd*
    T + G   D   A

sef tad rhywun arall

(iii) Pan fo rhifol yn sylweddoli pen yr ymadrodd enwol a rhagenw genidol yn oleddfydd, rhaid dewis y rhagenw ategol yn ogystal:

Fy nhri i a'th ail di
Byddai eu un hwy yn gweithredu o dan aden y Teledu Annibynnol
(*Y Faner*, 21 Medi 1979: 2)
Mi gymera i feic mam, a chei di fy un i
(Anwen P. Williams, 1976: 24)

Ni cheir y rhagenw ategol, sut bynnag, yn dilyn y rhifol pan ddigwydd y rhagenw blaen a'r rhifol mewn cyfosodiad yn dilyn rhagenw personol neu derfyniad personol 1af neu 2il lluosog:

aethom (ni) ein pedwar

Gw. **220**.

Rhagenwau Meddiannol

223

Unigol	Lluosog
1 *eiddof*	1 *eiddom*
2 *eiddot*	2 *eiddoch*
3 *eiddo* (gwr.)	3 *eiddynt*
eiddi (ben.)	

Noder

(1)   Gynt defnyddid y ffurfiau hyn i oleddfu enwau ac fe'u gelwid yn Ansoddeiriau Meddiannol (gw. J. J. Evans, 1946: 107).

(2)   Dyma ffurfiau hŷn y rhagenwau: Unigol 1 *mau*; 2 *tau*; 3 *eiddo* (gwr.), *eiddi* (ben.); Lluosog 1 *einym*; 2 *einwch*; 3 *eiddynt*. Erbyn hyn datblygodd rhediad newydd wedi ei seilio ar y 3ydd person.

(3)   Ni ddigwydd y rhagenwau meddiannol, fel rhagenwau, ar lafar ond fe'u ceir mewn ysgrifennu tra ffurfiol.

(4)   Digwydd y ffurfiau hŷn *mau, tau* ym marddoniaeth a rhyddiaith y ganrif hon: *A llyma llun y fun fau* (R. Williams Parry (1884-1956), 'Yr Haf'); *y geiriau mau fi nid ânt heibio ddim* (1955), (Mc. 13: 31); *i'r tir tau* (T. Gwynn Jones (1871-1949), 'Gwlad y Bryniau'); *y Fun fau* (J. Elwyn Hughes, 1991: 52); *Dau air a wnaeth lawer o ymrafael: mau a thau* (Dihareb).

Defnyddir y rhagenwau meddiannol:

(i)   yn dilyn y fannod:

> *'Rwy'n hoffi ei wasanaeth, ei gyflog, ei weision, ei lywodraeth, ei gwmni a'i wlad yn well na'r eiddot ti*
> (John Bunyan, 1962: 35)
> *Y mae'r enw a etifeddodd yn rhagorach na'r eiddynt hwy*
> (Heb. 1: 4)
> *A phan glybu'r eiddo ef, hwy a aethant i'w ddal ef (1955)*
> *A phan glywodd ei deulu, aethant allan i'w atal ef (1988)*
> (Mc. 3: 21)
> *Yr eiddoch yn gywir*   (ar ddiwedd llythyr)

(ii) heb y fannod:

Eiddof i yw pob cyntaf anedig
(Num. 3: 13)
Eiddof i yw'r tir
(Lef. 25: 23)
Caled yw hi wrth ei chywion, fel pe na byddent eiddi hi (1955)
Y mae'n esgeulus o'i chywion, ac yn eu trin
fel pe na baent yn perthyn iddi (1988)
(Job 39: 16)

224 Defnyddir *eiddo* hefyd fel enw cyffredin yn dynodi 'meddiannau (tir, cyfoeth etc.)':

Oherwydd eiddo'r Arglwydd yw'r ddaear, a'i llawnder
(1 Cor. 10: 26)
Faint o eiddo'ch gwraig gafodd ei ddwyn
(Wil Roberts, 1985: 56)
eiddo'r bobl fawr
(Urien William, 1974: 21)
Yr oedd yn fwy ffiaidd nag unrhyw weithred ddiraddiol
arall o eiddo'r Siapaneaid
(David Roberts, 1978: 167)
Dydy peri difrod i eiddo ddim yn fy mhoeni'n ormodol
(*Y Faner,* 23 Chwefror 1989: 4)
Ei heiddo hi oedd y castell y nos hon
(Rhiannon Davies Jones, 1987: 47)
Mae'n cyfeirio hefyd at nifer o gerddi o'm heiddo
(*Barddas,* Gorff./Awst 1992: 9)
pob cyfrol flaenorol o'i eiddo
(*Taliesin,* Gaeaf1994: 105)

Y Rhagenw Perthynol

225 Naill ai rhagenw perthynol neu eiryn perthynol (gw. **229**) sydd yn cyflwyno cymalau perthynol ac yn cyplysu'r cymal perthynol â'r enw neu'r rhagenw sy'n ei ragflaenu. Mae'r rhagenw perthynol *a* yn gweithredu naill ai fel goddrych neu ddibeniad mewn cymal perthynol. Fe'i dilynir yn ddigyfrwng gan y ferf ac eithrio pan ddewisir rhagenw mewnol:

(i) Goddrych

> *Uwchben y pentref fe welwch gapel bach a saif*
> *yn ymyl chwarel ddofn*
>   (Aneirin Talfan Davies, 1976: 3)
> *Cododd y bibell a oedd wedi disgyn o'i enau*
>   (Gerhart Hauptman a Heinrich Böll, 1974: 4)
> . . . *cadnawes ifanc, gref a'm llygadai yn awchus yng ngwyll y ffau*
>   (Bryan Martyn Davies, 1988: 109)

(ii) Dibeniad

> *Beth yw'r pethau olaf a gofiaf cyn dod yma?*
>   (Harri Williams, 1978: 7)
> *Gwerthodd y cyfan a feddai er mwyn ei brynu*
>   (John Bunyan, 1962: 12)

Collir y rhagenw perthynol yn gyffredin, yn enwedig o flaen *oedd* (gw. **73**):

> *Tynnodd y sach oedd ar ei ysgwyddau*
>   (Emyr Humphreys, 1986: 97)
> *yr ychydig ddefnyddiau prin oedd ar gael*
>   (Rhiannon Davies Jones, 1989: 5)
> *y tlysau oedd am yddfau eu camelod*
>   (Barn. 8: 21)

Negyddu. Rhagflaenir y ferf yn y cymal perthynol gan *na(d)*, *ni(d)*; dewisir *na*, *ni* o flaen cytseiniaid, *nad*, *nid* o flaen llafariaid (gw. **87**). Fel rheol defnyddir *nis*, *ni(d)* i ddynodi'r negydd mewn ysgrifennu tra ffurfiol yn unig:

Gwyn ei fyd y gŵr ni rodia yng nghyngor yr annuwiolion, ac ni saif yn ffordd pechaduriaid, ac nid eistedd yn eisteddfa gwatwarwyr (1955)

Gwyn ei fyd y gŵr nad yw'n dilyn cyngor y drygionus nac yn ymdroi hyd ffordd pechaduriaidd nac yn eistedd yn sedd gwatwarwyr (1988)

(Salmau 1: 1)

Ti yw'r plentyn na chaf

(Marion Eames, 1982: 97)

y pethau ni welir (1955)

y pethau na welir (1988)

(2 Cor. 4: 18)

Byddi'n edrych ar genedl nid adweini a bydd cenedl nad yw'n dy adnabod yn rhedeg atat

(Isa. 55: 5)

Hwynt hwy sy'n dal i lefaru am y pethau nid ânt heibio

(*Y Tyst*, 11 Ionawr 1996: 8)

Gellir ychwanegu rhagenw mewnol gwrthrychol (gw. **217**, **218** (b)) at *ni, na*:

y pethau nis gwyddant (1955)

y pethau nad ydynt yn eu deall (1988)

(Jwdas 1: 10)

Yr hyn nas dywedir ynddo a wnaeth yr argraff ddyfnaf arnaf

(*Y Faner*, 17 Chwefror 1989: 5)

Ar dreiglo yn dilyn y rhagenw perthynol *a* gw. **73**.

Ar dreiglo yn dilyn *ni(d)*, *na(d)* gw. **87**, **115**.

Rheolir y treiglad a fydd yn dilyn y rhagenw mewnol gan berson a chenedl y rhagenw (gw. **64**, **125**).

Ar lafar ac mewn ysgrifennu anffurfiol gall *ddim* ddigwydd ar ôl y ferf i gyfleu'r negydd:

Maen nhw'n gofnod o fywyd oedd ddim yn ddrwg i gyd

(Alun Jones, 1989: 14)

Gw. **256** (iv), **278** (vi), **337** (i).

226 Pan yw'r rhagenw perthynol yn cynrychioli'r goddrych, bydd y ferf sy'n dilyn y rhagenw perthynol yn y 3ydd person unigol:

> *Trodd y dyn du mawr a oedd yn cerdded wrth ei ochr*
> (Harri Prichard Jones, 1978: 105)
> *Canmolent eu meddygon a roddai iddynt eu valium a'u librium*
> (Jane Edwards, 1976: 87)
> *Yr oedd ef wedi dod i adnabod llwyth arall o gadnoid a drigai*
> *yn nhueddau dwyreiniol y Mynydd Du*
> (Bryan Martin Davies, 1988: 105)

Mewn cyfluniad negyddol bydd y ferf fel rheol yn cytuno â'r rhagflaenydd:

> *bysedd nad oeddent ond megis esgyrn, sychion, melyn*
> (Gerhart Hauptman a Heinrich Böll, 1974: 4)
> *Yr unig ddau greadur yn y gegin nad oedden nhw'n tisian*
> *oedd y cwc a chath fawr a eisteddai ar yr aelwyd yn gwenu*
> *o glust i glust*
> (Lewis Carroll, 1982: 53)
> *Dau farchog gosgeiddig cryf eu gewynnau oedd Cawl a Chlud na*
> *fyddent byth yn gwahanu wrth eu harglwydd*
> (Rhiannon Davies Jones, 1989: 74)
> *Mae rhai miloedd o Sosialwyr na pherthynant i unrhyw*
> *undeb nac i'r Blaid Lafur*
> (*Y Faner*, 26 Mai 1989: 7)
> *Treflannau pitw nad ydynt wedi newid fawr ers canrifoedd*
> (*Golwg*, 27 Hydref 1994: 14)

Noder

(1) Mewn cyfnod cynt ceid y ferf yn cytuno â'r rhagflaenydd o ran rhif a pherson yn dilyn *a*: *bendithiwch y rhai a'ch melltithiant* (1955) (Mt. 5: 44)

(2) Digwydd enghreifftiau o ragflaenydd lluosog yn cael ei ddilyn gan ferf yn y 3ydd person unigol mewn cystrawen negyddol: *y llygaid na all agor* (R. Williams Parry (1884-1956), 'Hedd Wyn'; *y pethau nid oedd weddaidd* (1955) (Rhuf. 1: 28)

Pan yw'r perthynol naill ai'n oddrych neu'n ddibeniad gelwir y cymal perthynol yn gymal perthynol rhywiog.

227 Mae gan y ferf *bod* ffurf berthynol yn y 3ydd person unigol presennol mynegol, sef *sydd, sy.*
Gall ei ragflaenydd fod naill ai'n unigol neu'n lluosog:

(a) rhagflaenydd unigol

> *Mae'r hogan yma sy'n priodi reit glyfar*
> (Kate Roberts, 1976: 26)
> *Peth hawdd yw twyllo dyn sy wedi ymgladdu yn ei waith*
> (Emyr Humphreys, 1981: 74)

(b) rhagflaenydd lluosog

> *Mae pob un o'r bechgyn hyn sydd yn nhîm y coleg yn*
> *fabolgampwyr cymesur, cyflym, cryf*
> (R. Gerallt Jones, 1977: 27)
> *Mae'r ysgrifen ar y mur i'r rhai sy'n gallu darllen*
> *arwyddion yr amserau!*
> (*Y Faner*, 14 Ebrill 1989: 5)

Ni ddigwydd y rhagenw perthynol o flaen *sydd, sy.*

Negyddu. Disodlir *sydd* gan *nad yw/ydynt*, a'r ferf yn cytuno â'i rhagflaenydd o ran rhif:

(a) rhagflaenydd unigol

> *Mae dail y goeden ffigys, nad yw byth yn aeddfedu,*
> *yn cau allan llawer o'r golau*
> (Emyr Humphreys 1981: 71)
> *stryd fawr nad yw'n llawer mwy nag ychydig gannoedd*
> *o lathenni o hyd*
> (Aneirin Talfan Davies, 1976: 58)

(b) rhagflaenydd lluosog

> *Mae ffurfiau ar wrth-Iddewiaeth nad ydynt mor amrwd ac*
> *annynol*
> (*Taliesin*, Tachwedd 1989: 39)
> *gweithiau nad ydynt ar gael yn awr*
> (*Llais Llyfrau*, Gaeaf 1989: 6)

Ar lafar ac mewn ysgrifennu llai ffurfiol ceir *sy(dd) ddim*:

> *Oes 'na rwbeth sydd ddim fel y dyla fo fod?*
> (Alun Jones, 1989: 190)
> *Nid oes unrhyw gyfundrefn arall . . . sydd ddim yn*
> *gwneud camgymeriadau sylfaenol yn yr un modd*
> (*Y Faner,* 25 Ionawr 1991: 4)

Digwydd yn ogystal yn y Beibl Cymraeg Newydd:

> *Gwyliwch y rhai sydd ddim yn gwaedu'r cnawd*
> (Phil. 3: 2)

Noder

Ar lafar gall *nad sy(dd)*, *na sy(dd)* gyfleu'r negydd yn ogystal:

> *Oes 'na rywun nad sydd yn iach?*

228   Ffurf berthynol yw *piau* hithau ac nid oes angen y rhagenw perthynol o'i blaen onid yw'r rhagenw perthynol yn cynnal rhagenw mewnol gwrthrychol. Gellir treiglo *piau* (gw. **95**) ond digwydd y gytsain gysefin yn gyffredin:

> *Ni biau Eryri*
> (Rhiannon Davies Jones, 1977: 73)
> *Hon piau'r wobr gyntaf*
> (J. Elwyn Hughes, 1991: 73)
> *Safodd yn fy ymyl angel y Duw a'm piau*
> (Act. 27: 23)
> *Myfi piau dial, myfi a dalaf yn ôl*
> (Heb. 10: 30)

Digwydd 3ydd person unigol rhai o amserau'r ferf *bod*, (ac eithrio'r amser presennol) gyda *piau* er mwyn dynodi amser gwahanol:

> *Ymatal oedd oedd biau hi*
> (*Taliesin,* Haf 1994: 69).
> *Ni oedd biau'r byd*
> (Rhiannon Davies Jones, 1977: 13)
> *Chi fydd piau'r dyfodol*
> (Rhiannon Davies Jones, 1987: 204)

Noder

(1)   Ar lafar ac mewn ysgrifennu anffurfiol ceir *sy*(*dd*) *piau: Pwy sy bia' hwn?*

> *Prydeindod sydd piau hi o hyd*
>   (*Barn*, Medi 1995: 11).
> *Ford sydd biau Aston Martin Lagonda erbyn hyn*
>   (*Y Cymro* 14 Medi 1994: 2)

(2)   Mewn ysgrifennu tra ffurfiol digwydd y 3ydd unigol amherffaith *pioedd.*

229   Pan fydd y perthynol dan reolaeth rhagenw genidol neu arddodiad neu'n adferfol, gelwir y cymal yn Gymal Perthynol Afrywiog. Fel rheol mewn cymal cadarnhaol bydd y geiryn *y*(*r*) yn rhagflaenu'r ferf; digwydd *y* o flaen cytseiniaid, *yr* o flaen llafariad ac *h-*. Cyll y geiryn yn aml ar lafar ac mewn ysgrifennu anffurfiol.

230   Dan reolaeth rhagenw genidol. Mae i'r cymal perthynol gyfluniad gwahanedig sef,

> *y*(*r*)   [Berf]   *ei/'i/'w*   (gwr.)
>   *ei/'i/'w*   (ben.)
>   *eu/'u/'w*   (ll.)

Cyflwynir y cymal perthynol gan *y*(*r*) ac fe'i dilynir gan ferf + rhagenw genidol (gw. **214, 217**) + enw neu ferfenw. Cytuna'r rhagenw o ran person a rhif â phen yr ymadrodd enwol y mae'r cymal perthynol yn gyfyngydd iddo:

> *y dyn y chwythodd ei het i ffwrdd*
> *y wraig y prynasoch chi ei defaid*
> *y ffermwyr y gwelsoch chi eu caeau*
> *Credaf imi gyflawni'r gwaith y'm galwyd i'w gyflawni*
>   (Harri Williams, 1978: 7)
> *Hon oedd y stori y mynnai T. Llew Jones . . . ei chlywed dro ar ôl tro*
>   (*Golwg*, 20 Ebrill 1989: 20)
> *yr asennod yr aethost i'w ceisio*
>   (1 Sam. 10: 2)

Digwydd, yn ogystal, engheifftiau o *a* yn cyflwyno'r cymal perthynol yn enwedig pan yw'r perthynol yn ddibynnol ar ferfenw:

> *Mawr obeithio y bydd y deunaw clwb yn gwneud popeth a allant*
> *ei wneud i sicrhau y sefydlir Cynghrair cenedlaethol yn 1990*
> (*Y Faner*, 2 Mehefin 1989: 21)
> *Mae'n amheus gen i a ydy athrawon yn sylweddoli'r cam a*
> *allant ei wneud â'r pwnc y maent yn ei ddysgu*
> (Geraint Bowen, 1972: 67)

Ar dreiglo yn dilyn *a* gw. **73.**

Pan yw un o ffurfiau *bod* yn sylweddoli'r ferf yn y cymal perthynol (*y*)*r* yn unig a all gyflwyno'r cymal perthynol:

> *Dy fraint di yw prynu'r pethau y mae arna i eu hangen*
> (Roy Lewis 1978: 132)
> *Pwysleisiai Ned bob un gair bob amser dan fawr bwysau'r*
> *gwirionedd yr oedd yn hollol siwr yr oedd yno, y tu ôl i'w*
> *eiriau doeth*
> (T. Glynne Davies, 1974: 47)

Negyddu.   Fel rheol rhagflaenir y ferf gan *na, nad*; digwydd *na* o flaen cytseiniaid, *nad* o flaen llafariaid:

> *Yr oedd nifer o blant na wyddai neb eu henwau*
> *wedi marw yn Nhrefri a Threberfedd*
> (Rhiannon Davies Jones, 1977: 65)

Digwydd *ni*(*d*) gan amlaf mewn ysgrifennu ffurfiol:

> *y pethau nid ydys yn eu gweld (1955)*
> *pethau na ellir eu gweld (1988)*
> (Heb. 11: 1)

Ar lafar gellir dynodi'r negydd trwy roi *ddim* ar ôl y ferf:

> *y merched buodd e ddim yn 'u gweld nhw*

231   Dan reolaeth arddodiad. Mae i'r cymal perthynol gyfluniad gwahanedig sef,

y(*r*)   [Berf] (a) ffurf bersonol arddodiad rhediadol (gw. **363-366**)
            (b) rhagenw personol annibynnol (gw. **211**)
            (c) rhagenw genidol (gw. **214-217**)

Cyflwynir y cymal perthynol gan *y*(*r*) a digwydd (a) a (b) ar ddiwedd y cymal; digwydd (c) gydag arddodiaid cyfansawdd (gw. **368**): cytuna (a), (b) ac (c) o ran rhif a pherson â'r enw y bydd y cymal perthynol yn gyfyngydd iddo:

(a) *y gwely y gorweddais arno*
      y ceir yr eisteddodd hi ynddynt
      pregeth y bu sawl cymeriad yn ychwanegu ati
      (*Barn*, Rhagfyr 1993/Ionawr 1994: 3)
      Nid i ddawnsiau'r pentref yn unig yr aent,
      ond i bob dawns y medrent fynd iddi yn yr ardal
      (Gerhart Hauptman a Heinrich Böll, 1974: 2)
      Gwyn ei byd y genedl y mae'r Arglwydd yn Dduw iddi
      (Salmau 33: 12)
      Gwyddai bod yr esgus y bu'n aros amdano wedi cyrraedd
      (Jane Edwards, 1976: 157)

(b) *y plant y teithiais gyda hwy*
      y siswrn y torrodd ei ewinedd ag ef
      Weithiau awn drwy'r pentref a heibio i'r hen felin,
      y byddai fy ngwraig yn ymweld â hi yn blentyn
      (Aneirin Talfan Davies, 1972: 29-30)
      Gwyddwn fod hyn yn rhywbeth y byddai'n
      rhaid imi fyw gydag ef weddill fy oes
      (Emyr Humphreys, 1981: 222)

(c) *y cricedwr oedd y dyn y sefais yn ei ymyl*
      y llwyni y chwaraeai'r plentyn o'u blaen
      Gwelais y dyn y dygwyd achos yn ei erbyn

Digwydd enghreifftiau o *a* yn cyflwyno'r cymal perthynol yn y Beibl Cymraeg Newydd:

> *Hysbysa iddynt y ffordd a rodiant ynddi*
> (Ex. 18: 20)

Ar dreiglo yn dilyn *a* gw. **73**.

Pan fo un o ffurfiau'r ferf *bod* yn sylweddoli'r ferf yn y cymal perthynol, *y(r)* yn unig all gyflwyno'r cymal perthynol:

> *tai Sioraidd y mae'n werth bwrw golwg arnynt*
> (Aneirin Talfan Davies, 1976: 15)
> *yr Adroddiad yr oedd yn gyfrifol amdano*
> (*Y Faner,* 28 Ebrill 1989: 17)
> *y cardiau y bu'n cofnodi cynifer o fân ffeithiau arnynt*
> (John Rowlands, 1978: 7)

Negyddu.   Rhagflaenir y ferf yn y cymal perthynol gan *na, nad*; digwydd *na* o flaen cytseiniaid, *nad* o flaen llafariaid:

> *y siopau hynny nad âi Harri byth i mewn iddyn nhw*
> (John Rowlands, 1978: 86)
> *un o'r tafarnau nad oedd erioed wedi ymweld â nhw*

Ar dreiglo yn dilyn *na* gw. **87, 115**.

Fel rheol digwydd *ni(d)* mewn ysgrifennu tra ffurfiol yn unig:

> *yr hwn nid oes iachawdwriaeth ynddo (1955)*
> (Salmau 146: 3)

Ar lafar gellir dynodi'r negydd trwy roi *ddim* ar ôl y rhagenw dibynnol sy'n dilyn y ferf:

> *y ferch oedd e ddim wedi sôn amdani*

232   Adferfol.   Pan yw'r perthynol yn adferfol bydd y cymal perthynol yn dilyn enw yn dynodi amser, lle, achos neu ddull:

> *y dydd y cymerwyd ef i fyny*
> (Actau 1: 2)
> *'Roedd y munud neu ddau y bu'n gorwedd yno yn ddychrynllyd*
> (Alun Jones, 1989: 189)

Yr ydych wedi gwrthryfela yn erbyn yr Arglwydd
o'r dydd y deuthum i'ch adnabod
(Deut. 9: 24)

Negyddu. Rhagflaenir y ferf yn y cymal perthynol gan *na, nad*; ceir *na* o flaen cytsain, *nad* o flaen llafariad:

Dyna'r unig reswm nad aethom ni

Dyma'r man na welsoch chi

Ffurfir cymalau adferfol a gyflwynir gan gysyllteiriau ac arddodiaid (er enghraifft, *lle, pryd, fel, felly, megis, modd*: gw **410**) ar lun cymalau perthynol adferfol a gyflwynir gan *y, na(d)*.

Ar lafar gellir dynodi'r negydd trwy roi *ddim* ar ôl y ferf:

Dyna'r dydd aeth e ddim

233 Digwydd llawer o enwau a rhagenwau yn rhagflaenyddion i'r rhagenw neu'r geiryn perthynol: *yr hwn; yr hon; yr un; y neb ; y sawl; y rhai; peth; (pa) beth bynnag; pryd bynnag; pa le bynnag; pwy bynnag* etc.

(i) Gall y rhagflaenydd fod yn elfen anhepgor yn y frawddeg:

Byddai raid i'r sawl a aned dan 'blaned flin'
ddioddef pob math o helbulon
(Geraint II. Jenkins, 1983: 16)
Y neb a ymgymerer â thrais a dreisir, y neb a rydd bwys
ar gystadlu a drechir yn y diwedd
(*Y Faner*, 28 Ebrill, 1989: 6)
Byddai'n rhaid iddo gael ffôn ble bynnag y byddai
(Jane Edwards, 1976: 100)
Cydsyniodd Cristion am y gwyddai yn ei galon fod
yr hyn a ddywedai ei gyfaill yn wir
(John Bunyan, 1962: 61)
Beth bynnag a wna, fe lwydda
(Salmau 1: 3)
Pwy bynnag a wna hyn nis symudir byth
(Salmau 15: 5)

> *Gwnaed deddf fod pwy bynnag na syrthiai ac addoli*
> *ei ddelw aur i gael ei daflu i ffwrn o dân poeth*
>> (John Bunyan, 1962: 49)
> *dawns fwgwd arall—un well a mwy arswydus*
> *na'r un a gynhaliwyd erioed*
>> (Gerhart Hauptman a Heinrich Böll, 1974: 11)
> *Mae'r lle'n siangdifang pryd bynnag y galwch chi heibio*
>> (Irma Chilton, 1989: 37)

(ii)   Gall y rhagflaenydd fod mewn cyfosodiad â ffurf yn y brif frawddeg:

> *Yn yr Alban roech chi'n delio ag Albanwyr,*
> *rhai a oedd yn un â dyheadau'r Alban*
>> (*Y Faner,* 28 Ebrill 1989: 5)
> *fel mân us yr hwn a chwâl y gwynt ymaith (1955)*
>> (Salmau 1: 4)
> *Doedd tŷ Jeroboam fab Nebat yr hwn a wnaeth*
> *i Israel bechu ddim yni hi*
>> (Jane Edwards, 1977: 97)

Gellir ailadrodd ymadrodd enwol a'i wneud yn rhagflaenydd i gymal perthynol:

> *Roedd yn rhyfedd fel yr oedd y bobl niwtral—y bobl*
> *a safai yn canol heb wneud dim byd—yn dod allan*
> *ohoni yn iach eu crwyn o hyd*
>> (John Rowlands, 1965: 25)
> *Nid sôn am griw o wylanod yr ydw i, ond am un wylan,*
> *fy ngwylan i, sy'n dwad i'r lawnt bob bore*
>> (Kate Roberts, 1976: 76)
> *Troes hithau ei phen ac edrych i gyfeiriad y ffenestr,*
> *y ffenestr y gwelodd gymaint o gysur trwyddi a*
> *daeth dagrau i'w llygaid*
>> (Kate Roberts, 1976: 77)

234 Mewn diarhebion ac ymadroddion ag iddynt flas hynafol ni cheir rhagflaenydd i'r cymal perthynol:

A ystyrio, cofied
(Dihareb)
A aned yn daeog, taeog fydd o
(Rhiannon Davies Jones, 1977: 35)
Lladdwyd y carw, costied a gostio, yn fforestydd yr Wyddfa
(Rhiannon Davies Jones, 1985: 102)
Gallai ei lladd am a wyddai
(Rhiannon Davies Jones, 1989: 73)
Prif atyniad yr ystafell fel y mae hi heddiw yw'r lle tân
Tuduraidd, na welwch mo'i debyg trwy'r Fro achlân,
am a wn i
(Aneirin Talfan Davies, 1976: 191)
Er a ddywedwyd am eu Cymreictod yn y ganrif ddiwethaf
nid oes gymaint ag un garreg fedd Gymraeg ym mynwent
eglwys y plwyf
(Aneirin Talfan Davies, 1976: 173)
Nid a ddigwyddodd ac a ddywedwyd yn Llundain
a Berlin sy'n fyw imi
(Robin Lewis, 1980: 42)
Bid a fo am hynny, fe'i dienyddiwyd ar 4 Rhagfyr 1531
(Geraint H. Jenkins, 1983: 92)
Rhaid gwisgo'r goeden, doed a ddelo, a threulio dyddiau
yn coginio . . .
(*Y Faner,* 23/30 Rhagfyr 1988: 5)
yn ôl a glywsom ar ôl hyn
(Beti Rhys, 1988: 18)

Yn aml ni cheir rhagflaenydd i'r cymal perthynol yn dilyn *dyma, dyna, ond, ag, nag*:

Dyna a wneuthum ymhen blynyddoedd
(Beti Rhys, 1988: 16)
Does ond a hedo a ddaw yma
(Idwal Jones, 1978: 21)

Daliai'r ddau i gael cymaint o bleser mewn dawnsio
a rhialtwch ag a gawsent cyn iddynt briodi
    (Gerhart Hauptman a Heinrich Böll, 1974: 1)
Gwelwyd gornestau da lle profwyd yn ddiau fod safon
rhai o'n prif glybiau'n uwch o gryn dipyn nag a fuont
    (*Y Faner,* 12 Ionawr 1990: 21)
Gallent brynu amgenach dodrefn a defnyddiau
ar gyfer y plasty nag a werthid yn Ninbych
    (R. Cyril Hughes, 1976: 158)

Rhagenwau Gofynnol

235 Y rhagenwau gofynnol yw *pwy* a *pa*. Cyfeiria *pwy?* at bersonau yn unig; dilynir *pa?* gan enw neu gan un o'r rhagenwolion *un* (gw. **240**), *rhyw* (gw. **241**), *rhai* (gw. **243**), *maint* (gw. **244**), *peth* (gw. **245**), *sawl* (gw. **254**):

    Pwy sy'n galw i'n gweld-ni y dyddiau yma?
        (T. Glynne Davies, 1974: 246)
    Pa effaith gafodd dy bregeth di?
        (Emyr Humphreys, 1981: 297)

Noder

Ar lafar yn aml, clywir *pwy* yn hytrach na *pa*.

Ar dreiglo yn dilyn *pa* gw. **66**.

(i) Cyfuna *pa* gydag enwau ac ansoddeiriau i ffurfio ymadroddion gofynnol:

pa beth?	a gywesgir *beth?*
pa bryd?	a gywesgir *pryd?*
pa le?	a gywesgir *p'le?*, *ble?*
pa un?	a gywesgir *p'un?*
pa ryw un?	a gywesgir *p'run?*
pa rai?	
pa fodd?	
pa sut?	a gywesgir *sut?*
pa sawl?	a gywesgir *sawl?*
pa fath?	

>   *pa faint?*   *a gywesgir faint?*
>   *pa waeth?*
>   *pa ryw?*

Noder

Gynt dilynid *pa* gan yr arddodiad *am* (gw. D. Simon Evans, 1964: 77),
a datblygodd y cyfuniad yn *paham, pam* (gw. (vi) isod).

(ii) Gall gradd gyfartal yr ansoddair ddilyn *pa:*

>   *Pa mor bell yn ôl y digwyddodd yr helynt?*
>   (Emyr Humphreys, 1986; 10)
>   *Pa mor fawr garech chi fod?*
>   (Lewis Carroll, 1982: 45)

(iii) Gellir dilyn y rhagenw neu'r ymadrodd gofynnol gan un o ffurfiau'r
ferf *bod*:

>   *Pwy wyt ti i ateb Duw yn ôl?*
>   (Rhuf. 9: 20)
>   *Pwy ydi'r carcharor pwysicaf sy'n Lloegr?*
>   (R. Cyril Hughes, 1976: 181)
>   *Faint yw dy oed?*
>   (Gen. 47: 8)
>   *Beth ydy fy ngwaith?*
>   (Rhiannon Davies Jones, 1985: 8)
>   *Beth fydd yr arwydd pan fydd hyn yn digwydd?*
>   (Lc. 21: 7)

Gall *pwy* ddilyn enw ar ddechrau cwestiwn:

>   *Cwpled pwy oedd hwnna?*
>   (R. Cyril Hughes, 1976: 149)
>   *Geneth pwy yw hon?*
>   (Ruth, 2: 5)
>   *Mab pwy wyt ti, fachgen?*
>   (1 Sam. 17: 58)
>   *Gwydr pwy sy'n wag?*
>   (Peter Lovesey, 1995: 147)

(iv)   Gall cymal perthynol ddilyn y rhagenw neu'r ymadrodd gofynnol:

Pwy sy'n mynd i olchi'r llestri?
   (*Y Faner,* 23/30 Rhagfyr 1988: 5)
Beth sydd o'i le efo distawrwydd?
   (Angharad Tomos, 1991: 15)
Beth a barodd iddo greu'r fath effaith?
   (R. Gerallt Jones, 1977: 38)
Pwy a'th benododd di yn bennaeth ac yn farnwr arnom?
   (Ex. 2: 14)

Collir y rhagenw perthynol yn aml gw. **73.**

(v)   Pan yw'r rhagenw neu'r ymadrodd gofynnol dan reolaeth arddodiad fe'i dilynir gan y geiryn perthynol *y(r)*:

I ble'r awn ni?
   (Harri Williams, 1978: 15)
Am ba hyd y byddi'n feddw?
   (1 Sam. 1: 14)
Ym mhwy yr ymddiriedaf?
   (Emyr Humphreys, 1986: 8)
I bwy yr oeddit yn traethu geiriau?
   (Job 26: 4)
Ar bwy yr ydych yn gwneud ystumiau ac yn tynnu tafod?
   (Isa. 57: 4)

Collir y geiryn yn aml:

Am beth wyt ti'n sôn yn hollol?
   (Emyr Humphreys, 1986: 35/36)
O ble doist ti heno?
   (Rhiannon Davies Jones, 1977: 99)

(vi)   Dilynir ymadroddion adferfol gofynnol megis *pa fodd, paham* (*pam*), *pa ffordd, pa le, pa sawl, pa bryd, sut* etc. gan *y(r)*:

Paham y sefi di fan yma?
   (John Bunyan, 1962: 13)
Paham roedd pawb yn mynnu holi trwy'r amser?
   (William O. Roberts, 1987: 51)

Pam y dylai ef boeni?
    (Emyr Humphreys, 1981: 74)
Sut y gwyddoch chi hynny?
    (Rhiannon Davies Jones, 1985: 42)
Pa le yr wyt ti?
    (Gen. 3; 9)
Pa fodd y cwympodd y cedyrn? (1955)
    (2 Sam. 1: 19)
Pa sawl gwaith y mae fy mrawd i bechu yn fy erbyn
a minnau i faddau iddo?
    (Mth. 18: 21)

Collir y geiryn yn aml:

Sut cest ti wybod am yr hogan?
    (Alun Jones, 1989: 40
Sut aeth hi?
    (John Rowlands, 1978: 9)
Sut wyt ti'n gallu gweithio i'r diawl?
    (Robat Gruffudd, 1986: 27)

Negyddu. Rhoir *na, nad* o flaen y ferf; ceir *na* o flaen cytseiniaid, *nad* o flaen llafariaid:

Pam na chysyllti di â'r doctor lleol?
    (Emyr Humphreys, 1981: 171)
Sut na fuasech chi wedi digalonni?
    (John Bunyan, 1962: 31)
Pwy na sylwodd ar y corn rheinoseros?
    (*Taliesin*, Haf 1994: 58)
Pam na wnaethoch chi'n ffonio ni neithiwr?
    (Wil Roberts, 1985: 55)
Pam nad aethoch chi allan?
    (*Taliesin*, Hydref 1991: 36)

Ar dreiglo yn dilyn *na* gw. **87, 115.**

(vii)   Ar lafar ac mewn ysgrifennu anffurfiol gall y berfenw *bod* ddilyn *pam*:

> *Pam bod cynifer o bobl am ffoi?*
> (*Y Faner,* 14 Ebrill 1989: 8)
> *Pam fod cymaint o anghytundeb ymhlith beirniaid*
> (*Llais Llyfrau,* Hydref 1992: 17)
> *Y mae'r awdur yn egluro pam bod yr Orsedd yn bwysig*
> *ac yn berthnasol heddiw.*
> (*Taliesin,* Gaeaf 1994: 11).
> *Pam fod pobol mor barod i fynd ar ôl y pethau hyn?*
> (*Y Tyst,* 9 Tachwedd 1995: 4)

Ar y defnydd o'r rhagenwau gofynnol mewn cwestiynau anuniongyrchol gw. **356**.

Rhagenwau Dangosol

236   Yn yr unigol ceir ffurfiau gwrywaidd, benywaidd a diryw:

Unigol	Gwrywaidd	Benywaidd	Diryw
	hwn	*hon*	*hyn*
	hwnnw	*honno*	*hynny*

Yn y lluosog, sut bynnag, ni wahaniaethir ar gyfer cenedl a cheir y ffurfiau *hyn, hynny* yn unig. Cyfeiria *hwn, hon* a'r lluosog *hyn* at berson neu bersonau, peth neu bethau wrth law ar y pryd. Cyfeiria *hwnnw, honno* a'r lluosog *hynny* at berson neu bersonau, peth neu bethau ymhellach i ffwrdd, o'r golwg neu'n gysylltiedig â rhywbeth yn y gorffennol. Cyfeiria'r ffurfiau unigol diryw *hyn, hynny* at haniaeth megis amgylchiad neu ddigwyddiad, nifer neu faint, syniad neu ddatganiad, cwestiwn neu reswm, ansawdd neu ysbaid. Ceir y ffurfiau gwrywaidd gydag enwau gwrywaidd neu pan gyfeirir at enwau gwrywaidd; ceir y ffurfiau benywaidd gydag enwau benywaidd neu pan gyfeirir at enwau benywaidd. Ceir ffurfiau diryw gydag enwau gwrywaidd ac enwau benywaidd yn enwedig ar lafar ac mewn ysgrifennu anffurfiol.

Gellir defnyddio'r rhagenwau hyn yn lle enw (sef yn enwol) ac yn lle ansoddair (sef yn ansoddeiriol):

(i) Yn enwol

> *Yf hwn*
> (Emyr Humphreys, 1981: 212)
> *Hon oedd ei hoff foment*
> (Urien William, 1974: 20)
> *Rhoes hyn bleser diderfyn iddo*
> (Gerhart Hauptman a Heinrich Böll, 1974: 10)
> *Ef a anfonwyd at y Pab gan Harri'r Wythfed*
> *pan oedd hwnnw'n chwilio am ysgariad*
> (Aneirin Talfan Davies, 1972: 55)
> *Roedd honno wastad yn dod ar ei warthaf*
> (Ioan Kidd, 1977: 45/46)
> *Fe wyddai ei fod yn haeddu hynny gan iddo*
> *ymddwyn mor fwystfilaidd*
> (T. Glynne Davies, 1974: 74)

Gellir ychwanegu adferfau at y rhagenwau dangosol hyn: *hwn yma, hwn yna, hon yna, hon yma, hyn yna, hyn yma, hwn acw*: *y tŷ hwn yna*; *y dyn hwn yma*; *y car hwn acw*. Ar lafar ac mewn ysgrifennu anffurfiol ceir y ffurfiau cywasgedig *honna* (*hon yna*), *hwncw* (*hwn acw*), *hwnna* (*hwn yna*), *hynna* (*hyn yna*) etc.

> *Doedd dim rhaid mai hwnna oedd e*
> (Urien William, 1974: 22)
> *Nid i hynna maen nhw'n cael eu danfon i garchar*
> (Urien William, 1974: 22)

Ar lafar yn y de clywir *hwnco* (*hwn acw*), *honco* (*hon acw*); ar lafar yn y gogledd clywir *nacw* (*hon acw*). Ni ddigwydd y ffurfiau lluosog *hyn, hynny* yn enwol bellach, ond fe'u ceir yn gyffredin gyda'r rhagenwolyn *rhai* (gw. **243**): *y rhai hyn, y rhai hynny*, ac mewn ffurf gywasgedig, sef *y rhain, y rheini/y rheiny:*

> *I wneuthur pa beth y daw y rhai hyn?*(*1955*)
> *Beth y mae'r rhain am ei wneud? (1988)*
> (Zech. 1: 21)
> *y rhai hynny hefyd a alwodd efe (1955)*
> (Rhuf. 8: 30)

Nid oes cyfraith yn erbyn rhinweddau fel y rhain
(Gal. 5: 23)
Byddai'r rhain yn ei reoli ef a'r sioe i gyd
(Jane Edwards, 1976: 131)
Mi fedrai'r rheini arogli wenci led cae i ffwrdd!
(Rhiannon Davies Jones, 1977: 116)
Safai'r rheiny yn gil-agored fel rheol yr amser hwn o'r dydd
(Urien William, 1974: 20)

Gellir ychwanegu adferfau at *rhai: y rhai yna (y rheina), y rhai acw.*
Noder
Ar lafar digwydd *rhain, rheini/rheiny* yn ansoddeiriol: *y dyddiau rhain, y merched rheini.*

(ii) Yn ansoddeiriol

Bydd y fannod yn rhagflaenu enw a ddilynir gan ragenw dangosol:

y briodas anghymarus hon
(R. Cyril Hughes, 1976: 120)
Treuliais innau'r noson honno'n wylo
(Harri Williams, 1978: 67)
Roedd yr achos hwnnw wedi hen orffen
(Robat Gruffudd, 1986: 22)
Beth tybed oedd neges Cellan Ddu y tro hwn?
(Rhiannon Davies Jones, 1987: 115/ 116)
ei waith ar y pethau hyn
(Urien William, 1974: 21)
Nid oedd Galio yn gofalu am ddim o'r pethau hynny (1955)
(Act. 18: 17)

Digwydd yr adferfau *acw, yna, yma,* yn ansoddeiriol yn ogystal:

y brawd peniog uffernol acw sydd gen i
(R. Cyril Hughes, 1976: 182)
Mae'r lle yma'n glustiau i gyd!
(Rhiannon Davies Jones, 1977: 26)
yr hen anghenfil hyll yna
(Gerhart Hauptmann a Heinrich Böll, 1974: 9)

yr holl buteiniaid sy'n y byd 'ma
(John Rowlands, 1965: 23)

Anaml y gwelir y ffurfiau diryw *hyn*, *hynny* yn ansoddeiriol mewn ysgrifennu ffurfiol, ac eithrio mewn ymadroddion cyffredin megis: *y pryd hyn*; *y pryd hynny*; *y peth hyn*; *y modd hyn*; *y ffordd hyn*. Ar lafar, sut bynnag, clywir *hyn*, *hynny* yn gyffredin yn hytrach na'r ffurfiau-gwrywaidd *hwn*, *hwnnw* neu'r ffurfiau benywaidd *hon*, *honno*: *y dyn hyn*, *y wraig hyn*, *yr wythnos hynny*.

Ar dreiglo yn dilyn y fannod gw. **48**.

Tardd rhai adferfau amser neu ymadroddion adferfol sy'n dynodi amser o enw + rhagenw dangosol, gw. **333** (ii):

yr awron   *(< yr + awr   + hon)*
weithion   *(< y   + gwaith + hon)*
y dwthwn   *(< y   + dydd   + hwn)*

Ar *yr hwn, yr hon, y rhai, yr hyn* yn rhagflaenu cymal perthynol gw. **233**.

237   (i)   Cyfuna'r rhagenwau dangosol diryw *hyn*, *hynny* ag arddodiaid i ffurfio ymadroddion adferfol:

ar hynny
wedi hynny
hyd hynny
wedi hyn, wedyn
er hynny
am hynny
gan hynny
oblegid hynny
oherwydd hynny
o achos hynny
ers hynny
erbyn hyn
erbyn hynny

Enghreifftiau:

> *Am hynny ni fyddai'n dangos i'w gynorthwywyr fwy nag*
> *oedd rhaid o waith y swyddfa*
> (Urien William, 1974: 21)
> *Er hynny, aeth cryn dair blynedd heibio cyn i Jane*
> *fedru torri'r garw a siarad am Rolant*
> (Kate Roberts, 1972: 25)
> *Ar hynny torrodd y merched allan i feichio crio*
> *ac yn eu plith yr oedd Lowri, cariad y llanc*
> (Rhiannon Davies Jones, 1977: 35)
> *Yn yr argyfwng hwnnw, a oedd yn bell iawn erbyn hyn,*
> *cafodd hi gydymdeimlad ardal*
> (Kate Roberts, 1972: 20)
> *Dadrithasid hi'n llwyr ynghylch ei phlant erbyn hynny*
> (Kate Roberts, 1972: 22)
> *Aethai'r gaeaf heibio yn hynod o ddifyr erbyn hynny*
> (Gerhart Hauptman a Heinrich Böll, 1974: 7)
> *Yr oedd y tri yn byw o fewn agosrwydd ymweld â hi*
> *bob dydd a manteisient ar hynny i'w phluo . . .*
> *Hithau, oblegid hynny, wedi gorfod gofyn i'w chwsmeriaid*
> *chwilio am fenyn yn rhywle arall*
> (Kate Roberts, 1972: 21)
> *Parhaodd y ffarwelio am gryn amser wedyn*
> (Gerhart Hauptman a Heinrich Böll, 1974: 17)

(ii) Defnyddir y rhagenwau dangosol mewn amryw idiomau:

hwn-a-hwn
hon-a-hon
hyn-a-hyn
ar hyn o bryd
hyn o daith
hyn o lythyr
hyn o fyd
ar hyn o dro
gymaint â hyn

gymaint â hynny
hwn a'r llall
hyn a'r llall
yn hynny o beth
o ran hynny
o hyn allan

Rhagenwolion

238   Neillogion   Gall y rhagenwau neillog, sef rhagenwau sy'n cyfleu dewis, fod yn enwol neu'n ansoddeiriol, yn benodol neu'n amhenodol:

(i)   Enwol a phenodol: *. . . y naill . . . y llall*
     Disgwyliai y naill i'r llall dorri'r garw
     (Will Roberts, 1985: 15)

Lluosog: *y naill . . . y lleill*
     Disgwyliai y naill i'r lleill dorri'r garw

Enwol ac amhenodol: *un . . . arall*
     Disgwyliai un i arall dorri'r garw

Lluosog: *rhai . . . eraill*
     Disgwyliai rhai i eraill dorri'r garw

(ii)   Ansoddeiriol a phenodol: *y naill* + enw *. . .* + enw + *arall*
     'Rwyn derbyn mai dyna drefn natur—y naill rywogaeth
     yn byw ar rywogaeth arall
     (*Y Faner,* 23 Chwefror 1990: 16)

Ansoddeiriol ac amhenodol: *un/rhyw* + enw *. . .* + enw + *arall*
     'Rwyn derbyn mai dyna drefn natur—un rywogaeth
     yn byw ar rywogaeth arall

Ar dreiglo yn dilyn *naill* gw. **67.**
Ar dreiglo yn dilyn *un* gw. **57.**

(iii) Gellir defnyddio *naill* heb *y llall/arall*:

Rhoddaf y naill hanner o'r afal iddo

Aeth o'r neilltu

(iv) Digwydd *naill ai . . . neu (ynteu)* fel cysyllteiriau:

Fe ddaru Thomas Charles broffwydo y byddai un o ddau beth yn digwydd i Ann—y byddai hi naill ai'n marw'n ifanc neu'n colli'r weledigaeth oedd ganddi
(*Golwg*, 6 Gorffennaf 1989: 22)

(v) O flaen enw gall *naill* gyfleu'r ystyr 'un': gw. **44** (vi), **67**:

plentyn naill-lygad

239 Fy hun/hunan etc. Rhagenwau Atblygol. Digwydd *hun/hunan* (unigol) a *hun/hunain* (lluosog) gyda rhagenwau blaen a rhagenwau mewnol. Ni bydd rhagenw ategol yn dilyn *hun/hunan* etc.

Gall y rhagenwau atblygol ddilyn:

(i) rhagenw blaen neu fewnol
Pe bai ei thad ei hun yn ei gweld hi allan yn awr . . .
(T. Glynne Davies, 1974: 61)
Fe'u caent eu hunain yn gweld ei gilydd ryw ben i bob diwrnod
(Kate Roberts, 1972: 23)
Fe'm hysgwydais fy hun . . .
(Bryan Martyn Davies, 1988: 71)
i'w tai eu hunain

(ii) ffurf bersonol arddodiad:
Gallaf ofalu amdanaf fy hun
(John Bunyan, 1962: 54)
Penderfynais wneud paned o de i mi fy hun
(Wil Roberts, 1985: 46)
Roedd hynny ynddo'i hun yn ddigon i'w diflasu
(Ioan Kidd, 1977: 89)
Gwna gymod drosot dy hun
(Lef. 9: 7)

(iii)   rhagenw annibynnol neu ragenw dibynnol ategol:
     Ofnai mai efe ei hun oedd y pry yn y caws
       (Idwal Jones, 1977: 35)
     Yr oedd bai mawr arni hi ei hun
       (T. Glynne Davies, 1974: 252)

(iv)   enw
     Nid oedd yr ustusiaid yng Ngogledd Cymru mor danbaid grefyddol
     â'r Frenhines ei hun
       (R. Cyril Hughes, 1975: 12)
     I mi'n bersonol doedd sŵn y dorf ddim yn bwysig iawn
     yn ystod y gem ei hunan
       (R. Gerallt Jones, 1977: 41)

Gall yr ystyr a gyfleir fod yn adferfol, sef 'ar ei ben ei hun' etc.:
     Pam nad ei di lawr yno dy hunan?
       (Emyr Humphreys, 1981: 171)

Gellir dewis rhagenw atblygol yn ogystal:

(i)   yn ddibeniad berf yn y modd gorchmynnol:
     Sobra dy hun Angharad
       (R. Cyril Hughes, 1976: 206)

(ii)   yn ddibeniad berfau yn y moddau eraill a berfenwau:
     Gelwais fy hun yn fardd, er nad ysgrifennais linell o
     farddoniaeth
       (Harri Williams, 1978: 75)
     Daliai ei hun yn syth
       (Jane Edwards, 1976; 8)

Fel rheol pan yw'r rhagenw atblygol yn ddibeniad berfenw, bydd
rhagenw blaen neu fewnol yn rhagflaenu:
     Roeddwn yn fy ngwylio fy hun yn ofalus
       (Robat Gruffydd, 1986: 33)
     'Dwy ddim yn fy nhwyllo fy hun
       (Friedrich Dürrenmat, 1958: 21)
     Yr ydych i'ch disgyblu eich hunain
       (Lef. 16: 31)

Collir y rhagenw yn enwedig ar lafar ac mewn ysgrifennu anffurfiol:

Yr wyf wedi rhoi fy hun bellach i un arall
(John Bunyan: 1962: 35)
Sut fedraist ti dynnu dy hun oddi wrth y moch
(Jane Edwards, 1976: 78)
Gallwn gicio fy hun
(Wil Roberts, 1985: 51)

240 Un. Digwydd *un:*

(i)   yn rhagflaenydd cymal perthynol: gw. **233.**
(ii) yn rhagenw 'neillog': gw. **238.**
(iii) yn lle enw y bydd enw neu ansoddair arall yn dibynnu arno:

Mae'r ffordd yn un syth a llydan
(*Y Faner,* 6 Mehefin 1989: 11)
Mae Traeth Cefnsidan, gerllaw Pembre, yn un mawr iawn
(T. Llew Jones, 1977: 7)

(iv) yn gyfystyr â 'rhywun':

Ac wele un gwahanglwyfus a ddaeth (1955)
A dyma ddyn gwahanglwyfus yn dod (1988)
(Mth. 8: 2)

(v)   yn gyfystyr ag 'unrhyw' mewn brawddegau negyddol neu ofynnol:

Gwyddem na ddeuai yr un gelyn i'r Berffro yr adeg honno
(Rhiannon Davies Jones, 1977: 147)
Ni allwn ddweud yr un gair
(Harri Williams, 1978: 21)
A oes un plentyn ar ôl

(vi) yn dynodi'r ystyr 'yr union un' a'r fannod yn rhagflaenu:

*Aethom i'r un ysgolion, i'r un coleg, i'r un neuadd breswyl, i'r
un capel ac Ysgol Sul a Band of Hope*
(*Y Faner,* 2 Mehefin 1989: 12)

Sut y gwyddoch chi mai'r un un ydi hi?
(Kate Roberts, 1976: 75)

(vii) yn dynodi'r ystyr 'yr un fath' a'r fannod yn rhagflaenu: gw. **57**.

(viii) gyda'r arddodiad *o* + enw penodol neu ffurf bersonol yr arddodiad:
Anelodd ei boeriad brown at un o'r llestri
(T. Glynne Davies, 1974: 48)
Anelodd ei boeriad brown at un ohonynt

(ix) yn dynodi'r ystyr 'union, diamheuol, sicr' a rhagenw dangosol yn dilyn:
ar yr un awr honno

(x) mewn ymadroddion yn dynodi mesur, maint, pris etc. (gw. **159** (ix)).

(xi) mewn cyfranolion gw. **208.**

(xii) mewn cyfansoddeiriau rhywiog ac afryw (gw. **333**):
(a) rhywiog: *unfryd, unllais, unfarn.*
(b) afryw: *unwaith, unrhyw, unman, untro, undyn, unlle.*

(xiii) mewn ymadroddion adferfol megis:
un prynhawn
un noson
un diwrnod

241 Rhyw. Digwydd *rhyw* yn ansoddeiriol:
Llifai rhyw ysfaon tywyll trwy'i holl gorff
(John Rowlands, 1965: 113)
Ffurfia gyfansoddair llac neu glwm (gw. **333**) â'r enw dilynol: *rhywbeth, rhywbryd, rhywfaint, rhywle, rhywdro, rhyw eiriau, rhyw ddiwrnod, rhyw brynhawn, rhyw flwyddyn.*
Gall yr ail elfen fod yn rhagenw neu'n rhifol: *rhywrai, rhywun, rhyw ddau berson.*
Ar dreiglo yn dilyn *rhyw* gw. **51**.
Gall *rhyw*, yn ogystal, ddynodi anegulrder, tosturi neu ddirmyg:

Cyhuddwyd a chondemniwyd ef ar air rhyw druanes o wraig
(Aneirin Talfan Davies, 1972: 238)

Mi fyddwn yn hel rhyw hen frwgaish fel hyn
(Kate Roberts, 1976: 25)

Nid yw'r gŵr hwn yn cyfrif rhyw lawer yng nghanon
y traddodiad llenyddol Cymraeg
(Aneirin Talfan Davies, 1972: 28)

Pan ddaw o flaen berfenw bydd *rhyw* yn cyfleu bod y weithred a ddisgrifir yn amhendant neu'n amhenodol neu'n aneglur (gw. **51**). Gall ddod o flaen *ychydig* (gw. **257**), a *llawer* (gw. **246**). Gellir cywasgu'r ymadrodd gofynnol *pa ryw un* yn *p'run* (gw. **235**).

242 Amryw, Cyfryw, Unrhyw: Cyfansoddeiriau o *ryw*.

Defnyddir *amryw* o flaen enw lluosog:

amryw fudiadau
amryw bethau
amryw glefydau

Digwydd yn ogystal yn enwol:

Mae amryw fel pe baent wedi cael gafael ar un llinell weddol dda
(J. Elwyn Hughes, 1991: 47)

Gall yr arddodiad *o* + enw penodol neu amhenodol neu ffurf bersonol ar yr arddodiad *o* ddilyn *amryw*:

Mae amryw o'n diddordebau yn ddigon tebyg
(*Y Faner,* 9 Mehefin 1989: 12)
Mae amryw ohonynt yn ddigon tebyg

Digwydd *cyfryw*:

(i)   yn ansoddeiriol

Ymaith â'r cyfryw un oddi ar y ddaear (1955)
(Act. 22: 22)

(ii) yn enwol

Roeddwn yn mwynhau'r diodydd—y gwinoedd a'r cyfryw

214

Gall *â, ag* ddilyn cyfryw:
> *Bu rai ohonynt gyfryw ag a adawsant enw ar eu hôl,*
> *fel y mynegid eu clod hwynt (1959)*
> (Sirach 44: 8)

Defnyddir *unrhyw* yn ansoddeiriol:
> *Ni châi unrhyw Gymro Cymraeg ddal unrhyw swydd yn ei wlad*
> *ei hun oni allai ddefnyddio'r Saesneg*
> (Geraint H. Jenkins, 1983: 93)

Mae'n gyfansoddair llac yn *o'r un rhyw*.

Dynoda 'yr un' (Saes. *selfsame, any*) yn:
> *A'r holl bethau hyn, yr un a'r unrhyw Ysbryd sydd*
> *yn eu gweithredu . . .*
> (1 Cor. 12: 11)

243 Rhai. Digwydd *rhai*:

(i) yn enwol
> *Fe ddoi rhai yn ôl o'r rhyfel*
> (Rhiannon Davies Jones, 1977: 174)

(ii) yn rhagflaenydd cymal perthynol (gw. **233**).

(iii) yn rhagenw 'neillog' (gw. **238**).

(iv) o flaen yr arddodiad *o* + y fannod + enw lluosog, neu un o ffurfiau personol yr arddodiad *o*:
> *rhai o'r myfyrwyr*
> *rhai ohonom*

(iv) yn ffurf luosog ar gyfer *un*, ac yn gyffelyb i *un* fe'i defnyddir yn lle enw y mae enw neu ansoddair arall yn dibynnu arno:
> *Dylid chwilio am fathau melysach megis y rhai coch*
> (*Y Faner,* 2 Mawrth 1990: 16)
> *Gwna fy nhraed fel rhai ewig*
> (Salmau 18: 33)

(v)   yn ansoddeiriol o flaen enw lluosog:

Gallai rhai pladurwyr da ennill cymaint â phymtheg swllt
(T. Glynne Davies, 1974: 86)

244 Maint. Digwydd *maint*:

(i)   yn enw cyffredin gwrywaidd:

*Roeddwn i'n gwybod yn iawn beth oedd maint y cynddaredd a'r
dryswch y tu mewn iddi*
(R. Gerallt Jones, 1977: 36)

(ii)   mewn brawddegau gofynnol (gw. **235**):

Pa faint o gamweddau ac o bechodau sydd ynof? (1955)
(Job 13: 23)
Wn i ddim faint a ymatebodd i'r apêl
(Llais Llyfrau, Haf 1989: 7)

Gellir dilyn *pa faint* gan ansoddair gradd gymharol:

Faint gwaeth fyddi di?
Pa faint mwy fydd y cyfoethogi pan ddônt yn eu cyflawn rif?
(Rhuf. 11: 12)

(iii)   i gyfleu gradd gyfartal *mawr* yn dilyn yr arddodiad *er:*

Aeth allan er maint y storm

Gellir dewis *er cymaint* yn ogystal, yn y gystrawen hon:

Aeth allan er cymaint y storm

(iv)   yn enw benywaidd. Ni ddynodir y fannod ond erys y treiglad:

Bydd faint a fynni o bopeth

(v)   yn dilyn arddodiad:

Llewygais gan faint y gwres

(vi)   mewn idiomau:

maint yn y byd
yn ei (etc.) lawn faint

245   Peth. Yn ogystal â gweithredu mewn brawddeg ofynnol (gw. **235**) ac yn rhagflaenydd cymal perthynol (gw. **233**), defnyddir *peth*:

(i)   i gyfleu 'ychydig, rhywfaint':

Ceir peth manylion gan Edward Matthews yn 'Y Drysorfa'
(Aneirin Talfan Davies, 1976: 15)
Ces beth gwaith i'w berswadio
(Robat Gruffudd, 1986: 241)

Gellir ei ddefnyddio heb yr enw:

A gawsoch chi waith i'w berswadio? Do ces i beth

(ii)   i ddynodi'r ystyr 'rhan, cyfran':

Ymddangosai peth o'r hanes yn ddigrif erbyn hyn:
(Kate Roberts, 1972: 25)

(iii)   yn adferfol:

Oedodd Goronwy beth yn y castell yn Nolwyddelan
(Rhiannon Davies Jones, 1989: 140)

(iv)   mewn idiomau:

o dipyn i beth
truan o beth
da o beth

246   Llawer. Defnyddir llawer:

(i)   gyda'r arddodiad *o* + enw amhenodol:

Aeth llawer o amser heibio
(J. G. Williams, 1978: 11)

(ii)   gyda'r arddodiad *o* + enw penodol:

Mae llawer o'r papurau wedi diflannu

Gall un o ffurfiau personol yr arddodiad *o* ddisodli'r enw:

Aeth llawer ohono heibio
Mae llawer ohonynt wedi diflannu

(iii)   heb enw yn dilyn:

> *Gwelodd lawer yn y rhyfel*
>
> *Bydd llawer ganddo i'w adrodd*

(iv)   o flaen enw unigol:

> *Llawer gwir, gwell ei gelu*
> (Dihareb)
> *Mae llawer garddwr yn hoffi impio'i goed ffrwythau ei hun*
> (*Y Faner*, 23 Chwefror 1989: 4)

(v)   yn adferfol (â threiglad meddal):

> *Nid arhosodd lawer gyda'i chwaer*

Gall ddynodi gradd neu fesur gydag ansoddair gradd gymharol:

> *llawer gwell/gwell lawer*
> *llawer llai/llai lawer*
> *llawer tecach/tecach lawer*

(vi)   Gellir defnyddio'r lluosog *llaweroedd* yn hytrach na *llawer* yn (i), (ii), (iii) uchod.

(vii)   Dilynir *llawer* yn gyffredin gan *iawn*:

> *Bydd yr agwedd hon ar arddio'n rhoi llawer iawn o bleser i chi*
> (*Y Faner*, 2 Mehefin 1989: 13)

(viii)   Gall *rhyw* ragflaenu *llawer*, ac eithrio pan fo enw'n dilyn *llawer* yn uniongyrchol; dynoda amhendantrwydd neu aneglurder:

> *Nid oes rhyw lawer ohonom*
> *Nid yw ef yn rhyw lawer gwaeth*

247   Pawb, Pob

(i) Mae *pawb* yn enwol ac fel rheol fe'i hystyrir yn lluosog:

> *Yr oedd ef, a phawb oedd gydag ef, wedi eu syfrdanu*
> (Lc. 5: 9)

Mewn diarhebion a hen ymadroddion, sut bynnag, fe'i hystyrir yn unigol:

Rhydd i bawb ei farn

Pawb drosto'i hun

Yn dilyn berfenw neu ferf luosog gall *pawb* ddigwydd yn ail elfen mewn cyfosod:

Yr oeddent yn mynd bawb i'w ceir eu hunain

a chymerasant bawb eu gwŷr (1955)
(Bren. 11: 9)

(ii) Mae *pob* yn ansoddeiriol, ac fe'i dilynir gan enw neu ragenw:

pob cyfrifydd
pob enaid byw
pob un

Digwydd mewn cyfansoddeiriau afryw (gw. **333** (ii)): *popeth, pobman, (o) boptu.*

Dilynir *pob* yn gyffredin gan *rhyw, cyfryw*:

pob rhyw beth
pob cyfryw beth

Mae'r ffurf dreigledig *bob* yn digwydd yn gyffredin mewn ymadroddion adferfol ac idiomau:

bob nos
bob dydd
bob blwyddyn
bob yn un
bob ail/bob yn ail
bob yn eilddydd
bob yn awr ac eilwaith
bob yn awr
bob yn dipyn

Ansoddeiriol yw *pob* + enw yn yr olyniadau isod:

> *esgidiau pob-dydd*
> *dillad pob-dydd*
> *Siôn pob-gwaith*

Yn *cot bob-tywydd*, treiglir *pob* yn dilyn enw benywaidd unigol.

248 Holl, oll

(i) Mae *holl* yn ansoddeiriol a digwydd o flaen enw:

> *Bellach roedd o'n Dywysog holl Gymru*
>   (Rhiannon Davies Jones, 1989: 105)
> *Casglwch holl Israel i Mispa*
>   (1 Sam. 7: 5)
> *holl drigolion Jerwsalem*
>   (Act. 1: 19)

Digwydd yn elfen gyntaf ansoddair cyfansawdd:

> *hollalluog*
> *holliach*
> *hollgyfoethog*
> *holl-bwysig*

Digwydd, yn ogystal, yn elfen gyntaf enw cyfansawdd clwm:

> *hollfyd*
> *hollallu*
> *hollbresenoldeb*

Ar dreiglo yn dilyn *holl* gw. **51**.

Adferfol yw'r ymadrodd *yn hollol* :

> *Na ad fi yn hollol (1955)*
>   (Salm 119: 8)
> *Yr ydych yn hollol gywir*
> *Maen nhw'n hollol lwgr*

(ii) Defnyddir *oll* yn adferfol yn dilyn enw unigol neu luosog, rhagenw personol, ffurf bersonol arddodiad, rhagenw dangosol, berf rediadol:

> *yr Aifft oll* (1955)
> *yr Aifft gyfan* (1988)
>   (Esec. 29: 2)
> *Nynni oll a grwydrasom fel defaid* (1955)
> *Rydym ni i gyd wedi crwydro fel defaid* (1988)
>   (Isa. 53: 6)
> *Maent oll yn gymharol gydradd*
>   (W. Rhys Nicholas, 1988: 120)
> *Dylem oll ystyried yn ofalus oblygiadau darlith Salman Rushdie*
>   (*Taliesin*, Mawrth 1990: 5)
> *Eich ateb i'ch problemau oll*
>   (Alun Jones, 1989: 31)
> *Serch hyn oll, dangoswyd mwy a mwy o ddiddordeb*
> *yn ystod y blynyddoedd diweddaraf yma yn y dull organig*
>   (*Y Faner,* 5 Ionawr 1990: 19)
> *Mae ganddynt oll afael ar arddull*
>   (J. Elwyn Hughes, 1989: 69)

Mewn cymalau negyddol digwydd *oll* mewn ymadroddion megis *dim oll, neb oll*:

> *Ni wyddai hi ddim oll am fannau fel Buellt a Dinbych-y-pysgod*
>   (Rhiannon Davies Jones, 1989: 85)
> *Ni ddaeth neb oll i'w amddiffyn*

Ceir *oll* mewn ymadroddion adferfol neu ansoddeiriol:

> *Gwerthodd gymaint oll ag a feddai (1955)*
>   (Mth. 13: 46)

Digwydd yn gyffredin yn goleddfu ansoddair gradd eithaf:

> *Os ydych yn talu treth incwm ar y cyfradd uchaf oll* . . .
>   (*Y Faner,* 24 Chwefror 1978: 9)
> *y dylanwad grymusaf oll ar gyfieithwyr y Beibl*
>   (*Llên Cymru,* 1990: 10)
> *y cymhelliad cryfaf oll*
>   (David Roberts, 1978: 11)

249 Ill. Dewisir *ill* gyda rhifolion mewn cyfosodiad (gw. **220**) yn dilyn rhagenw personol, enw, terfyniad 3ydd lluosog berf neu arddodiad:

> *Anfonai yntau ei gofion atynt ill dau*
>> (R. Cyril Hughes, 1976: 140)
>
> *Gwanodd hwy ill dau*
>> (Num. 25: 8)
>
> *A hwy a'i cymerasant hi ill saith, ac ni adawsant had*
>> (Mc. 12: 22)

250 Digon. Digwydd *digon*:

(i) yn enwol:

> *Nid oeddit eto wedi cael digon*
>> (Esec. 16: 28)

Gellir ei ddilyn gan yr arddodiad *o* neu un o ffurfiau personol yr arddodiad *o*:

> *Rhoed digon o fwyd yn eu boliau*
>> (Rhiannon Davies Jones, 1989: 189)
>
> *Rhoed digon ohono yn eu boliau*
> *Ni chwaraeodd ddigon o weithiau mewn tymor i ennill*
> *cap y clwb*
>> (*Y Faner,* 14 Rhagfyr 1990: 21)

Dynoda *digonedd, digonolrwydd* 'llawnder, helaethrwydd'.

> *Ein digonedd ni sydd o Dduw* (1955)
>
> *O Dduw y daw ein digonolrwydd ni* (1988)
>> (2 Cor. 3:5)
>
> *Y mae yna ddigonedd o ewyllys da tuag at yr iaith*
>> (*Y Faner*, 14 Gorffennaf 1989: 4)

(ii) yn ansoddeiriol:

> *Nid yw hyn yn ddigon*

Cyfleir yr un ystyr gan *digonol*:

> *Pwy sydd ddigonol i'r gwaith hwn?*
>> (2 Cor. 2: 16)

(iii) yn adferfol:

> *Yr oedd y cig hallt a'r wyau yn ddigon prin*
> (Rhiannon Davies Jones, 1977: 65)
> *Ffurflen ddigon syml yw hon*
> (*Llais Llyfrau*, Haf 1989: 7)

251 Cwbl. Digwydd cwbl:

(i) yn enwol

> *er mwyn ei brofi a gwybod y cwbl oedd yn ei galon*
> (2 Cron. 32: 31)

(ii) yn ansoddeiriol:

> *taliad cwbl*
> *cwbl werth*

Treiglir cytsain flaen yr enw a fydd yn dilyn *cwbl*.

(iii) yn adferfol

> *Aeth y ddihangfa glyfar o Soke i Izmir yn gwbl ddi-rwystr*
> (Elwyn A. Jones, 1978: 86)
> *Y maent hwy yn cwbl gredu fod Ioan yn broffwyd*
> (Lc. 20: 6)

Yn yr enghreifftiau uchod mae *cwbl* yn ffurfio cyfansoddair â'r berfenw a'r ansoddair.

Digwydd *o gwbl, yn gwbl* yn adferfol:

> *Ni chanodd o gwbl*
> *Gwadodd y carcharor y drosedd yn gwbl*

Digwydd *o gwbl* yn unig mewn brawddegau gofynnol, negyddol neu mewn brawddegau sy'n awgrymu posibilrwydd:

> *A wyt ti'n gweld o gwbl?*
> *Ni welais ef o gwbl*
> *Bydd ef yn hwyr, os daw o gwbl*

Ar dreiglo *cwbl* yn adferfol gw. **81**.

252 Gormod. Defnyddir *gormod* yn yr un modd â *digon*, ond ni all *gormod* oleddfu ansoddair:

(i) yn enwol

> *Mae gormod yn yr ystafell*

> *Fe ddygwyd rhagor o'r cargo a choed y llong*
> *gan fod gormod o ofn ar y cwnstabliaid*
> (T. Llew Jones, 1977: 13)

Mae *gormodedd* yn dynodi 'rhysedd':

> *Na feddwer chwi gan win, yn yr hyn y mae gormodedd* (1955)
> (Eff. 5: 16)

(ii) yn ansoddeiriol:

> *Mae bywyd yn ormod iddo*

Ceir ystyr gyffelyb i *gormodol*:

> *Roedd y pris yn ormodol*

(iii) yn adferfol

> *Na chwsg ormod!*

> *Paid ag yfed yn ormodol*

Noder

Ar lafar yn y de clywir *gormodd*.

253 Rhagor. Digwydd *rhagor*:

(i) yn enwol:

> *Y mae rhagor rhwng seren a seren mewn gogoniant*
> (1 Cor. 15: 41)
> *Ni ddarllenodd ragor*
> (Alun Jones, 1989: 178)

Gellir ei ddilyn gan yr arddodiad *o* + enw neu ffurf bersonol ar yr arddodiad *o*:

> *Yr oedd meithrin rhagor o bregethwyr yn ganolog bwysig*
> (*Llên Cymru*, 1989: 32)
> *Yr oedd meithrin rhagor ohonynt yn ganolog bwysig*

Digwydd *rhagor na(g)* fel ansoddair cymharol:

> *Mae ganddo ragor nag un plentyn*
>
> *Bu'n byw gyda'i fam am ragor na blwyddyn*

(ii) yn adferfol

> *Roedd gwir angen hanes, rhagor barddoniaeth;*
> *ffeithiau rhagor chwedlau*
> (Hywel Teifi Edwards, 1989: 188)
> *Geiriau y doethion a wrandewir mewn distawrwydd, rhagor*
> *bloedd yr hwn sydd yn llywodraethu ymysg ffyliaid*
> (Preg. 9: 17)

Tarddeiriau o *ragor* yw *rhagorol* (ansoddair), *rhagoriaeth* (enw), *rhagorach* (ans. gradd gymharol), *rhagori* (berfenw), *rhagoraf* (berf 1af unigol presennol mynegol).

254 Sawl. Digwydd *sawl*:

(i) gyda'r rhagenw gofynnol *pa* (gw. **235**):

> *Pa sawl gwaith y mae fy mrawd i bechu yn fy erbyn*
> *a minnau i faddau iddo*
> (Mth. 18: 21)

(ii) yn rhagflaenydd cymal perthynol (gw. **233**):

> *Y sawl a arweinir gan Ysbryd Duw, y rhai hyn sydd blant i Dduw*
> (Rhuf. 8: 14)
> *Y mae'r sawl a benodir i'r dosbarth is yn anhebyg iawn*
> *o godi i'r dosbarth uwch*
> (*Y Faner*, Chwefror 1990: 10)

(iii) yn lle *llawer* (gw. **246**) neu *amryw* (gw. **242**):

> *Mae ganddynt sawl plentyn*
>
> *Cafodd ef sawl cyfle*
>
> *Mae sawl arolwg wedi dangos fod amryw o bobl holliach*
> *efo colesterol uchel*
> (*Y Faner*, 2 Mehefin 1989: 16)

255   Cilydd. Gynt enw oedd *cilydd* yn dynodi 'cymar, cydymaith, cymydog' (gw. D. S. Evans, 1964: 96-7). Erbyn hyn, sut bynnag, digwydd *cilydd* yn unig gyda'r rhagenwau blaen *ei, ein, eich* (gw **214**) a'r rhagenwau mewnol *'i, 'w, 'n, 'ch* (gw. **217**) i ddynodi 'arall, y llall'. Ffurf unigol y rhagenw a ddewisir yn y 3ydd person yn dilyn berf unigol neu luosog. Ni bydd y rhagenw ategol yn dilyn *cilydd.*

> *Gwenodd y ddau ar ei gilydd*
>   (R. Cyril Hughes, 1976: 198)
> *Gwenasant ar ei gilydd*
> *Yr oedd rhai yn fwy gweithgar na'i gilydd*
>   (Geraint H. Jenkins, 1983: 149)
> *Rwy'n meddwl ein bod ni'n nes at ein gilydd nawr*
> *nag yr oeddem ni pan oedd hi'n blentyn*
>   (R. Gerallt Jones, 1977: 9)
> *O bryd i'w gilydd, yn y gwaith, neu yn ei gartref,*
> *deuai eto i'w feddwl*
>   (Urien William, 1974: 22)

Digwydd yn yr idiomau canlynol:

> *rhywbryd neu'i gilydd*
> *o ben bwy gilydd*
> *mynd i'w gilydd*
> *at ei gilydd*

256 Dim. Digwydd *dim*:

(i) yn enwol mewn brawddegau negyddol fel rheol:

> *Heb Dduw, heb ddim*
> *nid oes gennyf ddim*

Gall ddigwydd, yn ogystal, mewn brawddeg ofynnol, amodol, a chadarnhaol.

Bydd yn dynodi'r ystyr 'peth, rhywfaint' yn *pob dim*:

> *Y mae yn dioddef pob dim, yn credu pob dim,*
> *yn gobeithio pob dim*
>   (1 Cor. 13: 7)

Gall ddilyn y fannod:

> *Bu ond y dim iddi â throi'n ôl*
> (Jane Edwards, 1977: 11)
> *Ni bu ond y dim rhyngddo â syrthio*

Gellir ei ddilyn gan ansoddair:

> *Nid oes dim hyllach na dynion ifanc efo boliau cwrw mawr*
> (*Y Faner,* 14 Gorffennaf, 1989: 16)
> *Nid wyf yn credu'r dim lleiaf a ddywedwch*

Gall fod yn ddibeniad:

> *Nid wyf ddim*
> (1 Cor. 13: 2)

(ii) Gan fod *dim* yn digwydd mor gyffredin mewn brawddeg negyddol (gw. **278** (vi), **337**) daeth i ddynodi '*nothing, none at all*':

> *Gwneud rhywbeth o ddim*
> *Faint ddaliaist ti? Dim*
> Ar *dim ond/ddim ond* gw. **81.**

(iii) Gall enw amhenodol ddilyn *dim*:

> *Doedd gen i ddim syniad*
> (Wil Roberts, 1985: 41)
> *Nid oedd dim clod am ganu*

Ceir *dim o* pan yw'r enw yn benodol:

> *Nid oedd dim o'r arian wedi ei rannu*
> *Ni chymerasant ddim o'm cyngor (1955)*
> (Prov. 1: 30)

Gall ffurf bersonol yr arddodiad *o* ddilyn *dim*:

> *Ni welodd ef ddim ohoni*

Talfyrir *dim o* yn gyffredin yn *mo*:

> *Ni fwriaf allan byth mo'r sawl sy'n dod ataf fi*
> (In. 6: 37)
> *Ni chafodd mo'i wobr*
> (Hywel Teifi Edwards, 1980: 4)

Chaiff e mo'r cyfle
(*Y Faner,* 28 Ebrill 1989: 5)
Ni chafwyd mo'r wmff gan ryddieithwyr i sefydlu
cylchgrawn fel Barddas
(*Barddas,* Hydref 1992: 8)

Gellir ychwanegu ffurfiau personol yr arddodiad at *mo*:

Chlyw neb mohonon ni o ben y tŵr
(Rhiannon Davies Jones, 1978: 91)
Nid adnabûm erioed mohonoch
(Mth. 7: 23)
Nid etholwyd mono'n aelod o'r Cyngor cyntaf
(Hywel Teifi Edwards, 1980: 62)

Digwydd *mo* yn ogystal mewn brawddeg enwol bur negyddol:

Nid breuddwyd mo hyn
(Rhiannon Davies Jones, 1989: 105)
Nid Brenin mohono eithr Ymherawdr
(*Y Faner,* 2 Rhagfyr 1988: 21)
Nid cywir mo'r farn hon
(*Barn,* Chwefror 1995: 12)

(iv) Defnyddir *ddim* yn adferfol (gw. **81**) i bwysleisio'r elfen negyddol:

A'r hwn a ddêl ataf fi, nis bwriaf ef allan ddim (1955)
(In. 6: 37)
Beth a wna'r rhai a fedyddir dros y meirw,
os y meirw ni chyfodir ddim? (1955)
(1 Cor. 15: 29)

A welaist ti'r ddamwain? Naddo ddim

Yn y tafodieithoedd gall *ni* (**337**) ddigwydd mewn datganiad negyddol a bwysleisir (**337** (i)), ond fel rheol fe'i collir; cedwir, sut bynnag, y treiglad a achoswyd ganddo yn yr iaith lenyddol ac yn aml iawn ar lafar, gw. **87, 115**:

Wyddwn i ddim p'run ai i roi coel ar hyn ai peidio
(Wil Roberts, 1985: 50)
Chafodd Eirwyn erioed mohono'i hun yn y fath sefyllfa
(Rhiannon Thomas, 1988: 7)

Wyddai mam mo'r ffordd i'r llyfrgell
(Irma Chilton, 1989: 24)

Ar lafar ac mewn ysgrifennu anffurfiol lle na ddigwydd treiglad yng nghytsain flaen y ferf, ac mewn berf seml sy'n dechrau â llafariad, mae *ddim* wedi mabwysiadu swyddogaeth y negydd heb fod arwydd o bwyslais o gwbl:

Wylais i ddim
(Emyr Humphreys, 1981: 222)

Aeth hi dim

Canodd hi ddim

Bydd hi ddim yn gyrru

Gw. hefyd **278** (vi).

257 Ychydig. Digwydd ychydig:

(i) yn enwol:

Ychydig yn unig a welir ar y cae
(*Y Faner*, 26 Mai 1989: 21)

Gellir ei ddilyn gan yr arddodiad *o* + enw neu ffurf bersonol ar yr arddodiad:

Ychydig o amser a dreuliodd y teulu ym Mhlas Teg
(*Y Faner*, 16 Mehefin 1989: 10)

Ychydig ohono a dreuliodd y teulu yn Mhlas Teg

Gellir ei oleddfu gan ansoddair:

ychydig bach

(ii) yn ansoddeiriol (gw. **78**).

(iii) yn adferfol:

Hoffai'r gaseg bori ychydig ar y ddôl
(R. Cyril Hughes, 1975: 35)

Gall oleddfu ansoddair cymharol:

ychydig cyflymach

ychydig mwy blasus

Fel rheol bydd *yn* yn dod rhwng *ychydig* a'r ansoddair:

> *ychydig yn gyflymach*
>
> *ychydig yn fwy blasus*

Gall *rhyw* ddod o flaen *ychydig* yn y cystrawennau uchod gan gyfleu diffyg pendantrwydd neu aneglurder.

Pan yw *iawn* yn dilyn *ychydig* bydd yn cyfleu'r ystyr 'dros ben, tra':

> *Ychydig iawn o bobl sy'n barod i anwybyddu*
> *gwaith Peter Walker*
> > (*Y Faner,* 4 Awst 1989: 2)

258 Neb. Digwydd *neb*:

(i)   yn enwol, gan ddynodi'r ystyr 'rhywun, unrhyw un'. Gall ddigwydd ar ei ben ei hun neu ei ddilyn gan yr arddodiad *o* + enw lluosog neu dorfol (neu ei gyfwerth):

> *Mi wn i na wnaiff Mr Edwards ddweud wrth neb*
> > (Kate Roberts, 1976: 26)
>
> *Gwyddai ei bod yn rhy hwyr yrŵan i ychwanegu*
> *neb o bwys y munud olaf fel hyn*
> > (R. Cyril Hughes, 1975: 36)
>
> *neb o'n teulu ni*
>
> *os daw neb o'r bechgyn*
>
> *neb ohonynt*

(ii)   yn cyfleu'r ystyr 'dim un'

> *Pwy sydd yno? Neb*
>
> *Pwy welaist ti? Neb*

(iii)   yn rhagflaenydd cymal perthynol (gw. **233**).

Noder

Gynt digwyddai *neb* yn ansoddeiriol (gw. D. Simon Evans, 1964: 105) ac yn yr iaith gyfoes ceir olion o hynny yn *nemor* < *neb* + *mawr*, *nepell* < *neb* + *pell*.

Y Ferf

Cyflwyniad

259 Mynegi gweithred neu fod neu gyflwr a wna'r ferf. Mae'n elfen sy'n dangos modd, amser, rhif, a pherson. Pan ddigwydd gydag elfennau eraill y cymal—goddrych, dibeniad, elfen adferfol—y ferf, fel rheol, fydd yn pennaf reoli safle a sylweddoliad yr elfennau eraill hyn yn yr olyniad. Mae i'r ferf yn y Gymraeg dri modd: y modd mynegol, y modd dibynnol a'r modd gorchmynnol. Moddau'r ferf sy'n arwyddo bod cymal yn datgan ffaith neu'n nodi dymuniad neu'n orchmynnol/yn cynnig cyfarwyddyd. I'r modd mynegol ceir pedwar amser : yr amser presennol, yr amser amherffaith, yr amser gorffennol a'r amser gorberffaith. I'r modd dibynnol ceir dau amser: yr amser presennol a'r amser amherffaith. Dynodi'r amser y bydd gweithred yn digwydd yw un o swyddogaethau pwysicaf y ferf. Ceir chwe ffurf bersonol ac un ffurf amhersonol yn y modd mynegol ac yn y modd dibynnol. I'r modd gorchmynnol ceir un amser, sef yr amser presennol a phum ffurf bersonol (h.y. ni cheir person cyntaf unigol).

260 Ceir dau ddosbarth o ferf: berf seml, gryno rediadol (gw. **261**), a berf gwmpasog (gw. **286**). Fel rheol mewn ysgrifennu ffurfiol bydd y ffurfiau cryno yn fwy cyffredin na'r ffurfiau cwmpasog ac mae'r gwrthwyneb yn wir am ysgrifennu anffurfiol. Mae cwmpas semantaidd y ferf seml yn ehangach yn ogystal yn yr iaith lenyddol safonol nag ydyw mewn cyweiriau eraill. Mewn cyweiriau llai ffurfiol bydd amser presennol y ferf seml yn dynodi'r dyfodol yn bennaf, ond mewn cywair llenyddol gall gyfleu presennol diamser a phresennol arferiadol yn ogystal â'r dyfodol:

Cofiaf ef yn dda

Gwelwn hwy bob wythnos

Gwyn y gwêl y frân ei chyw

Af yno yfory

Yn ychwanegol at eu swyddogaethau amodol a moddol, gall ffurfiau amherffaith a ffurfiau gorberffaith y ferf seml, ddynodi yn ogystal, y naill amser gorffennol anorffen a'r llall wir amser gorberffaith, sef y gorffennol yn y gorffennol:

Awn oddi yno petawn i chwi

Gwnaem ein gwaith gyda'n gilydd bob nos

Eisteddai wrth y tân yn myfyrio

Priodasai fy rhieni ryw dair blynedd ar ôl iddo farw

Buasai Esther farw yn 1777

Gyresid finnau ar ôl swper at Domos Ifan

Cyraeddasent erbyn hynny

Pan yw goddrych y ferf yn enw, dewisir 3ydd person unigol y ferf hyd yn oed pan yw'r goddrych hwnnw yn ymadrodd:

(a) goddrych unigol

Cynigiodd y llongwr wneud y gwaith ei hun
        (Gerhart Hauptman a Heinrich Böll, 1974: 14)
Yr oedd Ifan wedi cysgu yn hwyr y bore hwnnw
        (T. Glynne Davies, 1974: 73)
Yr oedd ambell ddafad ddu ymhlith esgobion Elizabeth
        (Geraint H. Jenkins, 1983: 15)
Canodd y teliffon
        (Urien William, 1974: 24)

(b) goddrych lluosog

Yn yr enghraifft gyntaf isod sylweddolir y goddrych lluosog gan enw + rhagenw:

Mae Mati a minnau am fynd i'r dref ddydd Mercher

232

(Kate Roberts, 1976: 27)

Torrodd y merched allan i feichio crio

(Rhiannon Davies Jones, 1977: 35)

Mi fydd yr athrawon am fy ngwaed i

(Eigra Lewis Roberts, 1988: 61)

Y mae'r deillion yn cael eu golwg yn ôl

(Mth. 11: 5)

Pan na cheir enw yn oddrych, ffurf y ferf a fydd yn dynodi person a rhif:

Y maent i holi'r disgyblion

(R. Geraint Gruffydd, 1988: 123)

Gwagiais fy ngwydryn

(Robat Gruffudd, 1986: 114)

Lleddais ŵr

(Gen. 4: 23)

Wynebodd gynulleidfaoedd mawr a mân

(Hywel Teifi Edwards, 1989: 120)

Bwytaodd stêc deirgwaith yr wythnos

(Harri Prichard Jones, 1978: 39)

Credaf y gwerthfawrogwch gynnwys y gyfrol

(J. Elwyn Hughes, 1989: v)

Gall rhagenw ôl ddilyn y ffurfiau berfol hyn (gw. **221**) ond swyddogaeth ategol yn unig sydd iddo ac nid oes rhaid wrtho ar gyfer nodi goddrych y ferf. Ceir sefyllfa gyffelyb pan ddigwydd rhagenw neu eiryn o flaen y ferf (gw. **212** (iv))

Y Ferf Seml Reolaidd

261 Dyma rediad y ferf *canu*:

MODD MYNEGOL

Amser Presennol		Amser Amherffaith	
Un.	Llu.	Un.	Llu.
1 *canaf*	*canwn*	1 *canwn*	*canem*
2 *ceni*	*cenwch*	2 *canit*	*canech*
3 *cân*	*canant*	3 *canai*	*canent*
Amhers. *cenir*		Amhers. *cenid*	

Amser Gorffennol		Amser Gorberffaith	
Un	Llu.	Un.	Llu
1 *cenais*	*canasom*	1 *canaswn*	*canasem*
2 *cenaist*	*canasoch*	2 *canasit*	*canasech*
3 *canodd*	*canasant*	3 *canasai*	*canasent*
Amhers. *canwyd*		Amhers. *canasid* (*canesid*)	

MODD DIBYNNOL

Amser Presennol		Amser Amherffaith	
Un.	Llu.	Un.	Llu.
1 *canwyf*	*canom*	1 *canwn*	*canem*
2 *cenych*	*canoch*	2 *canit*	*canech*
3 *cano*	*canont*	3 *canai*	*canent*
Amhers. *caner*		Amhers. *cenid*	

MODD GORCHMYNNOL

Un.	Llu.
1 -	*canwn*
2 *cân*	*cenwch*
3 *caned*	*canant*

Berfenw: *canu*   Ansoddeiriau berfol: *canadwy, canedig*

Noder

(1) Try *a* yn sillaf olaf y bôn yn *e* (gw. **141, 144** n. 2) o flaen y terfyniadau isod:

-i	2il unigol presennol mynegol
wch	2il lluosog presennol mynegol, 2il lluosog gorchmynnol
-ir	presennol amhersonol
-id	amherffaith amhersonol
-ais	1af unigol gorffennol
-aist	2il unigol gorffennol
-ych	2il unigol presennol dibynnol

Ar lafar ac mewn ysgrifennu anffurfiol anwybyddir y newid yn aml a cheir er enghraifft *cani* yn hytrach na *ceni*; *canwch* yn hytrach na *cenwch*; *canais* yn hytrach na *cenais*; *cadwch* yn hytrach na *cedwch*. Wrth ysgrifennu, sut bynnag, mae'n arferol dynodi affeithio *aw > ew* a *ha > he*, o flaen y terfyniadau hyn:

Berfenw	Bôn	Ffurf rediadol
gadael	*(gadaw-)*	*gadewch*
addo	*(addaw-)*	*addewais, addewir*
gwrando	*(gwrandaw-)*	*gwrandewi, gwrandewch*
glanhau	*(glanha-)*	*glanheais*

(2)   Ar lafar ac mewn ysgrifennu anffurfiol gellir sylweddoli *-m* yn 1af lluosog pob un o amserau'r ferf gan *-n* .

(3)   Diflannodd *-t* o derfyniad 3ydd lluosog pob berf ac arddodiad rhediadol mewn cyfnod cynnar (gw. **362** n. 5) a datblygodd y rhagenwau ôl *hwy, hwythau* (gw. **221**) yn *nhw, nhwythau*. Ni chlywir *-t* mewn llafar bob dydd ond un o nodweddion yr iaith lcnyddol safonol yw sylweddoli *-t* yn nherfyniad y 3ydd lluosog.

Presennol Mynegol, 1af Unigol

262   Cyll *-f* mewn ysgrifennu anffurfiol ac yn aml ar lafar:

Ga' i fynd i brynu cacen fêl?
      (Gweneth Lilly, 1984: 40)
Mi ddyweda' i ragor wrthat ti
      (Rhiannon Davies Jones, 1987: 81)
Mi reda innau i roi f' un i amdanaf
      (Kate Roberts, 1976: 27)

Presennol Mynegol, 3ydd Unigol

263 Ffurfiau tra llenyddol a nodir isod gan mwyaf: gw. **264** n. 1.

(i) Bydd llawer o ferfau'n dewis bôn y ferf ar gyfer y 3ydd person unigol:

1af unigol	3ydd unigol
adferaf	*adfer*
arbedaf	*arbed*
arferaf	*arfer*
atebaf	*ateb* (hefyd *etyb*)
barnaf	*barn*
brathaf	*brath*
canaf	*cân*
caraf	*câr*
casglaf	*casgl*
claddaf	*cladd*
crafaf	*craf*
credaf	*cred*
cyfaddefaf	*cyfaddef* (hefyd *cyfeddyf*)
cymeraf	*cymer*
cymhellaf	*cymell*
cynhaliaf	*cynnal*
chwalaf	*chwâl*
chwarddaf	*chwardd*
darparaf	*darpar*
deallaf	*deall*
dialaf	*dial*
dihangaf	*dianc*
eisteddaf	*eistedd*
gadaf	*gad*
gallaf	*gall* (hefyd *geill*)
goddefaf	*goddef*
goddiweddaf	*goddiwedd*
gomeddaf	*gomedd*
gorffennaf	*gorffen*
gwanaf	*gwân*

gwaredaf	*gwared*
gwatwaraf	*gwatwar*
gwelaf	*gwêl*
gwerthaf	*gwerth*
lladdaf	*lladd*
malaf	*mâl*
medaf	*med*
medraf	*medr*
meddaf	*medd*
naddaf	*nadd*
rhannaf	*rhan*
rhedaf	*rhed*
sathraf	*sathr*
talaf	*tâl*
tarddaf	*tardd*
ymdrechaf	*ymdrech* (hefyd *ymdrecha*)
ymddiriedaf	*ymddiried*
ymwelaf	*ymwêl*

(ii) Gall affeithiad beri newid y llafariad yn y 3ydd person unigol (gw. **141, 143**); nodir rhai enghreifftiau ychwanegol isod:

a > ai

1af unigol	3ydd unigol
caf (*caffaf*)	*caiff*
dyrchafaf	*dyrchaif*
paraf	*pair*
safaf	*saif*

Noder

(1) Fel rheol cyfleu ystyr ddyfodol a wna *caf, caffaf*; dewisir y gystrawen gwmpasog *yr wyf yn cael* etc. er dynodi'r amser presennol, gw. **274**:

a > ei

1af unigol	3ydd unigol
archaf	*eirch*
daliaf	*deil*
gallaf	*gall, geill*

237

llanwaf	*lleinw*
taflaf	*teifl*
ymaflaf	*ymeifl*

e > y (glir)

1af unigol	3ydd unigol
atebaf	*etyb* (digwydd dau newid)

o > y (glir)

1af unigol	3ydd unigol
cloaf	*cly*
cyfodaf	*cyfyd*
cyffroaf	*cyffry*
deffroaf	*deffry*
ffoaf	*ffy*
torraf	*tyr*

a—o > e—y

1af unigol	3ydd unigol
adroddaf	*edrydd*
agoraf	*egyr*
anfonaf	*enfyn*
arhosaf	*erys*
ataliaf	*etyl*
dangosaf	*dengys*
datodaf	*detyd*

o—o > e—y

1af unigol	3ydd unigol
gosodaf	*gesyd*
ymosodaf	*ymesyd*

aw > y (glir)

1af unigol	3ydd unigol
gadawaf	*gedy*
gwrandawaf	*gwrendy*

Noder

(2)   Ar y newid yng ngoben y 3ydd unigol gw. **143**.

(iii)   Ceir gwyriad (gw. **146**) yn yr enghreifftiau isod:

ei > ai

1af unigol	3ydd unigol
beiddiaf	*baidd*
ceisiaf	*cais*
meiddiaf	*maidd*
neidiaf	*naid*
peidiaf	*paid*
treiddiaf	*traidd*

o > aw

1af unigol	3ydd unigol
boddaf	*bawdd*
coddaf	*cawdd*
cronnaf	*crawn*
holaf	*hawl*
molaf	*mawl*
nofiaf	*nawf*
poraf	*pawr*
profaf	*prawf*
soddaf	*sawdd*
toddaf	*tawdd*
toliaf	*tawl*

y (dywyll) **> w**

1af unigol	3ydd unigol
cysgaf	*cwsg*
dygaf	*dwg*
tyngaf	*twng*
llyncaf	*llwnc*

y (dywyll) **> y** (glir)

1af unigol	3ydd unigol
crynaf	*crŷn, cryn*
cyrchaf	*cyrch*
chwenychaf	*chwennych*
dysgaf	*dysg*
dilynaf	*dilyn*
derbyniaf	*derbyn*

disgynnaf	*disgyn*
esgynnaf	*esgyn*
glynaf	*glŷn*
gwlychaf	*gwlych*
gofynnaf	*gofyn*
mynnaf	*myn*
llyfaf	*llyf*
plygaf	*plyg*
prynaf	*prŷn, pryn*
syflaf	*syfl*
sychaf	*sych*
tynnaf	*tyn*
tybiaf	*tyb, tybia*
yfaf	*yf*

264 Pan yw'r ferf wedi ei ffurfio o enw neu ansoddair, ychwanegir *-a* at y bôn:

Enw neu ansoddair	1af unigol	3ydd unigol
bloedd	*bloeddiaf*	*bloeddia*
coch	*cochaf*	*cocha*
cosb	*cosbaf*	*cosba*
dirmyg	*dirmygaf*	*dirmyga*
du	*duaf*	*dua*
gwasanaeth	*gwasanaethaf*	*gwasanaetha*
gwawd	*gwawdiaf*	*gwawdia*
gweddi	*gweddïaf*	*gweddïa*
gwyn	*gwynnaf*	*gwynna*
llyw	*llywiaf*	*llywia*
saeth	*saethaf*	*saetha*
tawel	*tawelaf*	*tawela*
ysgrifen	*ysgrifennaf*	*ysgrifenna*

Trwy gydweddiad lledodd *-a* yn y 3ydd person unigol i ferfau eraill nad ydynt o anghenraid yn gysylltiedig ag enw neu ansoddair:

cerdda
cilia

cuddia
darpara
dymuna
eheda
fflamycha
haera
nodda
nofia
preswylia
traetha
tyrcha
rhodia

Pan sylweddolir y terfyniad 1af unigol gan -*haf* a'r 3ydd unigol gan -*ha*, disgyn y pwyslais ar y sillaf olaf:

1af unigol	3ydd unigol
byrhaf	*byrha*
cryfhaf	*cryfha*
cwblhaf	*cwblha*
glanhaf	*glanha*
gwanhaf	*gwanha*
llwfrhaf	*llwfrha*
mwynhaf	*mwynha*
pellhaf	*pellha*
rhyddhaf	*rhyddha*
trugarhaf	*trugarha*
trymhaf	*trymha*

Yn yr enghreifftiau uchod dynodir safle'r pwyslais gan *h*; mewn berfau eraill, sut bynnag, cymathwyd yr *h* i'r gytsain o'i blaen a nodir y sillaf bwyslais gan acen grom (gw. **37**):

1af unigol	3ydd unigol
agosâf	*agosâ*
caniatâf	*caniatâ*
dwysâf	*dwysâ*
gwacâf	*gwacâ*
iachâf	*iachâ*

241

nacâf	*nacâ*
tecâf	*tecâ*

Mewn dwy ffurf disgyn y pwyslais yn y 3ydd person ar y goben:

1af unigol	3ydd unigol
bwytâf	*bwyty*
parhaf	*pery, para, (hefyd parha)*

Noder

(1)   Ar lafar ac mewn ysgrifennu anffurfiol ceir *-iff* ac *-ith* yn y 3ydd person unigol: *gwnaiff/gwneith* am *gwna*; *caniff/canith* am *cân*; *cerddiff/cerddith* am *cerdd*; *gwrandawiff/gwrandawith* am *gwrendy*; *neidiff/neidith* am *naid*; *yfiff/yfith* am *yf*; *torriff/torrith* am *tyr*; *bwytiff/bwytith* am *bwyty* etc. Gw. **260**. Bydd rhai ffurfiau sy'n dangos affeithiad neu wyriad megis *geill* (berfenw *gallu*), *pery* (berfenw *parhau*), *rhydd* (berfenw *rhoi*), *gwêl* (berfenw *gweld*), *tyr* (berfenw *torri*), *cyfyd* (berfenw *codi*), *myn* (berfenw *mynnu*) yn digwydd yn ogystal ar lafar gan amrywio â'r ffurfiau yn *-iff*, *-ith* sef *galliff/gallith*, *pariff/parith*, *gweliff/gwelith*, *torriff/torrith*, *codiff/codith*, *mynniff/mynnith*.

(2)   Ceir hen derfyniad *-id* mewn rhai diarhebion: *Tyfid maban, ni thyf ei gadachan*; *Trengid golud, ni threinc molud*; *Chwaraeid mab noeth, ni chwarae mab newynog* (gw. D. Simon Evans, 1964: 118).

Amherffaith

265   Nid yw *-it* yn peri affeithiad yn yr 2il unigol, gw. **144** n. 1 (iv). Yn y tafodieithoedd clywir y terfyniadau isod:

	De-ddwyrain a gogledd orllewin	De-orllewin a gogledd-ddwyrain
2il unigol	*-at*	*-et*
3ydd unigol	*-a*	*-e*
1af lluosog	*-an*	*-en*
2il lluosog	*-ach*	*-ech*
3ydd lluosog	*-an*	*-en*

Er enghraifft,

> *gwenan, gwenen am gwenem*
> *eisteddat, eisteddet am eisteddit*
> *agora, agore am agorai*

Gw. hefyd **307, 267**.

Gorffennol

266 (i)   Y terfyniad mwyaf cyffredin yn y 3ydd person yw *-odd*, ond gynt ceid eraill (gw. D. Simon Evans, 1964: 122-4); digwydd un ohonynt sef *-ws* yn nhafodieithoedd y de-ddwyrain (*canws* am *canodd, gwelws* am *gwelodd, yfws* am *yfodd*). Ceir *cas*, ffurf amrywiol ar *cafas = cafodd* yn ogystal, yn y tafodieithoedd hynny. Dewisir y terfyniad *-es*, gan ferfau â'u bôn yn *-o-* neu *-oe-*, er enghraifft *rhoes, rhoddes = rhoddodd*; *troes = trodd*; *ffoes = ffodd*:

> *Efe a gymerodd fara, ac a'i bendithiodd, ac a'i torrodd,*
> *ac a'i rhoddes iddynt* (1955)
> (Lc. 24: 30)
> *Rhoes sylw i statws y beirdd yn y Gymry oedd ohoni*
> (Hywel Teifi Edwards, 1989: 30)
> *Troes yn ffyrnig ar ei wrthwynebydd*
> (Rhiannon Davies Jones, 1989: 15)
> *Trodd y nyrs ei phen*
> (Kate Roberts, 1976: 75)

Gwelir hen orffennol yn *-t* yn y ffurfiau *cymerth = cymerodd* a *cant = canodd*:

> *yntau a gymerth arno ei fod yn myned ymhellach*
> (Lc. 24: 28)
> *Dafydd ap Gwilym a'i cant*

Yn y tafodieithoedd diogelir y ffurf orffennol ddiderfyniad *dwad* (*dywad*) *= dywedodd*. Y gorffennol diderfyniad a geir yn ogystal yn (*dug = dygodd*) a ddigwydd mewn ysgrifennu ffurfiol yn unig:

> *Yr hwn ei hun a ddug ein pechodau yn ei gorff ar y pren (1955)*
> *Ef ei hun a ddygodd ein pechodau yn ei gorff*
> *ar y croesbren (1988)*
> (1 Pedr, 2: 24)

Dygodd Dafydd a'i wŷr hwy i ffwrdd
(II Sam. 4: 21).

(ii) Cywesgir y terfyniadau lluosog *-asom, -asoch, -asant* yn *-som, - soch, -sant* gyda bonau yn diweddu yn *-aw-, -ew-, -al-, -el-, -oe- -yw-*:

Bôn	Berfenw	Terfyniad lluosog gorffennol
gadaw-	*gadael*	*gadawsom, gadawsoch, gadawsant*
traw-	*taro*	*trawsom, trawsoch, trawsant*
rhew-	*rhewi*	*rhewsom, rhewsoch, rhewsant*
tal-	*talu*	*tal(a)som, tal(a)soch, tal(a)sant*
gwel-	*gweld, gweled*	*gwelsom, gwelsoch, gwelsant*
dychwel-	*dychwelyd*	*dychwel(a)som, dychwel(a)soch,*
		dychwel(a)sant
troe-	*troi*	*troesom, troesoch, troesant*
clyw-	*clywed*	*clywsom, clywsoch, clywsant*

Ar lafar clywir y terfyniadau *-(s)on, -(s)och, -(s)on*:
rhewon, rhewson am rhewsom, rhewsant
gadawon, gadawson am gadawsom, gadawsant
taloch, talsoch am tal(a)soch

(iii) Ceir *-ed* yn ogystal ag *-wyd* yn ffurf amhersonol y berfau canlynol:

caed	*cafwyd*
ganed	*ganwyd*
rhoed, rhodded	*rhoddwyd*

Er enghraifft,
Ganed ef yn ôl ei dystiolaeth ef ei hun yng Nglan-yr-afon
(*Y Faner,* 22 Medi 1989: 5)
Ganwyd Moses
(Act. 7: 40)
Philip a gaed yn Asotus
(Act. 8: 40)
Cafwyd dwy wers chwerw arall
(*Y Faner,* 5 Ionawr 1990: 21)
Rhoed rhybudd i bawb
(*Taliesin,* Tachwedd 1989: 15)

(iv)   Ceir -*pwyd* yn hytrach nag -*wyd* yn ffurf amhersonol rhai berfau afreolaidd:

aethpwyd	(hefyd *aed*)
daethpwyd	(hefyd *deuwyd*)
ducpwyd	(hefyd *dygwyd*)
gwnaethpwyd	(hefyd *gwnaed*)

Er enghraifft,

Gwnaed y dyn yn iach (1955)
    (In. 5: 9)
Gwnaethpwyd fel y gorchmynaist (1955)
    (Lc. 14: 25)
Daethpwyd â Paul gerbron (1988)
Ef a ddygwyd Paul gerbron (1955)
    (Act. 25: 23)
Ducpwyd ei ben ef mewn dysgl (1955)
Daethpwyd â'i ben ef ar ddysgl (1988)
    (Mth. 14: 11)
Aethpwyd ati i lunio cynllun dosbarthu
    (*Llais Llyfrau,* Gaeaf 1989: 5)
*Aed ati mewn difri i ddweud pethau mawr dwyieithog
am haeddiannau'r Cymry*
    (Hywel Teifi Edwards, 1989: 6)
*Fe ddaethpwyd â chorff yr arglwydd Gruffydd oddi yno
i'w gladdu yn naear Aberconwy*
    (Rhiannon Davies Jones, 1989: 18)

Gorberffaith

267   Yn y tafodieithoedd digwydd y terfyniadau canlynol:

Y de-ddwyrain a'r gogledd-orllewin	Y de-orllewin a'r gogledd-ddwyrain
-*swn*	-*swn* (1af unigol)
-*sat*	-*set* (2il unigol)
-*sa*	-*se* (3ydd unigol)
-*san*	-*sen* (1af lluosog)

-sach	*-sech* (2il lluosog)
-san	*-sen* (3ydd lluosog)

Er enghraifft,

agorsa, agorse am *agorsai*
cansach, cansech am *canasech*
gwelsan, gwelsen am *gwelasent*

Gw. **309** n., **261** n. 3, **265**.

Yn y lluosog cywesgir y terfyniadau *-asem, -asech, -asent* yn *-sem, -sech, -sent* o flaen bonau yn diweddu yn *-aw-, -ew-, -al-, -el-, -oe-, -yw-*, gw. **266** (ii):

Bôn	Berfenw	Terfyniadau gorberffaith lluosog
gadaw-	*gadael*	*gadawsem, gadawsech, gadawsent*
rhew-	*rhewi*	*rhewsem, rhewsech, rhewsent*
tal-	*talu*	*tal(a)sem, tal(a)sech, tal(a)sent*
gwel-	*gweld*	*gwelsem, gwelsech, gwelsent*
troe-	*troi*	*troesem, troesech, troesent*
clyw-	*clywed*	*clywsem, clywsech, clywsent*

Modd Dibynnol

268 (i) Gynt perthynai *-h-* i derfyniadau'r dibynnol ac achosai hwnnw galedu cytsain derfynol y bôn (gw. **149**); bellach diflannodd *-h-* yn llwyr ond ceir caledu mewn rhai diarhebion ac ymadroddion ystrydebol:

Duw cato pawb!
Gwell y wialen a blyco na'r hon a dorro
    (Dihareb)
Na ato Duw!

Noder
cato < *cad(w)* + *ho*; *plyco* < *plyg* + *ho*; *ato* < *gad* + *ho*.

(ii) Mewn argraffiadau cynharach o'r Beibl ceir *-ych* yn ogystal ag *-ech* yn yr 2il unigol. Yn y Beibl Cymraeg Newydd dewiswyd y modd mynegol yn hytrach na'r modd dibynnol yn yr enghreifftiau isod:

fel y llwyddych yn yr hyn a wnelych, ac i ba le bynnag
y troëch (1955)
fe lwyddi ym mhob peth a wnei ym mha le bynnag
y byddi'n troi (1988)
(1 Bren. 2: 3)
Mi a'th ganlynaf i ba le bynnag yr elych (1955)
Canlynaf di lle bynnag yr ei (1988)
(Mth. 8: 19)
Am enghreifftiau o ddefnyddio'r modd dibynnol yn y Beibl Cymraeg Newydd gw. **311**(i).

Modd Gorchmynnol

269   (i)   Yn aml iawn yr un fydd ffurf yr 2il unigol gorchmynnol a'r 3ydd unigol mynegol, er enghraifft:

Berfenw	3ydd unigol	2il unigol gorchmynol
barnu	*barn*	*barn!*
canu	*cân*	*cân!*
credu	*cred*	*cred!*
dychwelyd	*dychwel*	*dychwel!*
gwasanaethu	*gwasanaetha*	*gwasanaetha!*
gweddïo	*gweddïa*	*gweddïa!*
gweld	*gwêl*	*gwêl!*
mynegi	*mynega*	*mynega!*

Gellir affeithiad yn y 3ydd unigol presennol mynegol (gw. **141**) ond erys y llafariad wreiddiol yn yr 2il unigol gorchmynnol:

Berfenw	3ydd unigol	2il unigol gorchmynnol
dal	*deil*	*dal!*
sefyll	*saif*	*saf!*
dangos	*dengys*	*dangos!*
torri	*tyr*	*tor!*
ateb	*etyb*	*ateb!*

Noder
Digwydd *tyb* yn ogystal â *tybia* yn ffurfiau ar 3ydd unigol *tybio*; *tybia* yn unig a ddigwydd yn yr 2il unigol gorchmynnol.

(ii) Ychwanegir y terfyniad -*a* yn yr 2il unigol at ferfau â'u bonau yn diweddu yn -*i*-, ac at ferfau a ffurfiwyd o enwau ac ansoddeiriau, er enghraifft:

Berfenw	Bôn	2il unigol gorchmynnol
penlinio	*penlini-*	*penlinia!*
ysgrifennu	*ysgrifenn-*	*ysgrifenna!*
duo	*du-*	*dua!*

Ceir -*i*- ym môn *arwain, cynnal, dal, meddwl*, ond yr un yn union yw ffurf y berfenw a'r 2il unigol gorchmynnol:

Berfenw	Bôn	2il unigol gorchmynnol
arwain	*arweini-*	*arwain!*
cynnal	*cynhali-*	*cynnal!*
dal	*dali-*	*dal!*
meddwl	*meddyli-*	*meddwl!*

(iii) Ar lafar ychwanegir -*a* yn aml at y bôn er mwyn ffurfio'r 2il unigol gorchmynnol:

ateba!	*barna!*	*cana!*
meddylia!	*dalia!*	*eistedda!*
cerdda!	*ysgrifenna!*	*darllena!*

(iv) Terfyniad arferol y 3ydd lluosog yw -*ent*, ond ceir -*ant* mewn argraffiadau cynharach o'r Beibl:

> *Deuant hwy eu hunain* (1955)
> (Actau, 16: 27)
> *Deuant i fyny* (1955)
> (Joel, 3: 9)

Ffurfiau Cywasgedig

270 Ceir ffurfiau cywasgedig i ferfau â'u bonau yn diweddu yn -*o*- neu -*a*-: er enghraifft *trof* < bôn *tro*- + terfyniad 1af unigol -*af*, *mwynhaf* < bôn *mwynha*- + terfyniad 1af unigol -*af*. Disgyn y prif bwyslais mewn berfau megis *mwynhaf* ar y sillaf olaf (gw. **35**).

Ni chywesgir bob un o ffurfiau'r ferf *mwynhau* sut bynnag; gellir ychwanegu'r terfyniad berfol at -*ha*- neu -*he*- a disgyn y prif bwyslais bryd hynny ar y goben: *mwynhawyd, mwynheais.*

Nodir rhediad y berfau *trof* a *mwynhaf* isod:

MODD MYNEGOL

Amser Presennol

Un.	Llu.	Un.	Llu.
1 *trof, troaf*	*trown*	*mwynhaf*	*mwynhawn*
2 *troi*	*trowch*	*mwynhei*	*mwynhewch*
3 *try*	*trônt*	*mwynha*	*mwynhânt*
Amhers. *troir*		Amhers. *mwynheir*	

Noder

Ar -*f* yn y 1af unigol gw. **262.**

Amser Amherffaith

Un.	Llu.	Un.	Llu.
1 *trown*	*troem*	*mwynhawn*	*mwynhaem*
2 *troit*	*troech*	*mwynhait*	*mwynhaech*
3 *trôi*	*troent*	*mwynhâi*	*mwynhaent*
Amhers. *troid*		Amhers. *mwynheid*	

Amser Gorffennol

Un.	Llu.	Un.	Llu.
1 *trois*	*troesom*	*mwynheais*	*mwynhasom*
2 *troist*	*troesoch*	*mwynheaist*	*mwynhasoch*
3 *troes, trodd*	*troesant*	*mwynhaodd*	*mwynhasant*
Amhers. *trowyd, troed*		Amhers. *mwynhawyd*	

Amser Gorberffaith

Un.	Llu.	Un.	Llu.
1 *troeswn*	*troesem*	*mwynhaswn*	*mwynhasem*
2 *troesit*	*troesech*	*mwynhasit*	*mwynhasech*
3 *troesai*	*troesent*	*mwynhasai*	*mwynhasent*
Amhers. *troesid*		Amhers. *mwynhasid*	

MODD DIBYNNOL

Amser Presennol

Un.	Llu.	Un.	Llu.
1 *trowyf*	*trôm*	*mwynhawyf*	*mwynhaom*
2 *troech*	*troch*	*mwynheych*	*mwynhaoch*
3 *tro*	*trônt*	*mwynhao*	*mwynhaont*
Amhers. *troer*			Amhers. *mwynhaer*

Amser Amherffaith
(yr un ffurfiau ag yn y modd mynegol)

MODD GORCHMYNNOL

Un.	Llu.	Un.	Llu.
1 -	*trown*	-	*mwynhawn*
2 *tro*	*trowch*	*mwynha*	*mwynhewch*
3 *troed*	*troent*	*mwynhaed*	*mwynhaent*
Amhers. *troer*			Amhers. *mwynhaer*

Noder
Ar -*t* yn y 3ydd lluosog gw. **261** n. 3

BERFENW

troi   *mwynhau*

ANSODDEIRIAU BERFOL

troëdig, troadwy, tro   *mwynhaol*

271 Mae'r berfau isod yn rhedeg yn unol â phatrwm *troi: cloi, clof* (hefyd *cloaf*); *cnoi, cnof* (hefyd *cnoaf*); *crynhoi, crynhôf* (hefyd *crynhoaf*); *cyffroi, cyffroaf; datgloi, datglôf* (hefyd *datgloaf*); *ffoi, ffoaf; paratoi, paratôf* (hefyd *paratoaf*).

Er y gellir dewis y terfyniad -*oaf* ar gyfer 1af unigol presennol mynegol y berfau hyn, glynir at batrwm *trof* ar gyfer personau ac amserau eraill.

Noder

(1) Ceir *rho* a *dyro* yn ffurfiau ar 2il unigol gorchmynnol *rhoi*; yn y 3ydd unigol presennol mynegol ceir *rhydd, rhy, dyry*.

(2) Ychwanegir *-a* at fôn *paratoi, crynhoi* i ffurfio'r 3ydd unigol presennol mynegol a'r 2il unigol gorchmynnol: *paratoa, crynhoa* (hefyd *paratô, crynho*).

(3) Ffurf 3ydd unigol presennol mynegol *ffoi* yw *ffy*.

(4) Ffurfiau 1af unigol presennol mynegol *rhoi* yw *rhof, rhoddaf*.

272 Mae'r berfau a nodir isod yn rhedeg yn unol â phatrwm *mwynhau*. Lle nad oes *-h-* yn y sillaf olaf, ceir acen grom yn y 1af unigol presennol mynegol a'r 3ydd unigol presennol mynegol; nodir pwyslais ar sillaf olaf y berfenw gan acen ddyrchafedig (gw. **35**):

Berfenw	1af unigol	3ydd unigol
agosáu	*agosâf*	*agosâ*
byrhau	*byrhaf*	
cadarnhau	*cadarnhaf*	
caniatáu	*caniatâf*	*caniatâ*
casáu	*casâf*	*casâ*
cryfhau	*cryfhaf*	
cwblhau	*cwblhaf*	
glanhau	*glanhaf*	
gwanhau	*gwanhaf*	
nesáu	*nesâf*	*nesâ*
pellhau	*pellhaf*	
tecáu	*tecâf*	*tecâ*
trugarhau	*trugarhaf*	*trugarha*

Noder

(1) Perthyn y berfau *bwytâf, parhâf* i'r dosbarth hwn, ond mae eu 3ydd unigol presennol mynegol sef *bwyty, pery* (hefyd *para*) yn ffurfiau afreolaidd; gw. **263** (ii).

(2) Ni cheir ansoddeiriau berfol yn *-edig, -adwy* i ferfau yn y dosbarth hwn ac eithrio *bwytedig, bwytadwy*, ond ffurfir ansoddeiriau yn *-ol* neu *-us* o amryw ohonynt: *agosaol, boddhaol, boddhaus, cadarnhaol, caniataol, cryfhaol, parhaol, parhaus, iachaol, nacaol*.

(3)   Mewn rhai berfau bydd -*a*- neu -*e*- (a ffurfiwyd dan amodau affeithiad) yn y bôn yn cyfuno â llafariad ddilynol i ffurfio deusain a bwysleisir: *agoseir, bwytaem, casawn, nesewch.*

(4)   Ar lafar yn aml disgyn y pwyslais yn 2il lluosog gorchmynnol *bwyta* ar y goben: *b*(*w*)*ytwch.*

273   Ceir cywasgiad pan yw'r terfyniadau -*wn*, -*wch* yn dilyn bonau yn -*aw*, -*ew*, -*yw:*

gadewch (gadew + wch) berfenw gadael
gadawn (gadaw + wn)

gwrandewch (< gwrandew + wch) berfenw gwrando
gwrandawn (gwrandaw + wn)

clywch (< clyw + wch) berfenw clywed
clywn (< clyw + wn)

Ceir cywasgiad yn y berfenw *cau* (< *cae* + *u*) ac ychwanegir y terfyniadau personol at y bôn *cae-: caeaf, caei, caeir, caewyd, caeer* etc.

Yn sgil cywasgu ceir pwyslais ar sillaf olaf y berfenwau *dileu* a *dyheu.*

274   Berf gywasgedig yw ***cael*** yn ogystal. Mae rhediad *cael*, bellach, yn seiliedig ar y ddau fôn *caff-, ca-:*

MODD MYNEGOL

Amser Presennol		Amser Amherffaith	
Un	Llu.	Un.	Llu,
1 *caf*	*cawn*	*cawn*	*caem*
2 *cei*	*cewch*	*cait*	*caech*
3 *caiff*	*cânt*	*câi*	*caent*

Gw. hefyd **263** (ii) n. 1.

Amser Gorffennol		Amser Gorberffaith	
Un.	Llu.	Un.	Llu.
1 *cefais, ces*	*cawsom*	*cawswn*	*cawsem*
2 *cefaist, cest*	*cawsoch*	*cawsit*	*cawsech*
3 *cafodd, cas*	*cawsant*	*cawsai*	*cawsent*
Amhers. *cafwyd, caed, cad*		Amhers. *cawsid*	

MODD DIBYNNOL

Amser *Presennol*		Amser *Amherffaith*	
Un.	Llu.	Un.	Llu.
1 *caffwyf*	*caffom*	*caffwn, cawn*	*caffem, caem*
2 *ceffych*	*caffoch*	*caffit, cait*	*caffech, caech*
3 *caffo*	*caffont*	*caffai, câi*	*caffent, caent*
Amhersonol *caffer*		Amhersonol *ceffid*	

MODD GORCHMYNNOL

(Ceir ffurfiau 3ydd person yn unig)

Unigol	Lluosog
3 *caffed, caed*	*caffent, caent*

Berfenw: *cael, caffael, caffel*

Nid oes ansoddeiriau berfenwol.

Ar *cas* 3ydd unigol gorffennol gw. **266** (i).

Noder

Yn y tafodieithoedd ceir bonau yn *cel-*, *ces-*, *ceth-*, yn y presennol mynegol a'r amherffaith mynegol; er enghraifft, *ceso, cesim, cetho, celo* 'cefais'; *cese, cethe, cele* 'câi'.

275 Gadawaf, gadaf. Gynt yr oedd *gadawaf* a *gadaf* yn ddwy ferf ar wahân, y naill yn cyfleu 'af i ffwrdd', a'r llall yn dynodi 'caniatâf, goddefaf'. Bellach fe'u cyfunwyd bron yn llwyr; ffurfiau *gadaw* a ddigwydd amlaf.

Mae rhediad *gadaw* yn rheolaidd: gw. **261** n. 1, **273, 307**.

MODD MYNEGOL

Amser Presennol		Amser Amherffaith	
Un.	Llu.	Un.	Llu.
1 *gadawaf*	*gadawn*	*gadawn*	*gadawem*
2 *gadewi*	*gadewch*	*gadawit*	*gadewech*
3 *gedy*	*gadawant*	*gadawai*	*gadawent*
Amhers. *gadewir*		Amhers. *gadewid*	

Amser Gorffennol		Amser Gorberffaith	
Un.	Llu.	Un.	Llu.
1 *gadewais*	*gadawsom*	*gadawswn*	*gadawsem*
2 *gadewaist*	*gadawsoch*	*gadawsit*	*gadawsech*
3 *gadawodd*	*gadawsant*	*gadawsai*	*gadawsent*
Amhers. *gadawyd*		Amhers. *gadawsid*	

MODD DIBYNNOL

Amser Presennol

Unigol	Lluosog
1 *gadwyf*	*gadawom*
2 *gadawych, gadawech,*	*gadawoch*
3 *gadawo*	*gadawont*

Amhersonol *gadawer*

MODD GORCHMYNNOL

Unigol	Lluosog
1 —	*gadawn*
2 *gad*	*gadewch*
3 *gadawed*	*gadawent*

Amhersonol *gadawer*

Mae rhediad *gadaf* yn rheolaidd, ond yn anaml iawn y digwydd ei ffurfiau berfol ac eithrio ffurfiau'r 2il unigol a lluosog gorchmynnol *gad, gedwch/gadwch*. Digwydd y 3ydd unigol dibynnol *gato* yn *Na ato Duw!* (gw. **268**).

Noder

(1) Mae rhediad *ymadael, ymado* yn unol â phatrwm *gadaw* ac eithrio mai *ymado, ymâd* yw ffurfiau'r 2il unigol gorchmynnol.

(2) Fel rheol ceir gwrthrych gyda *gadawaf: Gadawodd ef y wlad; Nis gadawaf.* Bydd gwrthrych *ymadawaf,* sut bynnag, dan reolaeth yr arddodiad *â, ag: Ymadawodd â'i deulu.* Digwydd *ymadawaf,* yn ogystal, heb wrthrych dan reolaeth yr arddodiad *â, ag: ymedy rhai yn yr amseroedd diwethaf oddi wrth y ffydd* (1955) (1 Tim. 4: 1).

(3) Ar -*t* yn y 3ydd lluosog gw. **261** n. 3.

276 Codaf, cyfodaf. Mae'r rhediad yn rheolaidd ac eithrio yn y 3ydd unigol presennol mynegol lle y dewisir *cwyd* gan y naill a *cyfyd* gan y llall.

Dewisir y ffurfiau *codaf, codi, codir, codais* etc., yn hytrach na *cyfodaf, cyfodi, cyfodir, cyfodais* etc., gan amlaf mewn ysgrifennu cyfoes.

Berfau Afreolaidd

277 *BOD*

MODD MYNEGOL

Amser Presennol [1,2,3]

Un.	Llu.
1 *wyf, ydwyf*	*ŷm, ydym, ydyn*
2 *wyt, ydwyt*	*ŷch, ydych*
3 *yw, ydyw, ydy, ydi, y mae, mae, oes*	*ŷnt, ydynt, y maent, maent*

Ffurf berthynol: *sydd, sy*
Ffurf amhersonol: *ys, ydys*
Ffurfiau cysylltiol: *mai, taw*

Amser Dyfodol a Phresennol Arferiadol

Un.	Llu.
1 *byddaf*	*byddwn*
2 *byddi*	*byddwch*
3 *bydd*	*byddant*

Amhers. *byddir*

Amser Amherffaith [4,5]

Un	Llu.
1 *oeddwn*	*oeddem*
2 *oeddit, oeddet*	*oeddech*
3 *oedd, ydoedd*	*oeddent, oeddynt*

Amhers. *oeddid*

Amser Amherffaith Arferiadol

Un.	Llu.
1 *byddwn*	*byddem*
2 *byddit*	*byddech*
3 *byddai*	*byddent*

Amhers. *byddid*

Amser Gorffennol Penodol[6]

Un.	Llu.
1 *bûm*	*buom*
2 *buost*	*buoch*
3 *bu*	*buont, buant*

Amhers. *buwyd*

Amser Gorberffaith [7]

Un.	Llu.
1 *buaswn*	*buasem*
2 *buasit*	*buasech*
3 *buasai*	*buasent*

Amhers. *buasid*

MODD DIBYNNOL

Amser Presennol

Un.	Llu.
1 *bwyf, byddwyf*	*bôm, byddom*
2 *bych, byddych, -ech*	*boch, byddoch*
3 *bo, byddo*	*bônt, byddont*

Amhers. *bydder*

Amser Amherffaith

Un.	Llu.
1 *bawn, byddwn*	*baem, byddem*
2 *bait, byddit*	*baech, byddech*
3 *bai, byddai*	*baent, byddent*

Amhers. *byddid*

MODD GORCHMYNNOL

Unigol	Lluosog
1 —	*byddwn*
2 *bydd*	*byddwch*
3 *bydded, boed, bid*	*byddent*[8]
Amhers. *bydder*	

Noder

(1) Mewn llafar naturiol sylweddolir *y mae, y maent* gan *mae, maent* ac mae'r ffurfiau hyn yn dderbyniol yn yr iaith lenyddol ac eithrio mewn cywair tra ffurfiol. Gw. hefyd **284** (i), **286**.

(2) Ar lafar y mae'r ffurfiau isod yn gyffredin:

Unigol	Lluosog
1 (*yd*)*w*	*ŷn* (de); *ydyn; yden; ydan*
2 *w*(*y*)*t*	*ŷch* (de); *ydech; ydach*
3 *yw* (de); (*y*)*di*; *ma*(*e*); *o*(*e*)*s*	*ŷn* (de); *ydyn; yden*

(3) Ar -*f* yn 1af unigol (amser presennol a dyfodol mynegol, presennol dibynnol) gw. **262**.

(4) Yn y 3ydd lluosog ceir *oeddynt* yn ogystal ag *oeddent*: *Nid oeddent hwy am symud cam* (John Bunyan, 1962: 12); *Nid oeddynt yn bwriadu mynd â Gustavchen gyda hwy* (Gerhart Hauptman a Heinrich Böll, 1974: 7).

(5) Ar lafar clywir y ffurfiau isod yn gyffredin:

Unigol	Lluosog
1 *o*(*e*)*n, own*	*o*(*edde*)*n, oeddan*
2 *o*(*edde*)*t, o*(*edda*)*t*	*o*(*edde*)*ch, oeddach*
3 *o*(*e*)*dd*	*o*(*edde*)*n, oeddan*

(6) Ar lafar clywir y ffurfiau isod yn gyffredin:

Unigol	Lluosog
1 *bues, bu*(*i*)*s, buo*	*buon*
2 *buest, buost*	*buoch*
3 *buo, buws, buodd*	*buon*

257

(7) Ar lafar clywir y ffurfiau isod yn gyffredin:

Unigol	Lluosog
1 *busen, baswn*	*busen, basen*
2 *buset, basat*	*busech, basech*
3 *buse, basa*	*busen, basen*

(8) Ar *-t* yn 3ydd person lluosog pob un o amserau a moddau'r ferf hon gw. **261** n. 3.

Modd Mynegol, Amser Presennol, 3ydd Unigol

278 (i) Dewisir *y mae, mae* ar ddechrau brawddeg seml gadarnhaol gyda goddrych penodol neu amhenodol:

Mae hi'n nos Sul ac mae'r pentref yn hollol farw
   (R. Gerallt Jones, 1977: 50)
Y mae planhigyn a dyf yn dalach na'r lleill
yn fwy tueddol i ddal y gwynt
   (Dic Jones, 1989: 244)
Mae'n well gen i farw allan na byw yn y fan yma efo'r rhain
   (John Idris Owen, 1984: 49)
Y mae'r deillion yn cael eu golwg yn ôl
   (Mth. 11: 5)
Mae'r glaw yn dod
   (Emyr Humphreys, 1986: 45)

Yn traethiadol y gelwir yr *yn/'n* a ddaw o flaen enw neu ansoddair mewn brawddeg megis *Mae hi'n nos Sul ac mae'r pentref yn hollol farw*; dilynir yr *yn* traethiadol gan y treiglad meddal (gw. **54**).

Mewn brawddeg yn cynnwys berf gwmpasog megis *Mae'r glaw yn dod*, dywedir mai ategydd berfol yw'r *yn* (gw. **286**). Mewn ymadrodd megis *yn y fan yma*, arddodiad yw *yn* (gw. **364**).

(ii) Bydd *yw/ydyw/ydy/ydi* yn dilyn *nid* mewn brawddeg negyddol a'r goddrych yn benodol:

Nid yw yma

(Mc. 16: 6)

Nid yw'r rhai sydd yng Nghrist dan gollfarn o gwbl
(Rhuf. 8: 1)

Gw. hefyd (vi) isod.

(iii) Bydd *yw/ydyw/ydy/ydi* yn dilyn *nid* mewn brawddeg negyddol a'r goddrych amhenodol yn cael ei ddilyn naill ai gan yr *yn* traethiadol neu gan yr ategydd berfol *yn* + berfenw:

Nid yw cwningod yn brin
Nid yw pechod yn cael ei gyfrif
(Rhuf. 5: 13)

(iv) Ceir *yw/ydyw/ydy/ydi* mewn cwestiwn a gyflwynir gan y geirynnau gofynnol rhagferfol *a, onid* pan yw'r goddrych yn benodol:

A yw'r gweledydd yma?
(1 Sam. 9: 11)
Onid yw'r Arglwydd yn Sion?
(Jer. 18: 19)

Gellir hepgor y geiryn *a* (gw. **91**).

Ydyw/ydy/ydi yw'r ateb cadarnhaol i'r cwestiynau hyn; yr ateb negyddol yw *nac ydyw/nac ydy/nac ydi*. Ffurf 3ydd unigol y ferf a ddewisir yn ogystal gyda goddrych lluosog; yr ateb cadarnhaol yw *ydynt* a'r ateb negyddol yw *nac ydynt*:

A ydy'r plant yn gwella?   *Ydynt*   neu   *Nac ydynt*

Onid yw'r recordiau hyn yn hen?   *Ydynt*   neu   *nac ydynt*

A yw'r pren ffigys, fy mrodyr, yn gallu dwyn olifiad,
neu'r wynwydden ffigus? Nac ydyw
(Iago, 3: 12)
A yw'r plentyn wedi marw? Ydyw
(2 Sam., 12: 19)

Gw. **338, 339, 340**.

(v) Dewisir *yw/ydyw/ydy/ydi* mewn cwestiynau a gyflwynir gan y geirynnau gofynnol *a*, *onid* a naill ai'r *yn* traethiadol neu'r ategydd berfol *yn* + berfenw yn dilyn:

> *A yw'n gyfreithlon gwneud da ar y Saboth . . .?*
>
> (Mc. 3: 4)
>
> *Ydy o'n dal i fynd yno?*
>
> (Idwal Jones, d.d.: 37)
>
> *Ydi'r nofel yn ateb ei diben?*
>
> (*Y Faner*, 8 Rhagfyr 1989: 15)
>
> *Onid yw'n gyw i'r hen geiliog?*
>
> (Gerhart Hauptman a Heinrich Böll 1974: 2)
>
> *Onid yw'n gyfreithlon imi wneud fel 'rwyn dewis â'm heiddo fy hun?*
>
> (Mth. 20: 50)

Gall y goddrych fod yn ferfenw:

> *Ydi bridio'n anwyddonol?*
>
> (Emyr Humphreys, 1981: 25)
>
> *Onid ydi bridio'n anwyddonol?*

Gellir ad-drefnu brawddeg ofynnol a gyflwynir gan *onid* a gosod y geiryn mewn safle diweddol:

> *Onid yw yn gyw i'r hen geiliog?*
>
> *Mae yn gyw i'r hen geiliog, onid yw?*
>
> *Onid yw bridio'n anwyddonol?*
>
> *Mae bridio'n anwyddonol onid yw?*

(vi) Bydd *oes* yn dilyn *nid* mewn brawddeg negyddol a'r goddrych yn amhenodol:

> *Nid oes trosedd yn ei erbyn chwaith*
>
> (Rhuf. 4: 15)
>
> *Nid oes dim yn guddiedig na ddaw'n amlwg*
>
> (Lc. 8: 17)

Ar lafar yn gyffredin *ddim* fydd yn dynodi'r negydd (gw. **256** (iv)) ond ceir geiryn negyddol, a sylweddolir gan *d*, yn ddieithriad gyda ffurfiau *yw* yn y 3ydd unigol presennol mynegol:

Dydy hi ddim yn perthyn i chi
(Kate Roberts, 1976: 76)
Gw. **337** (i).

Noder

Ar lafar yn y de clywir yn gyffredin lu o amrywiadau ar y gystrawen hon, er enghraifft, *s(n)a/simo (f)i yn perthyn i chi*. Gw. T. J. Morgan 1987; G. M. Awbrey 1988.

d . . . dim/neb fydd yn dynodi'r negydd gydag *oes*:

Does dim chwain mewn tas wair
(Kate Roberts, 1976: 23)
Does neb am wneud dim iti
(Gerhart Hauptman a Heinrich Böll, 1974: 8)

Noder

(1)   Ar lafar clywir sylweddoli *does dim, does neb* gan *sdim, sneb*: *Sdim chwain mewn tas wair, Sneb am wneud niwed iti.*

(2)   Gellir rhagflaenu *yr un* naill ai gan *nid oes* neu gan *nid yw: Nid oes yr un ohonom yn byw iddo'i hun, ac nid yw'r un yn marw iddo'i hun* (1955) (Rhuf. 14: 7); *Nid oes yr un ohonynt hyd y gwn i, wedi rhannu ei weledigaeth* (*Y Faner,* 22/29 Rhagfyr 1989: 10).

(vi) Ceir *oes* mewn cwestiynau a gyflwynir gan y geirynnau gofynnol *a, onid* a'r goddrych yn amhenodol:

A oes rhywun yn glaf yn eich plith?
(Iago, 5: 14)
Onid oes ddeuddeg awr mewn diwrnod?
(In. 11: 9)

Gellir hepgor y geiryn *a* (gw. **339**).

Yr ateb cadarnhaol yw *oes* a'r ateb negyddol yw *nac oes*:

Oes yna deilyngdod? Nac oes meddai Nesta Wyn Jones. Oes yn fy marn i
(J. Elwyn Hughes, 1989: 27)

279   (i)   Mewn brawddeg gypladol o gyfluniad Dibeniad + Traethiedydd + Goddrych (gw. **349** (iv)), sylweddolir y cyplad gan *yw/ydyw/ydy/ydi*:

Diawl ydy o!
(Rhiannon Davies Jones, 1977: 68)
Prif atyniad y pentref yw Eglwys Sant Ioan Fedyddiwr
(Aneirin Talfan Davies, 1972: 232)
Dy air di yw'r gwirionedd
(In. 17: 7)
Hogan neis gynddeiriog ydi Anna!
(T. Glynne Davies, 1974: 374)
Gwalch ydyw
(John Bunyan, 1962: 50)
Capten y garfan ydyw Peter Fatialofa
(*Y Faner*, 4 Hydref, 1991: 21)
Lol ydyw
(*Barn*, Ebrill 1990: 36)

Mewn brawddeg negyddol rhagflaenir y dibeniad gan *nid*:

Nid twpsan ydy Stella
(John Rowlands, 1978: 15)
Nid hollti blew yw hyn
(*Y Faner*, 29 Mehefin 1990: 11)

Gw. hefyd **81** (i).

Gellir sylweddoli'r dibeniad gan *pwy, pa beth, beth* etc.:
Pwy ydi'r carcharor pwysicaf sy'n Lloegr?
(R. Cyril Hughes, 1976: 181)
Pwy yw fy mam i a'm brodyr?
(Mc. 3: 33)
Beth yw'r pethau olaf a gofiaf cyn dod yma?
(Harri Williams, 1978: 7)

Noder

Y ffurfiau berfol cyfatebol yn yr amseroedd eraill yw *fydd, fyddai, oedd/ydoedd, fu, fuasai, fo/fyddo*: *Chi fydd y ddwy smartia yn y briodas* (Kate Roberts, 1976: 27); *Heno fyddai ei noson segur gyntaf ers rhai wythnosau* (Roy Lewis, 1978: 8); *Crwydryn fu Liam erioed* (Gwenyth Lilly, 1981: 9); *Andros o storm fydd hi hefyd* (Eigra Lewis Roberts, 1980: 103). Ar dreiglo ffurfiau *b-* y ferf *bod* gw. **75**.

(ii)   Os dymunir pwyslais, gellir rhoi berfenw neu adferf neu ymadrodd adferfol yn gyntaf; sylweddolir y cyplad gan *y mae/mae*:

> *Mynd y mae'r hen betha i gyd o un i un*
> (Islwyn Ffowc Elis, 1970: 11)
> *Gofidio y mae Saunders Lewis nad oes meithrinfa*
> *debyg i lenorion ifanc Cymru*
> (*Golwg*, 14 Rhagfyr 1988: 19)
> *Trwy bennaeth y cythreuliaid y mae'n bwrw allan cythreuliaid*
> (Mc. 3: 22)

Os yw'r dibeniad a bwysleisir yn enw neu'n rhagenw neu'n ansoddair, sylweddolir y cyplad gan *yw* (gw. **282** (iv)).

(iii)   Mewn cymal adferfol yn dilyn *fel, megis, pryd, lle* etc., ac mewn cwestiynau yn dilyn *pa bryd, pa le, ble, paham, sut* etc., sylweddolir y cyplad gan *y mae/mae*:

> *Cawn ei weld ef fel y mae*
> (1 In. 3: 2)
> *Fe fydd Robert a Thomas Owen Plas Du yn cychwyn*
> *am y Creuddyn lle mae'r Puwiaid yn byw*
> (Rhiannon Davies Jones, 1985: 9)
> *megis y mae yn ysgrifenedig (1955)*
> *fel y mae'n ysgrifenedig (1988)*
> (Rhuf. 3: 10)
> *Ble mae Tudur ap Ednyfed?*
> (Rhiannon Davies Jones, 1987: 161)
> *Sut mae Alys?*
> (Robat Gruffudd, 1986: 143)
> *Paham mae pobl yn dal i fynd i garchar . . .?*
> (John Jenkins, 1978: 168)
> *Pam y mae arnoch ofn, chwi o ychydig ffydd?*
> (Mth. 8: 26)
> *Pa bryd y mae Dafydd Goch yn debyg o ddwad i Ddol'ddelan..?*
> (Rhiannon Davies Jones, 1989: 34)

Negyddir y brawddegau hyn trwy roi *nad yw/nad oes* yn lle *y mae* (gw. **337** (vi)). *Nad yw* a ddewisir fel rheol pan yw'r goddrych yn benodol; *nad oes* a ddewisir fel rheol pan yw'r goddrych yn amhenodol:

> *Ni chyfrifir pechod pryd nad oes deddf (1955)*
> (Rhuf. 5: 13)
> *Pam nad ydi o'n trafferthu codi'r ffon?*
> (*Taliesin*, Rhagfyr 1992: 116)

Ond cf.

> *lle nid oes na gwyfyn na rhwd yn llygru* (1955)
> *lle nad yw gwyfyn na rhwd yn llygru* (1988)
> (Mth. 6: 20)

Ceir *lle nid* mewn ysgrifennu cynharach.

Ar lafar ac mewn ysgrifennu anffurfiol gellir *lle* yn hytrach na *ble* mewn brawddeg ofynnol:

> *Lle yn y byd oedd Eleri wedi mynd?*
> (Angharad Tomos, 1991: 40)
> *Lle mae'r pils?*
> (R. Gerallt Jones, 1977: 35)
> *Lle uffarn mae o?*
> (Robin Llywelyn, 1995: 41).
> *O lle doist ti?*
> (Angharad Jones, 1995: 59).

280 Ceir y ffurfiau *sydd, sy* mewn cymal perthynol a'r perthynol yn oddrych (gw. **227**):

(i) Yn gyfyngydd ar enw neu ar ymadrodd enwol mewn cymal cadarnhaol:

> *Mae golwg flinedig a dryslyd a dychrynedig*
> *ar y rhai sydd o'n blaenau*
> (J. G. Williams, 1978: 170)
> *Gwyn eu byd y rhai sy'n newynu a sychedu am gyfiawnder*
> (Mth. 5: 6)

Negyddu. Ceir *nad yw/nad ydynt* mewn cymal negyddol a'r ferf yn cytuno â'r rhagflaenydd o ran rhif:

Gwyn eu byd y rhai nad ydynt yn newynu
a sychedu am gyfiawnder
Paham y gweriwch eich arian am yr hyn
nid ydyw'n fara . . .? (1955)
Pam y gwariwch eich arian am yr hyn nad yw'n fara . . .? (1988)
(Eseia. 55: 2)

Am enghreifftiau ychwanegol gw. **227**.

(ii) Mewn brawddeg gymysg (gw. **352**):

Llawer sydd wedi eu galw, ac ychydig wedi eu dewis (1955)
(Mth. 22: 14)
Dy air sydd wirionedd (1955)
(In. 17: 17)

Negyddu: gw. **337**.

(iii)   Pan yw'r arddodiad *â/ag* yn dilyn *sydd*. Ceir *â* o flaen cytsain ac *ag* o flaen llafariad:

Pwy yw'r ferch sydd ag afal yn ei llaw?

Ar dreiglo yn dilyn *â* gw. **117**.

Negyddu. Bydd *heb* yn dilyn *sydd*:

Pwy yw'r ferch sydd heb afal yn ei llaw?

(iv) Gall arddodiaid eraill ddilyn *sydd* ond mewn achosion felly nid yw'r perthynol yn wir oddrych:

Beth sydd arnoch ei eisiau?

Gwyn eu byd y rhai sydd arnynt newyn a syched
am gyfiawnder (1955)
(Mth. 5: 6)
Gwasgar y bobl sydd dda ganddynt ryfel (1955)
Gwasgara'r bobl sy'n ymhyfrydu mewn rhyfel (1988)
(Salmau 68: 30)

Negyddu

(a) Ceir *nad oes arno* yn lle *sydd arno*:

y rhai nad oes arnynt newyn

(b) Ceir *nid/nad yw* yn lle *sydd*:

> *y bobl nad yw'n dda ganddynt ryfel*

(v) gyda *rhaid i*:

> *y pethau sydd rhaid iddynt fod* (1955)
> (Dat. 22: 6)

Negyddu. Ceir *nad oes* yn lle *sydd*:

> *nad oes raid iddo . . . offrymu aberthau*
> (Heb. 7: 27)

y pethau nad oes rhaid iddynt fod

(vi) Mewn brawddeg annormal (gw. **351**). Mae'r cyfluniad yn brin mewn rhyddiaith gyfoes ond digwydd mewn cyfieithiadau cynharach o'r Beibl:

> *Duw sydd noddfa a nerth i ni* (1955)
> *Y mae Duw yn noddfa a nerth i ni* (1988)
> (Salmau, 46: 1)
> *Ei drugaredd sydd yn dragywydd* (1955)
> (Salmau, 100: 5)

Gall y geiryn *yn/'n* ragflaenu dibeniad yn dilyn *sydd*, ond cyll y geiryn yn aml iawn (gw. **74**):

> *Y cynhaeaf yn ddiau sydd fawr* (1955)
> (Mth. 9: 37)
> *Pwy sydd ddigonol i'r gwaith hwn?*
> (2 Cor. 2: 16)

281 *Y mae* a geir mewn cymal perthynol pan yw'r perthynol dan reolaeth rhagenw blaen, yn gweithredu'n adferfol, neu dan reolaeth arddodiad (gw. **229**):

> *Dy fraint di yw prynu'r pethau y mae arna i eu hangen*
> (Roy Lewis, 1978: 132)
> *Gwyn ei byd y genedl y mae'r Arglwydd yn Dduw iddi*
> (Salmau, 33: 12)
> *y pethau y mae'n rhaid iddynt ddigwydd*
> (Dat. 22: 6)

Na thrysorwch i chwi drysorau ar y ddaear,
lle y mae gwyfyn a rhwd yn llygru,
a lle y mae lladron yn cloddio trwodd ac yn lladrata (1955)
Peidiwch â chasglu i chwi drysorau ar y ddaear,
lle mae gwyfyn a rhwd yn difa,
a lle mae lladron yn torri trwodd ac yn lladrata (1988)
(Mth. 6: 9)
Gwell yw pryd o lysiau lle mae cariad nag ych pasgedig
a chenfigen gydag ef
(Diar. 15: 17)

Negyddu. Fel rheol dewisir *nad yw/ydyw* gyda goddrych penodol, *nad oes* gyda goddrych amhenodol, ond cf.:
lle nid oes na gwyfyn na rhwd yn llygru (1955)
lle nad yw gwyfyn na rhwd yn llygru (1988)
(Mth. 6: 20)

282 *Yw* a geir mewn brawddeg amodol pan ragflaenir y ferf gan *os*:

(i) Gyda goddrych penodol:
Os yw e'n golygu cymaint i chi, fe arhosa i dros nos
(Emyr Humphreys, 1981: 287)

(ii) Gyda goddrych amhenodol a ddilynir gan *yn*:
Os yw dyn yn cystadlu mewn mabolgampau, ni all ennill y dorch
heb gystadlu yn ôl y rheolau
(2 Tim. 2: 5)

(iii) *Oes* a geir gyda goddrych amhenodol:
Os oes coel ar dafodau pobl, nid oes sôn o gwbl am dad
(T. Glynne Davies, 1974: 11)

(iv) Pan bwysleisir y dibeniad trwy ei roi o flaen y ferf, *yw* a ddewisir gyda dibeniad o enw, rhagenw neu ansoddair:
Os merch yw'r cyflymaf...
Os hwnnw yw'r gorau...
Os coch yw'r car...

Os yw'r dibeniad a bwysleisir yn ferfenw neu'n adferf, *y mae* a ddewisir, (gw. **279** (ii))

267

283 Dilynir y cysylltair *pan* yn aml iawn gan y modd dibynnol mewn cymal adferfol:

> *Paham y dylem ni aros yma pan fo gan ein Brenin rywbeth*
> *gwell ar ein cyfer, ond i ni fynd i chwilio amdano*
> (John Bunyan, 1962: 12)
> *Mae blwyddyn yn amser hir pan fo rhywun yn ysu, ysu,*
> *ysu am gael gwybod*
> (Marion Eames, 1992: 10)

Yn y presennol mynegol, sut bynnag, dilynir *pan* gan *yw*:

> *Pan yw'n dod â'i gyntaf anedig i mewn i'r byd y mae'n dweud . . .*
> (Heb. 1: 6)
> *Pan yw'r ddau frawd ar fin ymladd cwyd drychiolaeth eu mam*
> *o'r bedd i'w ceryddu a'u siarsio i gymodi â'i gilydd*
> (Hywel Teifi Edwards, 1989: 231)
> *Pan yw'n agor ei lygaid nid oes ganddo ddim*
> (Job, 27: 19)
> *Pan yw'r cynulliad i ymgasglu ynghyd, fe genir utgorn*
> (Num. 10: 8)

Ar lafar ac mewn ysgrifennu anffurfiol gall *pan mae* ddigwydd:

> *Mae'r awdl yn darfod pan mae'r bardd yn dihuno o'i swyngwsg i*
> *wynebu realiaeth ei ddydd*
> (*Y Faner*, 4 Awst 1989: 10)
> *Does neb yn crio pan mae o mewn cariad*
> (Rhiannon Davies Jones, 1985: 85)
> *Pan mae rhywun yn marw rydach chi'n rhy syn i ddweud dim*
> *byd*
> (B. M. Gill, 1990: 410)
> *Yr adeg pan mae pethau un mynd yn flêr ydi pan fo'r un sy'n*
> *dilyn yn cael digon ar ddilyn ac eisieu cael gwneud penderfyniad*
> (Angharad Tomos, 1991: 16).

Y Geiryn *Y(r)* o flaen ffurfiau'r Ferf *Bod*

284 (i) Yn y presennol a'r amherffaith mynegol bydd *yr* yn rhagflaenu'r ffurf ferfol ym mhob achos lle y dewisir *y mae* yn y 3ydd unigol:

> *Yr oedd hi wedi bod yno am amser hir*
> (T. Glynne Davies, 1974: 75)
> *Yr oedd rhai yn fwy gweithgar na'i gilydd*
> (Geraint H. Jenkins, 1983: 149)
> *Pam yr ydach chi mor drist?*
> (Rhiannon Davies Jones, 1977: 109)
> *Yr oedd am ysgrifennu at Lady Margaret*
> (R. Cyril Hughes, 1975: 55)
> *Yr ŷm yn gyfarwydd â'r rhagdybiaeth honno*
> (*Barddas*, Ebrill 1994: 15)

Sylweddolir *y mae, y maent* yn aml gan *mae, maen(t)* (gw. **261** n. 3, **277** n. 1), ac yn gyffelyb ceir *yr wyf* > *'rwyf*; *yr wyt* > *'rwyt*; *yr ydym* > *'rydym*; *yr ydych* > *'rydych*; *yr oeddwn* > *'roeddwn*; *yr oeddit* > *'roeddit*; *yr oedd* > *'roedd*; *yr oeddem* > *'roeddem*; *yr oeddech* > *'roeddech*; *yr oeddent* > *'roedden(t)*:

> *'Roedd yna dro cyntaf i bob dim*
> (Eigra Lewis Roberts, 1988: 89)
> *'Rwyf o'r un farn ag yr oeddwn wedi'r darlleniad cyntaf*
> (J. Elwyn Hughes, 1989: 67)
> *Ganddyn nhw 'roedd y gair olaf*
> (Emyr Humphreys, 1986: 7)
> *Pam 'rwyt ti'n ymyrryd â mi gyfaill*
> (Harri Williams, 1978: 17)

Diflanna'r collnod yn aml:

> *Rydw i wedi blino*
> (Emyr Humphreys, 1986: 94)
> *Pam roedden nhw'n byw ar waelod y ffynnon*
> (Lewis Carroll, 1982: 68)

(ii) Gyda ffurfiau *bod* sy'n dechrau â *b-:*

(a) Mewn brawddeg seml ni ragflaenir y ferf gan *y*:

> *Bu'r llys yn drugarog wrth y llanc*
> (T. Glynne Davies, 1974: 31)
> *Bu farw oddeutu 1580*
> (Geraint H. Jenkins, 1983: 123)
> *Byddai pawb yn sylwi*
> (Rhiannon Thomas, 1988: 9)

Gall y geirynnau rhagferfol *mi, fe,* ragflaenu'r ferf a pheri treiglad meddal (gw. **80**):

> *Fe fyddai ei habsenoldeb yn destun sgwrs*
> (Rhiannon Thomas, 1988: 9)
> *Mi fydd y sychedig rai yma yn y munud*
> (T. Glynne Davies, 1974: 47)

Gw. hefyd **336**.

(b) ym mhob achos arall lle y gall *y mae* ddigwydd yn y 3ydd person unigol presennol mynegol, bydd *y* yn rhagflaenu ffurfiau *b-*:

> *Ddwywaith yr wythnos y byddai hi'n pobi*
> (T. Glynne Davies, 1974: 195)
> *Islaw'r fan honno mae Ceredigion lle y bu Hywel ab Owain yn arglwydd*
> (Rhiannon Davies Jones, 1977: 15)

Noder

Cyll *y* yn gyffredin yn dilyn *lle*: *Lle mae dy drysor yno hefyd y bydd dy galon* (Mth. 6: 21). Gw. hefyd **311** (ii) n.

Y Rhagenw Perthynol *A* gyda ffurfiau'r ferf *Bod*:

285 Yn yr amser presennol mynegol ni cheir *a* gyda'r ffurf berthynol *sydd* (gw. **227**); gellir, sut bynnag, ddewis *a* o flaen holl ffurfiau'r ferf *bod* mewn amserau eraill:

> *Ef hefyd a fyddai'n dosbarthu'r gwaith*
> (Urien William, 1974: 20)

yr offeiriad Methodistaidd o Aberddawan
a fu farw'n drychinebus o gynnar
(Aneirin Talfan Davies, 1976: 40)

Gellir hepgor y rhagenw perthynol yn enwedig o flaen *oedd*, gw. **225**.

gwrthryfel o blaid y brawd Owain
oedd yng ngharchar Dolbadarn
(Rhiannon Davies Jones, 1989: 34)

ŵy oedd wedi ei ferwi'n ysgafn
(Emyr Humphreys, 1981: 289)

Mewn cymal negyddol *na*(*d*) a fydd yn rhagflaenu'r ferf fel rheol: ceir *na* o flaen cytsain, *nad* o flaen llafariad:

Pa wleidydd gwrywaidd na fyddai'n ochri ag ef?
(*Golwg*, 20 Ebrill, 1989: 19)

Teimlai'r teithiwr ei fod yn treiddio i mewn i wlad hud
nad oedd yn perthyn i weddill y ddaear
(R. Bryn Williams, 1973: 14)

Gyda bysedd nad oeddynt ond megis esgyrn sychion, melyn,
tynnai'r darn arian allan, a bwriai ef i mewn i'r gist
(Gerhart Hauptman a Heinrich Böll, 1974: 4)

Ceir enghreifftiau o *ni*(*d*) yn rhagflaenu'r ferf, gw. **225**.

Ar dreiglo yn dilyn *a*, gw. **73**.
Ar dreiglo yn dilyn *ni, na*, gw. **87**.

Bod fel Berf Gynorthwyol

286 Mae'r ferf *bod* yn cyson weithredu fel berf gynorthwyol mewn cyfluniad cwmpasog. Dyma drefn arferol yr olyniad:

un o amseroedd y ferf *bod* + ategydd berfol + berfenw

Sylweddolir yr ategydd berfol naill ai gan *yn* er mwyn cyfleu gweithred barhaol, neu gan *wedi* er mwyn cyfleu gweithred orffenedig. Mabwysiadwn *dysgu* yn ferfenw a nodi'r amser presennol:

		bod	+ ategydd berfol	+	*berfenw*
Unigol	1	*Yr wyf fi*	*yn*		*dysgu*
	2	*Yr wyt ti*	*yn*		*dysgu*
	3	*Y mae ef*	*yn*		*dysgu*
		Y mae hi	*yn*		*dysgu*
Lluosog	1	*Yr ydym ni*	*yn*		*dysgu*
	2	*Yr ydych chwi*	*yn*		*dysgu*
	3	*Y maent hwy*	*yn*		*dysgu*

Fel rheol bydd ffurfiau rhediadol y ferf *bod* yn dynodi'r elfen oddrychol yn hollol ddiamwys, ond gellir dynodi'r goddrych ymhellach gan ragenw. Rhaid dynodi'r 3ydd person unigol felly oherwydd heb y rhagenw y mae'r ffurf yn amhersonol (='there is, there are')

Pan fo angen dynodi cenedl yn y 3ydd person unigol rhaid dewis y rhagenw *ef* neu *hi*.

Yn dilyn llafariad try *yn* yn *'n* fel rheol:

> *Yr wyt ti'n dysgu*
> *Y mae hi'n dysgu*

Ffurfir yr amser Gorffennol Perffaith trwy gyfnewid *yn* am *wedi*:

> *Yr wyf fi'n dysgu*
> *Yr wyf i wedi dysgu*

Adeiledir amseroedd gwahanol y ferf trwy gadw amser *bod* yn ddigyfnewid tra'n cyfnewid *yn* a *wedi* yn safle'r ategydd berfol:

Gorffennol Parhaol

> *Yr oeddwn i'n dysgu*

Gorberffaith

> *Yr oeddwn i wedi dysgu*

Dyfodol

> *Byddaf in dysgu*

Dyfodol Perffaith

> *Byddaf i wedi dysgu*

Mae'r amseroedd sy'n weddill yn dewis rhwng *yn* ac *wedi*:

Amherffaith

> *Byddwn i'n dysgu*

Gorberffaith Amodol

> *Buaswn i wedi dysgu, Byddwn i wedi dysgu*

Gw. **309** (iii) n.

Gorffennol Penodol

Gellir dewis *yn* yn unig:

> *Bûm i'n dysgu*

Bydd yr ategwyr golygweddol yn peri treiglad meddal (gw. **69**):

> *Yr wyf am ddysgu*
>
> *Y maent i ddysgu*
>
> *Y mae ef ar ddysgu*

Mae *ar fedr, ar fin,* yn ogystal yn cyfleu'r ysytyr *ar.*

Enghreifftiau:

> *Roeddwn i ar weddïo*
> (Emyr Humphreys, 1981: 310)
> *'Roeddwn ar redeg yn ôl am y Garthau*
> (Rhiannon Davies Jones, 1977: 23)
> *Yr ydym ar fedr colli ein trysor pwysicaf*
> (*Taliesin,* Gorffennaf 1992: 5)
> *Roedd yntau ar fin troi'n ôl i'w ardal enedigol*
> (*Taliesin,* Rhagfyr 1992: 28)
> *Yr oedd ei garfan ef i gyd i fynd i Ffrainc*
> (T. Glynne Davies, 1974: 340)
> *I ba le y mae hwn ar fedr myned* (1955)
> *I ba le mae hwn ar fynd* (1988)
> (In. 7: 35)
> *Nid oedd am gerdded*
> (Alun Jones, 1989: 110)

Mae'r wylan am gynllunio protest ar ran yr adar
yn erbyn yr awyrlu
(J. Elwyn Hughes, 1991: 121)
Y mae i flingo'r poetheffrwm
(Lef., 1: 6)
Y maent i holi'r disgyblion
(R. Geraint Gruffydd, 1988: 123)
Yr oedd Ifan wedi cysgu yn hwyr y bore hwnnw
(T. Glynne Davies, 1974: 73)
Mae e'n canmol, ymhlith eraill, Fyrddin a Thaliesin
am eu bod yn brydyddion Cristnogol
(Gwyn Thomas, 1971: 60)
Roedd y plentyn bach yn wylo
(Gerhart Hauptman a Heinrich Böll, 1974: 18)

Gellir dewis *heb* i ffurfio negydd perffaith neu negydd gorberffaith; dilynir *heb* gan dreiglad meddal (gw. **69**):

(a) negydd perffaith

Bydd Catrin Salsbri heb ddychwelyd i Leweni)	*(=Ni bydd Catrin Salbri wedi dychwelyd i Lewenni)*
Y mae'r ci heb ei glymu	*(=Nid yw'r ci wedi ei glymu)*
Yr wyf heb ddarllen y llyfr	*(=Nid wyf wedi darllen y llyfr)*

(b) negydd gorberffaith

Yr oeddent heb eu darganfod	*(=Nid oeddent wedi eu darganfod)*
Yr oeddwn heb orffen y gwaith	*(=Nid oeddwn wedi gorffen y gwaith)*
Yr oeddwn heb ysgrifennu	*(=Nid oeddwn wedi ysgrifennu)*

Gw. hefyd **329, 337**.

Noder

(1) Ar lafar gellir dewis [bʊiti/dʒəsd/brɒn] yn hytrach nag *ar* a [vod i] yn hytrach nag *i*. Dilynir [bʊiti] [vod i] gan y treiglad meddal; ni threiglir yn dilyn [dʒəsd]: [man nhu bʊiti ðod]; [on ni dʒəsd maru]; [oð ɛ brɒn maru]; [on ni vod i vind].

(2) Mewn ysgrifennu anffurfiol digwydd *heb* gyda berf negyddol: *Dydi o heb daro deuddeg* (*Barn*, Mehefin 1969: 6); *Dyw llywodraeth Prydain heb arwyddo'r Siarter eto chwaith* (*Golwg*, 4 Mawrth 1993: 3; *Doedd y coleg anferth heb ei orffen* (W. O. Roberts, 1987: 22).

Berfau Cyfansawdd o *Bod*

287 Cynnwys y rhain wreiddyn + *bod*. Maent yn rhedeg yn afreolaidd; bydd y gwreiddyn yn gweithredu fel bôn a ffurfiau *b-* y ferf *bod* yn sylweddoli'r terfyniadau ffurfdroadol. Pan yw'r cyfansoddair ar batrwm *cyfarfod* (gw. **288-292**) a *fod* wedi ei dreiglo'n feddal, treiglir yr oldd- odiaid yn ogystal. Pan yw'r cyfansoddair ar batrwm *gwybod* (gw. **293**) a *bod* heb ei dreiglo, ni threiglir yr olddodiaid hwythau.

288 Berfau sy'n rhedeg ar batrwm *bod*, a *-b-* > *-f-*:

Berfenw	1af unigol Presennol Mynegol
canfod	*canfyddaf*
cyfarfod	*cyfarfyddaf*
darfod	*darfyddaf*
gorfod	*gorfyddaf*
darganfod	*darganfyddaf*
hanfod (gw. **292***)	

Canfod

MODD MYNEGOL

Amser Presennol

Unigol	Lluosog
1 *canfyddaf*	*canfyddwn*
2 *canfyddi*	*canfyddwch*
3 *cenfydd*	*canfyddant*

Amhersonol *canfyddir*

Amser Amherffaith

Unigol	Lluosog
1 *canfyddwn*	*canfyddem*
2 *canfyddit*	*canfyddech*
3 *canfyddai*	*canfyddent*

Amhersonol *canfyddid*

Amser Gorffennol Penodol

Unigol	Lluosog
1 *canfûm*	*canfuom*
2 *canfuost*	*canfuoch*
3 *canfu*	*canfuant*

Amhersonol *canfuwyd*

Amser Gorberffaith

Unigol	Lluosog
1 *canfuaswn*	*canfuasem*
2 *canfuasit*	*canfuasech*
3 *canfuasai*	*canfuasent*

Amhersonol *canfausid*

MODD DIBYNNOL

Amser Presennol

Unigol	Lluosog
1 *canfyddwyf*	*canfyddom*
2 *canfyddych*	*canfyddoch*
3 *canfyddo*	*canfyddont*

Amhersonol *canfydder*

MODD GORCHMYNNOL

Unigol	Lluosog
1 —	*canfyddwn*
2 *cenfydd*	*canfyddwch*
3 *canfydded*	*canfyddent*

Amhersonol *canfydder*

Gw. **293** (iii) n.

289 Cyfarfod

(i) Digwydd fel berf gyflawn a ddilynir gan *â*, *ag*; ceir *â* o flaen cytseiniaid, *ag* o flaen llafariaid:

> *Cyfarfûm â Gwilym R*
> (*Barddas*, Tachwedd 1993: 1)
> *Cyfarfu â geneth ifanc yn y maes glanio*
> *Cyfarfu â hi*
> *Cyfarfûm ag ewythr fy ngwraig*

Gall rhagenw mewnol ddilyn *â*:

> *Cyfarfu â'i blant*

(ii) Digwydd fel berf anghyflawn yn cymryd gwrthrych:

> *Daethant i'm cyfarfod*
> *Brysiodd i gyfarfod ei chwaer*

290 Darfod

Digwydd y ffurfiau isod yn gyffredin:

3ydd unigol dyfodol	*derfydd*
3ydd lluosog dyfodol	*darfyddant*
3ydd unigol amherffaith	*darfyddai*
3ydd unigol gorffennol penodol	*darfu*
3ydd unigol gorberffaith	*darfuasai*
Berfenw	*darfod*

Defnyddir *darfod*:

(i) I gyfleu'r ystyr 'marw, gorffen, diweddu':

> *Llafuriwch nid am y bwyd a dderfydd, eithr am y bwyd*
> *a bery i fywyd tragwyddol* (1955)
> *Gweithiwch, nid am y bwyd sy'n darfod, ond am y bwyd*
> *sy'n para i fywyd tragwyddol* (1988)
> (In. 6: 27)

Darfyddant oll gyda'i gilydd
(Eseia, 31: 3)
Mewn noson y daeth ac mewn noson y darfu
(Jona, 4: 10)

Gall yr arddodiad *am* ddilyn y 3ydd unigol:

Y mae wedi darfod amdanom! Y mae wedi darfod
am bob un ohonom
(Num. 17: 12)
Derfydd am ddihangfa i'r cyflym
(Amos, 2: 14)
Saethasom hwynt a darfu amdanynt
(Num. 21: 30)
O'r saithdegau ymlaen darfu'r sôn am farddoniaeth goncrid
(Barn, Ebrill 1990: 36)

(ii) I gyfleu'r ystyr 'digwydd'; bydd y ferf bob amser yn y 3ydd person unigol ac mewn ysgrifennu ffurfiol fe'i dilynir gan yr arddodiad *i*:

Pa beth a ddarfu i'w gar?
Os derfydd i chi glywed, anfonwch air

Noder

(1)   Gall y frawddeg *Darfu i'r fuwch farw* ddynodi naill ai 'Digwyddodd i'r fuwch farw' neu 'Bu'r fuwch farw'. Hynny yw mae *daru* wedi datblygu swyddogaeth gynorthwyol. Ar lafar ac mewn ysgrifennu anffurfiol gellir hepgor yr arddodiad *i*: *Darfu'r fuwch farw.*

(2)   Ar lafar yng ngogledd Cymru sylweddolir *darfu* gan *ddaru*: *Ddaru chi ganu?* (*Y Faner,* 22/29 Rhagfyr 1989: 18); *Chwerthin a chwerthin ddaru ni* (Angharad Tomos, 1991: 58).

291   Gorfod

Digwydd *gorfod* fel berf gyflawn ac fel berf anghyflawn. Fel berf gyflawn fe'i defnyddir:

(i) I gyfleu'r ystyr 'trechu' ac fe'i dilynir gan yr arddodiad *ar*:

Gorfu ar ei holl elynion

Gellir hepgor yr arddodiad a'r gwrthrych:

Pa fyddin a orfu?

(ii) I gyfleu'r ystyr 'bod yn rhaid, bod dan orfodaeth' yn y cyfluniad *gorfod* + arddodiad *i* neu *ar* + berfenw:

> *Gorfu i bawb adael*
>
> *Gorfu ar y ferch weithio*

Gellir dewis ffurf bersonol yr arddodiad yn hytrach nag enw:

> *Gorfu iddynt godi*
>
> *Gorfu arni symud*

Gellir dewis y berfenw *gorfod* yn hytrach na ffurf bersonol y ferf:

> *Gorfod imi fynd yn erbyn fy ewyllys*

Fel berf anghyflawn ceir berfenw yn wrthrych mewn cystrawen ferfol gwmpasog:*Taliesin*

> *Mae'n gorfod ymarfer yn gyson*

292 Hanfod 'bodoli, byw, deillio'

Ac eithrio'r berfenw *hanfod* a'r 2il unigol dibynnol *henffych*, anaml y gwelir y ferf hon mewn ysgrifennu cyfoes:

> *o'r rhai yr hanoedd Crist* (1955)
>
> *oddi wrthynt hwy y daeth y Meseia* (1988)
>
> > (Rhuf. 9: 5)
>
> *Henffych, foneddiges*
>
> > (R. Cyril Hughes, 1975: 35)
>
> *Henffych well, syr*
>
> > (1 Sam. 1: 26)
>
> *Hanfu Watkyn Powell o deulu diwylliedig*
>
> > (*Studia Celtica,* 18/19, 1983/1984: 17)
>
> *y Lefiad a hanoedd o Aaron yr offeiriad*
>
> > (Jos. 21: 4)
>
> *Hanoedd Robert o deulu a ddisgynnai o Idnerth ap Edryd*
>
> > (*Taliesin,* Haf 1996: 79)

Noder

Digwydd y ffurf *hanu* yn ogystal ar y berfenw: *pobl sy'n hanu o Ddyfed* (*Y Faner,* 23 Chwefror 1990: 19); *Codaf blentyn iti ar dy ôl, un yn hanu ohonot* (2 Sam. 7: 12).

293 Berfau sy'n rhedeg ar batrwm *bod*, a *-b-* heb dreiglo:

(i) **Gwybod** 'bod yn gyfarwydd â, meddu ar brofiad o'

MODD MYNEGOL

Amser Presennol

Unigol	Lluosog
1 *gwn*	*gwyddom*
2 *gwyddost*	*gwyddoch*
3 *gŵyr*	*gwyddant*

Amhersonol *gwŷs, gwyddys*

Amser Dyfodol

Unigol	Lluosog
1 *gwybyddaf*	*gwybyddwn*
2 *gwybyddi*	*gwybyddwch*
3 *gwybydd*	*gwybyddant*

Amhersonol *gwybyddir*

Amser Amherffaith

Unigol	Lluosog
1 *gwyddwn*	*gwyddem*
2 *gwyddit*	*gwyddech*
3 *gwyddai*	*gwyddent*
(*gwyddiad*)	

Amhersonol *gwyddid*

Amser Gorffennol Penodol

Unigol	Lluosog
1 *gwybûm*	*gwybuom*
2 *gwybuost*	*gwybuoch*
3 *gwybu*	*gwybuont, -ant*

Amhersonol *gwybuwyd*

Amser Gorberffaith

Unigol	Lluosog
1 *gwybuaswn*	*gwybuasem*
2 *gwybuasit*	*gwybuasech*
3 *gwybuasai*	*gwybuasent*

Amhersonol *gwybuasid*

MODD DIBYNNOL

Amser Presennol

Unigol	Lluosog
1 *gwypwyf, gwybyddwyf*	*gwypom, gwybyddom*
2 *gwypych, gwybyddych*	*gwypoch, gwybyddoch*
3 *gwypo, gwybyddo*	*gwypont, gwybyddont*

Amhersonol *gwyper, gwybydder*

Amser Amherffaith

Unigol	Lluosog
1 *gwypwn, gwybyddwn*	*gwypem, gwybyddem*
2 *gwypit, gwybyddit*	*gwypech, gwybyddech*
3 *gwypai, gwybyddai*	*gwypent, gwybyddent*

Amhersonol *gwypid, gwybyddid*

MODD GORCHMYNNOL

Unigol	Lluosog
1 —	*gwybyddwn*
2 *gwybydd*	*gwybyddwch*
3 *gwyped, gwybydded*	*gwypent, gwybyddent*

Amhersonol *gwybydder*

Berfenw *gwybod*   Ansoddeiriau berfol *gwybyddus, gwybodus*

(ii) **Adnabod** 'bod yn gyfarwydd â pherson neu le, gallu gwahaniaethu'

MODD MYNEGOL

Amser Presennol

Unigol	Lluosog
1 *adwaen, adwen*	*adwaenom, adwaenwn*
2 *adwaenost, adweini*	*adwaenoch, adwaenwch*
3 *adwaen, adwen, edwyn*	*adwaenant*

Amhersonol *adwaenir, adweinir*

Amser Dyfodol

Unigol	Lluosog
1 *adnabyddaf*	*adnabyddwn*
2 *adnabyddi*	*adnabyddwch*
3 *adnebydd*	*adnabyddant*

Amhersonol *adnabyddir*

Amser Amherffaith

Unigol	Lluosog
1 *adwaenwn*	*adwaenem*
2 *adwaenit*	*adwaenech*
3 *adwaenai*	*adwaenent*

Amhersonol *adwaenid, adweinid*

Amser Gorffennol Penodol

Unigol	Lluosog
1 *adnabûm*	*adnabuom*
2 *adnabuost*	*adnabuoch*
3 *adnabu*	*adnabuont, adnabuant*

Amhersonol *adnabuwyd*

Amser Gorberffaith

Unigol	Lluosog
1 *adnabuaswn*	*adnabuasem*
2 *adnabuasit*	*adnabuasech*
3 *adnabuasai*	*adnabuasent*

Amhersonol *adnabuasid*

MODD DIBYNNOL

Amser Presennol

Unigol	Lluosog
1 *adnapwyf, adnabyddwyf*	*adnapom, adnabyddom*
2 *adnebych, adnabyddych*	*adnapoch, adnabyddoch*
3 *adnapo, adnabyddo*	*adnapont, adnabyddont*

Amhersonol *adnaper, adnabydder*

Amser Amherffaith

Unigol	Lluosog
1 *adnapwn, adnabyddwn*	*adnapem, adnabyddem*
2 *adnapit, adnabyddit*	*adnapech, adnabyddech*
3 *adnapi, adnabyddai*	*adnapent, adnabyddent*

Amhersonol *adnepid, adnabyddid*

MODD GORCHMYNNOL

Unigol	Lluosog
1 —	*adnabyddwn*
2 *adnebydd*	*adnabyddwch*
3 *adnabydded*	*adnabyddent*

Amhersonol *adnabydder*

Berfenw *adnabod* Ansoddeiriau berfol *adnabyddus, adnabyddedig*

Noder

(1) Mae'r ffurfiau dibynnol yn *-nap-, -nep-* yn anarferedig bellach.

(2) *Bod, gwybod* ac *adnabod* yw'r unig dair berf yn y Gymraeg â ffurfiau gwahanol ar gyfer dynodi'r amser presennol a'r amser dyfodol.

(iii) **Cydnabod** 'arddel, dangos gwerthfawrogiad o'

MODD MYNEGOL
Amser Presennol

Unigol	Lluosog
1 *cydnabyddaf*	*cydnabyddwn*
2 *cydnabyddi*	*cydnabyddwch*
3 *cydnebydd*	*cydnabyddant*

Amhersonol *cydnabyddir*

Amser Amherffaith

Unigol	Lluosog
1 *cydnabyddwn*	*cydnabyddem*
2 *cydnabyddit*	*cydnabyddech*
3 *cydnabyddai*	*cydnabyddent*

Amhersonol *cydnabyddid*

Amser Gorffennol Penodol

Unigol	Lluosog
1 *cydnabûm*	*cydnabuom*
2 *cydnabuost*	*cydnabuoch*
3 *cydnabu*	*cydnabuont*

Amhersonol *cydnabuwyd*

Amser Gorberffaith

Unigol	Lluosog
1 *cydnabuaswn*	*cydnabuasem*
2 *cydnabuasit*	*cydnabuasech*
3 *cydnabuasai*	*cydnabuasent*

Amhersonol *cydnabuasid*

MODD DIBYNNOL

Amser Presennol

Unigol	Lluosog
1 *cydnabyddwyf*	*cydnabyddom*
2 *cydnabyddych*	*cydnabyddoch*
3 *cydnabyddo*	*cydnabyddont*

Amhersonol *cydnabydder*

Amser Amherffaith = Amherffaith Mynegol
Modd Gorchmynnol

Unigol	Lluosog
1 —	*cydnabyddwn*
2 *cydnebydd*	*cydnabyddwch*
3 *cydnabydded*	*cydnabyddent*

Amhersonol *cydnabydder*

Berfenw *cydnabod*   Ansoddeiriau berfol *cydnabyddus,*
cydnabyddedig

Noder

Ar lafar ac mewn ysgrifennu anffurfiol bydd *adnabod, darganfod, cyfarfod, cydnabod* sydd fel rheol yn cytuno â *bod* ac yn meddu ar amser gorffennol penodol, yn dewis terfyniadau'r ferf reolaidd (gw. **261**) a *-bydd-* neu *-fydd-* yn fôn: *adnabyddais* am *adnabûm, adnabyddodd* am *adnabu, adnabyddon* am *adnabuont, darganfyddais* am *darganfûm, darganfyddoch* am *darganfuoch, cyfarfyddodd* am *cyfarfu, cydnabyddais* am *cydnabûm, cydnabyddodd* am *cydnabu, cydnabyddon* am *cydnabuont.*

Enghreifftiau:

> *Fel James Rhys Jones yr adweinid ef am gyfnod*
> > (*Barn*, Mehefin 1989: 8)
> *Cydnabyddir hyn yn gyffredinol gan D. T. L*
> > (*Taliesin*, Tachwedd 1989: 37)
> *Cydnebydd Iolo hawliau'r Goron wrth iddo gyfarch*
> *Edward III a Syr Rhosier Mortimer*
> > (*Llais Llyfrau*, Gaeaf 1989: 16)
> *Dyna'r unig fangre a adnabu mewn gwirionedd*
> *er dyddiau ei ieuenctid*
> > (Rhiannon Davies Jones, 1989: 22)
> *Gwyddai'r naill fod y llall yn effro*
> > (Alun Jones, 1989: 27)
> *Cydnabuwyd ei ddawn fel gweinyddwr academaidd*
> > (*Barn*, Tachwedd 1993: 11)
> *un o'r dynion mwyaf positif a adnabyddais erioed*
> > (*Taliesin*, Rhagfyr 1992: 43)
> *Trwy hap a damwain y darganfyddodd Sara Edwards*
> *ei hunan o flaen y camerau teledu*
> > (*Y Cymro*, 18 Ionawr 1996: 7)
> *Adnebydd yr Arglwydd*
> > (Heb. 8: 11)
> *Ni wyddys a gyflwynwyd y ddeiseb ai peidio*
> > (R. Geraint Gruffydd, 1988: 29)
> *Canfûm lecyn*
> > (*Barn*, Chwefror 1995: 31)

294 Mynd, gwneud, dod
Mynd

MODD MYNEGOL

Amser Presennol

Unigol	Lluosog
1 *af*	*awn*
2 *ei*	*ewch*
3 *â*	*ânt*

Amhersonol *eir*

Noder

(1) Ar lafar ac mewn ysgrifennu anffurfiol ceir *aiff/eith* yn y 3ydd unigol.

Ffurfir Amser Presennol *gwneud* yn yr un modd yn union â *mynd* gan ychwanegu *gwn-* yn ddechreuol:

Unigol	Lluosog
1 *gwnaf*	*gwnawn*
2 *gwnei*	*gwnewch*
3 *gwna*	*gwnânt*

Amhersonol *gwneir*

Noder

Ar lafar gellir hepgor *gw-* yn *gwnaf, gwnawn, gwneuthum, gwnes, gwna, gwneud, gwneuthur* etc. Gellir hepgor *-w-* hefyd: *gnes, gna, gneud* etc. Ceir y ffurfiau hyn yn ogystal mewn ysgrifennu anffurfiol.

Bydd *dod* yn dewis y bôn *deu-* yn yr iaith lenyddol:

Unigol	Lluosog
1 *deuaf*	*deuwn*
2 *deui*	*deuwch*
3 *daw*	*deuant*

Amhersonol *deuir*

Ceir ffurfiau talfyredig yn yr iaith ysgrifenedig sy'n ymdebygu i ffurfiau a ddigwydd ar lafar yn enwedig yn llafar gogledd Cymru:

Unigol	Lluosog
1 *dof*	*down*

286

2 *doi*   *dowch, dewch*

3 *daw*   *dônt*

Amhersonol *doir*

Amser Amherffaith

Tebyg yw rhediad *mynd* a *gwneud*:

Mynd

Unigol	Lluosog
1 *awn*	*aem*
2 *ait*	*aech*
3 *âi*	*aent*

Amhersonol *eid*

Gwneud

1 *gwnawn*	*gwnaem*
2 *gwnait*	*gwnaech*
3 *gwnâi*	*gwnaent*

Amhersonol *gwneid*

Dod

Mae *dod* yn dewis y bôn *deu-*:

1 *deuwn*	*deuem*
2 *deuit*	*deuech*
3 *deuai*	*deuent*

Amhersonol *deuid*

Ceir hefyd y ffurfiau talfyredig:

Unigol	Lluosog
1 *down*	*doem*
2 *doit*	*doech*
3 *dôi*	*doent*

Amhersonol *doed*

Noder

Ar lafar ceir bonau yn *-l-*, *-s-*, *-th-* ar gyfer amherffaith mynegol *mynd*, *dod*, *cael*, *gwneud* er enghraifft:

elen, esen, ethen am *awn*

nelen, nesen, nethen am *gwnawn*

delen, desen, dethen am *deuwn*

Amser Gorffennol

Tebyg yw rhediad *mynd, gwneud, dod*; ychwanegir *gwn-*, neu *d-* at ffurfiau *mynd*:

Mynd

	Unigol	Lluosog
1	*euthum*	*aethom*
2	*aethost*	*aethoch*
3	*aeth*	*aethant*

Amhersonol *aethpwyd*

Gwneud

	Unigol	Lluosog
1	*gwneuthum*	*gwnaethom*
2	*gwnaethost*	*gwnaethoch*
3	*gwnaeth*	*gwnaethant*

Amhersonol *gwnaethpwyd*

Dod

	Unigol	Lluosog
1	*deuthum*	*daethom*
2	*daethost*	*daethoch*
3	*daeth*	*daethant*

Amhersonol *daethpwyd*

Noder

Ar lafar gellir dewis *es, gwnes, des* yn y cyntaf unigol; gellir *est, gwnest, dest* yn yr 2il berson unigol; *aed, gwnaed* yn yr Amhersonol. Digwydd y ffurfiau hyn yn ogystal yn yr iaith ysgrifenedig ac eithrio mewn cywair tra ffurfiol. Ceir hefyd *dois* = *des, doist* = *dest*. Ar lafar ceir bonau yn *-l-, -s-, -th-*, er enghraifft:

> *eloch, esoch, ethoch* am *aethoch*
> *neloch, nesoch, nethoch* am *gwnaethoch*
> *deloch, desoch, dethoch* am *daethoch*

Amser Gorberffaith

Cyffelyb unwaith eto yw rhediad *mynd, dod, gwneud*; ychwanegir *gwn-* neu *d-* at ffurfiau *mynd*:

Mynd

	Unigol	Lluosog
1	*aethwn*	*aethem*
2	*aethit*	*aethech*
3	*aethai*	*aethent*

Amhersonol *aethid*

Gwneud

	Unigol	Lluosog
1	*gwnaethwn*	*gwnaethem*
2	*gwnaethit*	*gwnaethech*
3	*gwnaethai*	*gwnaethent*

Amhersonol *gwnaethid*

Dod

	Unigol	Lluosog
1	*daethwn*	*daethem*
2	*daethit*	*daethech*
3	*daethai*	*daethent*

Amhersonol *daethid*

Modd Dibynnol

Cyffelyb yw rhediad *mynd, dod, gwneud*:

Amser Presennol

Mynd

	Unigol	Lluosog
1	*elwyf*	*elom*
2	*elych*	*eloch*
3	*êl, elo*	*elont*

Amhersonol *eler*

Gwneud

	Unigol	Lluosog
1	*gwnelwyf*	*gwnelom*
2	*gwnelych*	*gwneloch*
3	*gwnêl, gwnelo*	*gwnelont*

Amhersonol *gwneler*

289

Dod

	Unigol	Lluosog
1	_delwyf_	_delom_
2	_delych_	_deloch_
3	_dêl, delo_	_delont_

Amhersonol _deler_

Amser Amherffaith

Mynd

	Unigol	Lluosog
1	_elwn_	_elem_
2	_elit_	_elech_
3	_elai_	_elent_

Amhersonol _elid_

Gwneud

	Unigol	Lluosog
1	_gwnelwn_	_gwnelem_
2	_gwnelit_	_gwnelech_
3	_gwnelai_	_gwnelent_

Amhersonol _gwnelid_

Dod

	Unigol	Lluosog
1	_delwn_	_delem_
2	_delit_	_delech_
3	_delai_	_delent_

Amhersonol _delid_

MODD GORCHMYNNOL

Mynd

	Unigol	Lluosog
1	—	_awn_
2	_dos_	_ewch_
3	_aed, eled_	_aent, elent_

Amhersonol _aer, eler_

Berfenw _mynd_

Noder

Ar lafar yn y de clywir *cer, cera, cere* yn yr 2il unigol; mae *cerwch* yn yr 2il lluosog yn gyffredinol.

Gwneud

Unigol	Lluosog
1 —	*gwnawn*
2 *gwna*	*gwnewch*
3 *gwnaed, gwneled*	*gwnelent*

Amhersonol *gwnaer, gwneler*

Berfenw *gwneud, gwneuthur*　　　Ansoddeiriau berfol *gwneuthuredig, gwneuthuradwy*

Dod

Unigol	Lluosog
1 —	*deuwn, down*
2 *tyr(e)d*	*deuwch, dowch, dewch*
3 *deued, doed, deled*	*deuent, doent, delent*

Amhersonol *deuer, doer, deler*

Berfenw *dyfod, dod, dywad* (*dwad* taf.)　　　Ansoddair berfol *dyfodol*

Noder

Yn ysgrifenedig ac ar lafar yn y de ceir *dere* yn yr 2il unigol.

Enghreifftiau:

>*Uchaf yn y byd yr aent, oeraf yn y byd yr oedd yr hin*
>　　(Rhiannon Davies Jones, 1989: 47)
>*Pan eloch allan o'r ddinas honno, ysgydwch hyd yn oed y llwch oddi wrth eich traed* (1955)
>*Ewch allan o'r dref honno ac ysgydwch ymaith y llwch oddi ar eich traed* (1988)
>　　(Lc. 9: 5)
>*Dos yn is!*
>　　(W. O. Roberts, 1987: 14)
>*Cerwch i hôl torth i fi*
>　　(Ray Evans, 1986: 19)
>*Dof gyda thi ar unwaith*
>　　(Emyr Hywel, 1989: 28)

Wyt ti'n meddwl y down ni drwy hyn?
(Alun Jones, 1989: 231)
Y mae'r Ysbryd a'r briodferch yn dweud, 'Tyrd';
a'r hwn sy'n clywed, dyweded yntau 'Tyrd'.
A'r hwn sy'n sychedig deued ymlaen
(Dat. 22: 17)
yr wybodaeth newydd y daethai ar ei thraws
(R. Geraint Gruffydd, 1988: 31)
Gwneuthum addewid i'r Arglwydd, ac ni allaf ei thorri
(Barn. 11: 35)
Yr un a ddylai wneuthur y penderfyniadau ynglŷn â'r corff
yw'r ferch sydd yn feichiog
(*Llais Llyfrau,* Gaeaf 1989: 31)
Gwnaed ambell ddarganfyddiad diddorol
(J. Elwyn Hughes, 1991: 120)
Aed adref
(Barn. 7: 3)
Aed â fo
(Robin Llywelyn, 1994: 44)
Gwna ganhwyllbren o aur pur
(Ex. 25: 31)
Chwi a'i gwnaethoch yn ogof lladron (1955)
Yr ydych chwi yn ei wneud yn ogof lladron (1988)
(Mth. 21: 13)
Eler ati yn ddewr ac yn onest
(*Llên Cymru,* 17: 204)
Gwneuthum addewid i'r Arglwydd
(Barn. 11: 35)
Doed ataf i
(Ex., 32: 36)

Berfau Diffygiol

295 Dichon. 3ydd unigol presennol mynegol yn unig a geir. Fe'i defnyddir i gyfleu'r ystyr:

(i) 'Gall, medr'. Ffurfiau rhediadol *gallu, medru* a geir mewn personau eraill; gall ffurfiau'r berfau hyn, yn ogystal, ddisodlu *dichon*:

> *Ni ddichon neb wasanaethu dau arglwydd* (1955)
> *Ni all neb wasanaethu dau arglwydd* (1988)
> (Mth. 6: 24)
> *Ni ddichon dim da ddod o Lanrafon*
> (*Barddas,* Gorffennaf/Awst 1993: 9)
> *Pa fodd y dichon y pethau hyn fod* (1955)
> *Sut y gall hyn fod* (1988)
> (In. 3: 9)
> *Fe ddichon mai cais cyntaf yr Esgob i gyflawni gofynion Deddf 1536 yw'r llawysgrif hon*
> (R. Geraint Gruffydd, 1988: 28)

(ii) 'Efallai, hwyrach':

> *Os yw'r clybiau mawr yn medru fforddio talu miliynau o bunnau am chwaraewyr pêldroed dichon na allent fforddio meysydd chwarae diogel*
> (*Y Faner,* 2 Chwefror 1990: 4)
> *Dichon bod polareiddio yn anochel mewn cymdeithas ddemocrataidd*
> (*Barn,* Tachwedd 1989: 5)

Noder
Digwydd *dichon,* yn ogystal, fel enw gwrywaidd yn dynodi 'posibilrwydd': *Does dichon gwneud dim byd â nhw.*

296   Dylwn. Amser amherffaith ac amser gorberffaith yn unig a geir mewn Cymraeg cyfoes:

Amser Amherffaith

Unigol	Lluosog
1 *dylwn*	*dylem*
2 *dylit*	*dylech*
3 *dylai*	*dylent*

Amhersonol *dylid*

Amser Gorberffaith

Unigol	Lluosog
1 *dylaswn*	*dylasem*
2 *dylasit*	*dylasech*
3 *dylasai*	*dylasent*

Amhersonol *dylasid*

Er bod *dylwn, dylaswn* etc. yn amherffaith a gorberffaith o ran eu ffurf, gallant ddynodi presennol cyffredinol. Ar lafar ac mewn ysgrifennu diweddar pylodd y gwahaniaeth rhwng ffurfiau'r amherffaith a'r gorberffaith.

Enghreifftiau:

> *Efallai y dylwn fod wedi dwyn yr achos i'r llys*
> (Emyr Humphreys, 1981: 105)
> *Mi ddylen edrych y tu draw i'n maes bach arbennig ni*
> (John Rowlands, 1978: 69)
> *Fe ddylem ddiolch i Dduw*
> (2 Thes. 2: 13)
> *Mi ddylai rhywun ddweud wrthi*
> (Alun Jones, 1989: 17)
> *Dylaswn fod wedi hen ddysgu'r wers*
> (Robat Gruffydd, 1986: 248)
> *Ddynion, dylasech fod wedi gwrando arnaf*
> (Act. 27: 21)

Dylasai'r gweithiwr a'r taeog brofi ffrwyth yr artist
ar ôl diwrnod caled o waith
    (*Taliesin*, Tachwedd 1989: 6)

297   Ebe, eb. Dewisir y ffurfiau hyn ar gyfer pob person ac amser wrth gofnodi union eiriau'r siaradwr; dilynir y ferf gan enw neu ragenw o oddrych:

Melltigwch Meros, eb angel yr Arglwydd (1955)
    (Barn. 5: 23)
Gwypoch fod gan Fab y dyn awdurdod i faddau pechodau
ar y ddaear, (eb efe wrth y claf o'r parlys) (1955)
    (Mc. 2: 10)
Noder
Ar lafar yng ngogledd Cymru clywir *ebra: ebra fi, ebra nhw*.

298   Meddaf. Ceir amser presennol ac amser amherffaith.

Amser Presennol

Unigol	Lluosog
1 *meddaf*	*meddwn*
2 *meddi*	*meddwch*
3 *medd*	*meddant*

Amhersonol *meddir*

Amser Amherffaith

Unigol	Lluosog
1 *meddwn*	*meddem*
2 *meddit*	*meddech*
3 *meddai*	*meddent*

Amhersonol *meddid*

Pwy meddwch ydwyf i ?
    (Mth. 16: 15)
Yr oedd yn boblogaidd iawn, meddir, gyda'r ymwelwyr
    (*Barn*, Mehefin 1989: 8)
Mae'r gynghanedd yn amherthnasol yn ein hoes fodern, meddir
    (*Barddas*, Medi 1993: 6)

Mae'n gyffredin defnyddio'r amherffaith a'r presennol yn yr un ffordd ag *ebe, eb* wrth gofnodi union eiriau'r siaradwr:

> *"A yw'r plentyn wedi marw ?" "Ydyw," meddent hwythau*
> (2 Sam. 12: 19)
> *Melltigwch Meros, medd angel yr Arglwydd (1988)*
> (*Barn*, 5: 23)
> *'Pen-blwydd hapus', meddwn*
> (Irma Chilton, 1989: 83)

Noder

Ar lafar yn y de clywir *myntwn, myntit, mynte/mynta, myntem, myntech, mynten* yn yr amherffaith.

299 Geni. Ceir y ffurfiau isod:

MODD MYNEGOL

Presennol Amhersonol: *genir*
Amherffaith Amhersonol: *genid*
Gorffennol Amhersonol: *ganwyd, ganed*
Gorberffaith Amhersonol: *ganesid, ganasid*

MODD DIBYNNOL

Presennol Amhersonol: *ganer*
Amherffaith Amhersonol: *genid*
Berfenw: *geni*
Ansoddair berfol: *ganedig*

Enghreifftiau:

> *Ganed iddynt ym Maldwyn fachgen a alwyd yn Robert*
> (Hywel Teifi Edwards, 1989: 85)
> *Da fuasai i'r dyn hwnnw pe na ganesid ef* (1955)
> *Da fuasai i'r dyn hwnnw petai heb ei eni* (1988)
> (Mth. 26: 24)
> *Yn Detroit y ganwyd Ray Robinson*
> (*Barn*, Mehefin 1989: 14)

300 Gweddu. Digwydd y ffurfiau canlynol:

3ydd unigol presennol mynegol: *gwedda*
3ydd unigol amherffaith mynegol: *gweddai*
Berfenw: *gweddu*

Bydd yr arddodiad *i* yn dilyn y ferf yn aml:

Sancteiddrwydd sy'n gweddu i'th dŷ
(Salmau, 93: 5)
Gwialen a weddai i gefn yr angall
(Diar. 10: 13)

301 Tycio. Digwydd y ffurfiau canlynol:

MODD MYNEGOL

3ydd unigol presennol: *tycia*
3ydd unigol amherffaith: *tyciai*
3ydd unigol gorffennol: *tyciodd*
3ydd unigol gorberffaith: *tyciasai*
Berfenw: *tycio*

Fel rheol ceir *tycio* mewn brawddeg negyddol:

Ni thycia iddynt (1955)
(Jer. 12: 13)

Pan na chyfeirir at berson, hepgorir yr arddodiad *i* yn dilyn y ferf:

Pan welodd Peilat nad oedd dim yn tycio . . . cymerodd ddŵr,
a golchodd ei ddwylo o flaen y dyrfa
(Mth. 27: 24)
Ni thyciai ddim
(Alun Jones, 1989: 36)
Ni thyciodd fy nadlau ddim
(*Y Faner,* 2 Mawrth 1990:)

302   **Hwde** 'cymer, derbyn'; **Moes** 'dyro, estyn, gad'. Digwydd y ffurfiau isod:

MODD GORCHMYNNOL

2il unigol: *hwde*
2il lluosog: *hwdwch*
2il unigol: *moes*
2il lluosog: *moeswch*

Enghreifftiau:

> *Hwde i ti a moes i minnau*
> (Dihareb)
> *Moes i mi'r llyfr bychan* (1955)
> (Dat. 10: 9)
> *Moeswch i'r Arglwydd ogoniant a nerth* (1955)
> *Rhowch i'r Arglwydd ogoniant a nerth* (1988)
> (Salmau, 29: 1)
> *Hwda, dyma i chdi Woodbine*
> (Jane Edwards, 1989: 53)
> *Hwda lymed o ddŵr*
> (Robin Llywelyn, 1995: 44)

Noder
Ar lafar yn y de sylweddolir y ffurfiau *hwde, hwdwch* gan *hwre, hwr(i)wch*.

303   **Methu; Synnu**. Gynt ceid ffurfiau yn y 3ydd unigol yn unig, ond mewn ysgrifennu cyfoes bydd *methu* a *synnu* yn rhedeg fel berfau rheolaidd eraill; gall yr arddodiad *â* ddilyn *methu* a gall yr arddodiaid *wrth* ac *at* ddilyn *synnu*:

> *Synnwn i ddim ei fod wedi dysgu ei grefft oddi wrth*
> *hen gyfarwyddiaid dilychwyn y Mabinogi*
> (*Barn*, Mehefin 1989: 47)
> *Synnwn i fawr nad yw Geraint Howells yn tynnu*
> *pleidlais bersonol gref, yn debyg i Gwynfor Evans gynt*
> (*Y Faner*, 12 Ionawr 1990: 6)

Maen nhw wedi methu dod o hyd i'r babi
(Alun Jones 1989: 234)
Y mae heddlu Llundain wedi methu'n lan â denu
pobl dduon i'w rhengau
(*Y Faner*, 23 Chwefror 1990: 3)
Synnais at y ddarpariaeth
Rwy'n synnu wrthych chi

304 Digwydd, damwain. Fe'u dilynid gan yr arddodiad *i* a'u def-nyddio'n gyffelyb i *methu, synnu* (gw. **303**) yn y 3ydd unigol:
Yr un peth a ddamwain i'r cyfiawn ac i'r annuwiol (1955)
Yr un peth sy'n digwydd i bawb—i'r cyfiawn
ac i'r drygionus (1988)
(Preg. 9: 2)
Digwyddodd iddo syrthio

Mewn ysgrifennu cyfoes ceir personau eraill a hepgorir yr arddodiad *i* yn bur aml:

Digwyddais weld y cyfan
Digwyddodd syrthio

305 Piau Gw. **228.**

Rhai amrywiadau lleol yn unig y gallwyd eu cynnwys yn y drafodaeth hon ar y ferf. Ni wnaed, hyd yma, astudiaeth gyhwysfawr yn nodi'r ffurfiau llenyddol ynghyd â'r amrywiadau llafar. Ceir syniad o'r holl amrywiaeth sy'n bosibl yn Thomas a Thomas 1989: 60-81 ac yn Martin J. Ball, 1988: 144-7.

Y Modd Mynegol

306 Y Presennol Mynegol

Defnyddir y presennol mynegol:

(i) I ddynodi'r presennol syml neu'r gwir bresennol:

> *Fedri di ddim twyllo Mali achos mi wn i fod Gwladus Twrcelyn*
> *yn mynd at y Meini Hirion yn feunyddiol bron*
> (Rhiannon Davies Jones, 1977: 27)
> *Mae yno swm helaeth*
> (Gerhard Hauptman a Heinrich Böll, 1974: 5)
> *Gyda rhai menywod gallaf honni fy mod yn llwyddiant*
> (Emyr Humphreys, 1981: 72)

Dim ond berfau a'u ffurfiau cryno yn dynodi gweithredu parhaol all ddynodi'r gwir bresennol, er enghraifft,

gweld	*credu*	*clywed*
sefyll	*dymuno*	*aros*
tybied	*bod*	*gwybod*
adnabod	*gallu*	*medru*

Fel rheol defnyddir y gystrawen gwmpasog *bod* + *yn* + berfenw i gyfleu'r ystyr hon:

> *Mae'n berwi drosodd*
> (Emyr Humphreys, 1986: 81)
> *Mae'r diawl 'ma'n cnoi fy nhu mewn i a fedra' i*
> *wneud dim ynglŷn â'r peth*
> (R. Gerallt Jones, 1977: 35)

(ii) I ddynodi presennol cyffredinol, heb gyfeiriad arbennig at amser fel mewn diarhebion, epigramau, gwirebau:

> *Gwyn y gwêl y frân ei chyw*
> (Dihareb)
> *Adar o'r unlliw hedant i'r unlle*
> (Dihareb)
> *Ceir heddiw ddramâu heb iddynt na phlot na thema bositif*
> (Geraint Bowen, 1972: 133)

Ni ad efe i'th droed lithro: ac ni huna dy geidwad.
Wele ni huna ac ni chwsg ceidwad Israel (1955)
Nid yw'n gadael i'th droed lithro, ac nid yw dy geidwad
yn cysgu. Nid yw ceidwad Israel yn cysgu nac yn huno (1988)
 (Salmau, 121: 3-4)

Cyffredinol yw amser berfau a ddefnyddir yn sangiadol (ynghyd â threiglad meddal fel rheol (gw. **82**)) i fynegi barn neu deimlad:

Ni hoffai gyfaddef, welwch chi, na allai wneud rhwch
na blewyn ohono
 (Lewis Carroll, 1984: 23)

(iii)   I ddynodi'r dyfodol. Mae'r defnydd hwn yn gyffredin iawn oherwydd ac eithrio'r ferf *bod* a berfau cyfansawdd ohoni, nid oes ffurfiau arbennig ar gyfer dynodi'r amser dyfodol (gw.**260, 277, 288-293**):

Mi gei boen bol os bwyti di ormod o siwgr
 (Rhiannon Davies Jones, 1985: 52)
Mi rof fwled trwy dy ben di
 (Harri Williams, 1978: 67)
Mi wisgwn ni'r dillad yma i fynd i'r dre, wedyn
mi gawn weld pa liw fydd yn gweddu orau
 (Kate Roberts, 1976: 28)

(iv)   I ddynodi'r presennol dramatig wrth adrodd stori neu gyflwyno hanesyn:

Mae'r drws yn agor a dyma ddyn â dryll yn ei law yn sleifio i mewn. Cerdda ar draws yr ystafell i gyfeiriad y ddesg. Gesyd y dryll ar y gadair. Dyma fe'n agor y drôr canol. Cydia mewn pentwr o ddogfennau a bwrw golwg frysiog drostynt. Gwthia'r papurau i'w boced. Egyr y drws yn sydyn ond mae'r lleidr yn diflannu drwy'r ffenestr agored.

(v)   I ddynodi gweithred neu gyflwr sy'n parhau hyd at y presennol:

'Rydw i yma ers wythnos . . .
 (Rhiannon Davies Jones, 1985: 41)
Mae hi'n aros ers awr

(vi) I ddynodi gweithred neu gyflwr parhaol sy'n parhau yn y presennol. Fel rheol ffurfiau arferiadol *bod* ynghyd â'r berfenw a ddefnyddir yn y gystrawen hon:

> *Byddaf yn mynd i'r eisteddfod am wythnos bob mis Awst*
>
> *Bydd yn aros mewn llety yn y pentref agosaf*

Dynodir yr un ystyr gan y ffurfiau *wyf, wyt* etc:

> *Mi'r ydach chi'n drwsiadus bob amser*
> (Kate Roberts, 1976: 26)
>
> *Mae dy gyngor yn werthfawr bob amser*
> (R. Cyril Hughes, 1976: 116)

Gellir dewis ffurfiau cryno berfau eraill yn ogystal i gyfleu gweithredu parhaol:

> *Gallaf fwynhau cwmni plant bob amser*
> (Harri Williams, 1978: 9)
>
> *Teflir ennyd o gysgod dros y modurwyr a brysura i lawr Adam St; a phan gerddwch ar hyd Gaol Lane, fe deimlwch ias glyd wrth deimlo'r crogiadau gynt a'r dynion caled sy'n gaeth y tu ôl i'r bariau*
> (Urien William, 1974: 19)

(vii) Gall amser presennol y ferf *bod* ddynodi amser dyfodol pan yw'r cyd-destun yn dangos mai at y dyfodol y cyfeirir:

> *Mae'n dod yfory*
>
> *Mae ysgol yma yr wythnos nesaf*

307 Yr Amherffaith Mynegol

Yr un o ran eu ffurf yw'r amherffaith mynegol a'r amherffaith dibynnol ac eithrio yn achos y berfau afreolaidd canlynol: *mynd*; *dod, dyfod*; *gwneud, gwneuthur* (gw. **294**); *bod* (gw. **277**).

Defnyddir yr amherffaith mynegol:

(i) I ddynodi bod gweithred neu stad yn parhau ar ryw adeg yn y gorffennol:

> *Ni oedd yn breuddwydio breuddwydion*
> (Rhiannon Davies Jones, 1977: 13)

Yr oedd dwy ddynes aflêr a gweflog a diffurf yn cerdded
tuag atynt
    (T. Glynne Davies, 1974: 78)

(ii)   I ddynodi arfer yn y gorffennol:

Bore a hwyr dôi cigfrain â bara a chig iddo, ac yfai o'r nant
    (1 Bren. 17: 6)
Epiliai'r Kennedys cyn pob etholiad
    (Jane Edwards, 1976: 134)
Darllenai drosodd a throsodd hanes angel yr Arglwydd
yn hysbysu genedigaeth Ioan Fedyddiwr a'r Iesu
    (*Taliesin*, Rhagfyr 1988: 11)

(iii)   I gyfleu dymuniad neu ewyllys neu fwriad y gweithredydd:

Ni fynnai fynd at y meddyg
    (Urien William, 1974: 22)

(iv)   Mewn araith anuniongyrchol yn dilyn berf amser gorffennol neu amser amherffaith, lle y ceid y dyfodol mewn araith uniongyrchol:

Tyngais wrthynt y byddwn yn dod â hwy allan o wlad yr Aifft
    (Esec. 20: 6)
Dywedodd y deallent y cyfan

Gwyddwn y cawn i bob chwarae têg

Credai y byddent yn dychwelyd

(v)   I ddynodi posibilrwydd neu allu, yn bennaf gyda berfau megis *gweld, clywed, teimlo, medru, gallu*:

Clywem ymchwydd y môr o'r traethau fel dyn yn anadlu'n drwm
    (Rhiannon Davies Jones, 1977: 10)
Fe welai hi'r wylan yn dyfod o bell ar hyd y lawnt
    (Kate Roberts, 1976: 75)
Mi fedrai'r rheini arogli wenci led cae i ffwrdd
    (Rhiannon Davies Jones, 1977: 116)
Am bris rhesymol fe allai gael y toriad a'r lliwiau diweddaraf
    (R. Cyril Hughes, 1975: 9)

(vi) Mewn araith anuniongyrchol yn dilyn berf orffennol lle y ceir y presennol syml mewn araith uniongyrchol:

Pwy yw hi ?	*Holodd pwy oedd hi*
Ble maen nhw ?	*Gofynnodd ble'r oedden nhw*
Beth a weli di ?	*Holais beth a welai ef*
Pwy wyt ti ?	*Gofynasant pwy oeddet ti*

(vii) Mewn prif gymal a ddilynir neu a ragflaenir gan gymal amodol neu ei gyfwerth:

Gallai fynd yn ôl i'w wely pe mynnai
(John Rowlands, 1978: 130)
Ni allai neb wneud yr arwyddion hyn oni bai fod Duw gydag ef
(In. 3: 2)
Pe byddai ar y ddaear, ni byddai'n offeiriad o gwbl
(Heb. 8: 4)

308 Y Gorffennol

Defnyddir yr amser gorffennol:

(i) I ddynodi bod gweithred seml wedi digwydd yn y gorffennol. Dyma'r amser a ddefnyddir fel rheol wrth adrodd hanes:

Yna edrychodd ar y buarth dan ei orchudd gwyn o eira, a dechreuodd ddychmygu bwrdd wedi ei daenu â lliain main ac arno olwython o gig gwyddau a hwyaid, a'r ager yn codi yn gwmwl oddi arnynt. Llyfodd ei wefusau â blaen ei dafod a theimlodd y dŵr yn llifo o'i ddannedd
(Gerhart Hauptman a Heinrich Böll, 1974: 6)

(ii) I ddynodi bod gweithred wedi ei chwblhau erbyn yr adeg y siaredir neu y cofnodir. Dyma'r gorffennol perffaith:

Cyfieithodd William Salesbury lyfr rhetoreg
o'r Lladin i'r Gymraeg
(Geraint H. Jenkins, 1983: 119)
Ni chyhoeddodd na llyfr na phamphled o unrhyw fath
(D. Tecwyn Lloyd, 1988: 35)

Defnyddir y gystrawen gwmpasog amser presennol *bod* + *wedi* + berfenw yn gyffredin ar lafar ac mewn ysgrifennu anffurfiol er dynodi'r amser perffaith (gw. **286**):

> *Y mae fy ngwas wedi f'enllibio i wrth f'arglwydd frenin*
> (2 Sam. 19: 27)

> *Rydw i wedi cytuno*

> *Dyw'r enghreifftiau ddim wedi codi yn y casgliad*

Gellir dewis *yr wyf wedi bod* etc. yn hytrach na *bûm* etc:

(a) *bod* yn ferf gynorthwyol

> *Ydych chi wedi bod yn yfed ?*
> (Emyr Humphreys, 1986: 93)

> *Wyt ti wedi bod yn datgelu'n cyfrinache ni*
> (Marcel Williams, 1990: 24)

(b) *bod* yn brif ferf

> *Y mae'r Toriaid wedi bod yn eithriadol o hael at yr iaith*
> (*Y Faner,* 10 Tachwedd 1989: 4)

> *Mae rhestru brychau iaith wedi bod yn gêm*
> (J. Elwyn Hughes, 1991: 93)

> *Mae o wedi bod yn sâl*
> (Mair Wyn Hughes, 1989: 11)

> *Mae y ddarlith honno wedi bod yn drobwynt yn ein hanes*
> (*Y Faner*, 21 Chwefror 1992: 3)

309 Y Gorberffaith

Defnyddir yr amser gorberffaith:

(i) I ddynodi gweithred neu stad o flaen amser penodedig yn y gorffennol:

> *Chwaraeasai gyntaf yn erbyn Lloegr yn 1934*
> (*Y Faner*, 14 Rhagfyr 1990: 21)

> *Pan chwaraeasant ar Y Maes Cenedlaethol yn mis Tachwedd, 1988, collasant ddwy sgrym yn erbyn y pen*
> (*Y Faner*, 4 Hydref 1991: 21)

Jona a aethai i waered i ystlysai'r llong ac a orweddasai (1955)
Yr oedd Jona wedi mynd i grombil y llong i orwedd (1988)
(Jona, 1: 5)
Yr oedd efe yn y man lle y cyfarfuasai Martha ag ef (1955)
Yr oedd ef yn dal yn y fan lle'r oedd Martha wedi ei gyfarfod (1988)
(In. 11: 30)
Curasom Ffrainc ddiwethaf yn 1982
(*Barn*, Chwefror 1994: 8)
Distriwasant yr Ammoniaid a gosod Rabba dan warchod
(II Sam., 11: 1)

Nid yw'r defnydd hwn o ffurfiau syml yn gyffredin hyd yn oed yn yr iaith lenyddol erbyn hyn; fe'u ceir, fel rheol, mewn ysgrifennu tra ffurfiol. Dewisir cystrawen gwmpasog, sef amherffaith *bod* + *wedi* + berfenw yn gyffredin ar lafar ac yn ysgrifenedig:

'Roeddwn wedi'ch gweld chi'n pasio, Mr Edwards, ac wedi dechrau hwylio te
(Kate Roberts, 1976: 24)
Yr oedd y ferch wedi marw heb ddatgelu ei chyfrinach wrth neb
(T. Glynne Davies, 1974: 11)
Yr oedd saith gythraul wedi dod allan ohoni
(Lc. 8: 2)

(ii)   Mewn prif frawddeg a ddilynir neu a ragflaenir gan gymal amodol neu ymadrodd cyfwerth, ac mewn cymal amodol:

Pe buasit ti yma, syr, ni buasai fy mrawd wedi marw
(In. 11: 21)
Pe buasent wedi dal i feddwl am y wlad yr oeddent wedi mynd allan ohoni, buasent wedi cael cyfle i ddychwelyd iddi
(Heb. 11: 15)

(iii)   Gydag ebychiadau i ddatgan dymuniad neu ofid mewn perthynas â'r gorffennol:

O na fuaswn farw drosot ti, Absalom, fy mab (1955)
(2 Sam. 18: 33)

O na buasem wedi marw yng ngwlad yr Aifft
neu yn yr anialwch hwn!
　　　(Num. 14: 2)

Noder

Y mae tuedd gref i ffurfiau'r gorberffaith a ffurfiau'r amherffaith uno mewn Cymraeg cyfoes:

O na fyddwn (= fuaswn) wedi cael marw yn dy le,
O Absalom fy mab (1988)
　　　(2 Sam. 18: 33)
Yr wyf wedi dod i fwrw tân ar y ddaear, ac
O na fyddai (= fuasai) wedi ei gynnau!
　　　(Lc. 12: 49)
Ni buasai (= byddai) dadleuon diwinyddol Rhys Lewis
yn gwneud y tro mewn stori fer
　　　(Geraint Bowen, 1972: 52)
Buasai wedi bod yn sialens cael cyflwyno rhaglen fel Heddiw
yn hytrach na darllen y newyddion yn unig
　　　(*Y Cymro*, 2 Awst 1989: 1)
Byddai (= buasai) wedi bod o les i elynion gwleidyddol
y Toriaid pe bai Peter Walker wedi cael ei hel o'r
Swyddfa Gymreig gan Mrs Thatcher
　　　(*Y Cymro*, 2 Awst 1989: 2)
Fyddwn (= fuaswn) i ddim wedi cymryd hynny
pe na bai Mam mor dynn gyda'i phres
　　　(Irma Chilton, 1989: 21)

Y Modd Dibynnol

Mewn ysgrifennu cyfoes cyfyngir y dibynnol i rai cyfluniadau, ymadroddion ac idiomau yn unig. Cyflawnir ei swyddogaethau, bellach, gan y modd mynegol a'r modd gorchmynnol. Yn y tafodieithoedd ychydig o ddefnydd a wneir o'r modd dibynnol. Clywir ffurfiau *bod* (gw. **277**), sut bynnag, yn gyson yn dilyn y cysyllteiriau *pan, pe, tra*.

311 Y Presennol Dibynnol

Defnyddir y presennol dibynnol:

(i) I ddatgan dymuniad neu felltith:

Bendigedig fyddo'r Arglwydd
(Ex., 18: 12)
Duw a Mair a faddeuo i mi!
(Rhiannon Davies Jones, 1985: 36)
Duw â'n gwaredo rhag hynny
(*Y Faner*, 15 Rhagfyr 1989: 8)
Duw a'r Forwyn a fo'n nodded i ni
(Rhiannon Davies Jones, 1989: 62)
Duw a'th fendithio
(*Golwg*, 22 Rhagfyr 1988: 27)
Melltigedig fyddo Canaan
(Gen. 9: 25)
Duw gadwo'r brenin
Pawb at y peth y bo!
(Rhiannon Davies Jones, 1977: 27)
Hir y parhao pethau felly
(*Y Faner,* 8 Rhagfyr 1989: 19)
Fel hyn y gwnelo'r Arglwydd i mi
(Ruth, 1: 17)
(1 Sam. 20: 13)

(ii) Pan yw gweithred y ferf yn amhenodol:

(a) mewn cymal perthynol:

Gobeithiaf y bydd cyfran o'r dystiolaeth yn y gyfrol hon
o fudd i'r sawl a ymgymero â'r gwaith
(Hywel Teifi Edwards, 1980: x)
Does ond a hedo a ddaw yma
(Idwal Jones, 1978: 21)

Ceir y defnydd hwn yn aml mewn idiomau a diarhebion:

Deued a ddelo, roedd yn rhaid bod yn ymwybodol
o ymddygiad yng ngŵydd eraill
(Wil Roberts, 1985: 21-2)
Y Nefoedd a'm helpo i!
(*Y Faner*, 20/27 Rhagfyr 1991: 11)
Cadw yn graff a ddysgych
(Dihareb)
Canmoled pawb y bont a'i dyco drosodd
(Dihareb)
Boed a fo am hynny

Duw a'n helpo

(b)   mewn cymal adferfol yn dilyn *lle y, pan, tra, oni, cyn y, nes y, fel y* (yn dynodi pwrpas neu gymhariaeth) *fel na, modd y, megis y, rhag na, am y*:

Mae angen mwy a mwy o gopïau cyn yr elo'n rhy hwyr
(Rhiannon Davies Jones, 1985: 78)
Canaf i'r Arglwydd tra fyddwyf fyw: canaf i'm Duw
tra fyddwyf (1955)
Canaf i'r Arglwydd tra byddaf byw: rhof foliant i Dduw
tra byddaf (1988)
(Salmau, 104: 33)
Y mae gwyddonwyr wrthi'n brysur yn ceisio ymestyn
yr adeiladweithiau presennol i'r trydydd dimensiwn fel y
byddo'r cyfanwaith terfynol yn fwy sylfaenol
(*Y Faner*, 13 Rhagfyr 1991: 16)
Y pethau hyn yr wyf yn ysgrifennu atoch fel na phechoch (1955)
(1 In. 2: 1)
Pan edrychwyf ar y nefoedd, gwaith dy fysedd . . . (1955)
Pan edrychaf ar y nefoedd, gwaith dy fysedd . . . (1988)
(Salmau, 8: 3)
Pan fo'r galw'n codi mae'r safonau'n codi
(Geraint Bowen, 1976: 95)
ofni yr wyf, rhag . . . na'ch caffwyf yn gyfryw rai (1955)
(2 Cor. 12: 20)

Un ciedd oedd Urien y Gwastrawd a chenfigennai wrth
Brif Wastrawd y Tywysog am y câi hwnnw eistedd yr ochr
arall i'r sgrin yn y neuadd gyferbyn â'r Tywysog
(Rhiannon Davies Jones 1977: 25)
Y mae'r gwynt yn chwythu lle y mynno (1955)
Y mae'r gwynt yn chwythu lle y myn (1988)
(In. 3: 8)
Rhydd y Babell Lên gyfle iddynt ymhlaethu fel y mynnont
(*Barddas*, Hydref 1993: 3)
Noder
Cyll *y* yn gyffredin yn dilyn *lle: Lle bo dolur y bydd llaw* (Dihareb).
Gw. **284** (ii) n.

(iii)   Mewn cymal enwol negyddol yn dilyn prif gymal sy'n datgan dymuniad neu orchymyn:

Edrychwch na thwyller chwi (1955)
Gwyliwch na chewch eich twyllo (1988)
(Lc. 21: 8)
Edrychwch, frodyr, na byddo un amser yn neb ohonoch
galon ddrwg anghrediniaeth (1955)

Gwyliwch, frodyr, na fydd yn neb ohonoch byth
galon ddrwg anghrediniol (1988)
(Heb. 3: 12)

Yn yr enghreifftiau a nodir dan (ii) (b) a (iii) uchod, dewisir y modd mynegol yn hytrach na'r modd dibynnol yn y Beibl Cymraeg Newydd. O safbwynt semantig ni cheir gwahaniaeth cyson ac eglur rhwng y presennol dibynnol a'r presennol mynegol.

(iv)   Ar lyfrau siec. Ceir y geiriau *Taler . . . neu a enwo*; mae *enwo* yn ffurf 3ydd person unigol dibynnol. Digwydd y dibynnol, yn ogystal, mewn barddoniaeth gyfoes: *'A phan ddelo'r adar yn ôl o'u deheudir'* (Waldo Williams, 1904-71).

310

312 Yr Amherffaith Dibynnol

Digwydd yr amherffaith dibynnol:

(i) Mewn cymal amodol yn dilyn *pe(d)* 'if'; ceir *pe* o flaen cytsain, *ped* o flaen llafariad:

> *Ni chysgwn i'n esmwyth pe dewisid yr un o'r rhain ar gyfer*
> *Tachwedd 4*
> (*Y Faner*, 15 Medi 1989: 21)
> *Ped atelit fi, ni fwytawn o'th fara di* (1955)
> *Pe bait yn fy nghadw yma, ni fyddwn yn bwyta dy fwyd* (1988)
> (*Barn*. 13: 16)
> *Cytunodd y merched, er eu bod yn gwybod y byddent yn cael eu*
> *cosbi'n drwm pe baent yn cael eu dal*
> (T. Llew Jones, 1977: 58)
> *Pe peidiwn â charu Hywel, fe beidiai fy haul â chodi*
> (Rhiannon Davies Jones, 1977: 112)
> *Pe bai o'n gi bach fe fyddai wedi ysgwyd ei gynffon*
> (Irma Chilton, 1989: 14)

Mewn cymal amodol negyddol, ceir *pe na* neu *oni*:

> *Pe na baem yn gwybod ond am y ddau air hyn, felly, byddai*
> *gennym raniad cymharol syml rhwng y rhan helaethaf*
> *o'r Gogledd a'r De*
> (Thomas a Thomas, 1989: 13)
> *Byddent hwythau, yn ogystal â Parker, wedi trengi, pe na*
> *baent wedi lladd y llanc*
> (*Y Faner*, 15 Medi 1989: 9)
> *Oni bai am y briodas, byddent wedi dod gyda ni*

Gellir clymu'r rhagenw mewnol *-s* wrth *pe* (gw. **218** (b)).

(ii) Gydag ebychiadau i ddatgan dymuniad neu ofid mewn perthynas â'r gorffennol neu'r dyfodol:

> *Byddi'n dweud yn y bore, 'O na fyddai'n hwyr!' ac yn yr hwyr,*
> *'O na fyddai'n fore!'*
> (Deut. 28: 67)

O na bawn i fel y nant!
O na byddai'n haf o hyd!
O na fyddai'r bobl yma dan fy awdurdod i
(Barnwyr, 9: 29)

Y Gorchmynnol

313 Defnyddir y gorchmynnol i ddynodi:

(i)   Gorchymyn:

Deffro eneth!
(Emyr Humphreys, 1986: 81)
Llosgwch y dref a'i hysbail â thân, yn aberth llwyr i'r Arglwydd eich Duw
(Deut. 13: 16)
Stopiwch o Owen, stopiwch o!
(Emyr Humphreys, 1986: 94)

(ii)   Cyfarwyddyd neu gyngor:

Os yw dy law neu dy droed yn achos cwymp i ti, tor hi ymaith
(Mth. 18: 8)
Llawenhewch a gorfoleddwch
(Mth. 5: 12)
Ymddiried ynddo!
(Emyr Humphreys, 1981: 211)
Gloddested a bydded lawen!
(*Golwg*, 1 Ebrill 1993: 3)
Llunied linell arall
(J. Elwyn Hughes, 1989: 53)

(iii)   Gwahoddiad neu ddymuniad:

Tyrd at y tân 'ngenath i
(Rhiannon Davies Jones, 1985: 136)
O Arglwydd, Duw fy meistr Abraham, rho lwyddiant i mi heddiw a gwna garedigrwydd â'm meistr Abraham
(Gen. 24: 12)

Gorffen dy sieri
(Emyr Humphreys, 1981: 21)

(iv) Mewn cystrawen negyddol rhoir *na(c)* o flaen y ferf; ceir *na* o flaen cytseiniaid *nac* o flaen llafariaid:

Nac yf win na diod gadarn (1955)
(Barn. 13: 7)
*Nac anghofier y miloedd ar filoedd o oedolion sydd
ar hyn o bryd yn dysgu Cymraeg*
(*Golwg*, 10 Awst 1995: 13)
Na feddylier na welsom chwarae llachar gan Bontypridd
(*Y Faner*, 3 Chwefror 1989: 21)
Na hidia
(Rhiannon Davies Jones, 1977: 201)
Na cheisied neb awgrymu sen ar gydwybod dyn arall
(*Y Faner*, 13 Ionawr 1989: 9)
Na ladd
(Mth. 5: 21)
*Nac anghofiwn arloeswyr megis Eic Davies, Howard Lloyd a
Charwyn*
(*Barddas*, Hydref, 1993: 4)

Ar dreiglo yn dilyn *na* gw. **87, 115**.

Mae'r cyfluniad *na(c)* + berf yn brin ar lafar ac eithrio mewn rhai ymadroddion megis *na phoener, na hidiwch*.

Gellir dewis cyfluniad cwmpasog, sef ffurf orchmynnol *peidio* + *â/ag* + berfenw: digwydd *â* o flaen cytsain, *ag* o flaen llafariad. Y mae'r gystrawen hon yn gyffredin ar lafar ac mewn testunau llenyddol:

Paid ag yfed gwin na diod gadarn (1988)
(Barn. 13: 7)
Peidiwch â dwad dim pellach
(T. Glynne Davies, 1974: 238)
Peidiwch byth â gwrthod gwahoddiad i siarad
(Emyr Humphreys, 1986: 21)
Paid â mynd yn rhy aml i dŷ dy gymydog
(Diar. 25: 17)

313

Peidiwch â phoeni, cariad
    (Emyr Humphreys, 1981: 27)

Ar dreiglo yn dilyn *â* gw. **117**.

Cyll *â* yn gyffredin ar lafar ac mewn ysgrifennu anffurfiol.

Peidiwch credu mod i'n galed Idris
    (Emyr Humphreys, 1981: 317)

Gw. hefyd **329**.

Ar lafar yn y de sylweddolir *paid â* gan *pida: pida sôn.* Gw. hefyd **369** ix.

Yr Amhersonol

314 Dangos amser gwahanol yn unig a wna ffurfiau amhersonol.

Teflir ennyd o gysgod dros y modurwyr a brysura i lawr Adam St . . .
    (Urien William, 1974: 19)

Ni chyhoeddid nifer mawr o gopïau o lyfrau
    (Gwyn Thomas, 1971: 92)

Dewisir yr amhersonol lle nad oes gyfeiriad at weithredydd:

Cydnabuwyd fod swyddogaethau gwahanol i ryddiaith ac i farddoniaith
    (Geraint Bowen, 1972: 24-5)

Gofelid bod yr efail yn ddigon pell o'r llys
    (Rhiannon Davies Jones, 1977: 43)

Dynodir gweithredydd berf amhersonol naill ai drwy ddefnyddio'r arddodiad *gan* a'i ddilyn gan enw, neu gan un o ffurfiau personol yr arddodiad:

Blinid ef gan arfer y Piwritaniaid o bregethu mewn tai ac adeiladau heblaw eglwysi
    (Gwyn Thomas, 1971: 43)

Cyfyngwyd y dramodydd o Roegwr gan ffurf y ddrama
    (Geraint Bowen, 1972: 132)

Cyfyngwyd y dramodydd o Roegwr ganddi

Adroddwyd yr hanes ganddo

Os yw'r ferf yn anghyflawn gall y ferf amhersonol ddewis dibeniad:

> *Fe'i hagorwyd ym mis Gorffennaf 1878*
> (D. Tecwyn Lloyd, 1988: 32)
> *Pan lansiwyd y llong ofod yn 1977, nid oedd neb yn breuddwydio*
> *y byddai'r arbrawf mor llwyddiannus*
> (*Y Faner*, 1 Medi 1989: 4)
> *Ataliwyd y wobr ar 19 o achlysuron*
> (J. Elwyn Hughes, 1989: v)
> *Bore trannoeth fe'i cafwyd yn farw yn ei gwely*
> (Kate Roberts, 1972: 26)
> *Fe'i hurddwyd yn farchog gan Iago 1*
> (Geraint H. Jenkins, 1983: 35)
> *Fe'i hachubir gan angel*
> (Gwyn Thomas, 1971: 253)
> *Dadrithasid hi'n llwyr ynghylch ei phlant erbyn hynny*
> (Kate Roberts, 1972: 22)

Y mae ffurfiau amhersonol sy'n dewis dibeniad yn ramadegol weith-redol, a chan nad oes i'r ferf Gymraeg ffurf sy'n cyfateb yn union i'r stad oddefol yn y Saesneg, fe'i defnyddir i ddynodi yn ogystal y stad oddefol yn y Gymraeg.

Gellir, at hyn, ddefnyddio'r ferf *cael* ynghyd â berfenw i ddynodi'r stad oddefol a hynny ar lafar ac yn ysgrifenedig:

> *Yr oedd Ysgol Sul yn cael ei chynnal gan y Methodistiaid yn nhŷ*
> *popty Robart Wilias y cariwr*
> (T. Glynne Davies, 1974: 17)
> *Mae bachgen Huw Gors wedi cael ei ladd*
> (T. Wilson Evans, 1983: 34)
> *Cefais fy nanfon o'r cae un prynhawn . . .*
> (Irma Chilton, 1989: 25)
> *Hwn yw fy nghorff sy'n cael ei roi er eich mwyn chwi*
> (Lc. 22: 19)
> *Pan oedd yr holl bobl wedi cael eu bedyddio*
> (Lc. 3; 21)

Y Berfenw

315 Ffurf ddi-amseroedd y ferf yw'r berfenw; nid yw ychwaith yn sylweddoli person na rhif. Dyma'r ffurf ar y ferf a nodir mewn geiriadur.

Gellir sylweddoli'r berfenw naill ai gan fôn y ferf heb derfyniad (gw. **316**), neu gan fôn (neu weithiau ffurf arall) ynghyd â therfyniad (gw. **317**).

316 Berfenwau sydd heb derfyniad, er enghraifft,

achub	*dianc*
adrodd	*dilyn*
amau	*dioddef*
amgyffred	*disgyn*
anfon	*disgwyl*
annog	*edrych*
arbed	*eistedd*
arfer	*ennill*
arllwys	*erfyn*
atal	*erlid*
ateb	*erlyn*
cadw	*estyn*
cyfaddef	*ethol*
cyfarch	*gafael*
cyfarth	*galw*
cyffwrdd	*gorchymyn*
cymell	*gorwedd*
cynnau	*gosod*
cynnig	*gostwng*
cynnull	*gwarchod*
cynnwys	*gwarchae*
cyrraedd	*gwrthod*
chwarae	*hel*
dadlaith	*lladd*
dangos	*ymddangos*
dannod	*ymddeol*

datod	*ymladd*	
datrys	*ymosod*	
deffro		
dewis	*ymwrthod*	

Pan fo *-w-*, *-y-*, neu *-au-* yn y sillaf olaf, ceir gwyriad (gw. **146**) wrth ychwanegu terfyniad berfol:

	Berfenw	1af unigol presennol mynegol
au > eu	*amau*	*amheuaf*
	dechrau	*dechreuaf*
	glanhau	*glanheuaf*
w > y	*hebrwng*	*hebryngaf*
	gostwng	*gostyngaf*
y (glir) > **y** (dywyll)	*canlyn*	*canlynaf*
	dilyn	*dilynaf*
	derbyn	*derbyniaf*

Wrth ychwanegu terfyniad berfol symudir y pwyslais i goben newydd a thry *-nn-* ac *-rr-* y sillaf bwyslais yn *-n-* neu *-nh-* ac *-rh-* (gw. **33**):

	Berfenw	1af unigol presennol mynegol
nn > n	*cynnau*	*cyneuaf*
	cynnull	*cynullaf*
	annog	*anogaf*
	chwennych	*chwenychaf*
	ennill	*enillaf*
	cynnig	*cynigiaf*

Noder

Ceir newid dwbl yn *ennyn* (berfenw), *enynnaf* (1af unigol presennol mynegol) o ganlyniad i symud pwyslais, sef *y* (glir) > *y* (dywyll), *nn* > *n*.

nn > nh	*cynnal*	*cynhaliaf*
	cynnwys	*cynhwysaf*

rr > rh	*cyrraedd*	*cyrhaeddaf*

Noder

Yn y berfau isod bydd *-h-* bob amser yn rhagflaenu llafariad bwyslais yng ngoben y ffurf ferfol: *aros, arhosaf*; *cymell, cymhellaf*; *amau, amheuaf*; *dianc, dihangaf*.

317

317 Ffurfir y rhan fwyaf o ferfenwau drwy ychwanegu terfyniad (gw. **318**) at y bôn berfol; gellir gwyriad (gw. **146**) yn sillaf olaf y bôn:

Bôn	Berfenw
golau	*goleuo*
tenau	*teneuo*

O flaen rhai berfenwau yn diweddu yn *-o*, ychwanegir *-i* at fôn sy'n enw neu'n ansoddair:

Bôn	Berfenw
effaith	*effeithio*
gwaith	*gweithio*
taith	*teithio*
naid	*neidio*
llais	*lleisio*
plaid	*pleidio*
sain	*senio*

Pan ychwanegir *-i* at fôn sy'n cynnwys *-a-*, ceir affeithiad (gw. **144**) mewn rhai berfau:

Bôn	Berfenw
par-	*peri*
tranc-	*trengi*
sang-	*sengi*
taw-	*tewi*
distaw	*distewi*

Terfyniadau Berfenwau

318 Ffurfir y rhan fwyaf o ferfenwau trwy ychwanegu naill ai *-u* , *-o* neu *-i* at fôn y ferf.

319 -u

(i) Ychwanegir y terfyniad *-u* at fonau yn cynnwys *a, ae, e, y* ((dywyll) sef gwyriad o *y* (glir) neu *w*: gw. **146**).

Enghreifftiau:

caru	*canu*
llamu	*galaru*
naddu	*meddiannu*
glasu	*bychanu*
dallu	*diddanu*
tarfu	*tarddu*
baeddu	*hiraethu*
ffaelu	*taeru*
gwaedu	*arfaethu*
gwaelu	*saethu*
credu	*rhyfeddu*
cefnu	*anrhegu*
gweddu	*trefnu*
caledu	*darlledu*
cysgu	*melysu*
dyrnu	*synnu*
tynnu	*tywyllu*
gwylltu	*tyllu*

(ii) Ychwanegir *-u* at yr olddodiaid isod er mwyn ffurfio'r berfenw:

-ych	*bradychu*	*chwenychu*
		(hefyd *chwennych*)
	clafychu	*tewychu*
-yg	*gwaethygu*	*mawrygu*
	dirmygu	*ysgyrnygu*

-(h)a (a'r cywasgiad *-(h)a + u > -(h)au*: gw. **270, 272**)

cryfhau   *ufuddhau*
glanhau   *rhyddhau*
parhau   *trugarhau*
gwacáu (< *gwag + ha + u*)
nesáu (< *nes + ha + u*)
cwpláu (< *cwbl + ha + u*)
casáu (< *cas + ha + u*)

(iii)   Ceir -*u* yn y berfenwau isod lle y mae *w* heb wyro:

gwgu	*pwdu*
(taf.) *llwgu*	(taf.) *rhwdu*
(taf.) *mwgu*	(taf.) *cwnnu*

Noder

(1)   Ychwanegir -*i* at ychydig o fonau yn cynnwys *a* neu *aw* (gw. **317**), ac at rai bonau eraill a nodir isod (gw. **321**).

(2)   Ceir -*u* yn *croesawu*.

320   -o

(i)   Pan yw bôn y ferf yn enw neu'n ansoddair, bydd -*i* yn rhagflaenu'r terfyniad berfenwol yn gyffredin (gw. **317**):

gwaith	*gweithio*
glan	*glanio*
cof	*cofio*
ffurf	*ffurfio*
coed	*coedio*
araith	*areithio*
gwawr	*gwawrio*
bawd	*bodio*
disglair	*disgleirio*
caib	*ceibio*
troed	*troedio*
gweniaith	*gwenieitho*
rhaib	*rheibio*

(ii)   Ceir *i* o flaen -*o* mewn ffurfiau benthyg yn ogystal:

smocio	*apelio*
teipio	*iwsio*
ffeindio	*cerfio*
cracio	*bildio*
peintio	*potio*

Noder

Cyll *i* yn aml ar lafar yn enwedig yn y de: *smoco* am *smocio*, *iwso* am *iwsio*, *coedo* am *coedio*, *ceibo* am *ceibio*.

(iii)   Ychwanegir -*o* at fonau ag *i, u, eu, wy* yn eu sillaf olaf:

blino	*rhifo*
crino	*cynefino*
cribo	*britho*
gweddïo	*crio*
curo	*dymuno*
hudo	*addurno*
rhuo	*llusgo*
ceulo	*heulo*
goleuo	*euro*
teneuo	*breuo*
bwydo	*llwydo*
rhwystro	*cwyro*
cwyno	*rhwyfo*
mwydo	*rhwydo*
anwylo	*twyllo*
difwyno	*andwyo*
tramwyo	*arswydo*
mwydro	*mwytho*

Noder

(1)   Mae dewis *o* yn hytrach na *io* yn gwahaniaethu rhwng *llifo* 'ffrydio' a *llifio* 'torri â llif'.

(2)   Ar lafar gall *llifo* a *lliwio* fod yn gyfystyron. Y ffurf safonol yw *lliwio*.

321   -i

(i)   Ychwanegir y terfyniad -*i* at fonau'n diweddu yn *w* gytsain:

enwi	*chwerwi*
berwi	*llenwi*
meddwi	*sylwi*
gloywi	

Eithriadau:

cadw	*marw*
llanw	*galw*

(ii) Ychwanegir *-i* at fonau'n diweddu yn *-ew* (< *-aw*; gw. **317**):
   tewi   *distewi*

(iii) Ychwanegir *-i* at fonau'n diweddu yn *-awn, -enw*:
   cyflawni (< cyflawn + i)
   cyflenwi (< cyflanw + i)

(iv) Ychwanegir *-i* at fonau ag *o* neu *oe* yn eu sillaf olaf:
   rhoddi   *cyfodi*
   torri   *unioni*
   llonni   *ffromi*
   sorri   *cronni*
   angori   *dogni*
   gori   *arfogi*
   oeri   *poeri*
   poethi   *poeni*
   cyhoeddi   *oedi*

(v) Ceir *-i* mewn ffurfiau cywasgedig (gw. **270, 271**):
   troi   *ffoi*
   paratoi   *crynhoi*
   rhoi   *cloi*
   cnoi   *datgloi*

(vi) Ychwanegir *-i* at rai bonau lle yr affeithiwyd *a* yn y sillaf olaf yn *e*:
   erchi   *archaf*
   peri   *paraf*
   sengi   *sangaf*

(vii) Ceir *-i* yn y berfenwau isod:
   medi   *rhegi*
   mynegi   *gweiddi*

322 Digwydd y terfyniadau isod mewn nifer cyfyngedig o ferfenwau:
   -ael, -el *cael, caffael; gadael; dyrchafael;* (hefyd *dyrchafu*).
   -ach   *clinddarach; cyfeddach.*
   -aeth   *marchogaeth* (hefyd *marchocáu*); *ymyrraeth* (hefyd *ymyrryd, ymyrru*).

322

-ain	*llefain*; *ochain*; (hefyd *ochneidio*); *diasbedain*; *ubain*.
-ial	(amrywiad ar **-ian**) *tincial*; *mwmial*; *sisial*.
-ed	*cerdded*; *yfed*; *clywed*; *gweled* (*gweld*); *myned* (*mynd*).
-eg	*rhedeg*; (*e*)*hedeg*.
-fan	(*e*)*hedfan*
-(h)a	(i) mewn berfenwau a ffurfiwyd o enwau: *pysgota*; *cardota*; *lloffa*; *gwledda*; *cneua*; *mwyara*; *siopa* (hefyd *siopio*); *gwreica*; *atgoffa*. (ii) mewn ychydig o ferfenwau eraill: *chwilota*; *rhodianna*; *cryffa* (hefyd *cryffáu*, *cryfhau*).

Noder
Er bod *-h-* wedi diflannu achosodd galedu'r gytsain o'i blaen (gw. **150**).

-yd	*cymryd* (1af unigol presennol mynegol *cymeraf*); *edfryd* (hefyd *adferyd*) *adfer*; 1af unigol presennol mynegol *adferaf*); *ymoglyd* (hefyd *ymoglud*, *ymogel*; 1af unigol presennol mynegol *ymogelaf*); *dychwelyd*; *ymyrryd* (hefyd *ymyrru*, *ymyrraeth*).
-ian, -an	(i) bydd yn cyfleu ystyr fychanus gyda bonau brodorol: *sefyllian*; *gorweddian*; *ymlwybran*; *clebran*. (ii) gyda bonau benthyg: *hongian*; *ystwrian*; *trotian*; *mwmian*; *tincian*; *loetran*.
-wyn	*dwyn* (hefyd *dygyd*, *dygu*; 1af unigol presennol mynegol *dygaf*); *ymddŵyn* (1af unigol presennol mynegol *ymddygaf*)
-ad	*gwyliad* (hefyd *gwylied*; *gwyl(i)o*, *gwyl(i)ad*; *nofiad* (hefyd *nofio*).

Ceir y terfyniadau isod mewn un berfenw yn unig:

-yll	*sefyll* (1af unigol presennol mynegol *safaf*).
-as	*lluddias*, (hefyd *lluddio*; 1af unigol presennol mynegol *lludd(i)af*).
-sach	*llamsach* (hefyd *llamsachu*).
-edd	*gwastrodedd* (hefyd *gwastrodi*, *gwastradu*).

Mae'r berfenwau isod yn afreolaidd:

bod a'i chyfansoddeiriau (gw. **277, 284-293**).

mynd, gwneud, dod (gw. **294**).

aredig (1af unigol presennol mynegol *arddaf*).

chwerthin (1af unigol presennol mynegol *chwarddaf*).

gweini (hefyd *gweinyddu*; 1af unigol presennol mynegol *gweinyddaf*).

go(r)ddiweddyd (hefyd *go(r)ddiwes, go(r)ddiweddu*, 1af unigol presennol mynegol *go(r)ddiweddaf*).

Bydd rhai berfenwau'n amrywio eu hystyr yn ôl yr elfen a bwysleisir:

Pwyslais ar y goben	Pwyslais ar y sillaf olaf
ymddwyn 'bihafio'	*ymddŵyn* 'rhoi genedigaeth'
ymladd 'brwydro'	*ymlâdd* 'blino'n lân'

Noder

(1)   Gall *ymladdaf* ddynodi'r ystyr 'brwydraf' yn unig.

(2)   Mae *ymdrin* (a bwysleisir ar y goben) ac *ymdrîn* (a bwysleisir ar y sillaf olaf) yn gyfystyr.

(3)   Ni cheir rhediad syml ar gyfer *clochdar*; *bugunad*; *mercheta*; *adara*; *cardota*; *wylofain*.

Cystrawen y Berfenw

323   Medd y berfenw ar nodweddion hanfodol enw yn ogystal â berf. Digwydd yn yr un cyfluniadau sylfaenol â'r enw, ond gellir ei roi yn lle berf bendant; digwydd yn gyffredin gydag amryw arddodiaid a chyda'r ferf *bod* mewn cystrawen gwmpasog (gw. **286**).

324   Y berfenw fel enw

(i)   Gall y fannod ragflaenu'r berfenw:

Mi fydd diwedd ar yr hwylio cyn hir
(Gerhart Hauptman a Heinrich Böll, 1974: 3)
Ynglŷn â'r yfed nid oedd gorfodaeth ar neb
(Esther, 1: 8)

(ii)   Gall ansoddair oleddfu'r berfenw:

Mae'r ymddadfeilio cyson a ddigwyddodd i'r capel yn y blynyddoedd diwethaf hyn wedi dwysáu y drych o dristwch a welodd W. J. Gruffydd
          (Aneirin Talafan Davies, 1972: 13)

(iii) Gall rhagenw ragflaenu'r berfenw:

'Roedd ei hwylo'n ymbil am dynerwch
          (Alun Jones, 1989: 129)
Pa wrthdaro sy'n aros gliriaf yn fy nghof ?
          (J. Elwyn Hughes, 1989: 64)

(iv)   Gall y berfenw fod dan reolaeth arddodiad:

Bu gwelliant mawr yn chwarae'r tîm hwn
Ac wedi dyfod dydd y Pentecost yr oeddent hwy oll yn gytûn yn yr un lle (1955)
          (Actau, 2: 1)
Hwy a ddeuant i Seion â chanu (1955)
Dônt i Seion dan ganu (1988)
          (Eseia, 51: 11)

Dewisodd y Beibl Cymraeg Newydd gystrawen rhangymeriad yn yr enghraifft uchod (gw. **325** (vi)).

(v)   Gall y berfenw weithredu fel goddrych neu ddibeniad mewn brawddeg:

Meddyginiaeth dda ydy chwerthin
          (Rhiannon Davies Jones, 1987: 144)
Ydi bridio'n anwyddonol ?
          (Emyr Humphreys, 1981: 25)
Hir pob aros
          (Dihareb)
Fe hoffai fynd i newid ei grys
          (R. Cyril Hughes, 1976: 201)
Ni allodd holl rym byddin fawr Harri'r Ail ddarostwng Gwynedd
          (Rhiannon Davies Jones, 1977: 187)

> *Ni allwn ddweud yr un gair*
> (Harri Williams, 1978: 21)

Gw. hefyd **353** am enghreifftiau o *bod, darfod* a berfenwau eraill yn ddibeniad berfau a berfenwau ar ddechrau cymalau enwol.

(vi)   Ceir berfenw yn ail elfen mewn cyfluniad genidol:

esgidiau cerdded	*llestr yfed*
gwialen bysgota	*tir pori*
bwrdd arholi	*dŵr ymolchi*
corn yfed	*cyngor datblygu*
llyfr darllen	*offer cyfieithu*

Noder
Cyfleu'r ystyr 'ffals' wna *dodi, gosod* yn y cyfluniad hwn: *dannedd dodi, dannedd gosod; gwallt gosod.*

325   Y berfenw fel berf

(i)   Rhagflaenir y berfenw gan *yn, wedi* etc. mewn cystrawen ferfol gwmpasog (gw. **286**):

> *Yr oedd Ifan wedi cysgu yn hwyr y bore hwnnw*
>   (T. Glynne Davies, 1974: 73)
> *Byddai'n cyrraedd y lifft am ddeng munud i naw*
>   (Urien William, 1974: 20)
> *Yr oedd am ysgrifennu at Lady Margaret*
>   (R. Cyril Hughes, 1975: 55)
> *'Roedd y darlun wedi mynd*
>   (Alun Jones, 1989: 82)

(ii)   Gellir berfenw yn ddibeniad *gwneuthur, gwneud* (gw. **294**) mewn brawddeg annormal (gw. **351**):

> *Sefyll wnaeth aelodau'r gynulleidfa drwy gydol yr awr a hanner o wasanaeth*
>   (*Golwg*, 11 Ionawr 1990: 24)
> *Ofni yn ddirfawr a wnaethant* (1955)
>   (Lc. 2: 9)

Mynd a wneuthum
(Dic Jones, 1989: 14)
Hanner gwrando a wnâi Sioned
(Alun Jones, 1989: 45)
Gwaethygu a wnaethom ni ers hynny, a gwella wnaethant hwy
(*Y Faner,* 4 Hydref 1991: 21)

Ar dreiglo yn dilyn y geiryn gw. **72**.

Noder
Heblaw am yr enghraifft o Efengyl Luc sy'n perthyn i ddechrau cyfnod
Cymraeg Diweddar, gellid dehonglu'r enghreifftiau eraill yn frawddegau
cymysg (gw. **352**) a'r pwyslais ar y berfenw o ddibeniad.

(iii) Gall adferf oleddfu berfenw:

blino'n gynnar	*cysgu'n hwyr*
gyrru'n gyflym	*paentio'n ofalus*

Yn y frawddeg:

Mae ymarfer yn gyson yn llesol

mae'r goddrych, sef *ymarfer,* yn ferf a oleddfir gan yr adferf *yn gyson.*

Ffurfir cyfansoddair (berfenw cyfansawdd) pan roir ansoddair o flaen
y berfenw:

Buont yn mân siarad am ychydig
(Alun Jones, 1989: 113)
Yr oedd yn prysur gerdded y llwybr hwnnw
(Rhiannon Davies Jones, 1989: 37)
*Y mae pob un tocyn i'w gornest yn erbyn Cymru wedi ei hen
werthu*
(*Y Faner,* 4 Hydref 1991: 21)

Pan ddigwydd *newydd* o flaen y berfenw yn y gystrawen hon, ni
ddewisir yr ategydd *yn*:

Roeddwn i newydd gael gwaith fel clarc bach
Y mae Timotheus newydd ddod atom oddi wrthych
(1 Thes. 3: 6)

Gall yr ategydd *wedi*, sut bynnag, ddigwydd gyda *newydd*:

> *a'r gwylwyr wedi eu newydd osod* (1955)
> (*Barn.* 7: 19)

Bydd rhai berfenwau cyfansawdd yn cyflawni swyddogaeth ansoddeiriol:

> *Fel rhai bychain newydd-eni, chwenychwch ddidwyll laeth y gair* (1955)
> *Fel babanod newydd eu geni, blysiwch am laeth ysbrydol pur* (1988)
> (1 Pedr 2: 2)
> *dyn newydd-ddyfod*
> *gwraig newydd-esgor*

(iv) Ceir berfenw mewn cyfres o osodiadau cydradd lle y mae categorïau amser a pherson eisoes wedi eu sefydlu gan y ferf bendant. Ystyrir y frawddeg sy'n cynnwys y berfenw yn frawddeg ferfol:

> *Daeth ei wraig yn ôl a sefyll fel llewes uwch ei ben*
> (Alun Jones, 1989: 114)
> *Cyfarchodd Iesu ef a dweud, 'Beth yr wyt ti am i mi ei wneud iti ?'*
> (Mc. 10: 51)
> *A phan ddaeth y newydd at frenin Ninefe, cododd yntau oddi ar ei orsedd, a diosg ei fantell a gwisgo sachliain ac eistedd mewn lludw*
> (Jona, 3: 6)
> *Gwthiodd Margaret Rose y llyfr i'w bag a thynnu'r sip arno*
> (Jane Edwards, 1976: 153)

(v) Digwydd y berfenw mewn ymadroddion annibynnol (gw. **359**):

> *Yn 1960, a minnau'n paratoi ffilm ar y Fro ar gyfer y BBC, holais wraig ffermdy Gregory am unrhyw hanesion a glywsai am Iolo*
> (Aneirin Talfan Davies, 1972: 64)
> *Daethant at y bedd a'r haul wedi codi* (1955)
> *A'r haul newydd godi, dyma hwy'n dod at y bedd* (1988)
> (Mc. 16: 2)

(vi) Gellir rhoi arddodiad o flaen berfenw i ffurfio rhangymeriad (gw. **376** (v)):

> *Aeth allan gan gau'r drws yn glep*
> (T. Glynne Davies, 1974: 375)
> *Aeth yn ei flaen dan ganu*
> (John Bunyan, 1962: 25)
> *Fe eisteddais yn y gornel yn yfed wisgi hefo'r ferch o'r BBC*
> (R. Gerallt Jones, 1977: 32)
> *Gadawodd Hywel yr ystafell yn araf heb yngan gair*
> (Emyr Hywel, 1989: 16)

326 Goddrych y berfenw

(i) Gall goddrych y berfenw ddigwydd o flaen y berfenw dan reolaeth yr arddodiad *i*:

> *Na foed i mi dramgwyddo mewn gair na gweithred yn erbyn y dall hwn!*
> (Rhiannon Davies Jones, 1989: 14)
> *Bu i gar heddlu o'r dref . . . roi stop ar y gêm fach honno*
> (Alun Jones, 1989: 62)
> *Ni fu i mi ddefnyddio'r un brws i bardduo'r Gymdeithas a'r Blaid Lafur*
> (*Y Faner,* 2 Mawrth 1990: 17)
> *Gwyddai iddi gael ei siomi yn ei chariad*
> (Kate Roberts, 1972: 22)

Ar dreiglo'r berfenw gw. **106**.

(ii) Mewn ysgrifennu hŷn gwelir y goddrych yn dilyn y berfenw dan reolaeth yr arddodiad *o*:

> *Bûm droeon yn y fangre hon, cyn nesáu o'r anghyfanedd-dra hwn*
> (Aneirin Talfan Davies, 1972: 13)
> *Pan glybu hwn ddyfod o'r Iesu* (1955)
> *Pan glywodd hwn fod Iesu wedi dod* (1988)
> (In. 4: 47)

Yna y gwybu Noa dreio o'r dyfroedd oddi ar y ddaear (1955)
A deallodd Noa fod y dyfroedd wedi treio oddi ar y ddaear
(1988)
(Gen. 8: 11)

Yn y ddwy enghraifft o'r Beibl a gofnodwyd uchod dewisodd y Beibl Cymraeg Newydd gymal enwol a gyflwynir gan *bod* (gw. **353**) yn hytrach na rhoi goddrych y berfenw dan reolaeth yr arddodiad *o*.

Noder
Mewn rhyddiaith feiblaidd dynodir dibeniad y berfenw gan ragenw annibynnol sy'n dilyn y berfenw + *o* + goddrych: *Ond oherwydd caru o'r Arglwydd chwi* (1955) (Deut. 7: 8). Bydd y rhagenw dibynnol yn rhagflaenu'r berfenw: *Megis pe ffoai gŵr . . . a'i frathu o sarff* (1955) (Amos, 5: 19).

(iii)   Os yw'r berfenw yn gyflawn (h.y. heb fod yn cymryd gwrthrych) gall y goddrych (a) ddilyn y berfenw heb arddodiad:

Cofia yn awr dy Greawdwr yn nyddiau dy ieuenctid cyn dyfod y dyddiau blin (1955)
(Preg. 12: 1)
Yfory, erbyn gwresogi yr haul, bydd i chwi ymwared (1955)
(1 Sam. 11: 9)

Dynodir y goddrych rhagenwol gan ragenw blaen neu fewnol:

Na thybiwch fy nyfod i dorri'r gyfraith (1955)
Peidiwch â thybio i mi ddod i ddileu'r gyfraith (1988)
(Mt. 5: 17)
Rhaid yw i'r neb sydd yn dyfod at Dduw, gredu ei fod ef, a'i fod yn obrwywr i'r rhai sy'n ei geisio ef (1955)
Rhaid i'r sawl sy'n dod at Dduw gredu ei fod ef, a'i fod yn gwobrwyo'r rhai sy'n ei geisio (1988)
(Heb. 11: 6)

(b)   ddigwydd ar ôl y berfenw gyda'r arddodiad *o* fel yn (ii) uchod:

Na thybiwch ddyfod ohonof i dorri'r gyfraith
Erbyn gwresogi o'r haul bydd i chwi ymwared

Ceir y cyfluniadau yn yr adran hon yn gyffredin mewn cymalau enwol (gw. **353**).

327 Dibeniad y berfenw

Mae dibeniad y berfenw yn ddibynnol ar y berfenw yn yr un modd ag
y gall un enw fod yn ddibynnol ar enw arall. Treiglir y dibeniad yn
dilyn berf seml (gw. **70**), ond bydd dibeniad y berfenw yn cadw'r gytsain
gysefin:

> *prynu llyfr*
> *yfed te*

Bydd dibeniad y berfenw bob amser yn dilyn y berfenw:

(i) y dibeniad yn enw:

> *Ni oedd yn breuddwydio breuddwydion*
> (Rhiannon Davies Jones, 1977: 13)
> *Doeddem ni ddim yn cario offer atal cenhedlu*
> (R. Gerallt Jones, 1977: 19)

(ii) y dibeniad yn ferfenw:

> *A oedd hi'n medru darogan y dyfodol ?*
> (Rhiannon Davies Jones, 1989: 106)
> *A allai fforddio cyflogi gwas arall Galan Mai ?*
> (R. Cyril Hughes, 1976: 67)

(iii) y dibeniad yn gymal:

> *Wyt ti'n meddwl y bydd y brenin am ein lladd ni ?*
> (Rhiannon Davies Jones, 1987: 186)

Gw. **353** (ii).

Bydd y rhagenw (blaen neu fewnol) sy'n sylweddoli'r dibeniad yn
rhagflaenu'r berfenw:

> *Ni allai eu rhwystro*
> (Kate Roberts, 1972: 23)
> *Rydw i am dy adael di*
> (Jane Edwards, 1976: 154)
> *Doeddwn i ddim am ei wynebu*
> (Harri Williams, 1978: 31)
> *Daethant yma i'n gweld*

328 Y berfenw a'r stad oddefol

Yn y Gymraeg defnyddir ffurfiau amhersonol y ferf i ddynodi'r stad oddefol (gw. **314**). Nid oes, sut bynnag, ffurf amhersonol gan y berfenw a phan ddefnyddir berfenw ceir dulliau eraill o ddynodi'r goddefol.

(i)   Gall y berfenw fod yn ddibeniad ffurf amhersonol:

> *Gellir rhoi chwistrelliad ysgafn o ddŵr i'r planhigion ifanc . . .*
> *Gellir gwneud yr un peth gyda'r planhigion hŷn*
> (*Y Faner,* 9 Chwefror 1990: 19)
> *Pa fodd y gellid disgwyl i werin dlawd eu prynu ?*
> (Gwyn Thomas, 1971: 60)
> *Gallesid gwerthu'r enaint hwn am fwy na thri chant o ddarnau arian*
> (Mc. 14: 5)

(ii)   Gall y berfenw fod yn rhagflaenydd cymal perthynol sy'n cynnwys ffurf amhersonol mewn brawddeg gymysg (gw **352**):

> *Chwistrellu'r planhigion a wnaed*
> *Prynu'r llyfrau a wneir*
> *Gwerthu'r enaint a wnaethpwyd*

(iii)   Gall y berfenw fod yn ddibeniad berf bersonol neu ferfenw arall:

> *Gorchmynodd ef roi iddi rywbeth i'w fwyta*
> (Lc. 8: 55)
> *Cofiaf godi'r rhent*
> *Byddem yn gweld saethu cwningod*

Yn yr enghreifftiau uchod y mae i'r berfenw ddibeniad. Oni ellir dibeniad i'r berfenw ni all ddynodi'r stad oddefol.

(iv)   Defnyddir ffurfiau'r ferf *cael* yn aml i ddynodi'r stad oddefol mewn cyfluniad sy'n cynnwys *cael* + rhagenw blaen + berfenw:

> *Mi ges fy mrawychu gan agwedd pobl tuag at dramorwyr*
> (*Golwg,* 21 Rhagfyr 1989: 15)

Ces fy magu gan gyfnither 'y nhad
(Emyr Humphreys, 1981: 252)
Cydnabu Llew Llwyfo'r tebygolrwydd y cai'r gwaith ei gondemnio gan amryw
(Hywel Teifi Edwards, 1989: 65)
Nid i hynna maen nhw'n cael eu danfon i garchar
(Urien William, 1974: 22)
Roedd o wedi cael ei ddewis yn ymgeisydd
(Jane Edwards, 1976: 96)

Gall *wedi* a *heb* ddigwydd gyda'r berfenw (gan hepgor *cael*) a dynodi amser perffaith, amser gorberffaith neu berffaith ddyfodol:

Roedd ef wedi ei ddewis

Roedd ef heb ei ddewis

Bydd ef heb ei ddewis

Argymhellir osgoi gorddefnyddio *cael*:

Er mai yn Llundain y magwyd ef, yr oedd wedi ei drwytho cymaint gan ei frawd, y bardd Siôn Tudur, yn niwylliant ei genedl
(R. Cyril Hughes, 1975: 9)

(v)   Gellir dewis un o ffurfiau amhersonol *bod* + ategydd berfol + dibeniad o enw i ddynodi'r stad oddefol:

yr ydys yn adeiladu tŵr
yr oeddid yn adeiladu tŵr
yr ydys wedi adeiadu tŵr
yr oeddid wedi adeiladu tŵr
yr oeddid heb adeiladu tŵr
yr oeddid ar adeiladu tŵr

Gall rhagenw blaen neu fewnol ddynodi dibeniad y berfenw:

yr oeddid yn ei adeiladu
yr oeddid wedi 'i adeiladu

Mewn ysgrifennu tra ffurfiol y ceir y cyfluniad hwn; dewisir y cyfluniad sy'n cynnwys *cael* (gw. (iv) uchod) mewn ysgrifennu llai ffurfiol a dyma'r cyfluniad a ddewiswyd gan y Beibl Cymraeg Newydd yn yr enghreifftiau isod:

> *Yr ydys yn treisio teyrnas nefoedd* (1955)
> *Y mae teyrnas nefoedd yn cael ei threisio* (1988)
> (Mth. 11: 12)
> *pan oeddid yn bedyddio'r holl bobl* (1955)
> *pan oedd yr holl bobl yn cael eu bedyddio* (1988)
> (Lc. 3: 21)
> *Chwe blynedd a deugain y buwyd yn adeiladu'r deml hon* (1955)
> *Chwe blynedd a deugain y bu'r deml hon yn cael ei hadeiladu* (1988)
> (In. 2: 20)

Noder

Pan ddymunir dynodi goddrych disodlir y ffurf amhersonol gan un o ffurfiau 3ydd unigol *bod*: *Mae'r tŵr i'w adeiladu; Roedd tŵr i'w adeiladu.*

329 Negyddu'r berfenw

Dynodir y negydd:

(i)   Trwy roi *peidio â/ ag* o flaen y berfenw (gw. **313** (iv)):

> *Paid â gwneud cytundeb priodas â hwy*
> (Deut. 7: 3)
> *Paid â gwneud dim niwed i ti dy hun*
> (Actau, 16: 27)
> *Peidiodd â meddwl ac aeth yn ôl*
> (Alun Jones, 1989: 177)
> *Peidied neb, ar sail hyn, â chadw draw*
> (*Y Faner*, 9 Chwefror 1990: 15)

(ii)   Trwy roi *heb* o flaen y berfenw er dynodi'r amser perffaith neu'r amser gorberffaith (gw. **286**):

> *yr wyf heb ei weld*   = *nid wyf wedi ei weld*
> *yr oeddwn heb ei weld*   = *nid oeddwn wedi ei weld*

Awgrymir amser perffaith yn ogystal mewn ymadroddion ansoddeiriol er enghraifft,

> *plant heb weld pen draw'r ffwrn*
>
> *Heb ei fai, heb ei eni*

(iii) Gall amser yr ymadrodd berfenwol ddibynnu ar y cyd-destun:

Presennol

> *Paid ag edrych arnynt heb wneud dim byd*

Dyfodol

> *Bydd yn anodd imi adael heb gael caniatâd yr arweinydd*

Gorffennol

> *Aeth i mewn i'r car heb edrych ar neb*

Ansoddeiriau Berfol

330 Ffurfir llawer o ansoddeiriau berfol trwy ychwanegu olddodiad at fôn y ferf. Bôn y ferf yn unig a ddefnyddir bryd arall.

(i) Ychwanegu olddodiad

-edig

Grym rhangymeriad gorffennol goddefol sydd i'r isod:

arferedig	*planedig*
lladdedig	*bendigedig*
cuddiedig	*toredig*
methedig	*melltigedig*

Grym gweithredol, sut bynnag, a geir yn

caredig	*troëdig*

-adwy

Grym goddefol sydd i'r isod, gan ddynodi bod gweithred yn bosibl neu yn rheidrwydd:

credadwy	*moladwy*
cyraeddadwy	*bwytadwy*
gweladwy	*ofnadwy*

Ceir grym gweithredol i,

safadwy	*tyfadwy*
rhuadwy	

-ol

cadarnhaol	*nacaol*
arferol	*gweithredol*
goddefol	*dewisol*
dymunol	*boddhaol*
canlynol	*derbyniol*
parhaol	*andwyol*
diffygiol	*bygythiol*

-us

gwybodus	*adnabyddus*
medrus	*brawychus*

Ceir cywasgu pan yw'r bôn yn diweddu â llafariad; bydd y pwyslais ar y sillaf olaf:

chwareus	*cyffrous*
ymarhous	*boddhaus*

-ed, -ad

agored	*caead*

-og

Ychwanegir yr olddodiad at yr enw yn yr enghreifftiau isod:

rhedegog	*galluog*
hedegog	*chwerthinog*

Ychwanegir yr olddodiad at y bôn yn yr enghreifftiau isod:

brathog	*sefydlog*

-aidd

Ychwanegir y terfyniad at y berfenw:

caruaidd

Noder

Gall cyfnewid olddodiad olygu newid ystyr: *dealladwy* 'y gellir ei ddeall', *dealledig* 'a ddeallwyd neu a ddeellir'; *crogadwy* 'yn hongian, y gellir ei hongian', *crogedig* 'yn hongian, wedi ei grogi'; *arferol* 'cyffredin', *arferedig* 'mewn arfer'; *boddhaol* 'derbyniol, cymeradwy', *boddhaus* 'yn peri bodlonrwydd'; *parhaus* 'yn ddibaid', *parhaol* 'yn parhau'.

(ii) Defnyddio bôn y ferf:

Berf	Ansoddair berfol
anghofiaf	*angof* (hefyd *anghofiedig*)
bathaf	*bath* (hefyd *bathedig*)
berwaf	*berw* (hefyd *berwedig*)
briwaf	*briw* (hefyd *briwedig*)
canaf	*cân*
cloaf	*clo* (hefyd *cloedig*)
collaf	*coll* (hefyd *colledig*)
crogaf	*crog* (hefyd *crogedig*)
cuddiaf	*cudd* (hefyd *cuddedig*)
cysgaf	*cwsg*
chwalaf	*chwâl*
gyrraf	*gyr*
llosgaf	*llosg*
llusgaf	*llusg*
malaf	*mâl*
naddaf	*nadd*
pobaf	*pob*
prynaf	*prŷn, pryn*
rhostiaf	*rhost*
toddaf	*tawdd*
troaf	*tro* (*troëdig, troeog*)

Enghreifftiau:

tir angof	*arian bath*
pwll tro	*maen clo*
mynydd llosg	*tatws pob*
cerrig nadd	*teisen brŷn*
haearn tawdd	*haearn gyr*
car llusg	

331 Byw, Marw. Gall y rhain fod yn ferfenwol, yn enwol ac yn ansoddeiriol:

(i) Berfenw

> *Yr oedd y ferch wedi marw*
> (T. Glynne Davies, 1974: 11)
> *Yr wyf i'n byw*
> (In. 6: 57)

(ii) Ansoddair

> *creaduriaid byw y môr*
> (Dat. 8: 9)
> *draenog marw*

(iii) Enw

> *yn fy myw*
> *Cododd y marw ar ei eistedd*
> (Lc. 7: 15)
> *Dy fab di yw'r marw; fy mab i yw'r byw*
> (1 Bren. 3: 22)

Ar dreiglo *byw* a *marw* yn dilyn *b-* yn ffurfiau *bod* gw. **99**.

Noder

Yn yr iaith lenyddol ni cheir rhediad syml i *byw* a *marw*, ond yn y tafodieithoedd ac mewn ysgrifennu anffurfiol gallant weithredu fel berfau syml: *mi fywith, fe farwodd*. Er enghraifft,

> *Sut fywiwn ni yma fel arall dwad?*
> (Robin Llywelyn, 1994:55).

Cyfansoddeiriau

Cyflwyniad

332   Ffurfir cyfansoddair naill ai trwy gyplysu ynghyd ddau (neu ragor) o eiriau neu trwy gyfuno elfen megis rhagddodiad a gair. Ceir y cyfuniadau canlynol mewn cyfansoddeiriau:

(i)   enw + enw
Enghreifftiau:

gweithdy	(< *gwaith + tŷ)*
marchnerth	(< *march + nerth)*
creigle	(< *craig + lle)*
dwyreinwynt	(< *dwyrain + gwynt)*

(ii)   ansoddair + enw
Enghreifftiau:

glasfryn	(< *glas + bryn)*
glaslanc	(< *glas + llanc)*
glanwedd	(< *glan + gwedd)*

(iii)   ansoddair + ansoddair
Enghreifftiau:

dugoch	(< *du + coch)*
llwydlas	(< *llwyd + glas)*
glasddu	(< *glas + du)*
gwyrddlas	(< *gwyrdd + glas)*

(iv)   enw + ansoddair
Enghreifftiau:

troednoeth	(< *troed + noeth)*
pendew	(< *pen + tew)*
blaenllym	(< *blaen + llym)*
hindda	(< *hin + da)*

(v) enw + berf
Enghreifftiau:

clustfeinio	(< clust + meinio)
croesholi	(< croes + holi)
llygadrythu	(< llygad + rhythu)

(vi) ansoddair + berf. Gw. **325** (iii(, **333** (i) (a).
Enghreifftiau:

cyflym redeg	(< cyflym + rhedeg)
prysur weithio	(< prysur + gweithio)

(vii) rhagddodiad + enw/ansoddair/berf. Gweler **137**.
Enghreifftiau:

cyfran	(< cyf- + rhan)
addfwyn	(< add- + mwyn)
ymladd	(< ym- + lladd)

Cyfansoddeiriau Rhywiog ac Afryw

333 (i) Cyfansoddeiriau Rhywiog

Ffurfir cyfansoddair rhywiog pan yw'r elfen gyntaf yn y cyfansoddair yn goleddfu'r ail; ail elfen y cyfansoddair a fydd yn penderfynu pa ran ymadrodd a gynrychiolir gan y cyfansoddair. Er enghraifft, enw yw *glaslanc* am fod ail elfen y cyfansoddair, sef *llanc*, yn enw; ansoddair yw *blaenllym* am fod yr ail elfen, sef *llym*, yn ansoddair. Treiglir yr ail elfen yn feddal (gw. **47**, **51**), ac eithrio pan yw -*ll*- neu -*rh*- ddechreuol heb dreiglo yn dilyn *n* neu *r*:

gwinllan
perllan
penrhyn

Gellir calediad: gw. **153**.

Mewn cyfansoddair clwm disgyn y pwyslais ar y goben:

ffermdy
canhwyllbren

Ceir calediad mewn rhai cyfuniadau: gw. **155**.

340

Digwydd y cyfnewidiadau isod yn ogystal:

f—ff > ff: prif + ffordd   *priffordd*
th—dd > th: gwrth + ddrych   *gwrthrych*

Gan fod pwyslais, mewn cyfansoddair o'r math hwn, yn disgyn ar yr elfen gyntaf, cyll *h* o ddechrau'r ail elfen:

môr + hesg   *moresg*

Mewn cyfansoddeiriau llac pwysleisir y naill elfen a'r llall yn y cyfansoddair. Digwydd y cyfuniadau canlynol:

(a)   dau air ar wahan a'r cyntaf yn ansoddair:

hen ddyn
hoff beth
ail waith

Gweler **51, 191, 206**.

Gellir berfenw neu ferf yn ail elfen:

prysur baratoi
cyflym yrrodd

Gweler **325** (iii).

(b)   dau air wedi eu cysylltu â chysylltnod:

ôl-ysgrif
môr-forwyn
cyn-olygydd
ail- greu
llwyd- felyn

Gweler **44**.

(c)   un gair, ond bod rhagacen ar elfen gyntaf y cyfansoddair:

camddefnydd
camarweiniol
prifysgol
prifathro
camargraff
camgymryd
camgyhuddiad

Ysgrifennir cyfansoddair llac sy'n gyfuniad o enw a berf neu ferfenw yn un gair:

> *llygadrythu*
> *croesholi*
> *bolaheulo*
> *ochrgamodd*
> *llofnodaf*

(ii) Cyfansoddeiriau Afryw

Treiglir ail elfen cyfansoddair rhywiog yn feddal fel rheol: gw. **51**, ac (i) uchod. Treiglir ail elfen cyfansoddair afryw yn unig pan fo elfen gyntaf y cyfansoddir yn peri treiglo'r ail elfen yn union fel petai'n air ar wahan yn dilyn y gair cyntaf:

(a) ansoddair yn dilyn enw benywaidd unigol (gw. **50**):

> *gwreigdda*   *(< gwraig + da)*
> *hindda*   *(< hin + da)*
> *heulwen*   *(< haul + gwen)*

Noder
Yr oedd *haul*, gynt, yn enw benywaidd unigol.

(b) enwau yn dilyn rhai rhifolion (gw. **204** (iii)):

> *dwybunt*   *(< dwy + punt)*   £2
> *deubwys*   *(< dau + pwys)*   2 lb
> *trichant*   *(< tri + cant)*   300
> *chwephunt*   *(< chwe + punt)*   £6
> *canpunt*   *(< cant + punt)*   £100

(c) Mae amryw adferfau ac arddodiaid yn gyfansoddeiriau afryw:

> *weithion*   *(< y + gwaith + hon)*
> *unwaith*   *(< un + gwaith)*
> *rhywdro*   *(< rhyw + tro)*
> *rhywbryd*   *(< rhyw + pryd)*
> *gyda*   *(< cyd + â)*
> *ichi*   *(< i + chi)*

(ch) Mae amryw enwau lleoedd sy'n cynnwys enw + ansoddair neu enw + enw dibynnol yn gyfansoddeiriau afryw:

Drefach	*(< tre + bach)*
Llanfor	*(< llan + môr)*
Llanfair	*(< llan + Mair)*

Noder
Cyfansoddair afryw yw *Penrhos* a'r pwyslais ar y goben, ond cyfansoddair rhywiog yw *Pen-rhos* â phwyslais ar y naill elfen a'r llall.

(d) ceir pwyslais ar y sillaf olaf:

prynhawn	*(< pryd + nawn)*
heblaw	*(< heb + llaw)*
ymlaen	*(< yn + blaen)*
gerllaw	*(< ger + llaw)*
gerbron	*(< ger + bron)*
ynghlwm	*(< yn + clwm)*
drachefn	*(< tra + cefn)*

Cyfluniad y Frawddeg a'r Cymal

Geirynnau Rhagferfol

Cadarnhaol

334 Y(r). Ceir *y* o flaen cytseiniaid, *yr* o flaen llafariad ac *h-*.

(i) Mewn gosodiad syml cadarnhaol o flaen amser presennol ac amser amherffaith y ferf *bod* (gw. **284**):

> *Y mae'r dyfyniadau Saesneg cyn amled, os nad amlach na'r rhai Cymraeg*
>> (Hywel Teifi Edwards, 1989: ix)
>
> *Yr oedd gofyn iddynt dyngu'r un llwon â'u cymrodyr Seisnig*
>> (Geraint Jenkins, 1983: 97)

(ii) Yn cyflwyno cymal enwol (gw. **353** (ii)):

> *Ofnwn y byddai'n anodd cael enillydd clir*
>> (J. Elwyn Hughes, 1989: 78)
>
> *Gwyddwn y cawn groeso ganddynt*
>> (Kate Roberts, 1976: 24)

(iii) Mewn cymal perthynol afrywiog (gw. **229-232**):

> *Gwyddai fod yr esgus y bu'n aros amdano wedi cyrraedd*
>> (Jane Edwards, 1976: 157)

(iv) Mewn cymal adferfol yn dilyn *er, am, hyd nes, fel*, etc. (gw. **361, 410**):

> *Ni fyddai hi byth yn mynd ar gyfyl na chapel na llan, er y byddai yn gweddïo bob nos a bore*
>> (T. Glynne Davies, 1974: 46)
>
> *Cydsyniodd Cristion am y gwyddai yn ei galon fod yr hyn a ddywedai ei gyfaill yn wir*
>> (John Bunyan, 1962: 61)

Aros yno hyd nes y clywi di Dewi a Cybi a Beuno yn siarad â thi
(J. G. Williams, 1978: 9)
Fel y nesaem at y cylch gwelwn y cerrig anferth fel cewri byw yn ymestyn tua'r ffurfafen
(Rhiannon Davies Jones, 1977: 21)

(v) Yn dilyn adferf neu ymadrodd adferfol mewn brawddeg gymysg neu frawddeg annormal:

(a) Brawddeg gymysg (gw. **352**):

Yma yn y gwyll gwyrdd yr eisteddodd fy holl ragflaenwyr er pan sefydlwyd Bethania
(Emyr Humphreys, 1981: 71)
Wrth eu ffrwythau yr adnabyddwch hwynt
(Math. 7: 16)

(b) Brawddeg annormal (gw. **351**):

Am hynny y digiais wrth y genhedlaeth honno (1955)
(Heb. 3: 10)
A'r bore yr aeth Jonathan i'r maes (1955)
(1 Sam. 20: 35)
Yn 1604 ymadawodd â Morgan er mwyn mynd yn Rheithor Mallwyd yn sir Feirionnydd, ac yno y bu am y deugain mlynedd a oedd yn weddill o'i oes; yno y tyfodd yn bennaf ysgolhaig ieithyddol y Dadeni yng Nghymru
(R. Geraint Gruffydd, 1988: 35)

335 A. Bydd y geiryn perthynol *a* yn rhagflaenu'r ferf mewn brawddeg annormal:

A Duw a ddywedodd, Bydded goleuni, a goleuni a fu (1955)
(Gen. 1: 3)
Jonathan a gyfododd oddi wrth y bwrdd mewn llid dicllon (1955)
(1 Sam. 20: 34)

Ar dreiglo yn dilyn y geiryn gw. **72**.

336 Fe, mi

Fe laddwyd fy nhad cyn imi gael fy ngeni
(Rhiannon Thomas, 1988: 35)
Fe gaiff, yn goron, y bywyd a addawodd yr Arglwydd
(Iago, 1: 12)
Mi gei boen bol os bwyti di ormod o siwgr
(Rhiannon Davies Jones, 1985: 52)
Mi chwiliais yn ofer am yr englyn gwych hwnnw
(*Golwg*, 11 Chwefror 1993: 19)

Ar dreiglo yn dilyn *mi, fe* gw. **80.**

Mewn ysgrifennu ffurfiol ni all *mi, fe,* ddisodli *yr, y* o flaen amser presennol ac amser amherffaith *bod.* Mewn ysgrifennu anffurfiol ac ar lafar gellir dewis *mi*:

(i) yn hytrach nag *y(r)*:
Mi wyt ti wedi brifo dy fam
(Eigra Lewis Roberts, 1988: 57)
Mi oedd ei lais yn glir fel cloch
(*Y Faner*, 2 Rhagfyr 1988: 11)

(ii) gydag *'r*:
Mi 'roedd Lewis yn casáu'r Saeson
(Rhiannon Davies Jones, 1985: 107)
Mi roeddwn i'n disgwyl babi
(Rhiannon Thomas, 1988: 117)
Mi rwyt ti'n uchelgeisiol a balch
(Rhiannon Davies Jones, 1989: 61)

Noder
Ni ellir dewis *mi* gyda *mae, maent.*

Negyddol

337 Ni(d), na(d). Dewisir *ni, na* o flaen berf lle y ceir llafariad mewn safle dechreuol yn sgil colli *g-* dan amodau'r treiglad meddal (gw. **47**):
Ni allwn ddweud yr un gair
(Harri Williams, 1978: 21)

Mi wn i na wnaiff Mr Edwards ddweud dim wrth neb
(Kate Roberts, 1976: 26)

Ceir, yn ogystal, enghreifftiau o *ni, na* o flaen llafariad ddechreuol nad yw'n ganlyniad treiglo'n feddal (gw. T. J. Morgan, 1952: 361-3).

(i)   O flaen berf mewn prif gymal ceir *ni* o flaen cytsain, *nid* o flaen llafariad. *Nid* a ddewisir o flaen rhannau ymadrodd eraill:

Ni chymerai honno unrhyw ddiddordeb
(Kate Roberts, 1972: 25)
Ni hoffai acen estron eu Saesneg
(Emyr Humphreys, 1986: 16)
Nid oedd ei chwerwedd wedi pylu dim
(Rhiannon Davies Jones, 1989: 78)
Nid dau frawd oeddynt
(*Taliesin*, Tachwedd 1989: 15)
Nid aur popeth melyn
(Dihareb)
Nid Dafydd sydd yn y tŷ

Ar lafar ac mewn ysgrifennu anffurfiol sylweddolir y negydd o flaen ffurfiau'r ferf *bod* a fo'n cychwyn â llafariad gan *d . . . ddim*:

Doeddem ni ddim yn cario offer atal cenhedlu
(R. Gerallt Jones, 1977: 19)
Dwy ddim am ei chondemnio am hynny
(Robat Gruffudd, 1986: 16)

Ar lafar gellir dewis *ni* mewn gosodiadau negyddol pwysleisiol:

Ni fydda i yno
Ni yfiff e
Ni chei di fynd

Gw. hefyd **256** (iv), **278** (vi).

(ii)   Ceir *nid* ar ddechrau brawddeg gymysg negyddol (gw. **352**):

Nid wrth ei big y prynir cyffylog
(Dihareb)
Nid nhw sy'n talu am ei betrol o
(Idwal Jones, d.d.: 54)

Nid ar fara yn unig y bydd dyn fyw
    (Mth. 4: 4)
Nid Adda a dwyllwyd
    (1 Tim. 2: 14)
Gw. hefyd **81** (ii).

(iii)   Mewn cymal enwol (gw. **353**) ceir *na*(*d*):

Gwyddost nad hawdd yw'r dasg sy'n dy aros
    (John Bunyan, 1962: 21)
Darganfu ei gymdogion nad oedd y dieithryn yn ddyn croesawgar iawn
    (T. Llew Jones, 1977: 27)
Tyngodd na chawn groesi'r Iorddonen
    (Deut. 4: 21)
Efallai na fydd y wraig am ddod ar fy ôl i'r wlad hon
    (Gen. 24: 5)

(iv)   Mewn cymal perthynol digwydd *ni*(*d*), *na*(*d*) (gw. **225, 231**):

Gwyn ei fyd y gŵr ni rodia yng nghyngor yr annuwiolion (1955)
Gwyn ei fyd y gŵr nad yw'n dilyn cyngor y drygionus (1988)
    (Salmau, 1: 1)
Pa wleidydd (gwrywaidd) na fyddai'n ochri ag ef?
    (*Golwg*, 20 Ebrill 1989: 19)

(v)   Mewn cymal adferfol yn dilyn arddodiad neu gysylltair (gw. **410**) ceir *na*(*d*):

Yr oeddwn i'n mwynhau'r te, er nad oedd dim ond arlliw o fenyn ar y frechdan
    (Kate Roberts, 1976: 25)
Penliniais innau'n ufudd gan na feiddiwn groesi Gwladus
    (Rhiannon Davies Jones, 1977: 22)

(vi)   Mewn cwestiynnau ar ôl *paham, pa fodd, sut,* ceir *na*(*d*):

Pam na allwn ni elwa ar hyn i gyd ar y meysydd rhyngwladol?
    (*Golwg*, 22 Ebrill 1993: 7)

Pam na ddylai dyn ddangos yn eglur ac yn gyhoeddus dros bwy yr oedd yn pleidleisio?
    (T. Glynne Davies, 1974: 27)
Pam nad ei di i Gaersalem gyda'r Distain?
    (Rhiannon Davies Jones, 1987: 111)
Pa fodd nad ofnaist ti estyn dy law i ddifetha eneiniog yr Arglwydd? (1955)
Sut na fyddai arnat ofn estyn dy law i ddistrywio eneiniog yr Arglwydd? (1988)
    (2 Sam. 1: 14)

Nodir enghreifftiau ychwanegol dan **235**.

(vii)   Yn dilyn y cysylltair *pe* (gw. **312**) ceir *na(d)*:

Yn nhŷ fy nhad y mae llawer o drigfannau; pe na byddai felly, a fyddwn i wedi dweud wrthych . . .?
    (In. 14: 2)
Fyddwn i ddim wedi cymryd hynny pe na bai mam mor dynn gyda'i phres
    (Irma Chilton, 1989: 21)
Byddwn i'n siomedig pe na sgorid pedwar ugain o bwyntiau yn eu herbyn
    (*Barn*, Tachwedd 1993: 7)

Gellir rhoi'r rhagenw mewnol gwrthrychol *-s* at *pe na*:

Da fuasai i'r dyn hwnnw pe nas ganesid ef (1955)
    (Mth. 26: 24)

(viii)   Gydag ebychiadau (gw. **312** (ii)):

O na fyddai fy mhobl yn gwrando arnaf
    (Salmau, 81: 13)

(ix)   Cyfunir y cysylltair *o* â *nid* i ffurfio'r cysylltair *oni(d)* gw. **415**

Ni allai neb wneud yr arwyddion hyn yr wyt ti wedi eu gwneud oni bai fod Duw gydag ef
    (In. 3: 2)

Ar dreiglo yn dilyn *ni, na* gw. **87, 115**.

Na(c). Ceir *nac* (a gynenir [nag]) o flaen llafariad; *na* a geir o flaen cytsain:

(i) Digwydd *na*(*c*) o flaen berf orchmynnol:

> *Na chuddia fy ngwaed*
> (Job, 16: 18)
> *Na wna ddim gwaith y dydd hwnnw*
> (Ex, 20: 10)
> *Nac anghofia'r anghenus*
> (Salmau, 10: 12)
> *Nac italeiddier enwau llawysgrifau*
> (*Llên Cymru*, 17: 185)
> *Nac ofnwch; byddaf mor gynnil ag y mae modd*
> (Peter Lovesey, 1995: 70)

Gw. **313** (iv).

(ii) Ceir *na*(*c*) mewn atebion negyddol:

> *Oes yna deilyngdod? Nac oes meddai Nesta Wyn Jones. Oes yn fy marn i*
> (J. Elwyn Hughes, 1989: 27)
> *A ddihengi di yn ddigerydd? Na ddihengi* (1955)
> *A ddihengi di yn ddigerydd? Na wnei* (1988)
> (Jer. 49: 12)
> *A fydd yno gwmni? Na fydd*

Ar dreiglo yn dilyn *na* gw. **87, 115**.

Gofynnol

339 A. Bydd *a* yn rhagflaenu'r ferf mewn cwestiynau uniongyrchol ac anuniongyrchol:

> *A wyf yn euog o gamliwio?*
> (*Y Faner*, Chwefror 1990: 12)
> *A roi di hwy yn llaw Israel?*
> (1 Sam. 14: 37)
> *Gofynnais a oedd ganddynt ryw newydd*
> (Kate Roberts, 1976: 25)

Gellir hepgor y geiryn:

> *Ydych chi wedi bod yn yfed?*
> (Emyr Humphreys, 1986: 93)
> *Ydi'r nofel yma yn ateb ei diben?*
> (*Y Faner,* 8 Rhagfyr 1989: 15)
> *Ysai Harri am ofyn iddo oedd o mor hapus ag yr ymddangosai*
> (John Rowlands, 1978: 161)

Ar dreiglo yn dilyn y geiryn gofynnol *a* gw. **91**.

Noder
Ar lafar gall *os* ddigwydd yn hytrach nag *a* mewn cwestiwn anuniongyrchol: *Gofynnodd os oedd ganddo rywbeth yn ei boced.*

340 Oni(d). O flaen berf dewisir *oni* o flaen cytseiniaid, *onid* o flaen llafariaid. *Onid* a geir o flaen rhannau ymadrodd eraill. Disgwylir ateb cadarnhaol i gwestiwn a gyflwynir gan *oni(d)*:

> *On'd oedd yna sicrwydd cynnes yn y geiriau?*
> (Marion Eames, 1992: 9)
> *Oni thywelltaist fi fel llaeth a'm ceulo fel caws?*
> (Job, 10: 10)
> *Oni wyddoch? Oni chlywsoch? Oni fynegwyd i chwi o'r dechreuad?*
> (Eseia, 40: 21)
> *Onid chwi oedd yn fy nghasáu ac yn fy ngyrru o dŷ fy nhad?*
> (Barn. 11: 17)
> *Onid Galileaid yw'r rhain oll sy'n llefaru?*
> (Act. 2: 7)
> *Onid er mwyn chwilio'r ddinas a'i hysbïo a'i goresgyn yr anfonodd Dafydd ei weision atat?*
> (2 Sam. 10: 3)
> *Onid hwn yw'r saer . . . ?*
> (Mc. 6: 3)
> *Oni ddylai pob telyneg iach fod fel helygen ifanc, hardd, yn newydd ac ystwyth? Oni ddylai ei dail fod yn ir a'i chorff yn*

llunniaidd ac atyniadol? Oni ddylai fod ganddi ei sibrydion synhwyrus ei hun ar ein cyfer?
(J. Elwyn Hughes, 1981: 63-64)

Gall *onid e?* ddilyn gosodiad a'i droi'n ofynnol:

Dyna i chwi gyd-ddigwyddiad onid e?
(*Barn*, Awst/Medi 1991: 58)
Hwn yw'r saer onid e?

Ar lafar ac mewn ysgrifennu anffurfiol ceir *ynte?, yntefe?, ontefe?* yn hytrach nag *onid e?*: *Dyna beth ydi o ynte?* (*Y Faner*, 23 Chwefror 1990: 6).

341   Ai. Mewn cwestiwn uniongyrchol neu anuniongyrchol gall unrhyw ran ymadrodd, ac eithrio berf, ddilyn *ai*:

Ai sumbol o waed y Cymry yw'r Môr Coch?
(*Y Faner*, 4 Hydref 1991: 8)
Ai ti yw Elias?
(Ioan, 1: 21)
Ai mewn heddwch yr wyt yn dod?
(1 Bren. 2: 13)
Ai trwy Moses yn unig y llefarodd yr Arglwydd?
(Num. 12: 2)

Noder

Ar lafar yn y de clywir *ife*: *ife dros y wal aeth e*; *ife ti sydd yno*.

Mewn cwestiwn dwbl ceir *ai . . . ai*:

Arglwydd, ai i ni yr wyt yn adrodd y ddameg hon, ai i bawb yn ogystal?
(Lc. 12: 41)

Gall *nid* ddilyn *ai* mewn cwestiwn dwbl:

A yw'n gyfreithlon talu treth i Gesar, ai nid yw?
(Mth. 22: 17)

Gellir *nac* yn yr un gystrawen:

A yw'r Arglwydd yn ein plith, ai nac ydyw
(Exod. 17: 7).

Ceir yn ogystal *pa un* (neu ffurf dalfyredig) + *ai . . . ai/neu/(neu) ynteu*:

> *Prun sydd orau, ai bod yn offeiriad i un teulu, ynteu'n offeiriad i lwyth a thylwyth Israel?*
> (Barn. 18: 19)
> *pa un ai yn y corff, ai allan o'r corff, ni wn i* (1955)
> (2 Cor. 12: 3)

Am ragor o enghreifftiau gw. **84**.

Gall *pa un bynnag* gyflwyno dewisiadau mewn cwestiwn anuniongyrchol:

> *Pa un bynnag yr ydym ai byw ai marw, eiddo yr Arglwydd ydym* (1955)
> *Prun bynnag ai byw ai marw ydym, eiddo yr Arglwydd ydym* (1988)
> (Rhuf. 14: 8)

Gall *ai e?* ddilyn gosodiad a'i droi'n ofynnol:

> *Panel oedd gynnoch chi heno ai e?*
> (*Barn*, Ebrill 1990: 14)

Fel rheol cyfleu syndod neu amheuaeth a wna'r cwestiwn *Ai e?*:

> *Dyma dy waith gorau. Ai e?*

Atebion

342 Y mae'r ateb a roir i gwestiwn yn cael ei reoli gan gyfluniad y cymal gofynnol. Pan sylweddolir traethiedydd o ferf seml gan amser ac eithrio'r amser gorffennol (gw. **344**), bydd yr ateb yn ailadrodd yn rhannol y ffurf ferfol sy'n sylweddoli'r traethiedydd yn y cymal gofynnol, h.y. yr un amser sydd i'r ffurf ferfol yn y cwestiwn ac yn yr ateb, ond bod amodau'r ateb yn peri cymhwyso rhif a pherson y ferf. Cyflwynir y cwestiwn gan y geirynnau gofynnol *a* (gw. **339**) neu *oni(d)* (gw. **340**); treiglir i'r feddal yn dilyn *a* (gw. **91**) a cheir treiglad llaes o *c, p, t*, yn dilyn *oni* (gw **121**) a threiglad meddal o *g, b, d, m, ll*, *rh,* (gw. **92**). Cyflwynir yr ateb negyddol gan *na(c)* (gw. **338**); mae *na* yn treiglo *c, p, t,* yn llaes (gw. **115**) a *g, b, d, m, ll, rh,* yn feddal (gw. **87**).

Gosodiad	*Gellwch chi ddarllen*
Cwestiwn	*A ellwch chi ddarllen?*
	Oni ellwch chi ddarllen?
Atebion	*Gallaf*
	Na allaf
Gosodiad	*Gweithiant hwy*
Cwestiwn	*A weithiant hwy?*
	Oni weithiant hwy
Atebion	*Gweithiant*
	Na weithiant
Gosodiad	*Daw'r postmon heddiw*
Cwestiwn	*A ddaw'r postmon heddiw?*
	Oni ddaw'r postmon heddiw?
Atebion	*Daw*
	Na ddaw
Gosodiad	*Dylai hi gyrraedd heno*
Cwestiwn	*A ddylai hi gyrraedd heno?*
	Oni ddylai hi gyrraedd heno?
Atebion	*Dylai*
	Na ddylai

Rhaid i'r ateb gytuno o ran rhif a pherson â'r enw sy'n sylweddoli'r goddrych:

Gosodiad	*Yr oedd y plentyn*
Cwestiwn	*A oedd y plentyn?*
	Onid oedd y plentyn?
Atebion	*Oedd*
	Nac oedd
Gosodiad	*Yr oedd y plant*
Cwestiwn	*A oedd y plant?*
	Onid oedd y plant?
Ateb	*Oeddent*
	Nac oeddent

Gosodiad	*Yr oedd hi*
Cwestiwn	*A oedd hi?*
	Onid oedd hi?
Ateb	*Oedd*
	Nac oedd
Gosodiad	*Yr oeddent hwy*
Cwestiwn	*A oeddent hwy?*
	Onid oeddent hwy?
Ateb	*Oeddent*
	Nac oeddent
Gosodiad	*Caiff y dyn syndod*
Cwestiwn	*A gaiff y dyn syndod?*
	Oni chaiff y dyn syndod?
Ateb	*Caiff*
	Na chaiff
Gosodiad	*Caiff y dynion syndod*
Cwestiwn	*A gaiff y dynion syndod?*
	Oni chaiff y dynion syndod?
Ateb	*Cânt*
	Na chânt
Gosodiad	*Caiff ef syndod*
Cwestiwn	*A gaiff ef syndod?*
	Oni chaiff ef syndod?
Ateb	*Caiff*
	Na chaiff
Gosodiad	*Cânt hwy syndod*
Cwestiwn	*A gânt hwy syndod?*
	Oni chânt hwy syndod?
Ateb	*Cânt*
	Na chânt
Gosodiad	*Dylai'r ceffylau redeg heno*
Cwestiwn	*A ddylai'r ceffylau redeg heno?*
	Oni ddylai'r ceffylai redeg heno?
Ateb	*Dylent*
	Na ddylent

Bydd pob gwedd ar y Gymraeg, ac eithrio testun llenyddol tra ffurfiol, yn dewis y ffurf rediadol briodol ar *gwneud* (gw. **294**) ar gyfer dynodi'r ateb, pa ferf bynnag a geir yn y cwestiwn:

Cwestiwn	*A ddarllenwch chi?*
	Oni ddarllenwch chi?
Atebion	*Gwnaf*
	Na wnaf
Cwestiwn	*A gredwn ni?*
	Oni chredwn ni?
Atebion	*Gwnawn*
	Na wnawn
Cwestiwn	*A ddarllena'r plant?*
	Oni ddarllena'r plant?
Atebion	*Gwnânt*
	Na wnânt
Cwestiwn	*A ddarllenant hwy?*
	Oni ddarllenant hwy?
Atebion	*Gwnânt*
	Na wnânt

Mae'n amhosibl, sut bynnag, i rai berfau gan gynnwys *bod, gwybod, gallu, medru, cael, dylai,* ddewis ffurfiau *gwneud* ar gyfer llunio ateb.

Mewn holi cwrtais gweithreda *gwneud* fel berf gynorthwyol a threiglir y berfenw sy'n ei ddilyn i'r feddal:

Cwestiwn	*A wnewch chi ddarllen?*
	Oni wnewch chi ddarllen?
Atebion	*Gwnaf*
	Na wnaf
Cwestiwn	*A wna'r plant ddarllen?*
	Oni wna'r plant ddarllen?
Atebion	*Gwnânt*
	Na wnânt
Cwestiwn	*A wnânt hwy ddarllen?*
	Oni wnânt hwy ddarllen?
Atebion	*Gwnânt*
	Na wnânt

343 Yr un patrwm yn gyffredinol ag a ddisgrifiwyd uchod a geir pan sylweddolir y traethiedydd gan ferf gwmpasog; cyfleir yr ateb gan y ferf gynorthwyol *bod*. Ni ddewisir *yr* yn y cwestiwn na'r ateb:

Gosodiad	*Yr oedd ef yn darllen*
Cwestiwn	*A oedd ef yn darllen?*
	Onid oedd ef yn darllen?
Atebion	*Oedd*
	Nac oedd

Yn yr amser presennol ceir yr atebion isod:

Unigol	Lluosog
Ydwyf/ydw	*Ydym*
Ydwyt/ wyt	*Ydych*
Ydyw/ydy/ydi	*Ydyn(t)*

Mewn cwestiwn sylweddolir y 3ydd person unigol gan *yw/ydyw/ydy/ydi* a'r 3ydd person lluosog gan *ydyn(t)*:

Gosodiad	*Y mae ef yn gyrru*
Cwestiwn	*A yw ef yn gyrru?*
	Onid yw ef yn gyrru?
Ateb	*Ydyw*
	Nac ydyw
Gosodiad	*Y maent hwy'n darllen*
Cwestiwn	*A ydynt hwy'n darllen?*
	Onid ydynt hwy'n darllen?
Ateb	*Ydynt*
	Nac ydynt
Gosodiad	*Byddi di'n aros*
Cwestiwn	*A fyddi di'n aros?*
	Oni fyddi di'n aros?
Ateb	*Byddaf*
	Na fyddaf
Gosodiad	*Bydd y plentyn yn canu*
Cwestiwn	*A fydd y plentyn yn canu?*
	Oni fydd y plentyn yn canu?
Ateb	*Bydd*
	Na fydd

Gosodiad	*Bydd y plant yn canu*
Cwestiwn	*A fydd y plant yn canu?*
	Oni fydd y plant yn canu?
Ateb	*Byddant*
	Na fyddant
Gosodiad	*Bydd hi'n canu*
Cwestiwn	*A fydd hi'n canu?*
	Oni fydd hi'n canu?
Ateb	*Bydd*
	Na fydd
Gosodiad	*Byddant hwy'n canu*
Cwestiwn	*A fyddant hwy'n canu?*
	Oni fyddant hwy'n canu
Ateb	*Byddant*
	Na fyddant

344 Pan geir berf orffennol yn y cymal gofynnol, yr ateb cadarnhaol yw *do* a'r ateb negyddol yw *naddo*:

Cwestiwn	*A ddaeth ef?*
	Oni ddaeth ef?
Ateb	*Do*
	Naddo
Cwestiwn	*A welaist ti'r ras?*
	Oni welaist ti'r ras?
Ateb	*Do*
	Naddo
Cwestiwn	*A brynodd hi'r beic?*
	Oni phrynodd hi'r beic?
Ateb	*Do*
	Naddo
Cwestiwn	*A fuost ti'n siopa?*
	Oni fuost ti'n siopa?
Ateb	*Do*
	Naddo

Noder

Yn nhafodieithoedd gogledd Cymru, gall cymal gofynnol amser gorffennol perffaith ddewis *do/naddo*: *A ydych wedi dewis yr holl bethau hyn? Dywedasant wrtho, 'Do'* (1955), *A ydych wedi dewis yr holl bethau hyn? Dywedasant wrtho, 'Ydym'* (1988) Mth. 13: 51.

345 Pan sylweddolir goddrych amser presennol y ferf gwmpasog gan enw amhenodol neu ragenwolyn megis *neb, rhai, rhywun, rhywrai, rhywbeth,* sylweddolir y ferf gynorthwyol gan *oes*: Cyfleir ateb cadarnhaol gan *oes* ac ateb negyddol gan *nac oes*:

Cwestiwn	*A oes rhywun yn ateb ?*
	Onid oes rhywun yn ateb ?
Ateb	*Oes*
	Nac oes
Cwestiwn	*A oes plant yn canu ?*
	Onid oes plant yn canu ?
Ateb	*Oes*
	Nac oes

346 Pan gyflwynir y cymal gofynnol gan *ai* (gw. **341**) neu *onid* (gw. **340**), cyfleir ateb cadarnhaol gan *ie* ac ymateb negyddol gan *nage*:

Cwestiwn	*Ai dyn oedd yn rhedeg ?*
Ateb	*Ie*
	Nage
Cwestiwn	*Onid y ferch sy'n canu ?*
Ateb	*Ie*
	Nage
Cwestiwn	*Ai ei lais a glywaist ?*
Ateb	*Ie*
	Nage

Noder

(1)   Ar lafar cyll *ai* yn fynych: (*Ai*) *dyn oedd yn rhedeg?*

(2) Ar lafar sylweddolir y geiryn negyddol gofynnol gan *nid/nit* neu *dim* neu *nage/nace*: *Nid y ferch sy'n canu?*; *Dim y ferch sy'n canu?*; *Nage'r ferch sy'n canu?*

347 Ar lafar clywir ailadrodd yr ateb er pwysleisio:

Cwestiwn	*A oes rhywun yn gweithio ?*
Ateb	*Oes, oes*
Cwestiwn	*A ddaeth ef ?*
Ateb	*Do, do*
Cwestiwn	*A ddaw ef ?*
Ateb	*Daw, daw*
Cwestiwn	*Ai merch oedd yn canu ?*
Ateb	*Ie, ie*

Fel rheol ni cheir y geiryn *mi/fe* mewn atebion, ond gellir ei ddewis os dymunir pwyslais:

Cwestiwn	*A ddaw ef?*
Ateb	*Daw, mi ddaw*
	Daw, fe ddaw

348 Ceir *do, ie, ydyw, naddo, nage, nac oes,* gyda brawddegau nad ydynt yn ofynnol er cyfleu cytundeb neu bwyslais:

Llwyddaist yn anrhydeddus. Do, yn wir.

Dyma fochyn braf. Ie braf iawn.

Naddo, ches i ddim cyfle.

Nage, nid fel yna y mae ei gwneud hi

Mae Hywel yn fardd. Ydy, yn fardd da iawn

Nid oes un a wna ddaioni, nac oes, dim un
    (Rhuf. 3: 12)
Ie drosom yr âi dygyfor y tonnau
    (Salmau, 124: 5)
Do, fe fentrais i'r dŵr yr eildro, ond nid i'r dwfn y tro hwnnw
    (*Y Faner,* 20/27 Rhagfyr 1991: 11)

*Ni bydd neb yn cynnau cannwyll a'i chuddio â llestr neu ei dodi
dan y gwely. Nage, ar ganhwyllbren y dodir hi*
(Lc. 8: 16)
Ie, yr un tîm fydd gan Gymru
(*Golwg*, 18 Chwefror 1993: 7)

Y Frawddeg Enwol Bur

349 Cynnwys cyfluniad y frawddeg enwol ddwy elfen, sef D(ibeniad)
+ G(oddrych).

(i) Fel rheol dynodi gwirionedd cyffredinol, digyfnewid fel sy'n cael
ei fynegi gan ddiarhebion a wna'r frawddeg enwol. Gellir sylweddoli'r
D gan enw, ansoddair, neu ansoddair cymaredig; gellir sylweddoli'r G
gan enw, berfenw neu gymal enwol:

Cyfaill blaidd / bugail diog
    D   G

Castell pawb / ei dŷ
    D   G

Hir / pob aros
  D   G

Hardd / pob newydd
   D   G

Llwyr / y dial
  D   G

Diau / y byddaf fi gyda thi
  D   G

Gall y goddrych wahanu'r rhannau sy'n ffurfio'r dibeniad:

Haws / dringo / na dysgu
 D-   G   -D

Gwell / angau / na chywilydd
  D-   G   -D

Trech / trugaredd / na barn
D-   G   -D
(Iago, 2: 13)

(ii)   Gall brawddegau enwol eraill gyfeirio at y presennol-ar-y-pryd:

Gwell / mynd
D   G

Rhaid / mynd
D   G

Pan fo angen dynodi gweithredydd bydd yr arddodiad *i* neu'r arddodiad *gan*, neu ffurfiau rhediadol yr arddodiaid hyn, yn dilyn y dibeniad gan ffurfio cyfluniad o fath DA(dferf)G, er enghraifft,

Rhaid i John fynd

Rhaid iddo fynd

Gwell ganddo aros

Gwell gan John aros

Hawdd inni gredu

Dyma, yn ogystal, gyfluniad rhai idiomau cyffredin sy'n cynnwys *gan*:

da gennyf

drwg gennyf

gwell gennyf

gwaeth gennyf

anodd gennyf

hawdd gennyf

syn gennyf

rhyfedd gennyf

hyfryd gennyf

Digwydd y rhain mewn cyfluniad D G er enghraifft:

Da / gennyf / eich gweld
D   A   G

Anodd / gennyf / gytuno
D   A   G

Hawdd / gennyf / gredu
  D   A   G

(iii) Ceir cyfluniad A(dferf) G(oddrych) yn ogystal:

I ffwrdd / â chi
  A   G

Ymlaen / Llanelli!
  A   G

I'r afon / â nhw
  A   G

Ar negyddu'r frawddeg enwol bur gw. **337**.

(iv)   Gellir chwanegu ffurf ferfol, y cyplad, at frawddeg enwol er mwyn cyfleu amser. Swyddogaeth y cyplad yw cyplysu'r elfennau ansawdd neu briodoledd a'r goddrych. Y ferf *bod* sy'n sylweddoli'r cyplad.

(a) Gall y cyplad gyplysu'r dibeniad a'r goddrych gan ffurfio cyfluniad D(ibeniad) T(raethiedydd) G(oddrych). Sylweddolir y D naill ai gan enw penodol neu gan enw amhenodol neu gan ansoddair neu gan ragenw neu gan ferfenw:

Ei dad / oedd /y dewraf
  D   T   G

Myfyriwr / wyf i
  D   T G

Hir / yw / pob aros
  D   T   G

Llwyr / fydd / y dial
  D   T   G

Hawdd / fuasai / inni gredu
  D   T   G

Rhaid / oedd / i John fynd
  D   T   G

Diwylliant hunan-gynhyrchiol /ydoedd
           D   T G

Plant drwg / ydynt
D   T G

Plant da / ydych chi
  D   T G

Fe / yw / 'r talaf
D T   G

Pysgota / oedd / ei hoff bleser
D   T   G

Mewn cyfluniad o'r math hwn sylweddolir y T bob amser yn y 3ydd person amser presennol gan *yw, ydynt.* Gw. hefyd **279**(i).
Ar dreiglo ffurfiau *b-* y ferf *bod* mewn cymal cypladol gw. **74**.
Ni ddigwydd y geiryn *yr* o flaen ffurfiau presennol ac amherffaith mynegol *bod* yn y gystrawen hon.

(b)   Gall y cyplad ddigwydd yn gyntaf a cheir cyfluniad o fath T D (A) G; bydd *yn* traethiadol yn rhagflaenu'r dibeniad o enw neu ansoddair. Bydd y T yn dewis y 3ydd unigol *mae, bydd* etc.:

Bydd / yn anodd / gennyf / gredu
T   D   A   G

Mae / 'n well / mynd
T   D   G

Yr oedd / yn rhaid / imi / aros
  T   D   A   G

Ceir yn ogystal, gyfluniad o fath T G D. Rhagflaenir y dibeniad gan *yn* traethiadol (gw. **278**) a sylweddolir y D naill ai gan enw amhenodol neu ferfenw neu ansoddair cysefin, cyfartal, cymharol:

Yr oedd / Siân / yn delynores
  T   G   D

Mae / pob aros / yn hir
  T   G   D

Bydd / hyn / yn dorri tir newydd
  T   G   D

Maent / yn weithwyr caled
  T G   D

Bydd y T yn dewis *mae* yn y 3ydd person unigol a *maent* yn y 3ydd person lluosog presennol mynegol.

Ar dreiglo yn dilyn yr *yn* traethiadol gw. **54**.

Noder

(1)   Cyll yr *yn* traethiadol yn gyffredin ond treiglir cytsain gysefin y dibeniad: *bûm newynog* . . . *bûm ddieithr* (1955), *bûm yn newynog* . . . *bûm yn ddieithr* (1988) (Mth. 25: 35); *nid yw ddoeth* (1955) (Diar. 20: 1); *Byddwch ofalus* (1988) (Deut. 4: 23), cf. *Nid yr oedrannus yn unig sydd ddoeth* (Job, 32: 9). Gw. **280**.

(2)   Gall *ys* ragflaenu'r dibeniad. Mae cyfluniad o'r fath yn brin mewn Cymraeg Canol (gw. D. Simon Evans, 1964: 139 n.1) a cheir blas hynafol ar yr enghreifftiau a ddigwydd mewn ysgrifennu diweddar: *Ys truan o ddyn oeddwn!* (Harri Williams, 1978: 30); *Ys cymysg o genedl ydym!* (*Llais Llyfrau*, Haf 1990: 3).

(c)   Pan yw'r dibeniad yn adferfol, ni bydd *yn* yn rhagflaenu:

Mae / pawb / felly
T   G   A

Yr oedd / ei wyneb / fel y galchen
T   G   A

Yr oeddent / mor ddu â'r frân
T G   A

Y maent / mor gadarn â'r graig
T G   A

Y Frawddeg Ferfol

350   Bydd y ferf yn rhagflaenu'r goddrych mewn brawddeg normal; gall geiryn ragflaenu'r ferf (gw. **334-340**).

(i)   Pan sylweddolir y goddrych gan enw (gw. **160-181**) neu ragenw dangosol (gw. **236**) neu ragenwolyn (gw. **238-258**) bydd y ferf bob amser yn y 3ydd unigol (gw. **260**).

(ii)   Gall terfyniad personol y ferf ddynodi'r goddrych (gw. **222**), ond bydd rhagenw ategol yn aml yn dilyn y ferf (gw. **221**). Gall rhagenw annibynnol ragflaenu'r ffurf ferfol (gw. **212** (iv)).

(iii) Dangos amser yn unig a wna'r ferf amhersonol a nodir gweithredydd berf amhersonol naill ai drwy ddefnyddio'r arddodiad *gan* a'i ddilyn gan enw, neu gan un o ffurfiau personol yr arddodiad hwnnw (gw. **314**).

Y Frawddeg Annormal

351   Yn y frawddeg annormal digwydd goddrych o flaen y traethiedydd; ni bydd pwyslais ar y goddrych a gellir ei ddilyn gan eiryn perthynol sy'n treiglo'r ferf i'r feddal (gw. **72**, **325** (ii), **335**). Bydd y ferf yn cytuno â'r goddrych o ran person a rhif. Mae'r frawddeg annormal yn gyffredin mewn Cymraeg Canol (gw. D. Simon Evans, 1964: 179-81) a cheir llu o enghreifftiau mewn cyfieithiadau cynharach o'r Beibl:

> *A Job a atebodd ac a ddywedodd* . . . (1955)
> (Job, 12: 1)
> *Hwy a welsant y mab bychan gyda Mair ei fam* (1955)
> (Mth. 2: 11)
> *A'i ddisgyblion a ddaethant ato* (1955)
> (Mth. 8: 25)
> *Myfi a reidiais gyda'r teulu i fyny'r cwm*
> (*Golwg*, 1 Ebrill 1993: 3)

Am enghreifftiau o gyfluniad annormal yn cynnwys adferf + *y* + berf gw. **334** (v).

Er i ramadegwyr Cymraeg ar ddechrau'r ganrif argymell osgoi'r frawddeg annormal, ceir enghreifftiau mewn rhyddiaith ddiweddar:

> *Pan fyddwch dryma'r nos yn cysgu, chwi wyddoch pwy ddaw i'ch dadebru*
> (Robin Llywelyn, 1995: 21).
> *Chwi wyddoch na all y rhai sy'n mynd ar bererindod obeithio osgoi trwbwl a pherygl*
> (John Bunyan, 1962: 43)

Chwi gofiwch pwy oedd yr hyfforddwr yn sicr
(*Y Faner,* 27 Hydref 1989: 21)

Chwi welwch fy mhwynt gobeithio
(Mair Wyn Hughes, 1983: 7)

Hwy a godasant o'u gwláu
(*Y Ddraig Goch,* Cyf 1, Rhif 3, 1994: 3).

Mae blas beiblaidd neu hynafol ar amryw o'r enghreifftiau uchod. Ni cheir y gystrawen yn y Beibl Cymraeg Newydd ond y mae'n nodwedd ar rai o dafodieithoedd de Cymru (gw. H. Lewis, 1931: 118-19; C. H. Thomas, 1975/76: 345-66; D. A. Thorne, 1976: 503; P. J. Brake 1980: 365):

[di nabəðid i pan gweli di ði]

[χi wiðoχ χi]

Yn y tafodieithoedd y rhagenw annibynnol syml a fydd yn sylweddoli'r goddrych fel rheol a digwydd y cyfluniad mewn brawddeg gadarnhaol yn unig. Diogelir y gystrawen yn ogystal mewn barddoniaeth ddiweddar eithr heb y cyfyngiadau sy'n ei nodweddu ar lafar.

Y Frawddeg Gymysg

352 Mewn brawddeg gymysg gellir pwysleisio pob un o elfennau'r cymal; rhoir yr elfen y mynnir ei phwysleisio yn gyntaf yn y cymal. Pan sylweddolir y traethiedydd gan ferf gryno, a'r pwyslais ar y goddrych, ceir y rhagenw perthynol *a* rhwng y goddrych a'r ferf. Treiglir i'r feddal yn dilyn y rhagenw perthynol (gw. **73**) a bydd y ferf bob amser yn 3ydd person unigol:

Afon Teifi a orlifodd ei glannau

Y ceiliog a ganodd ei gân

Y ceiliogod a ganodd eu caneuon

Pan bwysleisir y D(ibeniad), ceir y rhagenw perthynol rhwng y D a bwysleisir a'r ferf gryno:

Ci a welodd y ffermwyr

> *Cath a welais i*
>
> *Cath a welwyd*

Pan bwysleisir yr (A)dferf, bydd y geiryn perthynol *y(r)* yn rhagflaenu'r ferf:

> *Ddoe y gweithiodd*
>
> *Ddoe y gweithiwyd*
>
> *Prin y gallech ei chlywed*
>
> *I'w waith yr aeth*

Gellir sylweddoli'r A gan ansoddair:

> *Da y gwnaethost*
>
> *Da y'i gwnaethpwyd*
>
> *Mor anrhydeddus y llwyddaist*
>
> *Swynol y canai hi'r delyn*

Pan bwysleisir y T(raethiedydd), sylweddolir y T gan ferfenw ac fe'i dilynir gan yr elfennau hynny a fydd fel rheol yn dilyn y T, gan roi'r olyniad T1 D T2 G. Sylweddolir T2 naill ai gan un o amseroedd *bod* neu gan un o amseroedd *gwneud*; bydd y geiryn perthynol *y(r)* yn rhagflaenu'r ffurf ar y ferf *bod* a'r rhagenw perthynol *a* yn rhagflaenu *gwneud*. Bydd A naill ai'n dilyn D neu'n digwydd ar ddiwedd y cyfluniad:

> *Astudio yn y llyfrgell y bydd hi heno*
>
> *Darllen y llyfr a wnaeth hi*
>
> *Mynd i'r gwely nawr a wnaf i*

Dangos amser a wna'r ferf *bod* yn y cyfluniad hwn ond dewisir *gwneud* er mwyn datgan arfaeth neu fwriad yn ogystal â dangos amser.

Mae gan 3ydd person unigol amser presennol *bod*, ffurf berthynol arbennig sef *sydd, sy* (gw. **227, 280**). Pan sylweddolir traethiedydd y cymal pwyslais gan amser presennol y ferf gwmpasog ceir *sydd* pan fynnir pwysleisio G:

> *Arholiadau sydd yn poeni'r plant*
>
> *Ci sydd wedi lladd yr oen*

Gydag amseroedd eraill, y rhagenw perthynol a fydd yn rhagflaenu'r ferf gynorthwyol:

Ci a oedd wedi lladd yr oen

Arholiadau a fydd yn poeni myfyrwyr

Gellir hepgor y rhagenw perthynol.

Pan bwysleisir D a'r ferf gwmpasog yn dilyn, bydd y geiryn perthynol *y(r)* yn dilyn D. Bydd y ferf gynorthwyol yn cytuno o ran person â'r G. Rhaid i ragenw genidol 3ydd person ragflaenu'r berfenw a hwnnw'n cytuno o ran cenedl a rhif â'r D a bwysleisir:

Tîm Cymru y byddaf i'n eu cefnogi

Y ferch y byddem ni'n ei gweld

Y bachgen y byddem ni'n ei weld

Ysguthanod y bydd y ffermwyr yn eu saethu

Pan bwysleisir A fe'i dilynir gan y geiryn perthynol *y(r)*:

Y prynhawn yma y byddaf i'n mynd

Yn y car yr oedd hi'n cysgu

Y Cymal Enwol

353 Pan fydd cymal yn sylweddoli goddrych neu ddibeniad y ferf neu mewn cyfosodiad ag enw neu ragenw, fe'i gelwir yn gymal enwol. Sylweddoli uned ailadrodd mewn prif gymal yw prif swyddogaeth y cymal enwol. Bydd y siaradwr yn ailadrodd ynddo rywbeth a ddywedwyd neu a ysgrifennwyd naill ai ganddo ef ei hun neu gan rywun arall, yn ei aralleiriad ei hun. Berfau megis *dweud, meddwl, honni, credu, cytuno, gwybod, gobeithio,* sef berfau sy'n gallu cyfleu'r ystyr 'llefaru' neu 'ystyried' a fydd yn draethiedydd yn y prif gymal.

(A) Cadarnhaol
Dibynna'r cyfluniad a ddewisir ar amser y ferf yn y prif gymal:

(i)   Pan yw traethiedydd y prif gymal a thraethiedydd y cymal enwol yn gyfamserol, cyflwynir y cymal enwol gan *bod:*

> *Gwyddai fod pob un yn y gynulleidfa'n anelu'i wn tuag ato*
> (John Rowlands, 1965: 7)
> *Mi rydach chi'n gwybod bod Bob, ein brawd, yn byw yn Sir Fôn*
> (Kate Roberts, 1976: 26)
> *Rydw i'n credu fod pob un ohonom yn wylo'n fewnol wrth fynd oddi ar y cae*
> (R. Gerallt Jones, 1977: 42)
> *Cytunent fod bywyd yn faich*
> (Jane Edwards, 1976: 87)

Ar dreiglo *bod* gw. **102.**

Gall rhagenw blaen ddynodi goddrych y cymal enwol; gall rhagenw ategol ddigwydd yn rhan o'r cyfluniad yn ogystal:

> *Teimlent eu bod yn gwastraffu eu doniau*
> (Jane Edwards, 1976: 88)
> *Credai ei fod yn clywed sŵn gweryriad ceffyl yn dod o rywle o'r tu cefn i'r adeilad*
> (R. Cyril Hughes, 1976: 162)
> *Credaf eich bod chi'n byw yn y wlad*

(ii)   Pan yw traethiedydd y cymal enwol yn ddyfodol o ran ei berthynas ag amser traethiedydd y prif gymal, cyflwynir y cymal gan *y(r)* a ddilynir gan ferf rediadol. Ceir *y* o flaen cytsain *yr* o flaen llafariad ac *h-:*

> *Dywedwyd wrthi y byddai'n cael ei symud i ysbyty yn ymyl ei chartref*
> (Kate Roberts 1976: 77)
> *Gwyddai Lisi Evans y byddai ei brecwast yma yn y munud rŵan*
> (Kate Roberts, 1976: 75)
> *Rwy'n credu yr hoffai'r gaseg bori ychydig ar y ddôl*
> (R. Cyril Hughes, 1975: 35)
> *Yr wyf yn gwybod y bydd yma'n fuan*

(iii)   Pan yw traethiedydd y cymal enwol yn orffennol o ran ei berthynas â thraethiedydd y prif gymal, gellir dewis un o'r cyfluniadau isod:

(a) *bod* + *wedi* + berfenw

Credai fod eu perthynas wedi tyfu'n un agos a chynnes iawn
(R. Cyril Hughes, 1976: 141)
Credai fod perthynas Rhisiart a Chatrin wedi tyfu'n un agos a chynnes iawn
Gwelwn ei bod wedi ei siomi'n enbyd
(Emyr Humphreys, 1981: 258)
Credaf ei fod ef wedi colli ei ddefaid

(b)   *i* + goddrych + berfenw. Gall ffurf bersonol yr arddodiad sylweddoli'r goddrych (gw. **326** (i)):

Dywedir iddo gael ei enw oherwydd fod y tywod sydd ar y traeth mor llyfn â sidan
(T. Llew Jones, 1977: 7)
Dywedir i'r lle gael ei enwi oherwydd fod y tywod sydd ar y traeth mor llyfn â sidan
Credaf imi gyflawni'r gwaith y'm galwyd i'w gyflawni
(Harri Williams, 1978: 7)

Noder

(1)   Yng Nghymraeg y gogledd ceir *daru*, wedi ei dreiglo'n *ddaru*, (gw. **290**) o flaen yr arddodiad *i*: *Credaf ddaru imi gyflawni'r gwaith.*

(2)   Gynt defnyddid yr arddodiad *o*; bydd y goddrych yn dilyn y berfenw dan reolaeth yr arddodiad *o* (gw. **326** (ii)). Ni cheir y cyfluniad hwn yn y Beibl Cymraeg Newydd yn yr enghreifftiau isod:

Yna gwybu Noa dreio o'r dyfroedd oddi ar y ddaear (1955)
A deallodd Noa fod y dyfroedd wedi treio oddi ar y ddaear (1988)
(Gen. 8: 11)
Hwy a wybuant weled ohono weledigaeth yn y deml (1955)
Deallasant iddo gael gweledigaeth yn y cysegr (1988)
(Lc. 1: 22)

(B)   Pwyslais

Pwysleisir y cymalau enwol a ddisgrifiwyd yn (i), (ii), (iii), uchod drwy roi *mai* o flaen y cymal enwol. Ar lafar yn y de gall *taw* ddigwydd yn hytrach na *mai*; ceir *taw*, yn ogystal, yng ngwaith rhai awduron o'r de:

> *Ni ddywedodd yr hen walch mai gweled Catrin o Ferain oedd ei brif bwrpas*
> (R. Cyril Hughes, 1975: 48)
>
> *Roeddwn i'n meddwl mai'r Llew Coch oedd eich tafarn chi*
> (John Rowlands, 1978: 17)
>
> *Yr oedd yn flin iawn ganddi mai hyhi a achosodd y sgwrs i droi i gyfeiriad Mari Stewart*
> (R. Cyril Hughes, 1976: 166)
>
> *Credaf mai fi oedd yr unig Gymro Cymraeg yng ngwersyll Palemborg*
> (David Roberts, 1978: 7)
>
> *Dywedodd wrthi mai dychmygu'r cyfan roedd hi*
> (Gerhart Hauptman a Heinrich Böll, 1974: 22)
>
> *A wyt ti'n tybio mai anrhydeddu dy dad y mae Dafydd wrth anfon cysurwyr atat ?*
> (2 Sam. 10: 3)
>
> *Gadewch imi ddatgan taw gwaith caled fydd y cyfan*
> (*Y Faner*, 13/20 Ebrill 1990: 8)

(C) Negyddu

Sylweddolir traethiedydd y cymal enwol gan ferf rediadol:

(i) Ceir *na*(*d*) o flaen y ferf mewn cymal enwol negyddol (gw. **337**); dewisir *na* o flaen cytsain, *nad* o flaen llafariad:

> *Mi wn i na wnaiff Mr Edwards ddim dweud wrth neb*
> (Kate Roberts, 1976: 26)
>
> *Mi fentra i nad oes neb arall yn rhoi sylw iddi*
> (Kate Roberts, 1976: 77)
>
> *Sylwodd Menna nad oedd hi wedi sôn am ei thad naturiol*
> (Marion Eames, 1992: 49)
>
> *Y mae tywysogion y Philistiaid wedi dweud na chei di ddod gyda ni i'r frwydr*
> (1 Sam. 29: 9)

Ar dreiglo yn dilyn *na* gw. **87, 115**.

Mewn cymal pwyslais negyddol ceir *nad* yn hytrach na *mai*:

>*Gwyddost nad hawdd yw'r dasg sy'n dy aros*
>   (John Bunyan, 1962: 21)
>*Byddwn yn gwybod nad ei law ef a'n trawodd*
>   (1 Sam. 6: 9)
>*Fe wyddai pawb nad clebren oedd hi*
>   (*Barn*, Tachwedd 1995: 8)
>*Pwy allai wadu nad y clwb sy'n ennill y ddwy gystadleuaeth yna ydy'r clwb gorau ?*
>   (*Golwg*, 13 Mai 1993: 10)

Noder

(1)   Ar lafar ac mewn ysgrifennu anffurfiol ceir *mai nad/mai nid, taw nad/taw nid*; digwydd *mai nid* yn y Beibl Cymraeg Newydd: *Datguddiwyd i'r proffwydi hyn mai nid arnynt eu hunain, ond arnoch chwi, yr oeddent yn gweini* (1 Pedr 1: 12).

(2)   Clywir *taw nage* ar lafar yn y de: *Clywodd taw nage merch oedd yn dod.*

(ii)   Gellir dewis *heb* yn ategydd berfol (gw. **329** (ii)):

>*Clywodd fod y car heb ei werthu*
>*Clywaf eu bod heb benderfynu*

354   Gall yr arddodiad *ar* gyflwyno cymal enwol sy'n ddibeniad berfau yn mynegi apêl neu gais neu orchymyn:

>*Gweddïwch bob amser ar gael eich cyfrif yn deilwng* (1955)
>   (Lc. 21: 36)

Gall y goddrych fod dan reolaeth yr arddodiad *i*: bydd *i* yn dilyn *ar*:

>*Dyma fy ngorchymyn i; Ar i chwi garu eich gilydd* (1955)
>   (In. 15: 12)
>*Gweddïa ar i'r Arglwydd yrru'r seirff ymaith oddi wrthym*
>   (Num. 21: 7)
>*Gweddïa'n ddi-baid drosom ar yr Arglwydd ein Duw iddo'n gwaredu ni o law'r Philistiaid*
>   (1 Sam. 7: 8)

Pan yw'r arddodiad *ar* yn dilyn berf neu enw yn y brif frawddeg, gellir *ar* yn cyflwyno'r prif gymal yn ogystal:

> *Gweddïa ar yr Arglwydd ar yrru ohono ef y seirff oddi wrthym*
> (Num. 21: 7)

Gellir hepgor yr arddodiad *ar* yn dilyn berf sy'n mynegi deisyfiad:

> *Yr wyf yn atolwg i chwi . . . roddi ohonoch eich cyrff* (1955)
> (Rhuf. 12: 1)

355 Gall yr arddodiad *am* gyflwyno'r cymal enwol pan yw'r goddrych yn ddealledig:

> *Dywed wrth yr Israeliaid am fynd ymlaen*
> (Ex. 14: 15)

Gall yr arddodiad *i* ddilyn *am* ; bydd y goddrych dan reolaeth yr arddodiad *i*:

> *Fy marn i yw na ddylem boeni'r rhai o blith y Cenhedloedd sy'n troi at Dduw, ond ysgrifennu atynt am iddynt ymgadw rhag bwyta pethau sydd wedi eu halogi gan eilunod*
> (Act. 15: 19/20)
> *Mi rydw i'n gweddïo ar Dduw am iti fod yn hapus*
> (John Rowlands, 1965: 75)

Pan yw *dweud* yn mynegi cais neu orchymyn, dynodir yr hyn a orchmynir gan gymal enwol a gyflwynir gan yr arddodiad *am*:

> *Dywedodd un arall wrtho am yfed schnapps*
> (Gerhart Hauptmann a Heinrich Böll, 1974: 10)

Pan yw'r gorchymyn yn y cymal enwol yn negyddol defnyddir *peidio â/ag* + berfenw:

> *Dywedodd un arall wrtho am beidio ag yfed schnapps*

Gynt, sut bynnag, ceid *na* a'i ddilyn gan ferf yn y modd dibynnol (gw. **311** (iii)):

> *Yr wyf yn atolwg ichwi na'm poenych* (1955)
> (Lc. 8: 28)

356 Y mae cwestiynau anuniongyrchol yn gymalau enwol:

Hola'r awdur pam y dylem drafferthu i ddarllen cerddi Iolo Goch
(*Y Faner*, 26 Mai 1989: 14)

Ni wyddom beth yn union oedd adwaith y tlawd i'w tynged ar y ddaear hon
(Geraint H. Jenkins, 1983: 50)

Ni wyddwn i ble i droi nac o ble y deuai ymwared
(Harri Williams, 1978: 31)

Ni wyddai neb yn iawn ymhle yr oedd yr arglwydd Cynan
(Rhiannon Davies Jones, 1977: 88)

Dwy' ddim yn deall sut y doist ti yma
(Emyr Humphreys, 1981: 74)

Gofynnodd i'r Dehonglwr beth oedd ei ystyr a phaham y dangoswyd y darlun iddo
(John Bunyan, 1962: 21)

357 Dilynir *efallai, dichon, hwyrach, diau, diamau* gan gymal enwol:

Hwyrach fod arno hiraeth am ei fam
(Rhiannon Davies Jones, 1985: 80)

Diau fod cysylltiadau agos Prosser Rhys a Saunders Lewis yng nghyffiniau Aberystwyth ar y pryd yn fantais i'r anturiaeth
(*Y Faner*, 6 Ionawr 1989: 8)

Pe cysgem yma dichon na chaem ni byth gyfle arall i fynd ymlaen i ben y daith
(John Bunyan, 1962: 72)

Efallai yr arhosaf gyda chwi
(1 Cor. 16: 6)

Diau nad oedd y newid yn iaith swyddogol yr Eglwys o'r Lladin i'r Saesneg yn newid mor gyffrous yng Nghymru ag yr oedd yn Lloegr
(R. Geraint Gruffydd, 1988: 143)

Efallai nad yw'n syndod fod Ffilm Cymru wedi dewis Un Nos Ola Leuad fel eu hail gynhyrchiad
(*Y Faner*, 4 Hydref 1991: 11)

Dichon nad oes yna neb sy'n amgyffred achos hyn
(*Barddas*, Ebrill 1994: 17)

358 Gellir cyflwyno'r cymal enwol gan *llai na* + berfenw, *peidio â* + berfenw i fynegi ystyr negyddol:

Ni allwn lai na rhyfeddu at y cyfoeth ysbrydol sydd yn ei emynau
(J. Elwyn Hughes, 1991: 85)
Ni allai lai na rhyfeddu at y newid ynddi
(Marion Eames, 1982: 35)
Ni allai beidio â rhyfeddu at y newid ynddi

Noder
Gynt ceid *amgen na*: *Ni wyddai beirdd y bedwaredd ganrif ar bymtheg amgen na bod yr erthylod hyn yn eiriau Cymraeg* (John Morris Jones, 1925: 25).

Yr Ymadrodd Annibynnol

359 Mae ymadrodd annibynnol yn cynnwys goddrych a ddilynir gan is-draethiad enwol. Bydd y goddrych naill ai'n enw neu'n rhagenw personol. Cyflwynir yr ymadrodd annibynnol gan y cysylltair *a(c)*; ceir *a* o flaen cytsain *ac* o flaen llafariad. Mae'r ymadrodd yn hollol annibynnol ar gystrawen y brif frawddeg y mae ynghlwm wrthi. Yn aml y mae'r ymadrodd annibynnol yn gyfwerth â chymal adferfol ac yn estyn ar yr hyn a ddywed y brif frawddeg; nid yw'n cynnwys berf rediadol ond gall gynnwys berfenw. Gall yr ymadrodd annibynnol naill ai ragflaenu neu ddilyn y goddrych neu gall ddigwydd yn sangiadol.

(i) goddrych + *yn* traethiadol + enw neu ansoddair

Nid hawdd fu hi i JWH, ac yntau'n heddychwr, foddhau ei eglwys yn St Albans
(*Y Faner*, 30 Mehefin 1978: 8)
Yr oeddwn eisoes yn hen ŵr, a minnau'n blentyn
(Harri Williams, 1978: 12)

Pwy sydd wedi ei ddifetha ac yntau'n ddieuog
(Job, 4: 7)

Ni cheir *yn* pan yw *mor* yn rhagflaenu'r ansoddair:

Ac yntau mor esgeulus o'i eiddo, cafodd fod heb ei ddeg ceiniog
(Irma Chilton, 1989: 12)
Nid oeddent am symud cam o'r fan, a hwythau mor gysurus eu byd
(John Bunyan, 1962: 12)

(ii)　goddrych + adferf neu ymadrodd adferfol:

Ac yntau heb waith, ni fedrai fforddio iro llaw y swyddogion
(Geraint H. Jenkins, 1980: 84)
A ninnau ar drothwy'r unfed ganrif ar hugain, rhyfedd meddwl cynifer o gynlluniau ysgolheigion y Dadeni a gwŷr llên y ddeunawfed ganrif ar eu hôl a erys heb eu gwireddu
(*Barn*, Ebrill 1990: 43)

(iii)　goddrych + ategydd + berfenw

Ac yntau wedi mynd heibio i oed pensiwn, gwyddai mai un cyfle oedd ganddo
(*Y Faner*, 30 Mawrth 1979: 3)
Bloeddiodd Twm Twmffat er mwyn sicrhau bod ei neges yn cyrraedd ei nôd, ac yntau heb weld ond y swp gwallt
(T. Glynne Davies, 1974: 16)
Yn 1960, a minnau'n paratoi ffilm ar y Fro ar gyfer y BBC, holais wraig ffermdy Gregory am unrhyw hanesion a glywsai am Iolo
(Aneirin Talfan Davies, 1972: 64)

Y Cymal Perthynol

360 Ar gyfluniad y cymal perthynol gw. **225-235**.

Y Cymal Adferfol

361 Cyflwyniad

Un o elfennau'r frawddeg yw'r cymal adferfol; mae'n gymal dibynnol mewn brawddeg o fwy nag un cymal. Yn y frawddeg gall y cymal adferfol, fel rheol, naill ai ddilyn neu ragflaenu'r cymal rhydd.

Ceir dau fath o gymal adferfol:

A   Cymal adferfol a gyflwynir gan y cysyllteiriau *pan, er pan, tra, os, pe*; dilynir y cysyllteiriau gan ferf rediadol:

> *Awn i gwrdd â'r awyren, os bydd y tywydd yn ffafriol*
>
> *Os bydd y tywydd yn ffafriol, awn i gwrdd â'r awyren*
>
> *Yr oedd popeth yn hwylus, tra oedd hi'n hindda*
>
> *Tra oedd hi'n hindda, yr oedd popeth yn hwylus*

Am enghreifftiau ychwanegol gw. **311**(ii)b, **410**, **411**, **413**, **415**, **416**.

B   Cymal adferfol a gyflwynir naill ai gan arddodiad neu gan gysylltair neu gan adferf, a'r arddodiad neu'r cysylltair neu'r adferf yn cael eu dilyn gan,

(i)   un math o gymal enwol yn unig sef naill ai cymal enwol o fath *i* + goddrych + berfenw. Sylweddolir y goddrych gan enw neu derfyniad personol yr arddodiad *i*:

> *Ond i John weithio, bydd yn sicr o lwyddo*
>
> *Ond iddo weithio, bydd yn sicr o lwyddo*
>
> *Aeth i'r gwely, ar ôl iddo gloi'r drws*
>
> *Aeth i'r gwely ar ôl i Mari gloi'r drws*
>
> *Aeth allan er mwyn i'w wraig gael llonydd*
>
> *Aeth allan er mwyn iddi gael llonydd*

neu gymal enwol o fath *bod*:

> *Ni ellir ei feio, o ran bod ei wraig yn honni'n wahanol*

neu gymal enwol o fath *y(r)*:

> *Mae popeth yn iawn, hyd y gwn i*
>
> *Dof cyn gynted ag y gallaf*

(ii)   gan ddau fath o gymal enwol sef cymal enwol o fath *i* + goddrych + berfenw a chymal enwol o fath *bod*:

> *Cyrhaeddais ganol y dref, wrth i'r siopau gau*
>
> *Cyrhaeddais ganol y dref wrth iddynt gau*
>
> *Cyrhaeddais ganol y dref wrth bod y siopau'n cau*
>
> *Gydag imi godi'r gwn diflannodd y cadno*
>
> *Gyda 'mod i'n codi'r gwn diflannodd y cadno*
>
> *Cyrhaeddais y siopau wrth iddynt gau*
>
> *Cyrhaeddais y siopau wrth eu bod yn cau*

(iii)   gan dri math o gymal enwol sef cymal enwol o fath *i* + goddrych + berfenw a chymal enwol o fath *bod* a chymal enwol o fath *y(r)*. Dyma'r dosbarth mwyaf niferus.

> *Yr oedd hi wedi gwawrio, cyn imi godi*
>
> *Cyn imi godi, yr oedd hi wedi gwawrio*
>
> *Yr oedd hi wedi gawrio, cyn fy mod i'n codi*
>
> *Bydd hi wedi gwawrio, cyn y caiff gyfle i godi*

Ar y cymal enwol gw. **353-358**.

Gellir crynhoi'r dewisiadau sy'n bosibl ar lun tabl:

Arddodiad/ Cysylltair/ Adferf	math *bod*	math *i*	math *y(r)*
ar ôl		✓	
er mwyn		✓	
ond		✓	
hyd			✓
lle			✓
pryd (bynnag)			✓
fel			✓

megis			✓
modd			✓
ag			✓
nag			✓
o ran	✓		
rhag	✓	✓	
wrth	✓	✓	
gyda	✓	✓	
wedi		✓	
cyn	✓	✓	✓
erbyn	✓	✓	✓
nes	✓	✓	✓
hyd nes	✓	✓	✓
tan	✓	✓	✓
gan	✓	✓	✓
am	✓	✓	✓
oherwydd	✓	✓	✓
oblegid	✓	✓	✓
o achos	✓	✓	✓
er	✓	✓	✓
efallai	✓	✓	✓
hwyrach	✓	✓	✓

Er enghraifft,

> *Mae'n rhaid i John aros tan y daw*
>
> *Mae'n rhaid inni aros tan y daw*
>
> *Af i'r gwely'n gynnar, fel y gallaf gael noson dda o gwsg*
>
> *Cododd o'r gwely, cyn gynted ag y gallai*
>
> *Byddaf yno, erbyn i'r trên gyrraedd yr orsaf*
>
> *Byddaf yno, erbyn iddo gyrraedd yr orsaf*
>
> *Byddaf yno, erbyn bod trên yn cyrraedd yr orsaf*
>
> *Byddaf yno, erbyn y bydd y trên wedi cyrraedd yr orsaf*
>
> *Ond inni frysio, fe ddaliwn y trên cyntaf*

380

Gyda bod pawb yn dawel, fe ddechreuwn

Gydag imi weld y cadno, fe ddiflannodd

Am enghreifftiau eraill gw. **311**(ii)b, **337**(vi), **380**(vi), **410**.

Noder

(1)   Ar lafar gellir sylweddoli *ond* gan *dim ond/mond*: (*Di*)*m ond inni gyrraedd mewn da bryd, fe gawn ginio.*

(2)   Ar lafar ac mewn ysgrifennu anffurfiol gall cymal o fath *bod* ddilyn *fel*: *Fe gliriwn y ford fel bod digon o le inni chwarae cardiau. Fe awn nos yfory fel dy fod ti'n cael cyfle i gysgu heno. Cyrhaeddais y dref fel bod y siopau'n cau.*

(3)   Ar lafar cyll *y*(*r*) yn gyffredin: *Byddwch chi yno tan bydd y trên yn gadael.*

Negyddu

(i)   Cyflwynir cymalau negyddol gan *na*(*d*); ceir *na* o flaen cytsain, *nad* o flaen llafariad:

Roedd yn syndod imi, pan nad aeth ef i'r gyngerdd

Gan nad wyt yn dod yn y car, gwell iti gychwyn nawr

Am enghreifftiau eraill gw. **337**(v), **410**.

Ar dreiglo yn dilyn *na* gw. **87, 115**.

(ii)   Mae cystrawen *ddim* (gw. **256**(iv)) yn gynhyrchiol yn enwedig ar lafar ac mewn ysgrifennu anffurfiol:

Roedd yn syndod imi pan aeth e ddim i'r gyngerdd

Gan dy fod ti ddim yn dod yn y car, gwell iti gychwyn nawr

(iii)   Gall *peidio â* (gw. **329**) ragflaenu'r berfenw yn y cymal adferfol:

Cawsom ddirwy, am inni beidio ag aros ar ôl y ddamwain

Oherwydd inni beidio â thalu'r ddirwy, cawsom dymor o garchar

(iv)   Gall *heb* gyfleu'r negydd:

Heb imi symud cam o'r ardd gefn, ces liw haul deniadol

Cymal Adferfol Pwysleisiol

Pan sylweddolir y cymal adferfol naill ai gan gymal cypladol o gyfluniad D T G (gw. **349** (iv)) neu gan gymal pwyslais (gw. **352**), ceir y geiryn pwyslais *mai/taw* (gw. **353** B) rhwng yr arddodiad/adferf a'r cymal cypladol neu bwyslais:

> *Gan mai fy mrawd yw'r rheolwr, gwn fod y prisiau'n deg*
>
> *Er mai hi a fagodd y plentyn, ni chafodd wahoddiad i'r briodas*
>
> *Ceisiodd gelu'r gwirionedd, o achos mai ei thad a gyflawnodd yr anfadwaith*

Arddodiaid, Adferfau, Cysyllteiriau, Ebychiaid

Arddodiaid

Arddodiaid Rhediadol

362 Arddodiaid syml

(i) Dewisir arddodiad syml pan yw'r gwrthrych sydd dan reolaeth yr arddodiad naill ai'n enw neu'n ferfenw:

dan gwmwl
dros glawdd
i lwyddo
heb gwmni
rhwng bysedd

Ar dreiglo yn dilyn arddodiaid gw. **69**, **103**, **106**, **107**, **111**.

(ii) Ceir is-ddosbarth o arddodiaid (syml a chyfansawdd) sy'n dangos person a rhif, ac yn y 3ydd unigol yn unig, cenedl yn ogystal. Gellir rhannu'r is-ddosbarth hwn yn bedwar rhediad yn seliedig ar ffurf ffonolegol y terfyniad:

Rhediad 1   Yr arddodiaid *at, tuag at, ar, hyd at, oddi ar, am, tan/dan/o dan*. Gw. **363**.

Rhediad 2   Yr arddodiaid *rhwng, rhag, er, heb, yn, o, tros/dros, trwy/drwy, hyd*. Gw. **364**.

Rhediad 3   Yr arddodiaid *wrth, oddi wrth, gan*. Gw. **365**.

Rhediad 4   Yr arddodiad *i*. Gw. **366**.

Noder

(1)   Ceir ffurf adferfol ar gyfer rhai arddodiaid (gw. **363**, **364** n. 2, **364** n. 3, **364** n. 5).

(2)   Gellir dewis rhagenw ategol (gw. **221**) gydag arddodiad.

(3)   Cyll *-f* o'r person cyntaf unigol mewn ysgrifennu anffurfiol ac ar lafar (gw. **262**).

(4)   Ar lafar ac mewn ysgrifennu anffurfiol gellir sylweddoli *-m* yn y 1af lluosog gan *-n*. Gw. **261**.

(5)   Diflannodd *-t* o derfyniad y 3ydd lluosog mewn llafar naturiol; un o nodweddion yr iaith lenyddol safonol yw sylweddoli *-t* yn nherfyniad y 3ydd lluosog. Gw. **261** n 3.

(6)   Mae *tuag at, hyd at, oddi ar* yn arddodiaid cyfansawdd sy'n cynnwys dau arddodiad syml.

363

Arddodiad	Ffurf Adferfol	Bôn	Terfyniad	
			Unigol	Lluosog
ar	*arnodd*	*arn-*	1 *-af*	*-om*
oddi ar	*oddi arnodd*	*oddi arn-*	2 *-at*	*-och*
at		*at-*	3 *-o* (gwr.)	*-ynt*
tuag at		*tuag at-*	*-i* (ben.)	
hyd at		*hyd at-*		
am		*amdan-*		
dan	*danodd*	*dan-*		

Rhediad yr arddodiaid *ar, at, am, dan*:

ar	Unigol	Lluosog
	1 *arnaf*	*arnom*
	2 *arnat*	*arnoch*
	3 *arno* (gwr.)	*arnynt*
	arni (ben)	

at	Unigol	Lluosog
	1 *ataf*	*atom*
	2 *atat*	*atoch*
	3 *ato* (gwr.)	*atynt*
	ati (ben.)	

am	Unigol	Lluosog
	1 *amdanaf*	*amdanom*
	2 *amdanat*	*amdanoch*
	3 *amdano* (gwr.)	*amdanynt*
	amdani (ben.)	

dan	Unigol	Lluosog
	1 *danaf*	*danom*
	2 *danat*	*danoch*
	3 *dano* (gwr.)	*danynt*
	dani (ben.)	

364

Arddodiad	Bôn		Terfyniad	
rhwng	*rhyng-*	1	*-of*	*-om*
rhag	*rhag-*	2	*-ot*	*-och*
er	*er-*	3	*-ddo* (gwr.)	*-ddynt*
heb	*heb-*		*-ddi* (ben.)	
yn	*yn-*			

Rhediad yr arddodiaid *rhwng, rhag, er, heb, yn*:

rhwng	Unigol	Lluosog
	1 *rhyngof*	*rhyngom*
	2 *rhyngot*	*rhyngoch*
	3 *rhyngddo*	*rhyngddynt*
	rhyngddi	

rhag	Unigol	Lluosog
	1 *rhagof*	*rhagom*
	2 *rhagot*	*rhagoch*
	3 *rhagddo* (gwr.)	*rhagddynt*
	rhagddi (ben.)	

er	Unigol	Lluosog
	1 *erof*	*erom*
	2 *erot*	*eroch*
	3 *erddo* (gwr.)	*erddynt*
	erddi (ben.)	

heb	Unigol	Lluosog
	1 *hebof*	*hebom*
	2 *hebot*	*heboch*
	3 *hebddo* (gwr.)	*hebddynt*
	hebddi (ben.)	
yn	Unigol	Lluosog
	1 *ynof*	*ynom*
	2 *ynot*	*ynoch*
	3 *ynddo* (gwr.)	*ynddynt*
	ynddi (ben.)	

Noder

(1)   Ar gyfer 3ydd unigol a lluosog *hyd* yn unig y ceir ffurfiau rhediadol: *ar hyd-ddo, ar hyd-ddi, ar hyd-ddynt.*

(2)   Bydd *trwy/drwy* yn dewis y bôn *trw-/drw-* yn y 1af ac 2il unigol a lluosog, ond yn dewis y bôn *trwy* yn y 3ydd unigol a lluosog: *trwof, trwot, trwyddo, trwyddi, trwom, trwoch, trwyddynt.* Ffurf adferfol: *trwodd.*

(3)   Bydd *tros/dros* yn dewis y terfyniad *-to* (gwr.), *-ti* (ben.) yn y 3ydd unigol, a *-tynt* yn y 3ydd lluosog. Y bôn yw *tros-/dros-: trosof, trosot, trosto, trosti, trosom, trosoch, trostynt.* Ffurf adferfol: *trosodd/drosodd.*

(4)   Bydd *o*, bôn *ohon-*, yn dewis y terfyniad *-o* (gwr.), *-i* (ben.) yn y 3ydd unigol ac *-ynt* yn y 3ydd lluosog: *ohonof, ohonot, ohono, ohoni, ohonom, ohonoch, ohonynt.*

(5)   Ffurf adferfol *heb* yw *heibio.*

(6)   Ar lafar ac mewn ysgrifennu anffurfiol gellir *-dd-* yn 1af unigol a lluosog *rhwng, rhag, heb, yn: Faswn i ddim yn gadael iddo fynd allan i yfed hebddoch chi eto* (*Y Faner*, 19 Ionawr 1991: 7). Gellir colli *-dd-* yn ogystal o'r 3ydd unigol: *Doedd tŷ Joroboam fab Nebat yr hwn a wnaeth i Israel bechu ddim yni hi* (Jane Edwards, 1977: 97).

(7)   Ar lafar yng ngogledd Cymru rhedir yr adroddiad *rownd: rownda, rowndat, rowndo, rowndi, rowndon, rowndach, rowndyn.*

365

Arddodiad	Bôn	Terfyniad		
			Unigol	· Lluosog
gan	genn-	1	-yf	-ym
		2	-yt	-ych
	gan-	3	-ddo (gwr.)	-ddynt
			-ddi (ben.)	

Arddodiad	Bôn	Terfyniad		
			Unigol	Lluosog
wrth	wrth-	1	-yf	-ym
		2	-yt	-ych
		3	-o (gwr.)	-ynt
			-i (ben.)	

Rhediad yr arddodiaid *gan, wrth*:

gan		Unigol	Lluosog
	1	*gennyf*	*gennym*
	2	*gennyt*	*gennych*
	3	*ganddo* (gwr.)	*ganddynt*
		ganddi (ben.)	

Noder

(1)   Ceir y ffurf *gen*, ynghyd â'r rhagenw ategol priodol, yn y 1af ac 2il unigol ac mae hynny'n dderbyniol yn yr iaith lenyddol ac eithrio mewn cywair tra ffurfiol: *gen i* am *gennyf*; *gen ti* am *gennyt*.

(2)   Ar lafar ac mewn ysgrifennu anffurfiol ceir y bôn *gandd-* yn gyffredin yn y 1af ac 2il lluosog: *ganddon* am *gennym*; *ganddoch* am *gennych*: *Be arall sy ganddom ni?* (*Tu Chwith*, 4: 35)

wrth		Unigol	Lluosog
	1	*wrthyf*	*wrthym*
	2	*wrthyt*	*wrthych*
	3	*wrtho* (gwr.)	*wrthynt*
		wrthi (ben.)	

366 Rhediad yr arddodiad *i*. Mae'r rhediad yn afreolaidd ac ychwanegir terfyniadau at y 3ydd unigol a lluosog yn unig:

Unigol	Lluosog
1 *im, imi*	*in, inni*
2 *it, iti*	*ichwi*
3 *iddo* (gwr.)	*iddynt*
iddi (ben.)	

Pwysleisir ffurfiau rhediadol yr arddodiad *i* ar y goben. Pan ddymunir pwysleisio'r rhagenw ategol, ysgrifennir yr arddodiad a'r rhagenw ar wahan yn y person cyntaf a'r 3ydd person:

Unigol	Lluosog
1 *i mi*	*i ni*
2 *i ti*	*i chwi*

Noder

Ar lafar gellir *i fi* yn y 1af unigol.

367 Rhai amrywiadau lleol yn unig y gallwyd eu cynnwys yn y drafodaeth hon ar yr arddodiad. Ni wnaed, hyd yma, astudiaeth gynhwysfawr yn nodi'r ffurfiau llenyddol ynghyd â'r amrywiadau llafar. Ceir syniad o'r holl amrywiaeth sy'n bosibl yn Thomas a Thomas, 1989: 57-60 ac yn Martin J. Ball, 1988: 159-60. Gw. **212** (vi) n. 1.

Arddodiaid Dirediad

368 Ni cheir ffurfiau personol i'r arddodiaid canlynol. Gall rhagenw annibynnol (gw. **211, 212** (iv)) ddilyn rhai ohonynt. Bydd rhai arddodiaid cyfansawdd yn dewis rhagenw blaen (gw. **214**) neu ragenw mewnol (gw. **217**) yn dilyn yr elfen gyntaf a rhagenw ategol yn dilyn yr ail elfen.

Ar dreiglo yn dilyn y rhagenwau blaen gw. **216**.

Ar dreiglo yn dilyn y rhagenwau mewnol gw. **219**.

â, ag (ceir *ag* o flaen llafariaid, *â* o flaen cytseiniaid); *gyda(g)*; *ynghyda(g)*; *ynghyd â (ag)*; *gyferbyn â (ag)*; *gyfarwyneb â (ag)*; *parth â (ag)*; *tua(g)*. Gall rhagenw annibynnol ddilyn yr arddodiaid uchod ac eithrio *tua*.

Ar dreiglo yn dilyn *â, gyda, tua* gw. **117**.

achos: gw. *o achos* isod.

am ben, am fy mhen, ar ben; ar ei phen hi; ar bwys, ar dy bwys di; ar draws, ar fy nhraws; ar gyfer, ar eu cyfer; ar hyd, ar eich hyd (gw **364** n. 1); *ar ôl, ar eich hôl; ar uchaf; ar warthaf, ar eu gwarthaf; ar gefn, ar fy nghefn; ar fedr; ar fin; ar ochr, ar ei ochr; ar ymyl, ar ei ymyl; ar flaen.*

Noder

(1)   Nodwedd ddeheuol yw dewis *ar bwys.*

(2)   Ar lafar yn y de clywir *acha* < *ar uchaf* yn gyffredin: *Mae e'n meddwi acha dydd Sadwrn; Torrodd e'r rhaff acha bwyell.*

cyn.

efo. Gellir ei ddilyn gan ragenw annibynnol.

er mwyn, er fy mwyn i; er gwaethaf, er fy ngwaethaf.

ers. Bydd yn digwydd o flaen enw yn dynodi cyfnod o amser sy'n parhau: *ers blwyddyn; ers mis; ers meityn; ers talwm.* Gw. **374**.

erbyn; yn erbyn, yn fy erbyn. Gw. **375**.

fel. Gellir ei ddilyn gan ragenw annibynnol.

ger; gerbron, gerllaw, ger ei bron, ger ei llaw.

gerfydd.

heblaw. Gellir ei ddilyn gan ragenw annibynnol.

herwydd; oherwydd, o'm herwydd (gw. *o achos* isod); *yn herwydd, yn ei herwydd.*

is; islaw, is fy llaw.

llwrw. Yn yr iaith gyfoes fe'i ceir yn unig mewn ymadroddion megis *llwrw fy mhen; llwrw'i gefn; llwrw'i din; llwrw'i drwyn.*

megis. Gellir ei ddilyn gan ragenw annibynnol.

mewn (Defnyddir *mewn* o flaen enw amhenodol yn unig: *mewn car, mewn llyfrau*); *o fewn, o'm mewn* (gw. *o achos* etc. isod) (Mae *i mewn i, tu mewn i, tu fewn i; o fewn i* yn rhediadol, gw. **366**).

nes (Defnyddir *nes* o flaen berfenwau mewn cymal neu ymadrodd adferfol, gw. **410**): *nes gadael, nes dod.* Rhedir *nes i, hyd nes i* ar batrwm *i: nes imi ddod, hyd nes imi ddod* etc.

Pan yw *o* yn elfen gyntaf arddodiad cyfansawdd gall rhagenw mewnol ddigwydd rhwng y ddwy elfen: *o achos, oblegid, o'm hachos, o'm plegid; o ran, o'm rhan i; o flaen, o'i flaen; o gylch, o'i chylch; o amgylch, o'i amgylch.*

rhag bron, rhag dy fron.

tros/dros, dros ben, dros ei phen.

uwch, uwchben, uwchlaw, uwch fy mhen.

wedi. Gellir ei ddilyn:

    (i) gan ragenw dangosol: *wedi hyn, wedi hynny.*

    (ii) gan rifol er cyfleu amser: *wedi deg* (*o'r gloch*)

    (iii) gan ferfenw mewn cystrawen gwmpasog, gw. **286, 323.**

yn. Digwydd yn elfen gyntaf amryw arddodiaid cyfansawdd: *ynghylch, yn ei chylch; ymhlith, yn eu plith; yn ôl, yn dy ôl; ymhen; yn wysg; yn ymyl, yn fy ymyl.*

Yn ffigurol y defnyddir yr enw mewn llawer o'r arddodiaid cyfansawdd a nodir uchod. Pan geir ystyr lythrennol i'r enw, fe'i ystyrir yn enw cyffredin dan reolaeth arddodiad syml.

Enghreifftiau:

(a)   arddodiaid syml

    Rydach chi fel dwy efaill
        (Kate Roberts, 1976: 27)
    Cyfeiriodd . . . tua'r ffenestr
        (Gerhart Hauptman a Heinrich Böll, 1974: 8)
    Yr oedd ysgarmes mewn salŵn ddiota
        (Emyr Humphreys, 1986: 111)
    Nid oeddent yn bwriadu mynd â Gustavchen gyda hwy
        (Gerhart Hauptman a Heinrich Böll, 1974: 7)
    Byddwn yn cael llawer o hwyl efo hwynt
        (Kate Roberts, 1976: 24)

(b)   arddodiaid cyfansawdd

    Aeth i eistedd ar y gadair ar bwys y ddesg
        (Ioan Kidd, 1977: 47)

Cynheuwyd y tanau ar ben yr Wyddfa
(Rhiannon Davies Jones, 1977: 71)
Rhoddais fy mhregeth gyntaf gerbron f'athrawon
(Harri Williams, 1978: 82)
Gadawodd gwmwl o fwg drygsawr ar ei ôl
(Emyr Humphreys, 1986: 13)
Mae'r dewis o'u blaenau nhw
(R. Cyril Hughes, 1976: 208)
Ymgrymodd y Prior o flaen y plant
(Rhiannon Davies Jones, 1977: 86)
A yw hi'n iawn iti deimlo'n ddig o achos y planhigyn
(Jona, 4: 9)

Arddodiaid Mewn Cystrawennau a Phriod-ddulliau Arbennig

369 â, ag.

Ar ddewis *â/ag* gw. **368.**

Digwydd yr arddodiad:

(i) yn dilyn berfau'n cynnwys y rhagddodiaid *ym-, cyf- (cyff-), cyd-* (*cyt-*) (gw. **138**). Er enghraifft:

ymweld â	*ymdrin â*
ymadael â	*ymhel â*
ymwneud â	*ymddiddan â*
ymryson â	*ymyrryd â*
cyfarfod â	*cyffwrdd â*
cyfamodi â	*cyfeillachu â*
cytuno â	*cyd-dynnu â*
cydymffurfio â	*cydweithio â*

(ii)   Yn dilyn berfau:

peidio â	*llenwi â*
siarad â	*bwydo â*
dyweddïo â	*tewi â*
ffarwelio â	*priodi â*

391

dod â	*dadlau â*
methu â	*mynd â*
arfer â	

Noder

Ar lafar ac mewn ysgrifennu anffurfiol cyll *â* yn gyffredin yn dilyn *peidio, arfer, methu, priodi.* Gw. **313**(iv).

(iii) Gydag adferfau i ddynodi symud:

> *I ffwrdd â nhw!*
> *Allan â chi!*
> *Drosodd â thi!*

(iv)   O flaen enw offeryn etc. i ddynodi sut y cyflawnwyd gweithred:

> *Llyfodd ei wefusau â blaen ei dafod*
> (Gerhart Hauptman a Heinrich Böll, 1974: 6)

(v)   I ddynodi meddiant:

> *y gŵr â'r car glas*
>
> *y tŷ â'r to coch*

(vi)   Yn dilyn ansoddair gradd eithaf (gw. **199**).

(vii)   I ddynodi cyflwr neu stad:

> *brenhinoedd â bodiau eu dwylo a'u traed wedi eu torri i ffwrdd*
> (Barn. 1: 7)

370   am.

Defnyddir yr arddodiad:

(i)   Yn dilyn y berfau:

anghofio am	*aros am*
clywed am	*cofio am*
chwerthin am	*chwilio am*
edrych am	*diolch am*
dweud am	*galw am*
disgwyl am	*gofyn am*
gweddïo am	*gwybod am*

hiraethu am	*meddwl am*
edifarhau am	*sôn am*
talu am	*dysgu am*
	siarad am

Noder
Ar *darfod am* gw. **290** (i).

(ii) Yn dilyn rhai enwau:

diolch am	*pryder am*
awydd am	*hiraeth am*
coffa am	*rheswm am*

(iii) I ddynodi'r ystyr 'yn lle, yn gyfnewid am':

llygad am lygad a dant am ddant
(Mth. 5: 38)

(iv) I gyfleu 'tuag at', ar ôl berfau'n dynodi cyrchu:

rhuthro am	*rhedeg am*
mynd am	

Noder
Er mwyn dynodi'r ystyr 'tua, i gyfeiriad', dewisir yr arddodiaid *at*:
rhuthro at, mynd at.

(v) I ddynodi'r ystyr 'o amgylch, o gwmpas, oddeutu':

Rhwym hwy am dy wddf
(Diar. 3: 3)

(vi) I ddynodi'r ystyr 'oherwydd':

Y maent hwy'n tybied y cânt eu gwrando am eu haml eiriau
(Mth. 6: 7)

(vii) Yn y cysylltair cyfansawdd *am y*: gw. **311** (ii) (b).

(viii) Yn yr idiom *am . . . â* :

Eisteddodd am y tân â mi

393

(ix)   O flaen ansoddair gradd eithaf: gw. **201** (iv).

(x)   Mewn cymal enwol: gw. **353**.

(xi)   Yng ngogledd Cymru mewn ymadroddion megis:

Am fysedd, am ddwylo diwerth!
     (Angharad Tomos, 1991: 11)

Mae hi am law

Am barti!

Am hwyl!

(xii)   Fel ategydd golygweddol: gw. **286**.

371   ar.

Defnyddir yr arddodiad:

(i)   Yn dilyn y berfau:

blino ar	*edrych ar*
galw ar	*gweddïo ar*
gweiddi ar	*gwenu ar*
gwrando ar	*sylwi ar*
esgor ar	*bodloni ar*
ymosod ar	*achwyn ar*
cymryd ar	*annog ar*
aflonyddu ar	*cefnu ar*
dial ar	*diflasu ar*
crefu ar	*dotio ar*
ffoli ar	*myfyrio ar*
menu ar	*dylanwadu ar*
deisyf ar	*lladd ar*

(ii) Yn dilyn ansoddair sy'n dynodi cyflwr:

Mae hi'n ddrwg arnynt

Mae hi'n dda arnat ti

Roedd hi'n galed arnaf i

(iii) Yn dilyn ansoddair sy'n disgrifio ymagwedd neu anianawd:

Roedd hi'n hy arnaf

Mae'n rhy eofn ar ei athrawon

Paid â bod yn rhy galed arno

(iv) Mewn ymadroddion adferfol:

ar agor	*ar ddamwain*
ar ddisberod	*ar fai*
ar gael	*ar gerdded*
ar gof (a chadw)	*ar goll*
ar drai	*ar chwâl*
ar wasgar	*ar gyfeiliorn*
ar waith	*ar ddwywaith*
ar unwaith	*ar brydiau*

(v) Yn dilyn enwau megis:

eisiau	*ofn*
angen	*dyled*
arswyd	*cywilydd*
chwant	*diwedd*
bai	*pregeth*
math	*golwg*

Enghreifftiau:

Ni bydd eisiau arnaf

Nid oes ofn arnaf

Roedd chwant bwyd arno

Cywilydd arnat

(vi) Yn dilyn enwau clefydau:

Mae'r frech goch arni

Mae pen tost arnaf

Roedd y ddannoedd arni

(vii) Gyda'r ferf *bod* i ddynodi dyled neu ddyletswydd:

Yr oedd ar y ffermwr ddwybunt iddo

Faint sydd arnat ti?

(viii) Mewn cymal enwol: gw. **354**.

(ix) Fel ategydd golygweddol: gw. **286**.

372 at.

Defnyddir yr arddodiad:

(i) Yn dilyn y berfau:

dod at	*mynd at*
anfon at	*agosáu at*
cyfeirio at	*anelu at*
tueddu at	*troi at*
ychwanegu at	*dotio at*
gogwyddo at	

(ii) Yn dilyn rhai enwau:

malais at	*apêl at*
serch at	*archwaeth at*
cariad at	*llythyr at*

(iii) Yn dilyn rhai ansoddeiriau:

agos at	*nes at*

(iv) Mewn arddodiad cyfansawdd:

tuag at	*hyd at*

(v) I ddynodi'r ystyr 'er mwyn, i bwrpas':

dillad at waith

moddion at beswch

esgidiau at chwarae

(vi) I ddynodi'r ystyr 'cyn belled â':

gwlychu at y croen

(vii) Mewn idiomau:

at ei gilydd
ac ati
ati â mi, ni, chi etc.

373 dros/tros.

Defnyddir yr arddodiad:

(i) Yn dilyn berfau:

mynd dros	*ateb dros*
eiriol dros	*dadlau dros*
gweddïo dros	*ymladd dros*
gwylio dros	*wylo dros*

(ii) Yn dilyn rhai enwau:

amddiffyniad dros	*esgus dros*
iawn dros	*rheswm dros*
meichiau dros	*cysgod dros*
sêl dros	

(iii) Mewn idiomau:

dros ei grogi
cynnig dros ysgwydd

374 er.

Defnyddir yr arddodiad:

(i) Defnyddir yr arddodiad i ddynodi amcan neu bwrpas fel yn *er mwyn*:

gwario punt er arbed ceiniog
er mwyn Cymru
er lles

er cof am
er clod
er drwg
er anrhydedd

(ii)   I ddynodi'r ystyr 'er gwaethaf' gydag ansoddair cyfartal (gw. **199**
(iii)), enw, berfenw, ansoddair cysefin:

Er nerth y gwynt dringodd i ben y to

Er chwilio'n ddyfal ni chafwyd hyd i'r bêl

Er fy mod i'n absennol, cefais wobr

Er yn euog cafodd ei ryddhau'n amodol

O flaen berf ceir *er na(d)*:

Er nad oedd esgidiau am ei draed aeth allan i'r eira

(iii)   I ddynodi'r ystyr 'oddi ar (ryw amser penodol neu ddigwyddiad yn y gorffennol)':

Canmolwn ein Dewiswyr—cawsant gryn dipyn o gerydd a diawlio er 1980
        (*Y Faner*, 19 Mawrth 1988: 22)

Roedd y tri ohonynt wedi bod yn aelodau o'n llwyth ni er eu geni
        (Bryan Martin Davies, 1988: 20)

Dyna'r unig fangre a adnabu mewn gwirionedd er dyddiau ei ieuenctid
        (Rhiannon Davies Jones, 1989: 22)

Dyna safle'r capten Ieuan Evans—y capten er yr ornest yn erbyn Ffrainc ym mis Medi
        (*Y Faner*, 10 Ionawr 1992: 22)

Noder
Mae'n bwysig gwahaniaethu rhwng y defnydd o *er* ac *ers*. Ceir *ers* o flaen enw neu ymadrodd yn dynodi cyfnod sy'n parhau: *Gwrthododd ef a'i fam a'i ddwy chwaer addoli yn eglwys y plwyf ers tair blynedd* (Rhiannon Davies Jones, 1985: 15); *Rydw i yma ers wythnos ond na fedrwn i ysgrifennu na chopïo dim ar y cychwyn* (ibid.: 41); *Bythefnos yn ôl buasai farw Martha Hughes, ei ffrind gorau ers deuddeng mlynedd* (Kate Roberts, 1972: 22).

(iv) Mewn idiomau:

er y byd
er dim
er erioed

375 erbyn.

Defnyddir yr arddodiad:

(i) Gyda gair neu ymadrodd sy'n dynodi amser neu adeg cyflawni gweithred:

erbyn diwedd y flwyddyn
erbyn amser cinio
erbyn deg y bore

(ii) Bydd *erbyn* + berfenw yn dynodi'r ystyr 'wedi, ar gyfer, cyn':

Roedd hi wedi marw erbyn inni gyrraedd

Bydd hi'n rhy hwyr erbyn imi fynd i'r siop

Erbyn meddwl yr oeddet ti'n hollol gywir

Erbyn imi ddeffro roedd hi'n ganol y bore

(iii) Dewisir *yn erbyn* i gyfleu'r ystyr 'gyferbyn, yn wrthwyneb i, yn gwrthwynebu':

Pwysodd yn erbyn y car

Roedden nhw yn erbyn agor ar y Sul

(iv) Gyda rhagenw blaen:

Yr hwn nid yw yn eich erbyn, drosoch chi y mae
(Lc. 9: 50)

(v) Mewn idiomau:

cerdded yn erbyn
erbyn yn erbyn

Noder

Ar lafar ceir *i'w erbyn e* (*nhw*)/*iddi erbyn e* (*nhw*) ' i'w gyfarfod ef /i'w cyfarfod nhw'.

376 gan.

Ar *can, gan* gw. **126**.

Defnyddir yr arddodiad:

(i)   Yn dilyn berfau:

cymryd gan	*prynu gan*
cael gan	*clywed gan*
benthyca gan	*ceisio gan*

(ii) Gyda ffurfiau'r ferf *bod*, i ddynodi meddiant:

Mae car gwyn ganddi

Mae digon o arian gan ei thad

(iii) Yn dilyn ansoddair i ddynodi teimlad neu fynegi barn:

Mae'n flin gennyf glywed / Blin gennyf glywed

Roedd hi'n dda gennyf dderbyn / Da oedd gennyf dderbyn

Mae'n ddrwg gennyf / Drwg gennyf

Mae'n well gennyf fwyd plaen / Gwell gennyf fwyd plaen

(iv) O flaen enw i ddynodi'r gweithredydd:

Canwyd anthem gan y côr

Trefnwyd y gyngerdd ganddo ef

(v)   O flaen berfenw mewn cyfluniad is-draethiad neu rangymeriad (gw. **325** (vi)) a'r weithred a ddynodir gan y berfenw yn rhan o weithred y brif ferf:

Plygai'r cwc dros y tân gan droi llond crochan o gawl
    (Lewis Carroll, 1982: 53)
Aeth allan gan gau'r drws yn glep
    (T. Glynne Davies, 1974: 375)
Daeth Ioan Fedyddiwr, gan bregethu'r genadwri hon yn anialwch Judea
    (Mth. 3: 1)

Ceir *dan* mewn cystrawen debyg ond mae'r weithred a ddynodir gan y berfenw a'r brif ferf yn wahanol i'w gilydd:

> *Aeth yn ei flaen dan ganu*
>> (John Bunyan, 1962: 25)
>
> *Dôi gwraig y Porthor i ben y Garthau i weiddi bod lladron y nos*
> *yn dwad dan wau'u sanau yng ngolau'r lleuad*
>> (Rhiannon Davies Jones, 1977: 10)

Fel yr awgrymir gan rai o'r enghreifftiau hyn mae'r gwahaniaeth rhwng y ddwy gystrawen wedi erydu.

(vi)   O flaen berfenw i ddynodi'r ysytyr 'oherwydd':

> *Gan fod y tywydd yn oer gwisgais fy nghot*

(vii) Mewn idiomau:

> *gan amlaf*
> *gan bwyll*
> *gan mwyaf*

377 i.

Defnyddir yr arddodiad:

(i)   Yn dilyn berfau i gyflawni'r ystyr:

addo i	*anfon i*
cynnig i	*maddau i*
llwyddo i	*ymroddi i*
ufuddhau i	*cyffelybu i*

> *Fe'i ceffelybir i ddyn call*
>> (Mth. 7: 24)
>
> *Dylem ni faddau i'n gelynion*
>
> *Rhaid i blant ufuddhau i'w rhieni*

(ii)   I ddynodi'r dibeniad anuniongyrchol ar ôl berfau megis *rhoddi, caniatáu, dysgu, gadael, gofyn, rhwystro, gorchymyn, erchi*:

> *Rhoddais fwyd i gath*
>
> *Dysgodd ef ganeuon i mi*

Gall y dibeniad fod yn ferfenw:

> *Dysgodd ef inni chwarae rygbi*
>
> *Caniatewch i'r bobl fynd i mewn*

Gyda *gadael, dysgu, rhwystro* gellir dewis cyfluniad arall a rhoi *i* o flaen y berfenw a gwneud yr enw neu'r rhagenw sy'n ei ragflaenu yn ddibeniad uniongyrchol:

> *Mae ef yn dysgu'r plant i nofio*
>
> *Mae ef yn eu dysgu i nofio*
>
> *Dysgodd ef y plant i yrru*

(iii)   Mewn cymal enwol sy'n mynegi cais neu orchymyn: gw. **354**.

(vi)   Mewn cymal enwol sy'n oddrych brawddeg enwol:

> *Diau i bawb godi'n gynnar y bore hwnnw*
>
> *Gresyn i John gael ei anfon o'r maes*

Gw. **326**.

(v)   Mewn cymal enwol yn dilyn berfau megis *dywedaf, credaf, gwn, meddyliaf*: gw. **353** (iii).

(vi)   Mewn cymalau adferfol yn dilyn yr arddodiaid *am, gan, oherwydd, oblegid, o achos,* ac amser y berfenw yn y gorffennol:

> *Yr wyf yn ei garu am iddo gymryd fy maich oddi arnaf*
> (John Bunyan, 1962: 31)
>
> *Fe wyddai ei fod yn haeddu hynny am iddo ymddwyn mor fwystfilaidd*
> (T. Glynne Davies, 1974: 74)

Ac yn dilyn *er, wedi, gyda, cyn, ar ôl, wrth, nes, er mwyn, rhag, oddi eithr,* ac amser y berfenw yn amrywio yn ôl y cyd-destun:

> *Wedi i mi gyrraedd yn ôl i'r bwthyn, meddyliais pa mor rhyfedd y mae dyn yn ymddwyn weithiau*
> (Rhiannon Davies Jones, 1977: 117)
>
> *Ar ôl iddi dywyllu, ac ar ôl i'r milwyr fod o gwmpas am y tro olaf y noson honno, aeth y ddau frawd i'r twll o dan y wal*
> (T. Llew Jones, 1977: 59)

Yr oedd yn nosi wrth i Farged gerdded i lawr y mymryn stryd at y sgwâr
    (T. Glynne Davies, 1974: 59)
Fe awn i lawr yno yn awr, rhag iti bryderu'n ofer
    (R. Bryn Williams, 1976: 30)

(vii) I ddynodi meddiant:

    Plentyn imi yw hwn

    Prynais gadair ac iddi gefn uchel

(viii) Gyda berfenwau i ddynodi pwrpas:

    Euthum ar wyliau i ymlacio

    Aeth at lan yr afon i bysgota

    Prynwch flawd i wneud rhagor o fara

(ix) Yn dilyn *ambell, llawer, aml* o flaen enw unigol: gw. **191** (ii) n. 2.

(x) Mewn idiomau:

    i'r dim
    i'r gwrthwyneb

(xi) Fel ategydd golygweddol: gw. **286**.

378 o.

Defnyddir yr arddodiad:

Ar ôl nifer o ferfau ac ansoddeiriau i gyflawni'r ystyr:

argyhoeddi o	*teilwng o*
amddifadu o	*balch o*
cyhuddo o	*sicr o*
cyfranogi o	*euog o*
	hoff o

    Yr oeddwn wedi eu hargyhoeddi o hynny

    Cafodd ei gyhuddo o dwyll

    Y mae'n deilwng o'r wobr

Yr wyf yn hoff o'r gwaith
Yr oedd yn euog o'r cyhuddiad

Fe'i ceir hefyd ar ôl ychydig o enwau:

adnabyddiaeth o	*rhybudd o*
arwydd o	*llawnder o*
gwybodaeth o	*hysbysrwydd o*

(ii) Mewn ymadrodd adferfol o flaen gair yn dynodi maint:

mwy o lawer
gwell o'r hanner
gormod o bell ffordd
rhy gul o lawer

(iii) I ddynodi rhaniad neu gyfran:

y pedwerydd o'r mis
yr ail adran o'r gwaith
y cyfan o'r arian
aelod o'r garfan
yr wythfed o Ionawr
y rhan orau o'r rhaglen
y rhan gyntaf ohoni

(iv)　Rhwng gair yn dynodi rhif neu faint neu ansawdd ac enw penodol neu amhenodol:

tri o blant
digon o fwyd
bwcedaid o ddŵr
llu o bethau
saith o'r merched
dull o ysgrifennu
pump ohonynt

Bydd yr enw bob amser yn benodol yn dilyn *rhai* (gw. **243**), *pawb* (gw. **247**), *neb* (gw. **258**), *dim* (gw. **256**), *cwbl* (gw. **251**), *peth* (gw. **245**).

(v)　I ddynodi'r ystyr 'oherwydd, yn sgil, trwy' o flaen berfenw neu enw:

wylo o lawenydd

neidio o gynddaredd
Gwnaethant hynny o gariad
Aeth hi ato o dosturi
Bu ef farw o yfed gormod

(vi)   Rhwng enw haniaethol pendant a berfenw sydd mewn cyfosodiad:

y fraint o gadeirio
y gelfyddyd o garu
y ddefod o wisgo
yr arfer o ysmygu
yr anrhydedd o siarad

Gall ddigwydd rhwng dau enw haniaethol mewn cyfosodiad:

y fendith o gwsg
y rhinwedd o dawelwch

(vii)   Rhwng dau enw, a'r ail enw yn disgrifio'r cyntaf ac yn cyfeirio at ddefnydd neu nodwedd:

tŷ o gerrig
blows o gotwm gwyn
person o bwys
dyn o sylwedd

(viii)   Rhwng dau enw, i ddynodi aelodaeth o fudiad neu garfan neu genedl etc.:

cyfaill o Fethodist
plentyn o Gymro
awdur o Sais
milwr o Wyddel

(ix)   Gall yr elfen ddisgrifiadol ragflaenu'r arddodiad:

da o beth
cywilydd o beth
pwt o lythyr
cawr o ddyn
truan o ddyn

cloben o ferch

campwr o gynganeddwr

(x) I ddynodi goddrych y berfenw: gw. **326** (iii).

(xi) Rhwng ansoddair adferfol ac ansoddair arall:

yn hynod o gryf

yn rhyfeddol o falch

yn od o dda

yn ddychrynllyd o ddrud

yn syndod o gryf

379 rhag.

Defnyddir yr arddodiad:

(i) Yn dilyn rhai berfau, er enghraifft,

amddiffyn rhag	*achub rhag*
atal rhag	*arswydo rhag*
cadw rhag	*cysgodi rhag*
celu rhag	*cuddio rhag*
dianc rhag	*diogelu rhag*
gwared rhag	*ymguddio rhag*

Gwared ni rhag drwg

Aeth i gysgodi rhag y glaw

Mae hi wedi cadw'r wybodaeth rhagom

(ii) Mewn cymal pwrpas negyddol:

Paid â gorwedd rhag iti gysgu

(iii) I ddynodi'r ystyr 'oherwydd' o flaen ansoddair cyfartal: gw. **199**.

380 wrth.

Defnyddir yr arddodiad:

(i) Yn dilyn rhai berfau, er enghraifft:

addef wrth	*dweud wrth*
cenfigennu wrth	*digio wrth*
disgwyl wrth	*trugarhau wrth*
glynu wrth	*llefaru wrth*
tosturio wrth	*sorri wrth*

Dywedais wrtho sawl gwaith

Tosturiwch wrth y plant

(ii) I ddynodi'r ystyr 'tuag at', yn dilyn rhai ansoddeiriau, er enghraifft:

caredig wrth	*cas wrth*
tyner wrth	*dig wrth*
creulon wrth	*tirion wrth*

Yr oedd yn greulon wrth ei gi

Mae bob amser yn garedig wrthynt

(iii) Gyda ffurfiau'r ferf *bod* i gyfleu gweithgarwch, diwydrwydd neu brysurdeb:

Yr oedd wrth ei waith

Mae wrthi yn yr ardd

(iv) I ddynodi cymhariaeth rhwng dau beth:

Nid yw hwn yn ddim wrth y llall

(v) I ddynodi'r goddrych mewn cyfluniad sy'n cynnwys *rhaid*:

Rhaid wrth olau

Mae'n rhaid iddynt wrth olau

Rhaid i bob gweithiwr wrth gyflog

(vi) Mewn cymalau adferfol i ddynodi'r ystyr 'tra':

Wrth imi gerdded i'r dref, ystyriais beth a wnawn weddill y dydd

Wrth gysgu breuddwydiais

(vii) Mewn idiomau:

wrthyf fy hun(an)
wrthyt dy hunan
wrtho'i hunan
wrthi'i hunan
wrthym ein hunain
wrthych eich hunain
wrthynt eu hunain

381 wedi.

Defnyddir yr arddodiad:

(i) O flaen rhagenwau dangosol, rhifolion, ac enwau'n dynodi amser a digwyddiadau:

wedi hynny
wedi chwech o'r gloch
wedi'r Pasg
wedi cwrdd
wedi'r arholiadau
wedi'r ail o'r mis

(ii) O flaen berfenwau mewn ymadrodd adferfol ac ymadrodd annibynnol:

Wedi iddo orffen ei waith, aeth i orffwyso

Wedi bachu'r pysgodyn, fe' i collodd o'r rhwyd

Gwadodd ei fod wedi dweud hynny, a minnau wedi ei glywed

(iii) Gall *wedi* + berfenw ffurfio cyfyngydd berfol gweithredol:

plentyn wedi blino
coeden wedi disgyn
gwallt wedi britho

blodau wedi gwiwo
llaeth wedi suro

Ceir cyfyngydd goddefol yn ogystal lle y bydd rhagenw blaen yn rhagflaenu'r berfenw:

wy wedi ei ferwi
dillad wedi eu crasu
torth wedi ei chrasu
cig moch wedi ei ferwi
menyn wedi ei doddi

Ar dreiglo yn dilyn y rhagenw blaen gw. **216**.

Negyddir y ddau fath o gyfyngydd trwy ddewis *heb* a gollwng *wedi*:

coeden hen ddisgyn
dillad heb eu crasu

Ar dreiglo yn dilyn *heb* gw. **69**.

Enghreifftiau:

crwyn hyrddod wedi eu lliwio'n goch
        (Ex. 25: 5)
Dyn wedi dychryn yw e
        (Idwal Jones, 1978: 75)
Pobl wedi marw ydan ninna!
        (Idwal Jones, d.d.: 45)
bwydoffrwm wedi ei grasu ar radell
        (Lef. 2: 5)
Bara wedi sychu a llwydo oedd eu bwyd
        (Josh., 9: 5)

(iv)   Fel ategydd berfol: gw. **286**.

382 yn.

Defnyddir yr arddodiad:

(i)   O flaen enw pendant yn dilyn berfau megis,

cydio yn	*gafael yn*
glynu yn	*gorfoleddu yn*

llawenychu yn	*ymffrostio yn*
ymserchu yn	*ymhyfrydu yn*
ymdrybaeddu yn	*ymddiried yn*
credu yn	*ymaflyd yn*

Credwch yn Nuw

Gafael ynddo!

Yr wyf yn ymddiried yn llwyr ynddo

(ii) O flaen enw pendant:

yn yr ardd
yn Llanfair
yng Nghwmaman
ym Machynlleth

Ar *yng, ym* gw. **111**.

Mewn a ddefnyddir o flaen enw amhendant:

mewn car
mewn lle unig

Fel rheol bydd enw a ddilynir gan enw genidol yn bendant:

yn ysgol y pentref
ym Mhrifysgol Cymru
yng Ngharchar Caerdydd

Gall yr enw genidol fod yn ansoddeiriol, gan ddangos ansawdd yn hytrach na pherthynas. Ystyrir y cyfuniad yn enw cyfansawdd amhendant ac fe'i rhagflaenir gan *mewn*:

mewn cymanfa ganu
mewn siop esgidiau
mewn bocs pren
mewn cadair freichiau

Gw. **68**.

(iii) Ystyrir bod geiriau megis *angau, paradwys, uffern, tragwydd-oldeb, pawb* yn bendant ac fe'u rhagflaenir gan *yn*. Ceir *yn* a *mewn* o flaen *dim*:

yn angau
ym mharadwys
ym mhob dim
mewn dim

Gwahaniaethir rhwng *yng ngharchar* ('in jail') a *mewn carchar* ('in a jail'). Cyll y fannod mewn ymadroddion megis:

yn tŷ	= *yn y tŷ*
yn gwely	= *yn y gwely*
yn tân	= *yn y tân*
yn Gymraeg	= *yn y Gymraeg* (gw. **159** (iii))

Pan yw'r enw yn cyfeirio at gyfnod arbennig yn hanes yr iaith dan sylw neu at ansawdd y defnydd a wneir o'r iaith honno neu at wedd arbennig ar yr iaith, fe'i hystyrir yn amhenodol a'i rhagflaenu gan *mewn*:

mewn Cernyweg Canol
mewn Almaeneg safonol
mewn Cymraeg llafar

(iv)   Gyda'r rhagenwolion *un* (gw. **240**), *unrhyw* (gw. **242**), *rhyw* (gw. **241**), *rhai* (gw. **243**) bydd y dewis o *yn* neu *mewn* yn dibynnu ar yr union ystyr a gyfleir:

Clymwch y ci mewn un man diogel
Mae lle i chi yn un o'r seddau blaen
Mae hi yn yr ardd yn rhywle
Cuddiwch ef mewn rhyw le diogel

(v)   Gyda *pwy, pa* (gw. **235**):

Ym mhwy wyt ti'n gallu ymddiried?
Ym mha adran wyt ti'n gweithio?

(vi)   Gydag enwau ac ansoddeiriau fel geiryn traethiadol:

Lladdasom bawb ym mhob dinas, yn ddynion gwragedd a phlant
(Deut. 3: 6)
Trodd yn sarff
(Ex. 3: 4)

Gwnaf eu dyfroedd yn groyw
  (Esec. 32: 14)
Y maent yn gwneud eu phylacterau'n llydan
  (Mth. 23: 5)

Gw. hefyd **278, 359**.

Ar dreiglo yn dilyn yr *yn* traethiadol gw. **50, 54**.

(vii) Fel ategydd berfol: gw. **278, 286**.

(viii) Fel geiryn traethiadol gyda berfenwau:

Yr wyf wedi diffygio'n gweiddi
  (Salmau, 69: 3)
Beth sydd ar y bobl, yn wylo?
  (1 Sam. 11: 5

Gw. hefyd **325** (vi).

Adferfau

Cyflwyniad

383 Ychydig o adferfau syml a geir yn y Gymraeg. Mae llawer o'r ffurfiau isod yn tarddu o ymadroddion adferfol ond bellach rhaid eu hystyried yn adferfau syml.

384 Adferfau amser:

beunos	*beunydd*
heddiw	*heno*
echnos	*byth/fyth*
trennydd	*eleni*
trannoeth	*doe/ddoe*
echdoe	*(y)fory*
y llynedd	*eto*
tradwy	*gynt*
cynt	*yn awr/nawr*

yr awron/(y)rŵan	*wedyn*
weithiau	*yna*
weithian/weithion	*mwy*
bellach/mwyach	*toc*
yrhawg	*chwap*

Enghreifftiau:

Gwelais eneth hardd heddiw
(Harri Williams, 1978: 72)

Mi fyddwch yn y pentref chwap
(Aneirin Talfan Davies, 1976: 30)

*Gyda'r wawr drannoeth, trefnodd Duw i bryfyn nychu'r
planhigyn, nes iddo grino*
(Jona, 4: 7)

Yr oeddent hwy a'u plant i mewn ac allan beunydd yn ei thŷ
(Kate Roberts, 1972: 23)

Ymgeisiodd chwech eleni
(J. Elwyn Hughes, 1991: 56)

Gwyddai ei bod yn rhy hwyr yrŵan i ychwanegu neb o bwys
(R. Cyril Hughes, 1975: 56)

Noder

Byth, erioed

Gall *byth* gyfeirio tua'r dyfodol neu ddynodi parhad yn ogystal â chyfeirio tua'r gorffennol:

Ni fydd John byth yn gwybod

Dydy'r hen chwaraewr byth yn blino ar straeon hen chwaraewyr eraill
(R. Gerallt Jones, 1977: 44)

Ni fyddai hi byth yn mynd ar gyfyl na chapel na llan
(T. Glynne Davies, 1974: 46)

Nid eillir ei ben byth
(1 Sam. 1: 11)

Bydd *erioed* yn cyfeirio tua'r gorffennol yn ogystal â chyfleu syndod:

Ni wnaethai'r un ohonynt erioed osgo at roi unrhyw help ariannol iddi
(Kate Roberts, 1972: 21)

413

Buasai ef farw cyn imi erioed weld y Berffro
    (Rhiannon Davies Jones, 1977: 9)
Ni fedrais i erioed ystyried meddwyn o fyfyriwr yn arwr
    (John Jenkins, 1978: 127)
Ni fûm i erioed cyn oered wrth wylio rygbi
    (*Y Faner*, 14 Rhagfyr 1990: 21)
Fe ganwn ni fel na chanasom erioed o'r blaen
    (*Y Faner,* 19 Ionawr 1991: 21)
Rwyt ti mor real i mi rŵan ag y buost ti erioed
    (Angharad Tomos, 1991: 62)
Dydy John erioed yn gweithio!

Fydd John erioed wedi cyrraedd mewn pryd!

385 Adferfau lle, mesur a dull:

acw	*ddim*
adref, tua thref	*allan*
gartref	*draw*
hefyd	*hwnt*
(yn) hytrach	*lled*
oll	*prin*
ynteu	*uchod*
isod	*ymaith*
ymlaen	*dyma*
dyna	*efallai/nid hwyrach*
modd bynnag/foddbynnag	*ysywaeth*

Enghreifftiau:

Câi gipolwg eto ddiwedd y prynhawn, cyn gyrru adref i'w fyngalo di-blant
    (Urien William, 1974: 22)
Draw mi welwn gribau Eryri
    (Rhiannon Davies Jones, 1977: 202)
Gwneud y cas yn gasiach, y clên yn gleniach a'r blêr yn fleriach ydyw tuedd y ddiod gadarn, ysywaeth
    (Idwal Jones, d.d.: 38)
Nid hwyrach yr arhosaf gyda chwi (1955)

Efallai yr arhosaf gyda chwi (1988)
(1 Cor. 16: 6)
Anfonodd ef adref
(Mc. 8: 26)
Ni allent adael Gustavchen gartref gyda nain
(Gerhart Hauptman a Heinrich Böll, 1974: 9)

386 Mae llawer o ymadroddion adferfol yn cynnwys arddodiad +
enw, er enghraifft:

ar ôl	*i fyny(dd)*
o gwbl	*ar led*
gerllaw	*i waered*
rhag llaw	*rhag blaen*
i maes	*i ffwrdd*
yn ôl	*o gwbl*
yn gwbl	*ar frys*

Mewn rhai ymadroddion bydd y fannod yn rhagflaenu'r enw:

o'r neilltu	*ar y neilltu*
o'r herwydd	*o'r bron*
o'r diwedd	*o'r blaen*
i'r lan	

Noder
(1) Mae *i mewn* yn cynnwys dau arddodiad.
(2) Ar lafar ac mewn ysgrifennu anffurfiol cyll *i* yn gyffredin o flaen
lan, mewn, maes, ffwrdd, fyny(dd).

Enghreifftiau:

Safai pysgotwr arall gerllaw a galwodd hwnnw arno
(Gerhart Hauptman a Heinrich Böll, 1974: 4)
Byddai i ffwrdd am ddeuddydd neu dri
(Jane Edwards, 1976: 59)
Gwibiodd ei fys i fyny ac i lawr y colofnau
(Urien William, 1974: 25)
Tyrd lan i'r gwely, 'nghariad i
(R. Gerallt Jones, 1977: 40)

387 Gall yr arddodiad *yn* + ansoddair ffurfio adferf, er enghraifft:

yn dda	*yn well*
yn gyflym	*yn llawen*
yn wresog	*yn rhwydd*

Ar dreiglo yn dilyn *yn* gw. **54**.

Pan ffurfir cyfansoddair o *yn* a'r ansoddair, ceir treiglad trwynol mewn rhai cyfuniadau: (gw. **333** (ii)):

yn bell	*ymhell*
yn gynt	*ynghynt*
yn gyntaf	*ynghyntaf*
yn gudd	*ynghudd*
yn glwm	*ynghlwm*

Er enghraifft:

> *Gallai ddychwelyd ynghynt*
>
> *Fe aiff ymhell*
>
> *Pam na fyddai wedi mynd ati hi ynghyntaf*

Gall arddodiaid eraill yn ogystal ragflaenu'r ansoddair, er enghraifft:

> *ar fyr*
>
> *trwy deg*
>
> *trwy deg neu hagr*
>
> *trwy iawn*

388 Mae'r rhagenwau dangosol *hyn, hynny* yn uno ag arddodiaid i ffurfio adferfau (gw. **237**).

389 Gall arddodiad + y fannod neu ragenw + ansoddair gradd eithaf ffurfio adferf (gw. **201** (iv)).

390 Gall ·ansoddair gradd eithaf heb *yn* weithredu'n adferfol (gw. **201** (iii)).

391 Ceir, yn gyffredin, ymadroddion enwol sy'n dynodi amser neu fesur neu gyfnod yn adferfol:

diwrnod	*nos*

dydd	*wythnos*
ennyd	*tridiau*
bore	*modfedd*
mis	*troedfedd*
milltir	*llathen*
prynhawn	

Enghreifftiau:

Mae Mati a minnau am fynd i'r dref ddydd Mercher i brynu blows, het a menig
   (Kate Roberts, 1976: 27)
Fis yn ôl fe symudasom ni yma o Gaerdydd
   (R. Gerallt Jones, 1977: 50)
Dwy flynedd yn ddiweddarach yr oedd llanc arall o'r enw Francis wedi saethu ati
   (T. Glynne Davies,, 1974: 32)
Bwytaodd stêc deirgwaith yr wythnos er mwyn adfer ei ynni rhywiol
   (Harri Prichard Jones, 1978: 39)
Gwnâi hynny mewn lle rhyfedd iawn, ar lan y môr, ddiwrnod trip yr ysgol Sul
   (Kate Roberts, 1972: 22)
Roedd y criw gant y cant y tu cefn iddo
   (Jane Edwards, 1976: 90)

Ar dreiglo'r ymadrodd enwol gw. **83**.

392 Digwydd yr ansoddeiriau *iawn, odiaeth, aruthr, ofnadwy, rhyfeddol, digon* etc., yn adferfol yn dilyn ansoddair arall:

mawr iawn
hardd odiaeth
drwg ofnadwy
gwych ryfeddol
cywir ddigon

Ar dreiglo'r ansoddair adferfol gw. **89**.

417

393 Adferfol yw *mor, mwy, mwyaf* mewn cymhariaeth gwmpasog (gw. **198**):

> *gwaith mwy deniadol*
> *cwmni mor ddymunol*
> *y daith fwyaf cofiadwy*

Gellir ffurfio ymadroddion adferfol gan *mwy na / fwy na*:

> *Er imi wrando'n astud ni allwn ei glywed fwy na chynt*

394 Bydd *llai, lleiaf, eithaf* (gw. **195**), *digon* yn adferfol o flaen ansoddeiriau cysefin:

> *llai gwreiddiol*
> *eithaf da*
> *digon agos*

395 Ceir *ond / onid* mewn ymadroddion adferfol:

> *ond odid*
> *onid e*

Enghreifftiau:

> *Soniwch am Gymraeg neu Gernyweg neu Lydaweg wrth bobl sy'n eu hystyried eu hunain yn ddiwylliedig ac, ond odid, fe enynwch ynddynt ddiffyg diddordeb sy'n ymgyrraedd at frwdfrydedd*
> *(Barn, Ebrill 1993: 15)*
> *Fe gytunir, ond odid, eu bod yn dangos nodwedd arddullegol y gallai ein llenorion wneud mwy ohoni nag a wnaethant hyd yn hyn*
> *(BBCS, 26, 1974-6: 23)*
> *Gwell inni frysio onide collwn y bws*

396 Mae ymadroddion megis *mae'n debyg, debyg (iawn), decini* yn gweithredu'n adferfol:

> *Pwrpas hyn, mae'n debyg, oedd dangos pa mor ffiaidd oedd y tai*
> *(Barn, Tachwedd 1990: 38)*

Debyg iawn, 'doedd Lora ddim mewn gwirionedd yn golygu'r hyn a ddywedai
  (T. Glynne Davies, 1974: 245)
Hyn, decini, fu profiad eraill
  (*Taliesin,* Gorffennaf 1992: 26)

397 (i) Mewn ymadroddion megis *bloeddio canu, chwipio rhewi, snwffian crio, gwichian chwerthin, mwmian canu, treisio bwrw, rhuo chwerthin, piffian chwerthin* sy'n cynnwys berfenw + berfenw, mae'r berfenw cyntaf yn dwysáu'r ail ac felly yn gweithredu'n adferfol:

Enghreifftiau:

Bydd y mynyddoedd a'r bryniau yn bloeddio canu o'ch blaenau
  (Eseia, 55: 12)
Roedd y ferch yn beichio crio
  (John Rowlands, 1978: 115)
Beichio crio yr oedd hi y bore hwnnw
  (Rhiannon Davies Jones, 1978: 128)
Yr oedd y crio wedi troi'n igian crio
  (T. Glynne Davies, 1974: 136)
Dechreuodd Dici huno cysgu
  (Kate Roberts, 1972: 70)
Doeddwn i ddim yn rhuo chwerthin ond fe gefais fy hun yn gwenu trwy gydol y rhaglen
  (*Y Faner,* 2 Medi 1991: 20)
Mae rhai plant yn piffian chwerthin ymhlith ei gilydd
  (Angharad Jones, 1995: 28).

(ii) Ar yr adferfau *go, rhy, hollol, pur* gw. **90**

(iii) Ar yr adferf *tra* gw. **124**.

(iv) Ar gyfluniad ansoddair adferfol + *o* + ansoddair gw. **378** (xi).

(v) Ar yr adferfau gofynnol gw. **235** (vi).

(vi) Ar ansoddeiriau yn gweithredu'n adferfol mewn brawddeg gymysg gw. **352**.

419

(vii)   Ar ansoddeiriau yn gweithredu'n adferfol o flaen ansoddeiriau eraill ac o flaen enwau, berfenwau a berfau mewn cyfansoddeiriau llac gw. **332**.

Cysyllteiriau

Cyflwyniad

398   Ceir dau fath o gysylltair, cysylltair cydradd a chysylltair isradd. Bydd cysyllteiriau cydradd yn cysylltu tebyg at debyg: dau neu ragor o eiriau neu o gymalau neu o frawddegau. Bydd cysyllteiriau isradd yn cyflwyno cymalau isradd.

(i) **Cysyllteiriau cydradd**

399 A(c)

Ceir *a* o flaen cytseiniaid, *ac* a gynenir [ag] o flaen llafariaid a'r negyddion *ni, na*; *mor*; *felly*; *fel*; *megis*; *mwyach*; *mewn*; *mai*; *meddaf*; *mae*; *sydd*; y geirynnau *mi, fe*; *i* gytsain:

> *dŵr a halen*
> *ceffyl a chart*
> *cig a gwaed*
> *gwlad ac iaith*
> *bywyd a gwaith*

Ar dreiglo yn dilyn *a* gw. **118**.
Dewisir *a*(*c*):

(i)   I gysylltu prif gymalau cydradd:

> *Rhwymwch ei draed a'i ddwylo a bwriwch ef i'r tywyllwch eithaf*
>   (Mth. 22: 13)
> *Caewch eich ceg ddiddannedd, nain, a rhowch ochenaid o weddi*
> *i'r Forwyn dros daeogion Penlla'r-gaer!*
>   (Rhiannon Davies Jones, 1977: 31)

420

Mae poen yn costio ac mae aberth yn costio
(Rhiannon Davies Jones, 1985: 78)

Ar ddefnyddio berfenw yn hytrach na berf rediadol mewn cyfres o gymalau cydradd gw. **325** (iv).

Mewn rhyddiaith feiblaidd ceir *a(c)* yn gyffredin ar ddechrau brawddeg mewn cyfres o frawddegau cydradd:

A phan welodd Ioan lawer o'r Phariseaid a'r Sadwceaid yn dod i'w bedyddio ganddo, dywedodd wrthynt . . . A pheidiwch â meddwl dweud wrthych eich hunain . . . Ac y mae'r fwyell eisoes wrth wraidd y coed
(Mth. 3: 7-9)

(ii) I gyflwyno'r ymadrodd annibynnol (gw. **359**).

400 Neu

dau neu dri
melyn neu las
haearn neu ddur
ennill neu golli

Ar dreiglo yn dilyn *neu* gw. **84**.

Mae cymalau a gysylltir gan *neu* yn gydradd:

Ni chymerai honno unrhyw ddiddordeb neu fe ddywedai rywbeth dwl, diddim
(Kate Roberts, 1972: 25)
Eisteddai'r hen wraig yn fud neu dywedai ei phader mewn llais gwan, crynedig
(Gerhart Hauptman a Heinrich Böll, 1974: 10)

Mewn rhyddiaith feiblaidd bydd y cysylltair *neu* yn digwydd ar ddechrau cyfres o frawddegau cydradd:

Oherwydd sut y gwyddost, wraig, a achubi di dy ŵr? Neu sut y gwyddost,ŵr, a achubi di dy wraig?
(1 Cor. 7: 16)

Noder
Ni threiglir berfau yn dilyn *neu*: *Dos allan neu bydd ddistaw!*

401 Ond

Dewisir *ond* i uno prif gymalau cydradd:

> *Gall siarad yn ddiddiwedd am weddi a ffydd ac edifeirwch, ond ni ŵyr ddim amdanynt*
> (John Bunyan, 1962: 42)
> *'Roeddwn i wedi fferru wrth eistedd cyhyd ger y ffynnon, ond trech chwilfrydedd na synnwyr*
> (Rhiannon Davies Jones, 1974: 44)

Fe'i ceir yn gyffredin ar ddechrau cyfres o frawddegau cydradd:

> *Ond byddai'r sawl a alwai Herr Kielblock yn ddyn diog yn gwneud camgymeriad. Ni fedrai neb weithio yn fwy diwyd nag ef. Ond pan ddôi'r hwylio i ben gan gymaint y rhew ni phryderai ddim*
> (Gerhart Hauptman a Heinrich Böll, 1974: 3)
> *Yr oedd ein tadau yn addoli ar y mynydd hwn. Ond yr ydych chwi'r Iddewon yn dweud mai yn Jerwsalem y mae'r man lle dylid addoli*
> (In. 4: 20)

Ceir *dim ond* (gw. **81**) a *neb ond* yn gyffredin mewn brawddegau negyddol:

> *Nid oes yma ddim ond adar gwylltion*
> *Ni welwyd neb ond plant yn y goedwig*

Hepgorir *dim, neb* yn aml:

> *Nid oes yma ond adar gwylltion*
> *Ni welwyd ond plant yn y goedwig*

Bydd *ond* yn dilyn *pawb, pob un, y cwbl, i gyd, oll* etc., ac yn cyfleu'r ystyr 'ac eithrio':

> *Gwelais bawb ond fy mam*
> *Maen nhw i gyd ond un yn bresennol*

402 Namyn

Ceir *namyn* gyda rhifolion (gw. **203** n. 4):

> *cant namyn un (= 99)*
> *y deugain erthygl namyn un*

Bydd *namyn* yn cysylltu ffurfiau eraill yn ogystal:

Bu adeg pan nad oedd milwyr Cymru yn enwog am ddim namyn eu blerwch
(Marion Eames, 1982: 23)

403 Eithr

Defnyddir *eithr* i gysylltu ymadroddion cydradd:

Dynes â llygaid i weled oedd hi eithr â gwefusau i gau yn dynn rhag i'w thafod siarad â phawb yn ddiwahaniaeth
(Kate Roberts, 1972: 20)
Nid gornest yn null y Barbariaid oedd hi, eithr ymryson ffyrnig gyda hyrddio, rycio a thaclo tanbaid
(*Y Faner,* 29 Tachwedd 1991: 21)

Gall, yn ogystal, gyflwyno brawddegau cydradd mewn cyfres. Yn y Beibl Cymraeg Newydd disodlwyd *eithr* gan *ond* yn yr enghreifftiau isod:

Clywsoch ddywedyd gan y rhai gynt, Na ladd . . . Eithr yr ydwyf i yn dywedyd i chwi . . . (1955)
Clywsoch fel y dywedwyd wrth y rhai gynt, Na ladd . . . Ond 'rwyf fi'n dweud wrthych . . . (1988)
(Mth. 5: 21-22)
A hwy a osodasant ddwylo arnynt hwy . . . Eithr llawer o'r rhai a glywsant y gair a gredasant (1955)
Cymerasant afael arnynt . . . Ond daeth llawer o'r rhai oedd wedi clywed y gair yn gredinwyr (1988)
(Act. 4: 3-4)

404 Na(c)

Bydd *na(c)* yn cysylltu geiriau ac ymadroddion mewn brawddegau negyddol.

Ceir *na* o flaen llafariaid, *nac* o flaen cytseiniaid:

Hiraethwn am fannau lle nad oedd gwynt na therfysg na haint na phla
(Rhiannon Davies Jones, 1985: 78)

423

Nid yw'n cydnabod ei frodyr nac yn arddel ei blant
(Deut. 33: 9)

Gellir rhoi *na(c)* o flaen y gair cyntaf yn y gyfres:

Yr wyf yn gwbl sicr na all nac angau nac einioes, nac angylion na thywysogaethau, na'r presennol na'r dyfodol, na grymusterau nac uchelderau na dyfnderau, na dim byd arall a grewyd, ein gwahanu ni oddi wrth gariad Duw
(Rhuf. 8: 38-39)

Nid yw na'r blaenwyr na'r olwyr yn dangos unrhyw ddawn greadigol
(*Barn*, Chwefror 1995: 12).

Ni all na llenorion na haneswyr na gwleidyddwyr y dyfodol fforddio eu hanwybyddu
(*Taliesin*, Tachwedd 1989: 33)

Ni bydd arnynt angen na golau lamp na golau haul
(Dat. 22: 5)

Paid ag aberthu i'r Arglwydd dy Dduw nac ych na dafad ag unrhyw nam difrifol arno
(Deut., 17: 1).

Ni cheir *na(c)* o flaen y geirynnau negyddol *ni, na* nac o flaen y geirynnau *mi, fe*.

Ar dreiglo yn dilyn *na* gw. **116**.

405 Â, ag

Ceir *â* o flaen cytsain, *ag* o flaen llafariad.

Defnyddir *â, ag*:

(i)   Yn dilyn gradd gyfartal yr ansoddair (gw. **199**).

(ii)   Yn rhagflaenu cymal perthynol (gw. **199**).

(iii)   Yn rhagflaenu berfenw (gw. **199**).

(iv)   Yn rhagflaenu cymal adferfol gyda *pe, pan* (gw. **199**).

(v)   Yn dilyn geiriau â'r rhagddodiaid *cyf-, cy-, cyd-* (gw. **138**).
      Yr oedd ei gruddiau yn gyfliw â'r rhosyn

maent yn gydradd â'i gilydd
rhoddodd gymaint a oedd ganddo
daeth cynifer ag a oedd yno ymlaen

Ar dreiglo yn dilyn *â* gw. **119**.

406   Naill ai . . . neu (ynteu) gw. **238** (iv).

407   Na(g)

Dewisir *na* o flaen cytseiniaid, *nag* o flaen llafariaid.

Defnyddir *na(g)*:

(i)   Yn dilyn ansoddair gradd gymharol (gw. **200** (i)):

Gwell yw llochesu yn yr Arglwydd nag ymddiried mewn
tywysogion
(Salmau, 118: 9)
Gwell yw parch nag arian ac aur
(Diar. 22: 1)

Gellir ailadrodd *na(g)* pan yw'r gymhariaeth yn cyfeirio at fwy nag un peth:

Gwell yw ffafr dda nag arian, ac nag aur (1955)
(Diar. 22: 1)

(ii)   O flaen cymal perthynol (gw. **234**).

Ar dreiglo yn dilyn *na* gw. **116**.

408   Oherwydd, oblegid, canys, (o) achos

Defnyddir y rhain i gysylltu brawddegau cydradd:

Cafodd geiriau ei gŵr gryn ddylanwad ar ei wraig, canys
cododd yn sydyn ar ei thraed a dechreuodd ddawnsio o amgylch
yr ystafell
(Gerhart Hauptmann a Heinrich Böll, 1974: 5)

Ni ddywedais i ddim, oblegid yr oedd y capel wedi rhoi gwres canolog efo oel imi
(Kate Roberts, 1976: 25)
Diolchwch i'r Arglwydd oherwydd da yw
(Salmau, 118: 1)
Ni phrynais anrheg iddi o achos yr oedd y siopau i gyd wedi cau
Noder
Mae *oherwydd, oblegid, (o) achos* yn arddodiaid yn ogystal (gw. **368**).

409 Ys

Defnyddir *ys*:

(i) O flaen ffurf gryno'r berfau *dweud, galw* i gyfleu'r ystyr 'megis':
Heb fod ymhell o ganol Caerdydd saif y Carchar: 'Jail Caerdydd', ys dywed y baledi
(Urien William, 1974: 19)
Ys dywedwyd, prif bwrpas y fenter yw astudio'r gofod
(*Y Faner*, 14 Gorffennaf 1989: 16)
y Brenin Alltud (ys gelwir ef yn 'Mewn Dau Gae')
(R. Geraint Gruffydd, 1988: 106)

(ii) O flaen 1af unigol presennol mynegol *gwybod* mewn cymal gofynnol:
Oes 'na rywfaint yn hwn, ys gwn i?
(Alun Jones, 1989: 33)
Ys gwn i a fyddech chi'n cytuno ei fod yn codi cwestiwn go sylfaenol?
(*Golwg*, 20 Rhagfyr 1990: 26)
Noder
Ar lafar ac mewn ysgrifennu anffurfiol, cyll y llafariad yn aml a glyna'r gytsain wrth y ferf sy'n dilyn:
Sgwn i a oedd e'n cael ei ben blwydd bob mis neu rywbeth?
(*Golwg*, 15 Hydref 1992: 14)
Sgwn i gafodd hi hyd iddo fo?
(*Taliesin*, Haf 1994: 109).

(ii) Cysyllteiriau isradd

410 Defnyddir yr arddodiaid isod fel cysyllteiriau i gyflwyno cymalau adferfol isradd yn dynodi achos, canlyniad, pwrpas, amser, dull, addefiad etc.:

am	*wrth*
gan	*erbyn*
oblegid	*fel*
oherwydd	*megis*
o achos	*er mwyn*
er	*hyd*
rhag ofn	*cyn*
rhag	*gyda*

Defnyddir yr enwau a'r ansoddeiriau canlynol yn ogystal i gyflwyno cymalau adferfol isradd (gw. **232**, **235**):

pryd	*hyd nes*
pryd bynnag	*cymaint ag*
lle	*modd*
nes	

Cyflwynir cymalau cadarnhaol gan *y* a chymalau negyddol gan *na*.

Enghreifftiau:

> *Er nas gwelai ond yn anaml iawn, hwy oedd ei arwyr*
>> (Urien Wiliam, 1974: 22)
>
> *Fe hyrddiais innau ei llaw a'r cwpan ar draws yr ystafell nes yr oedd darnau o grochenwaith Ewenni'n sglefrian o gwmpas y llawr*
>> (R. Gerallt Jones, 1977: 34)
>
> *Lle'r oedd Barry John yn llifo'n ddiymdrech dros y ddaear mae Phil yn gwibio fel arian byw*
>> (R. Gerallt Jones, 1977: 48)
>
> *Fel y nesaem at y cylch gwelwn y cerrig anferth fel cewri byw yn ymestyn tua'r ffurfafen*
>> (Rhiannon Davies Jones, 1977: 21)
>
> *Penliniais innau'n ufudd gan na feiddiwn groesi Gwladus*
>> (Rhiannon Davies Jones, 1977: 22)

Estyn dy ddisgl, Angharad, rhag ofn y bydd hi'n sâl
(Rhiannon Davies Jones, 1977: 113)
Yr oeddwn yn gweithio nos a dydd rhag bod yn faich ar neb ohonoch
(1 Thes., 2: 9).
Gwnaeth gais am blwyf er mwyn cael ei ordeinio, ond am na chafodd y plwyf a ddymunai, tynnodd ei gais yn ôl
(Harri Williams, 1978: 18)
Ni fyddai hi yn mynd ar gyfyl na chapel na llan, er y byddai'n gweddïo bob nos a bore
(T. Glynne Davies, 1974: 46)
Aros di yno hyd nes y clywi di Dewi a Cybi yn siarad â thi
(J. G. Williams, 1978: 9)
Aros di nes y daw hi'n ôl!
(Gweneth Lilly, 1981: 66)
Mor fychan yw cyflog athro yn Nepal fel na eill fyw heb iddo roi gwersi i unigolion gyda'r nos
(Beti Rhys, 1988: 61)

Cyll *y* yn fynych:

Cerddais i mewn i gae gwair nes byddai'r ffordd yn glir
(Emyr Humphreys, 1981: 317)

Gw. yn ogystal **311** (ii) (b).

Noder

(1)   Gall *ag* ddilyn *megis* a *fel*: *ni a gawn ei weled ef fel ag y mae* (1955), *cawn ei weld ef fel y mae* (1988) (In. 3: 2).

(2)   Try'r ansoddair cyfartal *cymaint ag* (gw. **194**, **199**) yn *yn gymaint ag* fel cysylltair: *yn gymaint ag i chwi beidio â'i wneud i un o'r rhai lleiaf hyn, nis gwnaethoch i minnau chwaith* (Mth. 25: 45).

(3)   Gellir dilyn (*hyd*) *nes* yn uniongyrchol gan y berfenw neu gan *i* + berfenw: *Ymbalfalai ynddi nes dod o hyd i Pfennig* (Gerhart Hauptmann a Heinrich Böll, 1974: 4); *Fe arhosaf nes iti ddod yn ôl* (Barn. 6: 18).

411 Pan

(i) Mewn cymal cadarnhaol dilynir *pan* gan y ferf:

Fe fyddai Rhisiart o'i gof pan glywai am y briodas anghymarus hon

(R. Cyril Hughes, 1976: 120)

Pan oedd ar ganol cael bath, fe ganodd y ffôn

(John Rowlands, 1978: 88)

Mi fydd yn gaffaeliad mawr inni pan ddaw o atom ni

(J. G. Williams, 1978: 158)

Ar dreiglo yn dilyn *pan* gw **94.**

Pan ddewisir y rhagenw mewnol gwrthrychol (gw. **217**) fe'i clymir wrth y geiryn *y* a fydd yn dilyn *pan*:

pan y'm clywai clust (1955)

(Job, 29: 11)

Gellir defnyddio *y* i gysylltu cyfres o gymalau isradd yn dilyn cymal a gyflwynir gan *pan*:

Gwyn eich byd pan y'ch gwaradwyddant ac y'ch erlidiant (1955)

(Mth. 5: 11)

Yn y Beibl Cymraeg Newydd ni ddewisir y gystrawen hon yn yr enghreifftiau a gofnodwyd uchod:

Gwyn eich byd pan fydd dynion yn eich gwaradwyddo a'ch erlid

(Mth. 5: 11)

Noder

Mewn ysgrifennu cyfoes diflannodd y gystrawen lle y ceir rhagenw blaen yn dilyn *pan*: *pan ei dygasoch adref, chwythais adref* (1955), *pan ddygwch y cynhaeaf adref, yr wyf yn chwythu adref* (1988) (Hag. 1: 9).

(ii) Gall y presennol dibynnol ddilyn *pan* os bydd yr amser a gyfleir yn amhendant (gw. **311** (ii)). Yn yr enghreifftiau a nodir isod dewisodd Y Beibl Cymraeg Newydd yr amser presennol mynegol yn hytrach na'r dibynnol yn dilyn *pan*:

Pan edrychwyf ar y nefoedd, gwaith dy fysedd (1955)
Pan edrychaf ar y nefoedd, gwaith dy fysedd (1988)

(Salmau, 8: 3)

pan agorwyf eich beddau (1955)
pan agoraf eich beddau (1988)
    (Esec. 37: 13)
pan ddihunwyf (1955)
pan ddihunaf (1988)
    (Salmau, 17: 15)

(iii)   Ar 3ydd unigol presennol mynegol *bod* yn dilyn *pan* gw. **283**.

(iv)   Mewn cymalau negyddol dilynir *pan* gan *na(d)*; ceir *na* o flaen cytsain, *nad* o flaen llafariad:

Pan na chafodd ateb, gwthiodd y drws yn bwyllog
    (Idwal Jones, 1977: 73)
Un anhydrin fyddai Gwenllian pan na fyddai'r Tywysog ei hun o gylch y lle
    (Rhiannon Davies Jones, 1977: 174)
Aeth i ddwyn yr arian pan nad oedd neb yn edrych

412 Er pan

Fuom ni ddim mewn priodas, er pan briododd tad Ceinwen, nac i ffwrdd yn unlle ac mae naw mlynedd er pan gawsom ni ddillad newydd
    (Kate Roberts, 1976: 27)
Aeth llawer o amser heibio er pan fûm yn teimlo mor hyfryd iach a chryf
    (J. G. Williams, 1978: 11)

413 Tra

(i)   Dilynir *tra* gan y ferf:

Bydd dyfodol Cymru'n ddiogel tra llwydda'r Blaid
    (John Jenkins, 1978: 173)
Ni fedrai neb weithio yn fwy diwyd nag ef tra oedd gwaith i'w wneud
    (Gerhart Hauptman a Heinrich Böll, 1974: 3)
Nid wyt i roi genfa am safn ych tra byddo'n dyrnu
    (Deut. 25: 5)

Ceir *tra y* yn ogystal:

> *Gwthiodd ei ddwylo yn ddwfn i'w bocedi tra y gafaelodd hi yn ei fraich*
>
> (Emyr Humphreys, 1986: 110)
>
> *Ceisiwch yr Arglwydd tra y gellir ei gael* (1955)
>
> (Eseia, 55: 6)

Ni cheir *y* yn dilyn *tra* yn Y Beibl Cymraeg Newydd.

(ii)   Mewn testunau beiblaidd cynharach ceid y modd dibynnol yn dilyn *tra* yn gyffredin; gallai *tra* beri treiglad meddal:

> *Canaf i'r Arglwydd tra fyddwyf fyw: canaf i'm Duw tra fyddwyf* (1955)
>
> *Canaf i'r Arglwydd tra byddaf byw, rhof foliant i Dduw tra byddaf* (1988)
>
> (Salmau, 104: 33)
>
> *Gelwch arno tra fyddo yn agos* (1955)
>
> *Galwch arno tra bydd yn agos* (1988)
>
> (Eseia, 55: 6)
>
> *Y ffôl tra tawo a gyfrifir yn ddoeth* (1955)
>
> *Tra tawa'r ffôl, fe'i hystyrir yn ddoeth* (1988)
>
> (Diar. 17: 28)

(iii)   Mewn cymal negyddol ceir *tra na*(*d*):

> *Tra na byddom yn edrych ar y pethau a welir, ond ar y pethau ni welir* (1955)
>
> (2 Cor. 4: 18)

Noder

Ceir treiglad llaes yn dilyn yr adferf *tra*, a'r rhagddodiad *tra-* (gw. **124, 139**).

414 Oni(d), hyd oni(d)

Ceir *onid, hyd onid* o flaen llafariaid, *oni, hyd oni* o flaen cytseiniaid:

> *Dangoswch farwolaeth yr Arglwydd oni ddelo* (1955)
>
> ˙ (1 Cor. 11: 26)
>
> *Dyma'r seren a welsent ar ei chodiad yn mynd o'u blaen hyd oni ddaeth hi ac aros uwchlaw'r man lle'r oedd y mab bychan*
>
> (Mth. 2: 9)

Gellir clymu'r rhagenw mewnol wrth *oni*:

> *Pa wraig a chanddi ddeg dryll o arian, os cyll hi un dryll, ni olau*
> *gannwyll, ac ysgubo'r tŷ, a cheisio yn ddyfal hyd onis caffo ef*
> (1955)
> (Lc. 15: 8)

Ar dreiglo yn dilyn *oni, hyd oni* gw. **93, 123**.

415 **Os, o(d), oni(d), pe(d)** sy'n cyflwyno cymalau amodol.

(i)   Mewn ysgrifennu cynharach ceid *os* ac *o(d)*; ceid *o* o flaen
cytseiniaid, *od* o flaen llafariaid:

> *Os gofynnwch ddim yn fy enw i, mi a'i gwnaf. O cherwch fi cedwch*
> *fy ngorchmynion* (1955)
> *Os gofynnwch unrhyw beth i mi yn fy enw i, fe'i gwnaf. Os ydych*
> *yn fy ngharu i, fe gadwch fy ngorchmynion* (1988)
> (In. 14: 14-15)
> *Od ymdrech neb, hefyd, ni choronir ef onid ymdrech yn gyfreithlon*
> (1955)
> *Os yw dyn yn cystadlu mewn mabolgampau, ni all ennill y dorch*
> *heb gystadlu yn ôl y rheolau* (1988)
> (2 Tim. 2: 5)

Disodlwyd *o(d)* gan *os* mewn ysgrifennu cyfoes ac yn Y Beibl
Cymraeg Newydd.

Ar dreiglo yn dilyn *o* gw. **120**.

(ii)   Fel rheol bydd *os* yn rhagflaenu'r ferf, ond pan ddymunir
pwysleisio rhyw elfen ar wahan i'r ferf, bydd *os* yn rhagflaenu'r elfen
y dymunir ei phwysleisio:

> *Os oes ofn arnoch chi, byddai'n well i chi fynd*
> (Emyr Humphreys, 1981: 289)
> *Os 500 o gopïau oedd y cyfanswm a gyhoeddwyd yn yr*
> *argraffiad hwn, yna amhosibl fod llawer o'r werin yn cael*
> *copïau*
> (Gwyn Thomas, 1971: 92)
> *Os Mab Duw wyt ti, dywed wrth y cerrig hyn am droi'n fara*
> (Mth. 4: 3)

Os yw dyn â'i fryd ar swydd esgob, y mae'n chwennych gwaith rhagorol

(1 Tim., 3: 1)

Os gafr fydd y rhodd, dylai ei chyflwyno o flaen yr Arglwydd

(Lef. 3: 12)

Gall *os y* ragflaenu'r ferf mewn ysgrifennu anffurfiol ac ar lafar:

Fe ddaw deddf os y gweithredwn i gael un

(*Y Faner,* 23 Chwefror 1990: 18)

Hwyrach na ddaw Robert yn ôl hyd G'lan Gaea', os y daw o o gwbl

(Rhiannon Davies Jones, 1985: 21)

(iii)   Ceid enghreifftiau mewn rhyddiaith feiblaidd gynharach o *os* yn rhagflaenu elfen heblaw'r ferf heb fwriadu pwysleisio'r elfen honno. Dyma gyfluniad brawddeg annormal (gw. **351**) a diflannodd y gystrawen o'r Beibl Cymraeg Newydd:

Os myfi a af . . . mi a ddeuaf drachefn (1955)

Os af . . . fe ddof yn ôl (1988)

(In. 14: 3)

Os chwychwi a fedrwch roddi rhoddion da . . . (1955)

Os ydych chwi yn rhoddi rhoddion da i'ch plant . . . (1988)

(Mth. 7: 11)

Ar lafar ac yn ysgrifenedig ceir *mai* neu *taw* rhwng *os* a'r elfen y dymunir ei phwysleisio:

Os taw'r Bontfaen a ystyrir yn 'brif-ddinas' y Fro, y pentref hwn yw ei chalon

(Aneirin Talfan Davies, 1972: 59)

Os mai ti, syr, a'i cymerodd ef, dywed wrthyf lle y rhoddaist ef i orwedd

(In. 20: 15)

(iii)   Cyfunir y cysylltair *o* a'r negydd *nid* i ffurfio'r cysylltair *oni(d)*. Ceir *oni* o flaen cytseiniaid, *onid* o flaen llafariaid:

Oni fyddwch yn sefydlog, ni'ch sefydlogir

(Eseia, 7: 9)

Oni wrandewi ar lais yr Arglwydd dy Dduw . . . daw arnat yr
holl felltithion hyn (1955)
(Deut. 28: 15)

Ar lafar ac yn ysgrifenedig gellir dewis *os na*(*d*) yn hytrach nag
oni(*d*):

Ein gobaith, os nad ein disgwyliad, yn wir, yw cael cipolwg ar
fflach lachar
(J. Elwyn Hughes, 1991: 65)
Dydy pobol ifanc heddiw ddim yn fodlon os na chân nhw falu a
dinistrio
(Eigra Lewis Roberts, 1980: 93)
Os na fyddi'n gwrando ar lais yr Arglwydd dy Duw . . . fe ddaw
i'th ran yr holl felltithion hyn
(Deut. 28: 93)

Onid yw'r ffurf negyddol sy'n cyfateb i *os* a geir o flaen elfennau (ac
eithrio berfau) y dymunir eu pwysleisio:

Dylid newid trefn y rhaglen rhagblaen ac adolygu llyfrau
Cymraeg yn unig. Onid e beth yw pwrpas rhaglenni Cymraeg?
(*Y Faner,* 27 Medi 1991: 8)
Os daw â ffrwyth y flwyddyn nesaf, popeth yn iawn; onid e, cei ei
dorri i lawr
(Lc. 13: 9)

(v)   Bydd *os* yn cyflwyno cymalau amodol pan yw'r amod yn amod
gwir ac nad oes amheuaeth ynglŷn â'i wireddu. Bydd *pe*(*d*) yn
cyflwyno cymalau amodol pan amheuir posibilrwydd cyflawni'r amod
neu pan roddir amod er mwyn y ddadl:

Pe dôi rhyfel ar fy ngwarthaf, eto, fe fyddwn yn hyderus
(Salmau, 27: 3)
Ped adwaenit ti ddawn Duw . . . (1955)
(In. 4: 10)
Byddai pobl Capel Seion yn llai annymunol ped unid Sir
Aberteifi a Sir Benfro
(*Taliesin,* Gaeaf 1994: 12)

434

Mae hi'n sicr na phoenwn i . . . ped enillai Cymru ym Mharis
  (*Y Faner,* 21 Chwefror 1992: 22)
Os gwrthodi ei ollwng yn rhydd, fe laddaf dy fab cyntaf-anedig di
  (Ex. 4: 23)

(vi)   Bydd y ferf yn dilyn *pe*(*d*) yn amherffaith dibynnol neu'n or-berffaith (gw. **312**).

(vii)   Gall y rhagenw mewnol ddilyn *pe* (gw. **218** (b), **312**).

416   Pan gysylltir *pe* a'r ferf *bod* ceir y ffurfiau canlynol:
         Amser Amherffaith

Unigol	Lluosog
1 pe bawn	*pe baem*
2 pe bait	*pe baech*
3 pe bai	*pe baent*

Amser Gorberffaith

Unigol	Lluosog
1 pe buaswn	*pe buasem*
2 pe buasit	*pe buasech*
3 pe buasai	*pe buasent*

Y mae'r ffurfiau talfyredig isod yn gyffredin:
         Amser Amherffaith

Unigol	Lluosog
1 petawn	*petaem*
2 petait	*petaech*
3 petai	*petaent*

Amser Gorberffaith

Unigol	Lluosog
1 petaswn	*petasem*
2 petasit	*petasech*
3 petasai	*petasent*

Enghreifftiau:
Petaent yn fy eillio, yna byddai fy nerth yn pallu
  (Barn. 16: 17)

Petai'n gwenu, byddai peryg i'w wyneb gracio
(John Rowlands, 1978: 36)
Fe fyddai'n dda gen i petaech chi'n mynd i'r clinic rwan ac yn y man
(Islwyn Ffowc Elis, 1970: 16)
Pe baent i gyd yn un aelod, lle byddai'r corff?
(1 Cor. 12: 19)
Pe bai fy nhad a'm mam yn cefnu arnaf, byddai'r Arglwydd yn fy nerbyn
(Salmau, 27: 10)

Ceir *pe na*(*d*) mewn cymalau negyddol:

Diffygiaswn, pe na chredaswn (1955)
(Salmau, 27: 13)
Da fuasai i'r dyn hwnnw pe nas ganesid ef
(Mth. 26: 24)
Cofier nad ef fyddai'n ddewis cyntaf y wlad pe na fyddai Fabio Gomez yn chwarae yn yr Eidal
(*Y Faner,* 23 Tachwedd 1990: 21)
Beth a ddigwyddai i ryddid y cenhedloedd pe na bai am yr Ymerodraeth Brydeinig?
(Alan Llwyd, 1991: 18)

Os dymunir pwysleisio, gellir rhoi'r elfen i'w phwysleisio rhwng *pe* a'r ferf:

a phe rhy fychan fuasai hynny, myfi a roddaswn iti fwy o lawer (1955)
(2 Sam. 12: 8)
pe deillion fyddech, ni byddai arnoch bechod (1955)
(In. 9: 41)

Ni cheir y cyfluniad hwn yn Y Beibl Cymraeg Newydd:

A phe buasai hynny'n rhy ychydig buaswn wedi ychwanegu cymaint eto
(2 Sam. 12: 80)
Pe baech yn ddall, ni byddai gennych bechod
(In. 9: 41)

Gall *pe* ddilyn *fel, megis*:

> *I'w cyfarfod, gan sefyll bron yn union o'u blaenau fel pe bai ar*
> *fin siarad â nhw, fe ddaeth dyn blonegog tew*
> (T. Glynne Davies, 1974: 294)
> *Eisteddai Angela ar y gwely yn ei ffrog wen laes, wedi croesi ei*
> *choesau fel petai'n hysbysebu dodrefn llofft*
> (John Rowlands, 1978: 85)
> *Cerddai'n ofalus megis petai wedi niweidio'i goes*

Noder

Mewn amryw dafodieithoedd defnyddir *os* fel cysylltair amodol cyff-
redinol ar draul *pe* ac eithrio o flaen *fel* a *megis*.

417 Mai

(i)   Ceir *mai* mewn cymalau enwol i ddynodi pwyslais (gw. **353** (B),
(C)).

(ii) Ceir *mai* ar ôl *fel*:

> *Yr oedd y tywydd mor stormus fel mai ychydig a ddaeth i'r cyfarfod*

418 Po

Ystyrir mai cysylltair yw *po* o flaen ansoddair gradd gradd eithaf
mewn cyfartaledd cynyddol:

> *Gorau po gyntaf y dychweli*

Gw. **201** (ii).

Noder

Mae *po* yn ffurf amrywiol ar *bo*, 3ydd unigol presennol dibynnol *bod*
(gw. **277**).

419 Ynteu

Ffurf hŷn ar y rhagenw cysylltiol 3ydd unigol *yntau* (gw. **211** (c)) yw *ynteu* a digwydd fel cysylltair:

> *O ble, ynteu, y daeth y feistrolaeth hon ar y tair iaith?*
> (*Llên Cymru* 16: 10)
> *Pam, ynteu, yr aeth yn ysbail?*
> (Jer. 2: 14)
> *Beth ynteu a ddylem ei wneud?*
> (*Taliesin*, Tachwedd 1989: 6)
> *Ai gyda ni, ynteu gyda'n gwrthwynebwyr yr wyt ti?*
> (Josh. 5: 13)

Ebychiaid

420 Digwydd yr ebychiaid syml canlynol ac fe'u dilynir yn aml gan enw sy'n gyfarchiad: *a, ha, hai, o, ho, och, ach, ych, ha-ha, o-ho, wfft, gwae, ust, twt, pw, wel, ow,* etc.

Enghreifftiau:

> *O na bawn i wedi cyrraedd oedran ymddeol*
> (*Barn*, Mawrth 1990: 2)
> *Ust! dyma lais fy nghariad*
> (Can. 2: 8)
> *Ha, wŷr doethion* (1955)
> (Job, 34: 2)
> *O genhedlaeth gwiberod* (1955)
> (Mth. 3: 7)
> *Gwae wlad yr adennydd chwim*
> (Eseia, 18: 1)
> *Och! Twrf pobloedd lawer*
> (Eseia, 17: 2)

421 Mae amryw ffurfiau ac ymadroddion ebychiadol yn tarddu o rannau ymadrodd eraill ac yn ffurfio ymadroddion a brawddegau, er enghraifft:

Bore da!
Prynhawn da!
Dydd da i chi!
Croeso!
Bendith arnat!
Rhad arno!
Rhag cywilydd!
Myn f'enaid i!
Myn cythraul!
Myn gafr!
Myn uffern!
Er mwyn dyn!
Neno'r dyn!
Bobl bach!
Hawyr bach!
Gwyn fyd!
Yr achlod iddynt!
Atolwg!
Wfft iddo!
Gwae fi!
Duw a'n helpo!
Duw a'n catwo!
Wele!
Gresyn mawr!
Wir!
Dyna drueni!
Druan ohonom!
Ysywaeth!
Henffych! *(gw.* **292***)*

Atodiadau

422 Geiriau Tebyg

ael	eb.	*brow*
ail	ans. ac eg.	*like*; *second*
bae	eg.	*bay*
bai	eg.	*fault*
baedd	eg.	*boar*
baidd	3ydd un. pres. myn. 'beiddio' (gw. 263 (iii))	
bar	eg.	*bar*
bâr	eg.	*anger*
budd	eg.	*benefit*
bydd	3ydd un. pres. myn. 'bod'	
cae	eg.	*field*; *brooch*
cau	be.	*to close*
cau	ans.	*hollow*
cael	be.	*to have*
caul	eg.	*curd*; *rennet*
caledi	eg.	*hardship*
caledu	be.	*to harden*
cam	eg.	*step*; *wrong*
camre	eg.	*footsteps*; *journey*
can	eg.	*flour*
can	ans.	*white*
can	ans.	*hundred*
cân	eb.	*song*
cân	3ydd un. pres. myn. 'canu'	
cannu	be.	*to whiten*

canu	be.	*to sing*	
car	eg.	*car*	
câr	eg.	*kinsman; friend*	
carpedi	ell.	*carpets*	
carpedu	be.	*to carpet*	
cartref	eg.	*home*	
gartref	adf.	*at home*	
adref	adf.	*homewards*	
ci	eg.	*dog*	
cu	ans.	*dear*	
cil	eg.	*corner; cud; wane*	
cul	ans.	*narrow*	
claear	ans.	*lukewarm*	
claer	ans.	*bright*	
clai	eg.	*clay*	
clau	ans.	*swift*	
clos	eg.	*close; yard*	ll. closydd
clos	eg.	*breeches*	ll. closau
clòs	ans.	*close*	
côr	eg.	*stall; choir*	ll. corau
cor	eg.	*dwarf*	ll. corrod
corryn	eg.	*spider*	ll. corynnod, corrod
corun	eg.	*crown of the head*	ll. corunau
crud	eg.	*cradle*	
cryd	eg.	*fever*	
cynghorau	ell.	*councils*	
cynghorion	ell.	*counsels*	
cyll	ell.	*hazel*	
cyll	3ydd un. pres. myn. 'colli'		
Cymru	egb.	*Wales*	
Cymry	ell.	*Welshmen*	
Cymraeg	egb.	*Welsh (language)*	
Cymraeg	ans.	*in Welsh*	

441

Cymreig	ans.	*pertaining to Wales*	
cymun	eg.	*communion*	
cymuno	be.	*to take communion*	
cymynn	eg.	*bequest*	
cymynnu	be.	*to bequeath*	
cymynu	be.	*to hew*	
cyn	ardd.	*before*	
cŷn	eg.	*chisel*	
cynnau	be.	*to light*	
gynnau	ell.	*guns*	
gynnau	adf.	*a short while ago*	
chwaeth	eg.	*taste*	
chwaith	adf.	*neither*	
chwith	ans.	*left*; *sad*	
chwyth	eg.	*blast*	
doe	adf.		
doi	2un. pres. myn. 'dod'		
dôi	3un amh. myn. 'dod'		
dol	eb.	*doll*	ll. doliau
dôl	eb.	*meadow*	ll. dolydd
dug	eg.	*duke*	
dug	3ydd un. gorff. myn. 'dwyn'		
dig	ans.	*angry*	
dwg	3ydd un. pres. myn 'dwyn'		
esgid	eb.	*shoe*; *boot*	
esgud	ans.	*quick*	
ewin	egb.	*nail*; *claw; hoof*	
ewyn	eg.	*foam*	
ffi	eg.	fee	
ffy	3ydd un. pres. myn. 'ffoi' (gw. **263** (ii))		
ffraeo	be.	*to quarrel*	
ffrio	be.	*to fry*	
gefail	eb.	*smithy*	ll. gefeiliau

442

gefel	eb.	*tongs*	
glân	ans.	*clean*; *pure*	
glan	eb.	*shore*	
glyn	eg.	*glen*	
glŷn	3ydd un. pres. myn. 'glynu'		
gwain	eb.	*sheath*	ll. gweiniau
gwaun	eb.	*moor*	ll. gweunydd
gwâl	eb.	*lair*	ll. gwalau
gwal	eb.	*wall*	ll. gwaliau, gwelydd
gwâr	ans.	*gentle*; *civilized*	
gwar	egb.	*nape of the neck*	
gwarchae	be.	*to besiege*	
gwarchod	be.	*to guard*; *to baby sit*	
gwiw	ans.	*worthy*; *meet*	
gwyw	ans.	*withered*	
gŵn	eg.	*gown*	ll. gynnau
gwn	eg.	*gun*	ll. gynnau
gwn	1af un. pres. myn. 'gwybod'		
gŵydd	eb.	*prescence*	
gŵydd	eb.	*goose*	
gwŷdd	ell.	*trees*	
gŵyr	3ydd un. pres. myn. 'gwybod'		
gŵyr	ans.	*crooked*	
gwŷr	ell.	*men*	
hael	ans.	*generous*	
haul	eg.	*sun*	
hud	eg.	*magic*	
hyd	eg.	*length*	
hyd	ardd.	*to*; *till*; *as far as*	
hun	eb.	*sleep*	
hun	rhag.	*self*	
hyn	ans. a rhag.	*this*	

hŷn	ans.	*older*	
hin	eb.	*weather*	
llen	eb.	*curtain; sheet; veil*	
llên	eb.	*literature*	
lli	eg.	*flood*	
llu	eg.	*host*	
llifiau	ell.	*saws*	
llifogydd	ell.	*floods*	
llin	eg.	*flax*	
llun	eg.	*picture*	ll. lluniau
llyn	eg.	*lake*	ll. llynnoedd
lliw	eg.	colour	lliwiau
llyw	eg.	ruler; rudder	llywiau
llus	ell.	bilberries	
llys	eg.	court; slime	
llwythau	ell.	*tribes*	
llwythi	ell.	*loads*	
mae	3ydd un. pres. myn. 'bod'		
mai	cys.	*that*	
maeth	eg.	*nourishment*	
maith	ans.	*long*	
melin	eb.	*mill*	
melyn	ans.	*yellow*	
mil	eb.	*thousand*	ll. miloedd
mil	eg.	*animal*	ll. milod
mul	eg.	*mule*	ll. mulod
mor	adf.	*so, as*	
môr	eg.	*sea*	
nad	geiryn negyddol		
nâd	eb.	*cry*	
peri	be.	*to cause*	
pery	3ydd un. pres. myn. 'parhau'		
pin	eg.	*pine*	

pìn	eg.	*pin*
pridd	eg.	*soil*
prudd	ans.	*sad*
prif	ans.	*chief*
pryf	eg.	*insect*
prydau	ell.	*meals*
prydiau	ell.	*times*
pwysau	eg.	*weight*
pwysi	ell.	*lbs.*
rhenti	ell.	*rents*
rhentu	be.	*to rent*
rhiw	eb.	*hill*
rhyw	eb.	*sort*; *sex*
rhyw	ans.	*some*; *certain*
rhu	eg.	*roar*
rhy	adf.	*too*
rhy	3ydd un. pres. myn. 'rhoi'	
rhudd	ans.	*red*
rhydd	ans.	*free*
rhydd	3ydd un. pres. myn. 'rhoddi'	
sir	eb.	*county*
sur	ans.	*sour*
syr	eg.	*sir*
sudd	eg.	*juice*
sydd	ffurf berthynol 3ydd un. pres. myn 'bod'	
taer	ans.	*earnest*
tair	ans.	*three* (ben.)
tal	ans.	*tall*
tâl	eg.	*payment; forehead*
tâl	3ydd un. pres. myn. 'talu'	
ti	rhag.	*you*
tu	eg.	*side*
tŷ	eg.	*house*
ton	eb.	*wave* ll. tonnau

tôn	eb.	*tune*	ll. tonau
twr	eb.	*crowd; heap*	ll. tyrrau
twˆr	eb.	*tower*	ll. tyrau
tri	ans.	*three*	
try	3ydd un. pres. myn. 'troi'		
ymladd	be.	*to fight*	
ymlâdd	be.	*to tire oneself*	
yntau	rhag.	*he also*	
ynteu	cys.	*or; otherwise*	

423 Diarhebion

A arddo diroedd a gaiff ddigonedd

A bryn gig a bryn esgyrn

A chwilia fwyaf am fodlondeb a fydd bellaf oddi wrtho

A ddarlleno, ystyried

A ddwg wy a ddwg fwy

A fo ben bid bont

A fo byw yn dduwiol a fydd marw yn ddedwydd

A fynno barch, bid gadarn

A fynno Duw, a fydd

A fynno glod, bid farw

A fynno iechyd, bid lawen

A gâr a gerydd

A geir yn rhad a gerdd yn rhwydd

A wnêl dwyll, ef a dwyllir

A ystyrio, cofied

Adar o'r unlliw hedant i'r unlle

Adeiniog pob chwant

Adfyd a ddwg wybodaeth, a gwybodaeth ddoethineb

Adwaenir dyn wrth ei gyfeillion

Adwaenir ffôl wrth ei wisg

Aeddfed angau i hen

Afal pwdr a ddryga'i gyfeillion
Afalau'r nos, cnau'r bore, os ceri'th iechyd
Afrad pob afraid
Angau'r euog ydyw'r gwir
Angel pen ffordd, a diawl pen tân
Angen a ddysg i hen redeg
Angor diogel yw gobaith
Ail fam, modryb dda
Allwedd tlodi, seguryd
Am y tywydd gorau tewi
Aml cogau, aml ydau
Aml yw haint ym mol hen
Amlach ffŵl na gŵr bonheddig
Amlwg gwaed ar farch gwinau
Amser yw'r meddyg
Amynedd yw mam pob doethineb
Anaml elw heb antur
Annoeth, llithrig ei dafod
Anodd iacháu hen glefyd
Anwylach bywyd na bwyd
Arfer yw hanner y gwaith
Arfer yw mam pob meistrolaeth
Asgre lân, diogel ei pherchen
Athro da yw amser
Awel y canolddydd a ddwg law yn ebrwydd
A wrthodo gyngor rhad a brŷn edifeirwch drud

Bach hedyn pob mawredd
Bedd a wna bawb yn gydradd
Benthyg dros amser byr yw popeth a geir yn y byd hwn
Blasus yw pob peth a gerir
Blodau cyn Mai, gorau na bai
Blwyddyn o eira, blwyddyn o lawndra
Blys geneth yn ei llygaid, blys bachgen yn ei galon

Bolaid ci a beri dridiau
Bonheddig pob addfwyn
Brawd mogi (mygu) yw tagu
Brawd yw celwyddog i leidr
Brenhines pob camp, cyfiawnder
Brenin pob llyffant ar ei domen ei hun
Brenin y bwyd yw bara
Bu weithiau heb haf; ni bu erioed heb wanwyn
Bychan y tâl cyngor gwraig, ond gwae y gŵr nas cymero
Bydd olaf i fyned trwy ddŵr dwfn
Byr ei hun, hir ei hoedl
Byr yw Chwefror, ond hir ei anghysuron
Byw i arall yw byw yn iawn

Cadarna'r mur po arwa'r graig
Cadw dy ardd, ceidw dy ardd dithau
Cadw dy dafod i oeri dy gawl
Cadw yn graff a ddysgych
Cael rhad Duw, cael y cyfan
Cais ddedwydd yn ei gartref
Cais ddoeth yn ei dyddyn
Cais ffrwyn gref i farch gwyllt
Call dros awr, cyfoethog dros fyth
Call pob un yn ei farn ei hun
Canmol dy fro a thrig yno
Canmoled pawb y bont a'i dyco drosodd
Câr cywir yn yr ing fe'i gwelir
Cariad yw mam pob dwyfoldeb
Cas athro heb amynedd
Cas chwerthin heb achos
Cas dyn a ddirmygo Dduw a dyn
Cas dyn ni chredo neb, na neb yntau
Cas fydd un enllibiwr gan y llall
Cas gŵr na charo'r wlad a'i maco

Cas yw'r gwirionedd lle nis cerir

Castell pawb ei dŷ

Ceffyl da yw ewyllys

Ceiniog a enillir ydyw'r geinog a gynilir

Ceir llawer cam gwag trwy sefyll yn llonydd

Celf orau yn y tŷ, gwraig dda

Celwydd sydd yn marchogaeth ar ddyled

Cenedl heb iaith, cenedl heb galon

Cenfigen yw gwraidd pob cynnen

Cennad hwyr, drwg ei neges

Clust ddoeth a lwnc gwybodaeth

Clydwr dafad yw ei chnu

Clyw a gwêl ac na ddywed ddim

Craffach un llygad llysfam na dau lygad mam

Cred air o bob deg a glywi, a thi gei rywfaint bach o'r gwir

Crefftwr tafod hawdd ei nabod

Crochaf yr afon, lleiaf y pysgod

Cura'r haearn tra fo'n boeth

Cwsg yw bywyd heb lyfrau

Cydwybod euog a ofna ei gysgod

Cydymaith asyn ei glustiau

Cyfaill blaidd, bugail diog

Cyfaill da cystal â cheffyl

Cyfoeth pob crefft

Cyfoethog pob bodlon

Cyfyng ac eang yw dewis

Cymydog da ydyw clawdd

Cynt y cwrdd dau ddyn na dau fynydd

Cynt y cwymp dâr na miaren o flaen y gwynt

Cyntaf ei og, cyntaf ei gryman

Cysur pob gwyryf—cusan

Chwedl a gynydda fel caseg eira

Chwefror garw; porchell marw

Chwerthin a wna ynfyd wrth farw
Chwynnwch eich gardd eich hun yn gyntaf

Da gadael pob da fel y mae
Da yw dant i atal y tafod
Darllenwch ddynion yn gystal â llyfrau
Dedwydd pob di-falch
Deuparth gwaith ei ddechrau
Deuparth llwyddiant, diwydrwydd
Diflanna geiriau, ond erys gweithredoedd
Dim glaw Mai, dim mêl Medi
Diogi a rhinwedd, dwyrain a gorllewin
Diwedd pob peth yw cyffes
Doeth a wrendy; ffôl a lefair
Doeth pob tawgar
Doethaf naid, naid dros fai
Drych i bawb ei gymydog
Dwla dwl, dwl hen
Dyfal donc a dyr y garreg
Dyled ar bawb ei addewid
Dyn a chwennych, Duw a ran
Dyngarwch yw'r dawn gorau

Eglwys cybydd, ei gist
Egni a lwydd
Eli i bob dolur yw amynedd
Enfys y bore, aml gawodau
Enw da yw'r trysor gorau
Esgeulus pob hen
Etifeddiaeth werthfawr ydyw gair da
Euog a wêl ei gysgod rhyngddo â'r haul
Ewyn dwfr yw addewid mab

Fallai yw hanner ffordd i felly
Fe gwsg galar, ni chwsg gofal

Fel yr afon i'r mor yw bywyd dyn
Ffawd ar ôl ffawd a wna dyn yn dlawd
Ffôl pawb ar brydiau
Ffolog sydd fel llong heb lyw
Ffon y bywyd yw bara
Ffordd nesaf at olud talu dyled
Ffynnon pob anffawd, diogi

Gaeaf gwyn, ysgubor dynn
Gair drwg a dynn y drwg ato
Gair mam a bery'n hir
Gall y gwaethaf ddysgu bod yn orau
Gan bwyll y mae mynd ymhell
Gelyn i ddyn yw ei dda
Gellir yfed yr afon ond ni ellir bwyta'r dorlan
Genau oer a thraed gwresog a fydd byw yn hir
Gloddest awr a newyn blwyddyn
Gnawd i feddw ysgwyd llaw
Gochel gyfaill a elo'n feistr
Gorau aml, aml gardod
Gorau arfer, doethineb
Gorau caffaeliad, enw da
Gorau cannwyll, pwyll i ddyn
Gorau cof, cof llyfr
Gorau coll, enw drwg
Gorau cyfoeth iechyd
Gorau Cymro, Cymro oddi cartref
Gorau chwedl gwirionedd
Gorau doethineb, tewi
Gorau gwraig, gwraig heb dafod
Gorau haelioni, rhoddi cardod
Gorau nawdd, nawdd Duw
Gorau prinder, prinder geiriau
Gorau trysor daioni

Gorau un tlws, gwraig dda

Gormod o ddim nid yw dda

Gorwedd yw diwedd pob dyn

Gwae a fag neidr yn ei fynwes

Gwae leidr a fo weledig

Gwaethaf gelyn, calon ddrwg

Gweddw crefft heb ei dawn

Gwell amcan gof na mesur saer

Gwell bach mewn llaw na mawr gerllaw

Gwell bachgen call na brenin ffôl

Gwell bygwth na tharo

Gwell câr yn y llys nag aur ar fys

Gwell ci da na dyn drwg

Gwell cydwybod na golud

Gwell cymydog yn agos na brawd ymhell

Gwell digon na gormod

Gwell Duw yn gâr na holl lu daear

Gwell dysg na golud

Gwell goddef cam na'i wneuthur

Gwell gwegil câr nag wyneb estron

Gwell hanner na dim

Gwell hwyr na hwyrach

Gwell mam anghenog na thad goludog

Gwell migwrn o ddyn na mynydd o wraig

Gwell pwyll nag aur

Gwell un awr lawen na dwy drist

Gwell yr heddwch gwaethaf na'r rhyfel gorau

Gwers gyntaf doethineb; adnabod ei hunan

Gwerth dy wybodaeth i brynu synnwyr

Gwisg orau merch yw gwylder

Gwna dda unwaith, gwna dda eilwaith

Gŵr dieithr yw yfory

Gŵr heb bwyll, llong heb angor

Gwybedyn y dom a gwyd uchaf

Gwybydd fesur dy droed dy hun
Gwyn y gwêl y frân ei chyw
Gwynfyd herwr yw hwyrnos

Hardd ar ferch bod yn ddistaw
Hawdd cymod lle bo cariad
Hawdd cynnau tân ar hen aelwyd
Hawdd dweud, caled gwneud
Haws bodloni Duw na diafol
Haws dywedyd mawr na gwneuthur bychan
Heb Dduw, heb ddim
Heb ei fai, heb ei eni
Heb wraig, heb ymryson
Hedyn pob drwg yw daioni
Hen bechod a wna gywilydd newydd
Hir ei dafod, byr ei wybod
Hir pob aros
Hir yn llanc, hwyr yn ŵr
Hwde i ti a moes i minnau
Hwy pery clod na hoedl

Ionawr cynnes, Mai oer

Llawer gwir, gwell ei gelu
Lle bo dolur y bydd llaw
Llon colwyn ar arffed ei feistres
Llwm yw'r ŷd lle y mae'r adwy
Llysywen mewn dwrn yw arian

Mae ffôl yn ymlid ei gysgod
Mae pont i groesi pob anhawster
Mae rhagluniaeth yn fwy na ffawd
Mae'r diawl yn dda wrth ei blant
Mam ddiofal a wna ferch ddiog

Meddu pwyll meddu'r cyfan
Meddwl agored, llaw agored
Meistr pob gwaith yw ymarfer
Mwyaf poen yw poen methu

Na ddeffro'r ci a fo'n cysgu
Nac adrodd a glywaist rhag ei fod yn gelwyddog
Nac yf ond i dorri syched
Nerth cybydd yw ei ystryw
Nerth gwenynen, ei hamynedd
Nes penelin nac arddwrn
Ni all neb ddwyn ei geraint ar ei gefn
Ni cheir da o hir gysgu
Ni cheir gan lwynog ond ei groen
Ni chyll dedwydd ei swydd
Ni ddaw doe byth yn ôl
Ni ddaw henaint ei hunan
Ni ddychwel cyngor ynfyd
Ni ellir prynu parch
Ni ŵyr dyn ddolur y llall
Nid athro ni ddysg ei hunan
Nid aur popeth melyn
Nid byd, byd heb wybodaeth
Nid call adrodd y cyfan
Nid deallus ond a ddeall ei hunan
Nid doeth a ymryson
Nid eir i annwn ond unwaith
Nid hawdd bodloni pawb
Nid hwy oes dyn nag oes dail
Nid o fradwr y ceir gwladwr
Nid oes ar uffern ond eisiau ei threfnu
Nid rhodd rhodd oni bydd o fodd
Nid rhy hen neb i ddysgu
Nid tegwch heb wragedd

Nid wrth ei big y prynir cyffylog
Nid yw'r hoff o lyfr yn fyr o gyfaill
Nid yw rhinwedd byth yn mynd yn hen

O ddau ddrwg gorau y lleiaf
Oedran a ŵyr fwy na dysg
Oer yw'r cariad a ddiffydd ar un chwa o wynt
O gyfoeth y daw gofid
O mynni brysurdeb, cais long, melin a gwraig
Oni byddi gryf, bydd gyfrwys
Oriadur yw meddwl dyn, a rhaid ei ddirwyn bob dydd
Os rhôi barch ti gei barch

Pawb a fesur arall wrtho'i hun
Pawb yn aros yr amser, a'r amser nid erys neb
Pert pob peth ond diawl bach
Perth hyd fogel, perth ddiogel
Peswch sych, diwedd pob nych
Po callaf y dyn anamlaf ei eiriau
Po dynnaf fo'r llinyn, cyntaf y tyr
Po fwyaf y cwsg, hwyaf yr einioes
Pob sorod i'r god ag ef
Pob un a gâr lle ceir arian
Prinder gorau, prinder geiriau
Pritaf o bob prŷn, edifeirwch
Prŷn wael, prŷn eilwaith

Rhaid cariad yw cerydd
Rhaid cropian cyn cerdded
Rhaid i'r dderwen wrth gysgod yn ifanc
Rhaid wrth lwy hir i fwyta gyda'r diafol
Rhed cachgi rhag ei gysgod
Rhy hwyr galw doe yn ôl
Rhydd i bob meddwl ei farn, ac i bob barn ei llafar

Seguryd ni fyn sôn am waith
Selni rhai yw eu hiechyd
Sylfaen pob rhinwedd gwirionedd

Taer yw'r gwir am y golau
Tafl garreg at fur, hi a neidia at dy dalcen
Tebyg i ddyn fydd ei lwdwn
Tecaf fro, bro mebyd
Trech cariad na'r cyfan
Trech gwlad nag arglwydd
Trech serch nag arfau dur
Tri brodyr doethineb: a wrendy, a edrych, a daw
Trwy dwll bach y gwelir goleuni
Trydydd troed i hen ei ffon
Twyllo arall, twyllo dy hunan

Ufudd-dod ydyw llwybr bywyd
Un celwydd yn dad i gant
Utgorn angau yw peswch sych

Y ci a gyfarth ni fratha
Y doeth ni ddywed a wŷr
Yf dy gawl cyn oero
Y fesen yn dderwen a ddaw
Y groes waethaf yw bod heb yr un
Y gwaith a ganmol y gweithiwr
Y llaw a rydd a gynnull
Y mae gweithred yn well na gair
Ymhob clwyf y mae perygl
Ymhob pen mae 'piniwn
Ym mhob gwlad y megir glew
Y mwyaf ei fost, lleiaf ei orchest
Yn yr hwyr y mae adnabod gweithiwr
Yr afal mwyaf yw'r pydraf ei galon
Yr euog a ffy heb neb yn ei erlid
Yr hen a wŷr, yr ieuanc a dybia

424 Yr Amser

Ar gyfer dynodi'r amser dewisir y rhifolion traddodiadol (gw. **203**).
Dyma nodi'r amser fesul pum munud:

3.00	*tri o'r gloch*
3.05	*pum munud wedi tri*
3.10	*deng munud wedi tri*
3.15	*chwarter wedi tri*
3.20	*ugain munud wedi tri*
3.25	*pum munud ar hugain wedi tri*
3.30	*hanner awr wedi tri*
3.35	*pum munud ar hugain i bedwar*
3.40	*ugain munud i bedwar*
3.45	*chwarter i bedwar*
3.50	*deng munud i bedwar*
3.55	*pum munud i bedwar*
4.00	*pedwar o'r gloch*

Ar chwanegu *h-* dan amodau'r treiglad llaes gw. **125** (ix).
Ar dreiglo yn dilyn yr arddodiad *i* gw. **69**.
Ar *deg, deng,* gw. **109**, **202 n.2**.

Lle y mae hynny'n angenrheidiol dynodir 'a.m.' gan *y bore*, a 'p.m.'
gan *y prynhawn, yr hwyr, y nos.*

Faint yw hi o'r gloch?
Mae'n dri o'r gloch y bore.
Mae'n ddau o'r gloch y prynhawn.
Mae'n saith o'r gloch yr hwyr.
Bydd yn cyrraedd am bum munud ar hugain wedi dau y bore.
Bydd yn glanio am ddeg o'r gloch y nos.
Am faint o'r gloch y mae Catrin yn codi?
Mae'n codi am hanner awr wedi saith.
Mae'n hanner. nos.
Mae'n hanner dydd.
Mae'n ddwy funud wedi hanner dydd.
Roedd hi'n saith munud ar hugain i ddau

Llyfryddiaeth

Y prif ganllawiau llyfryddol ar gyfer astudio'r iaith Gymraeg yw *Bibliotheca Celtica* a *Llyfryddiaeth Cymru, A Bibliography of Wales,* a gyhoeddir gan Lyfrgell Genedlaethol Cymru, Aberystwyth; *The Year's Work in Modern Languages* a gyhoeddir gan The Modern Humanities Research Association; *Studia Celtica* 1- (1966-), 'Rhestr o lyfrau ac erthyglau ar yr ieithoedd Celtaidd a dderbyniwyd yn Llyfrgell Genedlaethol Cymru, Aberystwyth'. Cynhwysir adran ar yr ieithoedd Celtaidd yn ogystal yn *Linguistic Bibliography* a gyhoeddir gan Bwyllgor Sefydlog Cydwladol yr Ieithyddion.

Cydnabyddir pob enghraifft a ddaw o destun llenyddol. Yn 1988 ymddangosodd Y Beibl Cymraeg Newydd; yr oedd y gwaith hwnnw, yn naturiol ddigon, yn gloddfa gyfoethog ar gyfer y gyfrol hon ond defnyddiwyd, yn ogystal, enghreifftiau o argraffiadau cynt. Daw rhai o'r enghreifftiau o amryw ramadegau Cymraeg.

(A) *Llyfrau'r Beibl*

Llyfrau'r Hen Destament
Gen., Ex., Lef., Num., Deut., Jos., Barn., Ruth, 1 Sam., 2 Sam., 1 Bren., 2 Bren., 1 Cron., 2 Cron., Esra, Neh., Esther, Job, Salmau, Diar., Preg., Can., Eseia, Jer., Gal., Esec., Dan., Hos., Joel, Amos, Obad., Jona, Micha, Nah., Hab., Seff., Hag., Sech., Mal.

Llyfrau'r Testament Newydd
Mth., Mc., Lc., In., Act., Rhuf., 1 Cor., 2 Cor., Gal., Eff., Phil., Col., 1 Thes., 2 Thes., 1 Tim., 2 Tim., Tit., Philem., Heb., Iago, 1 Pedr, 2 Pedr, 1 In., 2In., Jwdas, Dat.

(B) Geiriaduron

Collins Spurrell Welsh Dictionary (1991). Glasgow: HarperCollins.
Geiriadur Prifysgol Cymru: A Dictionary of the Welsh Language (1950-). Caerdydd: Gwasg Prifysgol Cymru.
Geiriadur yr Academi: The Welsh Academy Welsh-English Dictionary, 1995. Caerdydd: Gwasg Prifysgol Cymru.
Evans, H. Meurig 1981: *Y Geiriadur Cymraeg Cyfoes.* Llandybïe: Hughes a'i Fab.
Evans, H. Meurig a Thomas, W. O. 1958: *Y Geiriadur Mawr* Llandysul: Gwasg Gomer.
Y Thesawrws Cymraeg 1993. Abertawe: Gwasg Pobl Cymru.

(C) Gramadegau a Gweithiau Eraill ar Iaith

Anwyl, Edward 1897: *Welsh Grammar.* London: Swann, Sonnenschein & Co. Ltd.
Awbrey, G. M. 1984: Welsh. Yn Peter Trudgill (ed.), *Language in the British Isles.* Cambridge: Cambridge University Press.
Awbrey, G. M. 1988: Pembrokeshire Negatives. *Bwletin y Bwrdd Gwybodau Celtaidd*, 35: 37-49.
Ball, Martin J. (ed.) 1988: *The Use of Welsh.* Clevedon: Multilingual Matters.
Ball, Martin J. and Müller, Nicole 1992: *Mutation in Welsh.* London: Routledge.
Brake, Phylip J. 1980: Astudiaeth o Seinyddiaeth a Morffoleg Tafodiaith Cwm-ann a'r Cylch. Traethawd M.A. (Prifysgol Cymru).
Cyd-Bwyllgor Addysg Cymru 1991: *Ffurfiau Ysgrifenedig Cymraeg Llafar.* Caerdydd: Cyd-Bwyllgor Addysg Cymru.
Davies, Cennard 1988: Cymraeg Byw. Yn M. J. Ball (ed.), tt. 200-10.
Davies, Evan J. 1955: Astudiaeth Gymharol o Dafodieithoedd Dihewyd a Llandygwydd. Traethawd M.A. (Prifysgol Cymru).
Davies, J. J. G. 1934: Astudiaeth o Gymraeg llafar ardal Ceinewydd. Traethawd Ph.D. (Prifysgol Cymru).

Evans, D. Simon 1964: *A Grammar of Middle Welsh*. Dublin: Dublin Institute of Advanced Studies.

Evans, J. J. 1946 *Gramadeg Cymraeg*. Aberystwyth: Gwasg Aberystwyth.

Fife, J. 1986: Literary vs. colloquial Welsh: problems of definition. *Word*, 37: 141-51.

Fife, J. and Poppe, E. (eds) 1991: *Studies in Brythonic Word Order*. Amsterdam: Benjamins.

Fynes-Clinton, O. H. 1913: *The Welsh Vocabulary of the Bangor District*. Oxford: Oxford University Press.

Jackson, K. H. 1953: *Language and History in Early Britain*. Edinburgh: Edinburgh University Press.

Jenkins, Myrddin 1959: *A Welsh Tutor*. Cardiff: University of Wales Press.

Jones, C. M. 1987: Astudiaeth o Iaith Lafar y Mot (Sir Benfro). Traethawd Ph.D. (Prifysgol Cymru).

Jones, C. M. 1989: Cydberthynas Nodweddion Cymdeithasol ag Amrywiadau'r Gymraeg yn y Mot, Sir Benfro. *Bwletin y Bwrdd Gwybodau Celtaidd*, 28: 64-83.

Jones, Dafydd Glyn 1988: Literary Welsh. Yn M. J. Ball (ed.), tt. 125-71.

Jones, Bob Morris 1993: *Ar Lafar ac ar Bapur*. Aberystwyth: Y Ganolfan Astudiaethau Addysg.

Jones, Bob Morris 1991/93: The Definite Article and Specific Reference. *Studia Celtica*, 26/27: 175-201.

Jones, Morris 1972: The items Byth and Erioed. *Studia Celtica,* 7: 92-119.

Jones, Robert Owen 1967: A Structural Phonological Analysis and Comparison of Three Welsh Dialects. Traethawd M.A. (Prifysgol Cymru).

Lewis, Ceri (gol.) 1987: *Orgraff yr Iaith Gymraeg*. Caerdydd: Gwasg Prifysgol Cymru

Lewis, Henry 1931: *Datblygiad yr Iaith Gymraeg*. Caerdydd: Gwasg Prifysgol Cymru.

Lewis, Henry 1943: *Yr Elfen Ladin yn yr Iaith Gymraeg*. Caerdydd: Gwasg Prifysgol Cymru.

Lewis, Henry and Pedersen, Holger 1937: *A Concise Comparative Celtic Grammar.* Göttingen: Vandenhoek & Ruprecht.

Morgan, T. J. 1952: *Y Treigladau a'u Cystrawen.* Caerdydd: Gwasg Prifysgol Cymru.

Morgan, T. J. 1987: Sim'o i'n gwbod. Sana-i'n gwbod. *Bwletin y Bwrdd Gwybodau Celtaidd,* 34: 88-93.

Morris-Jones, J. 1913: *A Welsh Grammar: Historical and Comparative.* Oxford: Oxford University Press.

Morris-Jones, J. 1925: *Cerdd Dafod.* Rhydychen: Gwasg Clarendon.

Morris-Jones, J 1931: *Welsh Syntax.* Cardiff: University of Wales Press.

Oftedal, M. 1962: A Morphemic Evaluation of the Celtic Initial Mutations. *Lochlann* 2: 93-102.

Phillips, Vincent H. 1955: Astudiaeth o Gymraeg llafar Dyffryn Elái a'r cyffiniau. Traethawd M.A. Prifysgol Cymru.

Richards, Melville 1938: *Cystrawen y Frawddeg Gymraeg.* Caerdydd: Gwasg Prifysgol Cymru.

Thomas, Beth a Thomas, Peter Wynn 1989: *Cymraeg, Cymrâg, Cymrêg: Cyflwyno'r Tafodieithoedd.* Caerdydd: Gwasg Tâf.

Thomas, C. H. 1975/76: Some phonological features of dialects in south-east Wales.*Studia Celtica,* 10/11: 345-36.

Thomas, C. H. 1982: Registers in Welsh. *International Journal of the Sociology of Language,* 35: 87-115.

Thomas, C. H. 1993: *Tafodiaith Nantgarw.* Caerdydd: Gwasg Prifysgol Cymru.

Thorne, D. A. 1971: Astudiaeth Seinyddol a Morffolegol o Dafodiaith Llangennech. Traethawd M.A. Prifysgol Cymru.

Thorne, D. A. 1976: Astudiaeth Gymharol o Ffonoleg a Gramadeg Iaith Lafar y Maenorau oddi mewn i Gwmwd Carnwyllion yn Sir Gaerfyrddin. Traethawd Ph.D. Prifysgol Cymru.

Thorne, D. A. 1975/76: Arwyddocâd y Rhagenwau Personol Ail Berson Unigol ym Maenor Berwig. *Studia Celtica,* 10/11: 383-87.

Thorne, D. A. 1977: Arwyddocâd y Rhagenwau Personol Ail Berson Unigol yng Nglyn Nedd (Gorllewin Morgannwg), Hebron (Dyfed) a Charnhedryn (Dyfed). *Bwletin y Bwrdd Gwybodau Celtaidd,* 27: 389-98.

Thorne, D. A. 1980: Cyfosod yn y Gymraeg: camre cyntaf mewn diffinio. *Bwletin y Bwrdd Gwybodau Celtaidd,* 29: 53-65.

Thorne, D. A. 1984: Sylwadau ar rai treigladau. *Bwletin y Bwrdd Gwybodau Celtaidd,* 31: 74-84.

Thorne, D. A. 1985: *Cyflwyniad i Astudio'r Iaith Gymraeg.* Caerdydd: Gwasg Prifysgol Cymru.

Thorne, D. A. 1993: *A Comprehensive Welsh Grammar: Gramadeg Cymraeg Cynhwysfawr.* Oxford: Blackwell.

Watkins, T. A. 1961: *Ieithyddiaeth: Agweddau ar Astudio Iaith.* Caerdydd: Gwasg Prifysgol Cymru.

Watkins, T. Arwyn 1977/78: Y Rhagenwau Ategol. *Studia Celtica,* 12/13: 349-66.

Watkins, T. Arwyn 1991: The function of cleft and non-cleft constituent orders in modern Welsh. Yn J. Fife ac E. Poppe (eds), tt. 229-351.

William, Urien 1960: *A Short Welsh Grammar.* Llandybïe: Christopher Davies.

Williams, Stephen J. 1959: *Elfennau Gramadeg Cymraeg.* Caerdydd: Gwasg Prifysgol Cymru.

Williams, Stephen J. 1980: *A Welsh Grammar.* Cardiff: University of Wales Press.

(CH) Papurau Newydd, Cylchgronau a Chyfnodolion

Barddas
Barn
BBCS (*Bwletin Y Bwrdd Gwybodau Celtaidd*)
Cylchgrawn Llyfrgell Genedlaethol Cymru
Golwg
Llais Llyfrau
Llên Cymru
Sbec
Studia Celtica
Taliesin
Y Cymro

Y Ddraig Goch
Y Faner
Y Tiwtor
Y Traethodydd
Y Tyst
Tu Chwith

(*D*) *Gweithiau Llenyddol*

Ap Gwilym, Gwyn 1979: *Da o Ddwy Ynys*. Abertawe: Christopher Davies.

Bowen, Geraint (gol.) 1970: *Y Traddodiad Rhyddiaith*. Llandysul: Gwasg Gomer.

Bowen, Geraint (gol.) 1972: *Ysgrifennu Creadigol*. Llandysul: Gwasg Gomer.

Bowen, Geraint, (gol.) 1976: *Y Traddodiad Rhyddiaith yn yr Ugeinfed Ganrif*. Llandysul: Gwasg Gomer.

Bromwich, Rachel ac Evans, D. Simon 1988: *Culhwch ac Olwen*. Caerdydd: Gwasg Prifysgol Cymru.

Bunyan, John 1962: *Taith y Pererin*, addaswyd gan Trebor Lloyd Evans. Llandysul: Gwasg Gomer.

Carroll, Lewis, 1982: *Anturiaethau Alys yng Ngwlad Hud*, trosiad gan Selyf Roberts. Llandysul: Gwasg Gomer.

Carroll Lewis 1984: *Trwy'r Drych a'r Hyn a Welodd Alys Yno*, trosiad gan Selyf Roberts. Llandysul: Gwasg Gomer.

Chilton, Irma 1989: *Mochyn Gwydr*. Llandysul: Gwasg Gomer.

Davies, Aneirin Talfan 1972: *Bro Morgannwg* 1. Llandybïe: Christopher Davies.

Davies, Aneirin Talfan 1976: *Bro Morgannwg* 2. Llandybïe: Christopher Davies.

Davies, Bryan Martin 1988: *Gardag*. Llandybïe: Christopher Davies.

Davies, T. Glynne Davies 1974: *Marged*. Llandysul: Gwasg Gomer.

Dürrenmatt, Friedrich 1958: *Yr Adduned*, Cyfieithiad o *Das Versprechen*, gan Robat Powell. Caerdydd: Yr Academy Gymreig.

Eames, Marion 1982: *Y Gaeaf Sydd Unig*. Llandysul: Gwasg Gomer.

Eames, Marion 1992: *Y Ferch Dawel*. Llandysul: Gwasg Gomer.

Edwards, Hywel Teifi 1980: *Gŵyl Gwalia*. Llandysul: Gwasg Gomer.

Edwards, Hywel Teifi 1989: *Codi'r Hen Wlad Yn Ei Hôl*. Llandysul: Gwasg Gomer.

Edwards, Jane 1976: *Dros Fryniau Bro Afallon*. Llandysul: Gwasg Gomer.

Edwards, Jane 1977: *Miriam*. Llandysul: Gwasg Gomer.

Edwards, Jane 1980: *Hon, Debygem, ydoedd Gwlad yr Hafddydd*. Llandysul: Gwasg Gomer.

Edwards, Jane 1989: *Blind Dêt*. Llandysul: Gwasg Gomer.

Eirian, Siôn 1979: *Bob yn y Ddinas*. Llandysul: Gwasg Gomer.

Elis, Islwyn Ffowc 1970: *Y Gromlech yn yr Haidd*. Llandysul: Gwasg Gomer.

Elis, Islwyn Ffowc 1971: *Eira Mawr*. Llandysul: Gwasg Gomer.

Evans, Ray 1986: *Y Llyffant*. Llandysul: Gwasg Gomer.

Evans, T. Wilson 1983: *Y Pabi Coch*. Llandysul: Gwasg Gomer.

George, Delyth 1990: *Islwyn Ffowc Elis*. Caernarfon: Gwasg Pantycelyn.

Gill, B. M. 1990: *Llinyn Rhy Dynn*, addasiad Meinir Pierce Jones, Llandysul: Gwasg Gomer

Gruffudd, Robat 1986: *Y Llosgi*. Talybont: Gwasg y Lolfa.

Gruffydd, R. Geraint (gol.) 1988: *Y Gair ar Waith*. Caerdydd: Gwasg Prifysgol Cymru.

Hauptman, Gerhart a Böll, Heinrich 1971: *Carnifal,* cyfieithiad J. Elwyn Jones. Y Bala: Gwasg y Sir.

Hughes, J. Elwyn 1989: *Cyfansoddiadau a Beirniadaethau Dyffryn Conwy a'r Cyffiniau*. Llandysul: Gwasg Gomer.

Hughes, J. Elwyn 1991: *Cyfansoddiadau a Beirniadaethau Bro Delyn*. Llandysul: Gwasg Gomer.

Hughes, Mair Wyn 1983: *Yr Un Yw'r Frwydr*. Llandysul: Gwasg Gomer.

Hughes, Mair Wyn 1989: *Caleb*. Llandysul: Gwasg Gomer.

Hughes, R. Cyril 1975: *Catrin o Ferain*. Llandysul: Gwasg Gomer.

Hughes, R. Cyril 1976: *Dinas Ddihenydd*. Llandysul: Gwasg Gomer.

Humphreys, Emyr 1981: *Etifedd y Glyn*, trosiad Cymraeg gan W. J. Jones. Penygroes: Gwasg Dwyfor.

Humphreys, Emyr 1986: *Darn o Dir*, trosiad Cymraeg gan W. J. Jones. Penygroes: Gwasg Dwyfor.

Hywel, Emyr 1973-4: *Gwaedlyd y Gad*. Y Bontfaen: Brown a'i Feibion.

Hywel, Emyr 1989: *Dyddiau'r Drin*. Llandybïe: Cyhoeddiadau Barddas.

Jenkins, Geraint H. 1980: *Thomas Jones yr Almanaciwr*. Caerdydd: Gwasg Prifysgol Cymru.

Jenkins, Geraint H. 1983: *Hanes Cymru yn y Cyfnod Modern Cynnar 1530-1760*. Caerdydd: Gwasg Prifysgol Cymru.

Jenkins, John (gol.): *Fy Nghymru i*. Abertawe: Christopher Davies.

Johnson, Dafydd 1989: *Iolo Goch*, Caernarfon: Gwasg Pantycelyn.

Jones, Alun 1981: *Pan Ddaw'r Machlud*. Llandysul: Gwasg Gomer.

Jones, Alun 1989: *Plentyn y Bwtias*. Llandysul: Gwasg Gomer.

Jones, Dic 1989: *Os Hoffech Wybod . . .* Caernarfon: Gwasg Gwynedd.

Jones, Elwyn 1978: *Picell mewn Cefn*. Llandysul: Gwasg Gomer.

Jones, Harri Prichard 1978: *Pobl*. Llandysul: Gwasg Gomer.

Jones, Idwal 1977: *Llofrudd Da*. Llanrwst: Llyfrau Tryfan.

Jones, Idwal 1978: *Dirgelwch yr Wylan Ddu*. Llanrwst: Llyfrau Tryfan.

Jones, Idwal 1979: *Gari Tryfan v Dominus Gama*. Llanrwst: Llyfrau Tryfan.

Jones, Idwal d.d.: *Y Fainc*. Llanrwst: Llyfrau Tryfan.

Jones, John Gruffydd 1981: *Cysgodion ar y Pared*. Llandysul: Gwasg Gomer.

Jones, Marian Henry 1982: *Hanes Ewrop 1815-1871*. Caerdydd: Gwasg Prifysgol Cymru.

Jones, Rhiannon Davies 1977: *Llys Aberffraw*. Llandysul: Gwasg Gomer.

Jones, Rhiannon Davies 1985: *Dyddiadur Mari Gwyn*. Llandysul: Gwasg Gomer.

Jones, Rhiannon Davies 1987: *Cribau Eryri*. Caernarfon: Gwasg Gwynedd.

Jones, Rhiannon Davies 1989: *Barrug y Bore*. Caernarfon: Gwasg Gwynedd.

Jones, R. Gerallt 1977: *Triptych*. Llandysul: Gwasg Gomer.

Jones, Siân 1990: *Coup d' État*. Llandysul: Gwasg Gomer.

Jones, T. Llew 1977: *Lawr ar lan y Môr: Storïau am Arfordir Dyfed*. Llandysul: Gwasg Gomer.

Jones, T. Llew 1980: *O Dregaron i Bungaroo*. Llandysul: Gwasg Gomer.

Jones, W. J. 1994: *Cyfansoddiadau a Beirniadaethau Nedd a'r Cyffiniau*. Llandybïe: Gwasg Dinefwr.

Kidd, Ioan 1977: *Cawod o Haul*. Llandysul: Gwasg Gomer.

Lewis, Robin 1980: *Esgid yn Gwasgu*. Llandysul: Gwasg Gomer.

Lewis, Roy 1978: *Cwrt y Gŵr Drwg*. Talybont: Y Lolfa.

Lilly, Gweneth 1981: *Gaeaf y Cerrig*. Llandysul: Gwasg Gomer.

Lilly, Gweneth 1984: *Orpheus*. Llandysul: Gwasg Gomer.

Lovesay, Peter 1995: *Seidr Chwerw*. Addaswyd gan Ieuan Griffith. Llanrwst: Gwasg Carreg Gwalch.

Lloyd, D. Tecwyn 1988: *John Saunders Lewis: Y Gyfrol Gyntaf*. Dinbych: Gwasg Gee

Llwyd, Alan 1984: *Gwyn Thomas*. Caernarfon: Gwasg Pantycelyn.

Llwyd, Alan 1991: *Gwae Fi Fy Myw*. Caernarfon: Cyhoeddiadau Barddas.

Morgan, Derec Llwyd 1972: *Barddoniaeth T. Gwynn Jones*. Llandysul: Gwasg Gomer.

Morgan, Derec Llwyd 1983: *Williams Pantycelyn*. Caernarfon: Gwasg Pantycelyn.

Nicholas, W. Rhys (gol.) 1977: *Cyfansoddiadau a Beirniadaethau Wrecsam*. Llandysul: Gwasg Gomer.

Nicholas, W. Rhys (gol.) 1984:*Cyfansoddiadau a Beirniadaethau Llanbedr Pont Steffan*. Llandysul: Gwasg Gomer.

Nicholas, W. Rhys (gol.) 1988:*Cyfansoddiadau a Beirniadaethau Casnewydd*. Llandysul: Gwasg Gomer.

Owen, John Idris 1984: *Y Tŷ Haearn*. Llandysul: Gwasg Gomer.

Roberts, David 1978: *I'r Pridd Heb Arch*. Llandysul: Gwasg Gomer.

Roberts, Eigra Lewis 1980: *Mis o Fehefin*. Llandysul: Gwasg Gomer.

Roberts, Eigra Lewis 1981: *Plentyn yr Haul*. Llandysul: Gwasg Gomer.

Roberts, Eigra Lewis 1988: *Cymer a Fynnot*. Llandysul: Gwasg Gomer.

Roberts, Kate 1972: *Gobaith a Storïau Eraill*. Dinbych: Gwasg Gee.

Roberts, Kate 1976: *Yr Wylan Deg*. Dinbych: Gwasg Gee.

Roberts, Wil 1985: *Bingo*. Penygroes: Gwasg Dwyfor.

Roberts, W. O. 1987: *Y Pla*: Annwn.

Rowlands, John 1965: *Ieuenctid yw Mhechod*. Llandybïe: Christopher Davies.

Rowlands, John 1972: *Arch ym Mhrâg*. Llandybïe: Christopher Davies.

Rowlands, John 1978: *Tician Tician*. Llandysul: Gwasg Gomer.

Rhys, Beti 1988: *Crwydro'r Byd*. Dinbych: Gwasg Gee.

Simenon, Georges 1973: *Maigre'n Mynd Adre*, trosiad gan Mair Hunt. Caerdydd: Gwasg y Dref Wen.

Thomas, Gwyn 1971: *Y Bardd Cwsg a'i Gefndir*. Caerdydd: Gwasg Prifysgol Cymru.

Thomas, Gwyn 1987: *Alun Llywelyn-Williams*. Caernarfon: Gwasg Pantycelyn.

Thomas, Ned 1985: *Waldo*. Caernarfon. Gwasg Pantycelyn.

Thomas, Rhiannon 1988: *Byw Celwydd*. Llandysul: Gwasg Gomer.

Tomos, Angharad 1991: *Si Hei Lwli*. Talybont: Gwasg y Lolfa.

Wiliam, Urien (gol.) 1974: *Storïau Awr Hamdden*. Llandybïe: Christopher Davies.

Wiliam, Urien. 1991: *Ingles*. Llandysul: Gwasg Gomer.

Williams, Anwen P. 1976: *Antur Elin a Gwenno*. Llandysul: Gwasg Gomer.

Williams, Harri 1978: *Y Ddaeargryn Fawr*. Llandysul: Gwasg Gomer.

Williams, J. E. Caerwyn Williams 1975- : *Ysgrifau Beirniadol*. Dinbych: Gwasg Gee.

Williams, J. G. 1978: *Betws Hirfaen*. Dinbych: Gwasg Gee.

Williams, Marcel 1990: *Diawl y Wenallt*. Talybont: Gwasg y Lolfa.

Williams, M. E. 1992: *Hanes Eglwys Annibynnol Esgairdawe*. Abertawe: Argraffwyd gan Wasg John Penry.

Williams, R. Bryn 1973: *Agar*. Caernarfon: Llyfrfa'r M.C.

Williams, R. Bryn 1976: *Y Gwylliaid*. Abertawe: Christopher Davies.

Williams, Rhydwen 1979: *Gallt y Gofal*. Abertawe: Christopher Davies.

Williams, Waldo 1956: *Dail Pren*. Aberystwyth: Gwasg Aberystwyth.

Mynegai

Cyfeiria'r rhifau at y paragraffau.

naw 109, 202
neb 258, 345
neilltu, neillparth 67 n.
nemor 191 (ii) n.4, 258 n.
nepell 258
neu 84, 400
nhw 211, 261 n.3
ni, nid (geiryn negyddol) 225, 227
    (geiryn rhagferfol) 87, 115, 337 (i)
    (mewn brawddeg gymysg negyddol) 337 (ii)

o (ardd.) 69, 353 n.2, 362, 364, 378
    (cys.) 120, 415
od, oded, odach, odaf 193 n.1
odid 81
oddi ar 362, 363
oddi arnodd 363
oedd 98, 277
oes 97, 278, 282
ond 401
ond odid 395
oni, onid 93, 122, 414
oni, onid, onid e (geiryn gofynnol) 92, 121, 278, 340, 342, 345, 346
oni bai 104
orgraff 15-19
os 120n., 282, 339 n., 415
os na 93, 122

pa 66, 235
pam, paham 235, 279, 337(vi)
pan 94, 411
paratoi, paratô 271 n.2
parhaf, pery 263 (ii), 264
pawb, pob, 247
pawr 263 (iii)
pe(d) 218, 312, 415
peidio 313(iv), 369 n.
pentigili 255
peth 81, 245
piau 95, 228
po 56, 201 (iv), 418
pob 81, 191(ii), 247
pobl, pobloedd 48, 189 n.
prif 55, 191
priflythrennau 46
pryd, pa bryd 77, 235
prynhawn 83

/t/ 3